大学生心理健康教育是大思政课的重要内容，是成才的基础，

顾明远

二〇二三年[illegible]

# 大学生
# 心理健康教育

## （第2版）


**主　　编**　刘星期　郭　亚

**副主编**　潘为烈　陈　树　李　欣

**编写人员**（以姓氏笔画为序）

王　妹　卢卫斌　刘星期

李　欣　张　欣　陈　树

汪品淳　杨　震　查雪珍

姚　琼　徐立峰　郭　亚

梁　红　潘为烈

中国科学技术大学出版社

## 内 容 简 介

本书涵盖了教育部《普通高等学校学生心理健康教育课程教学基本要求》规定的所有教学必修内容，并在此基础上适当地增设了一些内容。

本书内容包括：绪论、大学生心理健康教育导论、大学生心理咨询、大学生心理困惑及异常心理、大学生的自我意识及其培养、大学生人格发展、大学期间生涯规划及能力发展、大学生学习心理、大学生情绪管理、大学生人际交往、大学生恋爱心理及性心理、大学生网络心理健康、大学生压力管理与挫折应对、大学生生命教育与心理危机应对、疫情下大学生心理健康的维护。

书中除了丰富的理论知识外，还有大量的案例以及丰富多彩的专栏等，增加了本书的知识性、可读性和趣味性。

本书适合大学生、广大青年朋友、教育教学工作者和家长阅读，既可作为心理卫生读物、高校心理健康教育教材，也可用作大学生心理健康研究和工作的参考资料。

**图书在版编目(CIP)数据**

大学生心理健康教育/刘星期，郭亚主编. —2 版. —合肥：中国科学技术大学出版社，2023. 6(2025. 7 重印)

ISBN 978-7-312-05722-9

Ⅰ. 大… Ⅱ. ①刘…②郭… Ⅲ. 大学生—心理健康—健康教育 Ⅳ. G444

中国版本图书馆 CIP 数据核字(2023)第 115702 号

**大学生心理健康教育**

DAXUESHENG XINLI JIANKANG JIAOYU

**出版** 中国科学技术大学出版社
安徽省合肥市金寨路 96 号，230026
http://press. ustc. edu. cn
https://zgkxjsdxcbs. tmall. com

**印刷** 安徽国文彩印有限公司

**发行** 中国科学技术大学出版社

**开本** 710 mm×1000 mm 1/16

**印张** 25.5

**插页** 1

**字数** 559 千

**版次** 2013 年 8 月第 1 版 2023 年 6 月第 2 版

**印次** 2025 年 7 月第 13 次印刷

**定价** 48.00 元

# 再版前言

近日，教育部等十七部门联合印发了《全面加强和改进新时代学生心理健康工作专项行动计划》的通知，对在校生的心理健康教育工作做出全面系统的计划要求，亦是实施校园心理健康教育的行动指南。《行动计划》坚持全面贯彻党的教育方针，坚持为党育人、为国育才，落实立德树人根本任务，坚持健康第一的教育理念，切实把心理健康工作摆在更加突出的位置。

《行动计划》首先强调“以德育心，以智慧心，以体强心，以美润心，以劳健心”五育并举对心理健康教育的重要性。其次，又提出“加强心理健康教育，开设相关课程，发挥课堂教学作用，关注学生个体差异，帮助学生掌握心理健康知识和技能”。《行动计划》还指出：随着经济社会快速发展，学生成长环境不断变化，加上新冠疫情的影响，学生心理健康问题更加凸显。实践也表明，失眠、抑郁、焦虑、自我伤害为大学生心理健康的主要矛盾，人际关系、学业压力、就业压力、恋爱情感为大学生成长的主要烦恼。如果将心理压力从 0～10 评分，大学生普遍感受在 5 分上下，但是对幸福的主观感受，则普遍在 7 分左右，说明大学生的幸福感受普遍处于积极趋势。

如何有效化解大学生的人际、学业、就业、恋爱等心理困惑和矛盾，根本上还是要树立科学的思想价值观，思想价值观正确，方能心态健康、认知清晰、抉择正确。人是有主观能动性和意志力的，选择什么、放弃什么、走什么路根本上取决于自身的认知抉择，归根到底由价值观引导。有了正确的思想价值观，无论面对什么困惑和矛盾，都不会失去做人的良知底线，都会视向上向善为永远的人生信条。其实在人生道路上很少有人能一帆风顺，心理资本学说强调人的心理韧性在战胜挫折中的作用。古人亦有言：“古之立大事者，不惟有超世之才，亦必有坚韧不拔之志”，还有“立志在坚不在锐，成功在久不在速”等，都是强调人的意志在人生发展中的作用。所以我屡次向青年学生推出人生公式：坚强的意志＋良好的思维＝健康的人生，一个没有坚强意志的人，不可能获得良好的人生发展。不可否认意志力与人的先天神经类型即人的心理天赋相关，但根本上还是取决于正确的思想价值观和坚定的人生信念。至于“思维”无论过去、现在还是将来，都是事关身心健康的重要心理品质。人们熟知“仁者寿，智者乐”，其实智者也寿。因为“智”的本质就是思维，一个人的思维抉择与他的健康乃至一生发展都密切相关。

大学生要想化解各种内心烦恼和困惑，避免行为抉择失误，必须有清晰的思维认知。以大学生恋爱情感烦恼为例，不少青年学生因为情感纠纷，心理受到重创，耽误学业。向往幸福生活是每个大学生的内心渴望。但是幸福的内涵有事业（学业）与情感（婚恋）两大支撑，情感（婚恋）两情相悦，是两个人的事，非一人所能，而学业（事业）则取决于每个人的主观能动努力。“君子务本，本立而道生”。何为大学生的“本”？大学生的学业就是本，无论遇到什么外在矛盾和诱惑，唯有坚持做自己该做的事，做自己能做的事，该做的不做是错误，能做的不做是失误。取得好学业为好事业奠定基础，是该做亦是能做的事。有了好学业好事业，至少获得了幸福的一半，有了一半的“本”，另一半还会遥远吗？相反，如果因为恋爱情感纠结，荒废学业，结果只能是赔“本”又伤“心”。当然这里的“学业”远非指课程学习，更不是应试分数，而是指以阅读为核心的，阅读—思考—实践—调整的循环往复行为模式。未遇名师却能勤读名著，坚持阅读、思考、实践、调整的学业行为模式，方是校园生活的根本。

从人生的心理发展看，当代大学生可谓选项多多，构筑健康人生，获得成功人生，首先取决于“想”，一个人“想”错了，投入越大，失误越大。如果“想”对了，投入越大，回报越大。“想”的实质就是思维。现代信息社会条件下，就人生的发展来看，可以概括为：思维决定命运，阅读促进人生。思维的最高形式，就是对客观事物的感悟能力，即“悟”性。有悟性不仅能有效获取知识，且能有效应用知识，甚至创造知识。“学必悟，悟而生慧”。悟得智慧，悟通天下，就能“思接千载，视通万里”。当代大学生发现并最大限度挖掘自身的思维潜能无疑是心理健康的重要保障。因为思维潜能的发现挖掘就意味着心理资源的开发，就为心理资本的生成奠定了基础。心理资本的形成就意味着内心形成了呈人格化的持续自觉的积极心理，就能屡挫屡奋、愈挫愈勇、矢志不移、坚持不懈，使人生的价值不断增值。心理资本是心理健康发展坚不可摧的精神底蕴。思维与意志分别代表了智力与非智力的两大核心要素，人的心理健康发展就是智力与非智力两大因素相互作用的结果。

当然，情感亦是非智力的一项重要因素。但是情感的核心是道德感，道德感有善良和责任两大要素，善良生爱，爱者生欲，爱欲乃生命之本；有责任方能发现问题，发现问题方能引发思考批判，有思考批判方能谈得上创造。可见崇德尚善的核心价值观是大学生的生命之本、创新之本，更是心理健康发展的根本。如果放弃思想价值观的引领就不能透过现象看本质，就不能有效制止消极负面心理滋生蔓延，既不利家国，又不利于大学生自身。即便面对高呼“躺平”，自嘲“佛系”，缺乏动力传导，处于“空档”状态，不愿“努力”的青年学生，也要看到他们仅是焦虑疲惫的情绪宣泄而已。面对这些心理“现象”，心理工作者必须坚持社会主义核心价值观，通过心理科学的理论和实践教育，深刻阐述“躺平”不可取，“躺赢”不可能，奋斗正当时的人生心理发展之道。

教育和激励大学生经过几年的校园生活，在毕业离校时能够无憾、无惑、无虑、无惧地迈向社会人生道路是心理健康教育的重要目标。所以将思想价值观引领贯穿于“大学生心理健康教育”学习的全过程，是教与学双方都应坚持牢记的原则！

为全面加强和改进新时代学生心理健康工作，本书再版增加了绪论“新时代中国特色社会主义心理健康教育的理性认知”，由刘星期（铜陵学院）执笔，对上述“心理健康教育必须以思想价值观引领为支撑”等问题做了更为深刻的阐述。

近几年，新冠疫情对大学生的心理健康产生了明显的影响。为更好地维护疫情下大学生的心理健康，本书再版特意增加了第十四章“疫情下大学生心理健康的维护”，由郭亚（铜陵学院）执笔。

此外还对第一版内容进行了修订和完善，再版内容更加丰富和深入，必将促进大学生心理健康教育工作。由于时间仓促，新增内容可能难免出现疏漏，请各位读者不吝指正！

刘星期

2023 年 5 月

# 前　　言

2011 年 5 月 28 日，教育部印发《普通高等学校学生心理健康教育课程教学基本要求》(教思政厅〔2011〕5 号)的通知，规定必须要开设“大学生心理健康教育”的公共必修课程，并制定了教学必修内容。此前不少高校针对大学生的心理健康状况，在大学生心理健康教育教材的编写和教学内容设计方面已经作出积极的探索，但在涵盖教育部制定的心理健康教育教学必修内容的方面尚有较大不足。比较突出的问题是在教材编写和教学内容设计方面，普遍重视心理健康教育知识的系统性和对该知识体系的理论分析概括，而心理健康教育的实践往往被忽略或弱化。众所周知，“活动为主，贵在体验”是心理健康教育的重要原则，心理健康教育理论无论多么科学系统，一旦脱离了“活动”这个实践环节就无法奏效。因为人有“认知”和“动力”两大心理系统，仅靠心理教育(说服)并不能保证有效的心理认同，更不能保证个体内在自觉行为意识的形成，唯有通过特定的心理教育实践活动，触及人的心理动力系统，使主体在“活动”中产生相应的主观感受，即心理体验，并依赖这一心理体验在意识中出现的性质，方能产生相应的态度。一个胆怯、意志薄弱、情绪情感冷漠的人，只有在心理教育实践活动过程中不断产生勇敢、意志顽强、善良热情、团结友爱的心理体验，方能改变其不良心理，形成勇敢、顽强、热情、善良的人格特征。所以大学生心理健康教育必须通过“活动”这个载体，使大学生产生良好的内心体验和感悟，并将“体验”和“感悟”内化成自身人格特征，形成牢固的“信念”，心理素质的优化发展亦成为一种必然。当然心理健康知识无疑是心理教育的重要内容，大学生也需要掌握科学的心理健康知识，但是大学生更需要使命感、责任感、正义感和是非感，因为离开健全的精神和强大的人格力量，单凭心理学知识是无法引导大学生勇于面对现实、快乐生活、创新人生、走向真理的。所以一切心理健康教育的内容均是实现心理健康教育目标的载体。本教材在确保涵盖教育部心理健康教育教学必修内容的基础上，还注重改变“重理论、轻实践、轻活动”的心理健康教育倾向。

此外，本教材的编写充分体现了大学课堂教学的本质要求和教学内容设计的创新。首先，大学课堂教学要保证所授课程知识的科学性，即课程的经典内容和学界研究已形成的“定律”。其次，还要把本课程所授学科的前沿研究动向介绍给学生。最后，还要把教师自身对本学科的研究或对学界新近研究成果的分析、评价讲授给学生，以拓宽学生的思维，三者缺一不可。教材在保证知识体系完善的基础上，针对目前不少大学生沉迷网络、陷于虚拟世界、情感意志不能自拔的不良心理现实，增设了“大学生网络心理健康”的内容，对“网络心理教育”进行了积极探索。“网络成瘾”的概念以及“网络成瘾”的诊断标准目前尚有分歧，但少数大学生的网络迷恋已造成自身“社会功能缺损”和“痛苦又无力控制”已是不争的事实，仅此就足以表明重视大学生的网络心理健康教育的重要意义。

当代大学生在基础教育阶段饱受“应试”的压力和痛苦，进入大学后又面临“就业难”等一系列矛盾，“压力山大”已成为流行语，在这一心理背景下，如何培养善良、有道德、心理健康、人格完善的大学生，事关“中国梦”的实现。因为当代大学生是我国青年群体的核心，青年强则国家强，青年杰则民族杰，他们心理素质的优化和人格的完善，与国家民族的强大密切相关。中共中央“十二五”规划提出“弘扬科学精神，加强人文关怀，注重心理辅导，培养奋发进取、理性平和、开放包容的社会心态”。这本《大学生心理健康教育》正是顺应时代要求，对大学生心理健康教育理论和教育实践的科学探索。

大学生心理健康教育课程的任务是帮助大学生树立心理健康意识，优化心理品质，增强心理调适能力和社会生活的适应能力，预防和缓解心理问题；帮助他们处理好学习、成才、人际交往、自我意识、情绪调节等方面的困惑，提高心理健康水平，促进德、智、体、美、劳、心等全面发展。大学生心理健康教育既有心理知识的传授、心理活动的体验，又有心理调适技能的训练等；注重理论联系实际，注重培养学生的实际应用能力；是一门开放性和不断发展的学科。

本教材在编写过程中按照课程的性质构建内容体系，突出了以下特点：

1.在保证了丰富理论的同时，也保证了很强的应用性和有效性。各章均采用导入案例的教学模式编写，突破了陈旧的教育理念，增强了教材的实践性、生动性和应用性；在阐述理论内容时，语言力求通俗易懂，并适当设置阅读材料，增强对理论内容的思考和理解。除上述内容外，各章还以案例分析、小组讨论、心理测试、心理训练、情景表演、角色扮演、体验活动等实践教学为依托，增强学生在活动中的体验和感悟，促进学生的学习和对知识的运用，更好地提高学生的心理健康水平。

2.涵盖教育部规定的所有教学必修内容。本教材内容包括学习心理、人际交往、人格发展、情绪调节、恋爱与性心理、自我意识等方面，为教师的教学准备提供了系统完善、逻辑严谨的知识内容。

3.在教育部规定的必修内容基础上，根据大学生的现实需要增加了实用性的教学内容。例如，由于网络的流行对大学生的心理健康产生了显著的影响，故增设“大学生网络心理健康”一章。

4.涵盖教育部规定的所有教学方法和形式。教材按照教育部《普通高等学校学生心理健康教育课程教学基本要求》规定，充分体现案例分析和心理训练对课程教学设计的重要性，采用理论与体验教学相结合、讲授与训练相结合的教学方法，根据实际情况合理采用课堂讲授、案例分析、小组讨论、心理测试、心理训练、情景表演、角色扮演、体验活动等教学方法，使案例分析与心理训练章章相连，环环相扣。

5.教材体系科学完善。适应教学需要，各章都有知识框图、导入案例、阅读材料、案例分析、心理训练、本章小结、思考与练习等环节。为了让学生对每章的理论内容有直观的了解，在每章开篇均设置了“知识框图”环节；为了激发学生的学习兴趣，在每章理论内容阐述开始时均安排了“导入案例”环节；为了让学生更好地拓宽知识面和增强心理健康理论的认知能力，在理论阐述的同时，每章均安排了“阅读材料”环节；为了增强学生的知识应用能力和问题分析能力，每章在理论内容阐述完毕后，都设置了“案例分析”环节；为了强化学生在实践中的心理健康意识，每章都设置了“心理训练”环节；为了让学生更好地巩固和复习知识，每章都安排了“本章小结”和“思考与练习”环节。

本教材由刘星期（铜陵学院）、郭亚（铜陵学院）担任主编，潘为烈（铜陵学院）、陈树（铜陵职业技术学院）、李欣（铜陵学院）担任副主编。各章节编写工作如下：刘星期编写第一章；姚琼（铜陵学院）编写第二章；徐立峰（淮南师范学院）编写第三章；郭亚编写第四章；梁红编写第五章、第七章第三、四节、第八章；潘为烈、杨震（铜陵学院）编写第六章第一、二节；查雪珍（铜陵学院）编写第六章第三、四节；汪品淳（铜陵学院）编写第七章第一、二节；张欣编写第九章、第十二章；卢卫斌（焦作高等师范专科学校）编写第十章；李欣编写第十一章第一、二节；陈树编写第十一章第三、四节；王妹（宿州学院）编写第十三章。编写各章第一节的人员还承担此章第一节前的知识框图、导入案例两个环节的撰写任务，编写各章最后一节的人员承担此章后面的心理训练、案例分析等所有实践环节的撰写任务。最后由刘星期、郭亚完成对全书的修改和统稿工作。

在编写过程中，我们参考和借鉴了国内外同行的相关论著、教材及研究成果，也得到了相关专家的指导，在此表示衷心感谢！由于编写时间仓促，本书难免存在疏漏之处，恳请专家和读者批评指正！

刘星期

2013 年 4 月

# 目　　录

# 绪论　新时代中国特色社会主义心理健康教育的理性认知

## 一、引言

我国的心理健康教育于改革开放后首先在教育界得到重视。1991年12月，在北京师范大学召开全国大学生心理咨询专业委员会成立大会，而后部分高校和地方教育部门挂牌设立心理咨询教育机构。1994年，中共中央颁发《关于进一步加强和改进学校德育工作的若干意见》，明确提出在校生的"心理素质"和"心理适应性"教育问题，不久又将"心理健康教育"正式纳入德育目标内容。1999年，中共中央、国务院作出《关于深化教育改革全面推进素质教育的决定》，文件要求加强学生的心理健康教育，使"心理健康教育"工作在党和国家教育政策层面得到全面重视和推进，促使心理健康教育进入有组织的科学化发展阶段。2001年，教育部颁布《关于加强普通高校大学生心理健康教育工作的意见》。2005年，教育部、卫生部、团中央又提出《关于进一步加强和改进大学生心理健康教育的意见》，后又对大学生心理健康教育的内容、任务、工作机制及队伍建设提出了具体的规定和要求。2011年，教育部出台了对普通高校的"心理健康教育工作基本建设标准"和"心理健康教育课程教学基本要求"等规定，并组建了"普通高等学校学生心理健康教育专家指导委员会"。2021年8月，再次调整、组建新的心理健康教育专业指导委员会，使我国大学生心理健康教育科学化和规范化水平提升到一个新阶段。2017年1月，国家卫计委等22个部门联合印发《关于加强心理健康服务的指导意见》。2017年12月，中共教育部党组在《高校思想政治工作质量提升工程实施纲要》中，明确将"心理育人"纳入高校"十大"育人体系，从"立德树人"高度充分认知大学生心理健康教育在培养社会主义建设者和接班人中的作用，并为此作出了详细的组织实施和规定要求。2021年，教育部办公厅为增强在校生的"心理健康教育"的针对性，对全国的学生心理健康教育进一步提出具体的实施保障和系列规定要求。

回顾我国心理健康教育工作的发展，最为重要的是习近平总书记在二十大报告中明确提出"重视心理健康和精神卫生"，在十九大报告中提出："加强社会心理服务体系建设，培育自尊自信、理性平和、积极向上的社会心态。”在全国高校思想政治工作会议上，习近平总书记又强调，要培育理性平和的健康心态，加强人文关怀和心理疏导。这充分表明了党中央对心理健康教育的高度重视。今天，切实有效地加强心理健康教育工作已成为贯彻落实习近平新时代中国特色社会主义思想的重要举措。

## 二、问题与回顾

20 世纪 90 年代初，大学生群体出现了不同程度的茫然、困惑、焦虑、抑郁等消极心理。基础教育阶段浓郁的应试氛围和沉重的学习负担给中小学生心理健康发展造成一定的负面影响，随着一届届大学新生入学，负面心理不断延续至高校。2019 年冬，突如其来的“新冠肺炎疫情”犹如一场心理海啸，让在校生经历了停课停学、小区封闭、线上教学、复学复课等过程。由于学习生活、人际交往、活动场域等一系列情境关系的骤然变化，诱发了悲观、郁闷、应激等不良心理。2020 年疫情得到控制后，开学一个月内，个别学校传来令人扼腕痛心的学生轻生事件。这一切无不表明如何切实有效实施大学生心理健康教育工作已成为一项十分紧迫的重要任务。

我国的心理健康教育已由最初局限于教育界，逐步向社区甚至乡镇延伸，但主要还是面向广大在校生，特别是高校学生。大学生的心理健康可谓我国心理健康教育的重中之重。高校心理健康教育工作呈现良好的发展态势，也还存在一些短板和薄弱环节，面临发展不平衡、重视程度不一、科学化水平有待提高以及体制机制、队伍建设等一系列问题。对全国 10405 名大学生开展的一项调查结果表明，大学生对心理健康教育满意度较低，84.0％的学生认为非常有必要接受心理健康教育，但仅有 35.6％的学生对心理健康教育表示满意，57.6％的学生表示一般满意，6.8％的学生表示不满意。这一结果表明我国的心理健康教育实践距离学生的心理健康发展需要还存在差距。

心理健康教育就其学术层面看主要属于心理学范畴，我国的心理健康教育经历了 40 多年的发展，不乏创新之处，但总体上基本处于对国外心理学理论的跟随状态。2004 年 8 月，北京师范大学召开以“心理学研究中国化”为主题的学术讨论会，与会专家强调要改变“跟从西方心理学理论”，改变用西方心理学的架构和流派来认定中国心理学的局面，可以说探索“心理学研究中国化”已成为我国心理学界高端认知的主流。

心理健康教育本质上属于教育的范畴，人类的教育具有世界共同性，但不同的国家、不同的民族又有不同的文化、民族心理和性格。习近平总书记就中国教育发展问题明确强调:“我国有独特的历史、独特的文化、独特的国情,教育必须坚定不移走自己的路,要扎根中国、融通中外、立足时代、面向未来,发展具有中国特色、世界水平的现代教育。”为了切实有效贯彻落实党中央和习近平总书记关于心理健康教育服务体系建设,培育国民积极向上的社会心态的指示,必须探索构建具有中国特色、符合中国国情、尊重中国国民文化的心理健康教育理论。当今世界正经历百年未有之大变局,我国正处于中华民族伟大复兴的关键时期,培养心理健康、人格完善、勇于担当、勇于斗争、理想崇高、信念坚定、忠于社会主义事业的建设者,无疑是广大心理健康教育者的重任。研究探索创立具有新时代中国特色社会主义的心理健康教育理论体系,无疑是贯彻落实习近平总书记关于“扎根中国大地办教育,体现中国特色”重要指示的必由之路,它对于“心理学研究中国化”和教育培养心理健康、人格完善、忠于社会主义事业的建设者具有重要的战略意义。

## 三、扎根中国、融通中外、立足时代、面向未来,坚定自信地创立具有中国特色社会主义心理健康教育理论

习近平总书记指出,要努力构建德智体美劳全面培养的教育体系,形成更高水平的人才培养体系。德智体美劳“五育”是新时代中国特色社会主义的重要教育方针。那么,心理健康教育与德智体美劳“五育”之间是什么关系?其在“五育”教育体系中处于什么位置?发挥什么样的教育作用?这是创立新时代中国特色社会主义心理健康教育理论必须厘清的问题。德智体美劳“五育”犹如大小等同的五个环,它们尽管都有独立的教育内容体系,但是五个环不仅紧密相连,且都有相互重叠交叉的部位。五环之中还有一个与“五育”紧密相关,亦有相互重叠的中间环,这个中间环就是心理健康教育,概括而言就是“五育并举、心育为中”(见图 0.1)。心理健康教育依托其自身的心理教育知识体系,独立实施心理健康教育,既有独立性,同时与德智体美劳“五育”相互融合、相互作用、相互促进,实施德智体美劳“五育”和心理教育共同发展。心理健康教育对德智体美劳“五育”有重要的增进作用,德智体美劳“五育”既需要心理健康教育的支持,又对心理健康发展有重要的优化作用。以劳动教育为例,凡是劳动皆有伴随任务,先做什么,后做什么,再做什么,劳动任务的谋划需要优化,受教育者的思

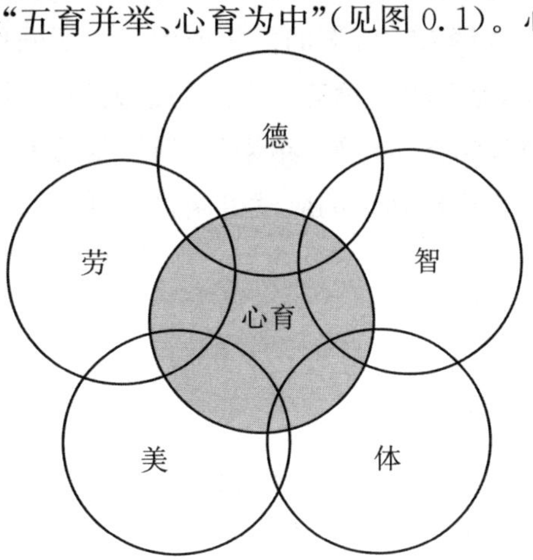


图 0.1 “五育并举、心育为中”

维以及肢体行为的操作协调的影响，同时劳动对人脑的感知、注意、情感等心理必然产生优化发展作用，可谓劳动促进心理功能。

心理健康教育与德智体美劳“五育”客观上存在着教育目的和教育指导思想的差异，但在教育形式和教育内容方面亦有相互联系、相互融合、相互作用的关系。以艺术教育为例，艺术教育目的是提高学生的艺术通识修养和艺术专业修养；但心理健康教育借助艺术教育形式和教育内容，达到优化人的心理素质目的。前者以艺术专业水平提高为目的，后者则以心理素质优化为目的。两者教育目的、教育指导思想不同，但教育形式和教育内容却一致。至于德育、智育、体育与心理健康教育相互联系、融合，其作用关系更是不言而喻。重要的是心理健康教育对德智体美劳“五育”的教育具有增进作用，还表现在唯有心理适应性良好的人格完善的人，方能将习得的知识在社会实践中得到有效应用，并能在漫长的人生中不断更新自身知识，否则就是“现代文盲”。可以说失去健康心理的支撑，“五育”的教育效果几近归零，因为“学必悟，悟而生慧”。“悟而生慧”指的是对事物的感悟能力，这一思维的最高形式首先依赖健康的心理基础。一个心理不健康、人格缺损的人，往往难以产生举一反三、触类旁通、由此及彼、普遍联系的思维效能，这些恰恰是实现更高水平人才培养体系的本质要求。

为什么说要坚定自信地创立新时代中国特色社会主义的心理健康教育理论？首先，要看到我国的心理健康教育与国家的教育发展密切相关。新中国的社会主义教育从文化扫盲开始，到基础教育，再到各类职业教育和高等教育，这为我国由人口大国迈向人力资源大国，再迈向人力资本大国奠定了坚实的基础。

改革开放后，我国经济得以飞速发展，其中一个重要的原因就是社会主义教育对我国人力资源的优化产生了重要的奠定作用。然而教育焦虑亦成为社会普遍心态，是学生心理健康发展的最大的不良致因。在这一教育背景下，无论素质教育被阐述得多么重要，结果仍然是“素质教育轰轰烈烈，应试教育扎扎实实”。心理健康教育面对强大的应试机制，尽管广大心理学教育者抱以极大的热情，也不免被应试机制裹挟，使各级各类心理健康教育普遍处于边缘化境地。党的十八大以后，以习近平同志为核心的党中央高度重视我国的教育发展，多次强调“立德”树人、“三全”育人，使社会主义核心价值观前所未有地深入人心，并成为我国教育不可动摇的精神价值引领。

中共中央办公厅和国务院联合颁布的“双减”和“双改”教育改革，为应试教育向素质教育为本的转型奠定了根本。在这一宏观教育背景下，“五育”内容得到充分保障。其他学科类教育亦从传统的知识刷题教育向充满思维含量的教育教学改革转变。所以各路教育名家纷纷提出“双减”后如何拥抱素质教育，课余时间充足后校外服务如何跟上“双减”,“政策落地要做好思考题”等一系列如何保障素质教育发展的命题。在素质教育真正来临的时代,心理健康教育必然获得了广阔的实施场域,为满足广大在校生的心理发展需要提供了良好的教育时空条件。同时就如何切实有效开展心理健康教育,结合国情研究探索中国特色社会主义的心理健康教育理论,提出了新的时代要求。总之,心理健康教育与国家的教育发展密切相关、紧密相连。当前,党中央、国务院制定颁布的一系列教育新政和心理健康政策措施,为创立新时代中国特色社会主义心理健康教育理论体系提供了坚固的政策保障和教育要求。

其次,我国作为占世界人口五分之一的人口大国,有着数千年的文化积淀,传统文化对国家的教育,对国民的教化乃至国民性的发展,和人格特征的形成必然发生长期的浸润作用,相对于世界各国的国民心理具有人类的共性心理,也有诸多的心理差异。因为不同的文化传统和社会制度,必然造就不同的社会价值观、人生价值观和教育价值观。其对人的心理发展无疑产生重要的塑造功能,忽视不同国家民族之间的文化和社会制度差异对心理发展的作用,一味运用西方心理学理论包括评价方法来研判中国国民心理特征和规律,显然有违实事求是的科学要求。所以,我国的心理健康教育必须充分尊重本国国情,尤其是要直面改革开放以来社会、经济和教育发展实践中出现的各种心理冲突与矛盾,立足于本国国民心理和心理教育的发展需要,以促进本国和广大在校生的心理健康发展为目标;遵照习近平总书记提出的“扎根中国、融通中外、立足时代、面向未来”的要求,积极探索符合中国国情的社会主义心理健康教育理论、教育方法和教育规律。

最后,世界各国社会经济发展差异、灾害频发、贫富差距、环境污染和各类矛盾冲突等因素,给人类心理健康发展带来不同程度的负面影响。但是我国有中国共产党的领导和社会主义制度的保障,有中国共产党人的精神谱系和革命文化、先进文化以及优秀传统文化的教育影响,在应对人类心理发展的矛盾过程中,必然有着特殊的精神和文化心理力量。而心理健康教育的发展与一个国家的精神及文化心理的强大密切相关,探索研究中国社会主义条件下特有的国民精神和文化心理,在抵御现代人类社会和发展过程中消极不良心理刺激的作用机制,以及广大在校生的心理健康教育发展的特征与规律,无疑是中国特色社会主义心理健康教育理论的重要内容,也是我国心理健康教育的重要特色,同时还能够丰富世界心理健康教育理论,为人类心理健康发展提供宝贵的借鉴。如果说心理科学本身是一座大厦,若这座大厦的建构离开了对中国人的心理研究,那么它将是一个先天不足的作品。中国特色社会主义心理健康教育理论、方法和心理发展规律的研究,无疑具有人类心理健康发展的世界价值意义,所以我们必须坚定自信地创立中国特色的社会主义心理健康教育理论体系。

## 四、心理健康教育不能"失魂落魄"，必须以思想价值引领为支撑

为什么说心理健康教育必须以思想价值引领为支撑？首先要看到这是"育心与育人"相结合和"三全"育人的教育要求，为党育人、为国育才是社会主义教育的本质规定，如果将心理健康教育理解为单纯的心理健康知识教育，或者延伸至心理适应性增强、心理咨询、心理干预、心理辅导等一系列心理教育内容，不能充分认知思想价值引领在人的心理健康发展中的作用，仅仅只注重心理学的工具价值理性，却忽视了教育的价值理性，也无法体现心理健康教育的自信和教育价值，其结果只能处于对西方心理学理论的跟从状态。因为人的心理本质上属于精神的范畴，凡是精神范畴的内容，无一不与人的思想价值观相连，缺乏正确的思想价值观支撑的人，其精神必然难以健全，而精神的不健全，最终会影响人的心理健康发展。可以说持有正确的思想价值观，是一个人精神健全和心理健康发展的核心精神底蕴，唯有以思想价值引领为支撑的心理健康教育方能实现工具理性和教育理性的双重价值意义，使心理健康教育产生固本培元的教育效能。

其次，教育生活的现实也迫使我国心理健康教育必须以思想价值引领为支撑。众所周知，在市场经济大潮的冲击下，无论是高校还是中小学早已不是神圣的绿洲。社会生活中的功利主义不断侵蚀着我们的校园，并呈普遍蔓延的趋势。毋庸置疑，当下浓郁的功利主义是影响学生心理健康发展、诱发诸多心理矛盾冲突的重要致因。因为人有认知、动力、调节三大心理系统，思想价值观的混乱，对心理健康的影响，首先表现在致使人的心理认知不清，易进入心理误区。其次表现在学生人生心理动力机制的减弱。再次表现在当学生面对人生挫折和人生困境时，严重缺乏心理调节能力和心理坚韧性，更谈不上积极的心理复原力。一句话，一个人是否拥有正确的思想价值观，本身就是心理健康的重要标志。面对校园的教育生活现实，强调心理健康教育过程中的思想价值观的引领作用，具有重要的现实意义，也是社会主义教育的本质规定。

此外，要看到现代信息社会背景条件下，各种网络媒体与舆论对广大在校生的心理发展有不可低估的作用，其中存在对学生思想价值观的误导，从而影响学生心理健康的发展已是不争的事实。如我们强调劳动教育，通过劳动产生劳动体验，增强劳动意识和劳动能力，达到优化心理素质的教育目的，具有不容置疑的科学性。但是，某高校教师针对某地高校组织大学生开展宿舍自我保洁、实施劳动教育事例，却强调"大学是传播高深学问的地方"，并引用美国"服务性学习"的教育理念证明，论证该高校培养学生自我管理、自我服务意识，"让学生承担宿舍自我保洁是本

末倒置”的错误教育。还有媒体认为大学生在宿舍几天不下楼，花钱雇同学取外卖，甚至花钱雇人到课堂“点名签到”，也是校园“懒人经济”的兴起，是“市场化的合理产物”。上述事实充分表明，当下广大在校生的思想价值认知，因种种原因受到不同程度的误导，思想价值认知有误对心理健康发展毫无疑问是负面的，而且是致使不健康的心理行为频发的重要诱因。它表现在对学生客观事物的认知能力，在学习生活动力以及应对学习、生活、挫折、困难的人生意志力诸多方面。如果心理健康教育仅限于心理科学知识和各种心理技能辅导的教育层面，失去思想价值观的引领支撑，犹如失去灵魂的教育。心理健康教育的知识无论多么科学、丰富，都不能促使学生形成使命感、责任感、是非感和正义感，结果是丧失了健全的精神和强大的人格支撑，亦很难使学生做到面对现实、快乐生活、创新人生、走向真理。古人有言：“欲修其身者，先正其心；欲正其心者，先诚其意。”“心诚意正思虑除，顺理修身去烦恼。”一定意义上，正是对今天强调人的心理健康发展与思想价值观密切相关的概括和诠释。

## 五、理想信念是心理健康教育的“精神之钙”

习近平总书记指出，“理想信念缺失，乃百病之源”，是从政治高度强调理想信念对广大党员干部的教育意义。习近平总书记的这一论断同时蕴含着深刻而丰富的心理学原理，从现代心理学方面阐释了认知对人的心理健康具有广义的科学真理价值。

首先，坚定的理想信念是抵御各种心理疾患，维护心理健康的精神底蕴。因为一个人的理想信念是建立在对客观世界的心理认知基础上。凡是有了坚定的理想信念，就会有良好的人生专注力和饱满的道德情感，就能勇于面对生活中各种负面干扰，乃至人生的挫折，甚至生活的遭遇。心理资本学说认为，人的“坚韧性”是核心的资本要素，使人能从逆境失败以及无法抗拒的现实中复原的能力，所以又称“复原力”。有复原力的人不会被击倒，能在困境中成长。其实任何复原力其根本都是源于一个人的理想信念，离开了理想信念的精神支撑，仅凭复原力心理素质，摆脱困境战胜挫折的力量不仅有限，且是限于“小我”境界，唯有以理想信念为支撑的人生专注力和道德情感，方能立足于“大我”的境界，具有社会性的崇高价值意义，进而能产生抵御各种挫折和摆脱困境的持久而强大的心理能量。从微观看，一个人的理想信念愈坚定，人生行为愈专注，精神就愈集中，抗干扰能力就愈强大，犹如大脑皮层形成了一个稳定的“兴奋灶”。产生越兴奋越专注的心理机制，对大脑皮层其他区域的抑制就愈深刻，高度专注、高度兴奋，伴随对其他皮层区域的高度抑制的生理心理机制，面对各种劳累、忙碌、紧张的学习工作生活现实，就会出现

"虽动犹静、虽劳不疲、虽扰仍坚"的心理效应。

古代心理卫生强调:"守礼莫若敬,守敬莫若静"。这个"静"不是静思灭想,而是动中取静。一个人如果没有理想信念,或理想信念不坚定,很容易为外物所扰,尤其是在社会转型时期。各种管理政策、管理机制以及现实环境都处于逐步完善过程,加之市场条件下各种心理诱惑和不良刺激,动摇心中本已确定的理想信念,被各种不正确的欲念诱惑、为名缰利锁所困,患得患失,忧心忡忡。妄想、愤怒、沮丧,在大脑中"大闹天宫",心理行为不停变幻。心不定,神不安,神不安,心气乱,"心乱则百病生",结果是"魂神伤魄神散",心理健康从何谈起?所以一位援鄂抗疫专家面对肆虐变幻的疫情发出"在一切不确定性中,人的信念是最确定"的感悟。上述充分表明坚定的理想信念,对人的心理健康的价值意义。

其次,理想信念是积极心理和心理健康发展的基础。人的理想信念一定意义上讲是超越现实,对未来人生目标的深层需要的理性表达,是立足于现实对未来美好生活的高度确信和发自内心的自觉认同,更是人生价值观在人生道路上的目标追求和对未来人生的积极心理企盼的集中体现。习近平总书记指出,"没有理想信念,就会导致精神上缺钙。"同理可推,青年学生如果失去了理想信念的内在支撑,就意味着心中没有未来、没有希望,至少缺乏清晰的人生理想。马卡连柯说过,"培养人就是培养他对未来的希望"。教育从一定意义上讲,就是播种学生对未来生活的理想信念,一个人有了崇高坚定的理想信念,其内在心理必然呈现持续积极的心理和奋发进取的意向,其心理健康自不言而喻。相反,如果一个青年没有理想信念,犹如在人生航道的前行途中失去了正确的导航,不仅会偏离航道,还会导致人生航船的颠覆。一位哲人说过,"知道为什么活着的人几乎可以承受一切"。坚定的理想信念是一个人最本质的核心的心理素质。所有健康心理都建立在理想信念基础上,这样才能以稳定的坚韧性和强大的内心勇于面对人生的困惑和困境。强调理想信念与人的心理健康教育发展的相关性,绝非政治说教,而是蕴含着深刻的心理学原理。

再次,理想信念是促进心理健康发展,形成良好的心理资本构成的核心要素。现代人的心理资本分为有形资本和无形资本两大要素。有形资本主要有文化、学历、专业技术、工作经历、经验等。无形资本主要有理想信念、道德情感、人生专注力、社会适应性等。公式表述如下:

$$TECT=(CIK+EPS+TTS)\cdot EB\cdot EE\cdot EF\cdot SPA$$

式中,TECT:心理资本总量;CIK:文化学历;EPS:专业技术;TTS:工作经历经验;EB:理想信念;EE:道德情感;EF:人生专注力;SPA:社会心理适应性。

从公式中可以清晰看到,理想信念、道德情感、人生专注力三个要素在人的心理资本要素中产生重要的“乘数”效应。从微观看，个体人生发展层面一个重要的积极因素就是理想信念是保持心理专注力的基础，而良好的心理专注力又是心理能量聚焦的保障。人与人的智力存在差异，但人与人的心理能量却差异不大，心理能量一旦聚焦，犹如太阳底下的放大镜，能把纸点燃。所谓“一生只做一件事，把不可能变为可能”，本质上就是心理能量高度聚焦的结果。从这个意义上讲，理想信念对人的积极心理形成和心理健康发展具有绝对的价值意义，唯有在理想信念支撑下，方能使人形成积极思维、乐观理性认知的心理效应，这也恰恰是心理健康教育的目的。

## 六、中国共产党人的精神谱系是心理健康教育取之不尽的“思政宝库”

习近平总书记强调，要把“立德树人”融入各领域、各教学体系。“三全育人”也是强调这一教育宗旨。新时代中国特色社会主义的心理健康教育，毫无疑问应坚决贯彻，充分体现“立德树人”和“三全育人”的教育宗旨。

首先，要清晰认识到充分吸取中国共产党人的精神谱系中丰富的心理健康教育思政素材，是新时代中国特色社会主义心理健康教育战略发展的需要。因为当下的心理健康教育无论是面对西方发达国家的各种先进心理学理论的引进应用，还是我国自身的心理健康教育实践中产生的教育方法创新，以及面对各种心理健康矛盾的化解和应对，本质上都必须服从社会主义教育大局的目标。即坚持党的教育方针，遵循教育为中国共产党治国理政服务，为巩固和发展社会主义制度服务，为改革开放和社会主义现代化建设服务，培养一代又一代拥护中国共产党领导和我国社会主义制度，立志为中国特色社会主义奋斗终生的有用人才。这才是教育工作的根本任务，也是教育现代化的方向和目标。充分吸取中国共产党人的精神谱系中心理健康教育的思政资源，实现中国共产党人精神谱系与心理健康教育发展的有机深度融合，将我国的心理健康教育与继承中国共产党人精神谱系紧密结合，对建立强大的国民心理体系和青少年心理教育体系具有重要的战略发展意义。因为人的精神与人的心理是两个联系最紧密最相关，也是相互影响最大的概念范畴。强大的心理源于强大的精神，强大的精神是强大心理的支撑。精神对人的心理发展起决定作用，人无精神不立。中国共产党人精神谱系是我国国民心理健康发展和积极心理的源泉所在、根脉所系。因为有了健全的精神才能具备“风雨不动安如山”的心理定力，源自精神信念的内在心理定力正是心理健康发展的基础。相反，离开了强大的精神支撑的心理势必失去内在的稳定，内在心理动摇不定，往往是诱发各种心理矛盾冲突的重要致因，如此就难以保障心理健康的发展。所以清晰认知人的精神与人的心理健康发展关系，牢牢把握中国共产党人精神谱系对人的心理健康发展作用的教育机制，无疑是新时代中国特色社会主义心理健康教育的重要环节。世界各个国家、各个民族都有其自身的奋斗史、发展史，对心理发展都有客观存在的教育价值意义。但是中国共产党人精神谱系则是中华民族和中国人民长期以来在中国共产党领导下形成伟大的“创造精神，奋斗精神，团结精神，梦想精神”等一系列举世无双的宝贵精神资源，对人的心理健康发展具有无比重要的激励优化作用。无论是客观上对国民心理发展建设还是微观对个体心理健康教育发展，都是取之不尽的精神心理源泉。可以说，在我国心理健康教育领域，坚持吸取中国共产党人精神谱系中心理学思政素材，既是实现社会主义教育目标的需要，也是心理健康教育发展战略的需要。

其次，中国共产党人精神谱系具有强大的心理感染和心理激励力量，对人的心理健康能产生极大的心理教育效应。中国共产党人的精神谱系中有很多内容是与时局动荡、战火纷飞年代中血与火的奋战、抗争、拯救相关，对于今天处于和平生活中的青少年，不仅存在一定的心理距离，还可能难以被理解。尤其是曾一度抬头的历史虚无主义，对于战火年代付出生命的英雄事迹予以不负责任地调侃、戏谑甚至质疑、丑化、恶搞，使本来应成为引领广大青少年前行的精神坐标却被不同程度地消解。习近平总书记指出，“我们要铭记一切为中华民族和中国人民作出贡献的英雄，崇尚英雄，学习英雄”，吸取中国共产党人精神谱系的心理教育资源，既是增强心理健康教育效能的需要，也是对英雄的捍卫和学习。中国共产党人精神谱系充满了取之不尽的心理健康教育的思政资源。如建党精神中“南陈北李，相约建党”中两位党的创始人，坐拥北大教授的优渥生活，本可以怡然自得、安逸一生。但是他们却心系天下苍生，忧国忧民，为马克思主义的传播和中国共产党的建立，不惜牺牲。这种崇高的精神基础上形成的强大心理，对今天青少年应对化解现实生活中的大大小小的矛盾和内心冲突，无疑具有深刻的心理启示和重要的心理教育价值。邱少云面对烈火焚身毛发皮肉烧焦，痛苦地将双手插入泥土，全身最后只剩下胸前巴掌的这一块棉衣，为了不暴露目标，身体一动不动，多数人看到的是“视死如归”“律令如铁”“纪律高于生命”的价值认知。但是心理学者还应该认知他崇高信仰支撑下迸发的超人的心理意志力。时代楷模王继才早年仅靠一盏煤油灯，以自己青春心血独守孤岛 32 年，凭什么战胜孤独、克服焦虑、排遣烦闷？一句“守得了心才能守得住岛”，蕴藏着深刻又科学的心理学原理。航天英雄杨利伟经历了 58 门课程、3000 余小时的苦学，还要接受每小时 100 千米旋转速度的离心机魔鬼训练，直至面部肌肉拉变形，出现五脏六腑几乎震碎的感觉，也不肯按下停止键放弃训练，这种吃苦耐受源于什么心理机制？大国工匠李凯军将金属圆球通过锉、削、磨、抛，幻化成精致的十二面体，精度达到 0.01 毫米，相当于头发丝的 1/6，高度的心理专注力和稳定的协调性的背后，是每天早晨400个俯卧撑，20年滴酒不沾，这种如切如磋、如琢如磨的心理专注能力能说不是珍贵的心理健康教育的资源？铁人王进喜面对即将发生的井喷事故，跳下水池不惜以身体搅拌水泥砂浆，“宁肯少活20年也要大油田”。这种将社会价值置于个人生命价值之上的价值认知，出于什么动机？“石油工人一声吼，地球也要抖三抖”的浪漫英雄豪气反映什么性格？可以说中国共产党人精神谱系中，有许许多多的心理健康教育的思政资源，对人的心理发展充满了激励和感染，能产生极大的教育心理效应。

再次，中国共产党人精神谱系对人的心理健康具有“扶正祛邪”的教育效应。“扶正祛邪”源于中医心理学原理强调“正气存内，邪不可干”，认为即使面对外来病症也应以“扶正”为主，如果一味“祛邪”会使正气受损，唯有扶正方能去邪，扶正不会敛邪。对现实生活中节奏快、竞争激烈、压力大、矛盾多、冲突多、焦虑重等诸多负面心理刺激，为了有效维护自身的心理健康，同样应坚持“扶正”的原则，因为唯有“扶正”方能有效抵御现实生活中各种负面不良刺激。中国共产党人精神谱系中充满了人的心理发展正能量，在抵御心理疾患、维护心理健康方面，首先表现在对人的思维认知方面，古人有言“主明则下安”，这里的“主”就是指人的大脑。一个人只要大脑思维认知清晰，有机体就处于和谐稳定中，即脑不病则心不病，心不病则人自宁。相反，一个人如果认知不清，思维混沌就会“主不明则十二官危”。还会表现在抵御各种心理疾患的心理免疫机制方面。现实生活中的人不可能诸事百顺，人生发展中难免遇到各种矛盾和挫折，唯有持有坚定正确的精神价值观的人，才不会被各种心理矛盾所缠扰，也不会被人生挫折所击倒。由于具有良好的心理免疫力，相反会出现屡挫屡奋，愈挫愈奋的心理机制，即使人生失误也是“反求诸己”，绝不会报复社会，抱怨他人。这种直面现实、正视自我、自我调适、自我激励的心理，恰恰是一个人自身内在形成积极心理的重要标志。培养人的积极心理、激发人的潜能，无疑是心理健康教育的重要目的。扶正使人的精神有灵魂，心里有定力，人生有动力。中国共产党人的精神谱系充满了促人向上向善的心理动力和美好的人性体现，对人的心理健康发展具有不容置疑的扶正祛邪的心理教育效应。

最后，需要阐明的是，极“左”的年代曾把精神作用无限夸大，在市场经济条件下，又出现了金钱物质似乎万能的倾向，两种错误倾向对教育均产生不同程度的负面影响。今天，我们在心理健康教育过程中重视吸取中国共产党人精神谱系中宝贵的“思政”资源，无疑应摒弃上述两种错误倾向。心理健康教育主动积极吸取开发所有先进精神的思政资源，不能理解成机械的道德输出和价值传递，不是对心理健康知识传授和心理素质优化功能的消解，也不是“1＋1”的简单相加，更不是“插入广告”式的嵌入，而是将心理学原理与先进的精神资源予以有机的生态重构，达到如盐化水的浸润式教育，在保持心理学知识体系整体基础上，充分吸取继承精神资源的心理教育价值，进一步彰显人的心理健康对人的发展的增值作用。其从育人和育心相结合的高度，对心理健康教育产生更为深刻的理性认知。所以应用先进精神资源思政价值的前提，心理教育者必须首先深耕、深读、深度解析学习中国共产党人精神谱系内容，依据心理健康的需要吸取与心理学相关的思政素材，精准选择，精准投放，以生动案例、深刻原理增强心理健康教育的吸引力、感染力、说服力，教育广大青少年形成正确的为人、为学、为事的行为逻辑和人生心理发展的价值导向，实现思想价值引领在心理教育健康教育中，增强心理素质同时亦达到立德树人的教育目标。

## 七、“治未病”是心理健康教育的重要原则

习近平总书记强调，“消未起之患，治未病之疾，医治于无事之前”，把“治未病”观念巧妙地用于治国理政中。“治未病”的核心就是未病先防，防患于未然，寓防于治。这同样应作为心理健康教育的原则。一个人口渴了才去掘井，打仗了才去铸兵器显然为时已晚，凡事预则立，教育部颁发的《高等学校学生心理健康教育指导纲要》中将“发展性与预防性”和“预防干预”，分别列于心理健康教育的四个原则与四位一体的工作格局当中。目前心理健康教育诸多矛盾中突出的恰恰是“预防”意识缺乏，普遍表现为重咨询轻教育，在教育中又重知识轻活动。“活动为主，贵在体验”，是众人皆知的心理教育原理。但是各类高校的心理教育中心把心理咨询普遍视为“主业”，很少有效组织面向全体学生的心理教育活动，即使开展活动，也存在重形式、轻内容、轻实效的现象。尤其是不少心理教育中心建立了心理筛查环节，却疏于对筛查数据的分析和预防应用。由于预防意识薄弱，心理教育与咨询存在很大被动性，每当发生令人痛心的生活事件后，人们往往普遍将其归于心理干预不及时，导致干预意识被不断强化。其实，心理干预的前提是有效的预防，防为本治为标，防重于治，预防为治本之道。缺乏预防意识的心理干预很难做到有的放矢的前瞻性、及时性、针对性和有效性。把心理咨询视为心理健康教育“主业”的最大缺陷，是很难发现“微笑型抑郁者”。因为心理咨询的干预前提是被动地等待有心理事件危机的人上门求助，那些高智商高情商的“微笑型抑郁者”恰恰没有，甚至不愿意主动求医。这种建立在西方临床医学模式上被动的心理咨询，显然不符合我国的文化心理和教育传统。而坚持“治未病”的心理健康教育原则，以育人为核心的教育模式具有显著鲜明的教育主动性，能在教育活动中实施相关心理教育过程中，及在一定的时空条件下实现大面积的学生群体心理干预式预防教育，增强全体学生心理发展，同时促使学生内在的“问题”心理产生正向的积极心理感悟，也有助观

察发现潜在的“微笑型抑郁者”,使心理干预有效前移,从而达到心理预防的目的。

“治未病”就是治未病之病,治欲病之病,未病先防,就是将心理健康教育建立在心理预防意识基础上,主动地将教育和预防相结合,凸显心理健康教育对学生心理发展和心理事件预防的主动性,切实构建学校、院系、班级、宿舍四级预警的防控体系。相反,如果缺乏应有的预防意识,所谓四位一体工作格局和四级预警体系的功能均大为削弱。坚持“治未病”的原则,确立牢固的心理预防意识,真正做到防患于未然,相对于各种心理危机的干预,尤其是各种生活事件的善后,其教育成本和管理成本都大为降低,其教育管理意义不言而喻。

最后要看到,“治未病”的心理健康原则,还有助于社会心理服务体系的构建。心理健康教育是社会心理服务体系的重要构成内容,也是心理学在社会治理体系中的价值应用。无论是宏观社会心理的和谐稳定,还是微观个体群体心理的健康发展,都需要确立牢固的心理预防意识。唯有在心理健康教育中持有心理预防意识,方能发现问题,唯有发现问题才能谈得上解决问题,唯有发现问题、解决问题,才能有效实现社会心理服务和社会心理治理。因为各类各种个体群体的心理事件的防范,建立在心理预防基础上,失去了良好的心理预防意识,既不利于心理问题的发现,也不利于社会心理矛盾的消除。将“治未病”列为心理健康教育的原则,注重防患于未然,未病先防,既有利于身心健康发展,又有利于预防各类生活事件发生,而且与我国国民文化心理的发展需要相一致,相对于被动的医学心理咨询模式具有更为重要的现实意义。

## 八、心理健康教育是校园疫情防控不可缺失的重要环节

从“非典”到 “新冠”,全国高校普遍经历从停课停学到复课复学的过程。尤其是全国“新冠”流行期间,实施封校、封楼、线上教学等一系列管控隔离措施。由于原有行为模式生活节奏的改变和行为活动的管控受限,致使各种负面情绪在校园学生中滋生蔓延,“新冠”事实上已成为校园学生心理的“应激刺激源”。调查表明校园学生负面情绪排位靠前的主要有焦虑、恐惧、愤怒、无助、无聊、孤独、烦闷、痛苦、哀伤等心理特征。其中无奈、无助、烦闷、无聊等负面情绪具有普遍性。部分学生出现逃避、对抗、示弱、从众、不知所措等应激心理反应。如何清晰地认知校园疫情中学生的异常心理和变化规律,实施科学的疫情心理防控,有效开展疫后心理重建是摆在广大心理健康教育者面前不容回避的课题。

首先要认识到疫情管控隔离下学生行为活动受限产生异常心理具有必然性。行为科学试验早已表明,有机体即使局部活动受限,被试就会焦虑紧张,随着试验受限时间延长,被试还会出现精神幻觉。同理可推,在封校封楼包括“密接”隔离境

况下，出现负面情绪是常态反应。所以在疫情防控实践中，不少高校探索建立“校—院—班—宿”四级网络化机制，充分发挥心理信息员的末端预警感知功能，建立公益心理援助平台，提供心理服务，实施“一人一组，一人一策”、精准心理干预等系列抗疫措施。但是心理康教育者必须理性地认识到在病毒“阻击战”中，必须带领全体学生与负面情绪打好心理防“郁”战。防疫必须防“郁”，是校园疫情心理防控的重要“战疫”原则。如何增强学生的心理“免疫力”，有效抵御各种负面情绪对学生心理健康的侵蚀？心理学理论和心理健康教育者具有重要的指导意义。众所周知，人的情绪优化主要有运动、艺术、自然三大行为处方。“运动”无疑是校园疫情心理防控的首选，尤其在校园“动态清零”的条件下，应当充分利用高校的校本资源，认真组织鼓励学生积极参加各种形式的运动。国内外研究均表明，运动能解焦降郁，改善内分泌系统激素分泌水平，优化脑中枢神经功能，能增强人的自我效能感，提高人的意志力和自控力，中强度运动还能有效优化人脑的海马回和前额皮质功能，增强人的认知能力，运动还能增加人的乐群性，有利弱化人际心理冲突，优化校园人际关系。运动可谓最好的心理干预，也是有效的心理抗疫和心理防“郁”途径。

此外，运用“艺术”在校园心理防疫中的作用。所谓“饭养身，歌养心”，即是强调音乐维护人的心理健康的作用。人的“七窍”是相通的，感知神经是普遍联系的，健康悦耳的音乐能引起有机体视觉、味觉、嗅觉乃至触觉感知系统一系列良性的心理反应，突出表现为对人的情绪和情感的调节感染作用。音乐家吕骥说，“音乐能对战士起到鼓舞作用”。凡是音乐都具有情绪情感的表达功能，即使是没有歌词的乐曲如《黄河》，每个中国人听到都会感到振奋、自豪、骄傲和激励。而合唱又是音乐的最高形式。著名音乐家马革顺很早就说过，“合唱最能振奋精神，是崇高向上的”，作曲家郑律成早年也认为合唱是最伟大的艺术，具有宏伟激动人心的功能。孔子有言“兴于诗、立于礼、成于乐”，“闻其乐而知其德”，音乐有教化的功能。合唱生于群体依赖群体，全体成员的共同歌唱，会产生鼻腔、胸腔、脑腔三腔共鸣，相互感染气血畅通的生理机制，最终一扫学生心中的“心霾”。音乐艺术无疑具有重要的“心理抗疫”价值。在我们阐述运动和艺术形式在疫情防控中的心理“抗郁”价值，是否意味心理学价值的失落？回答是否定的。心理健康教育价值首先体现在对各种运动和艺术的理论指导和实践活动设计方面。因为各种运动和艺术形式的活动不是以提高学生的运动和表演技能为目标，而是以心理“抗郁”为目标，以心理学原理和心理健康教育理论为依据，甚至歌曲的选择也必须以学生的“抗郁”心理需要为准。以合唱活动为例，它追求的是全体学生心理的正向激励，相互感染，情绪和情感的优化。至于音域、音准、节奏等艺术要求是其次的。唯有在心理学原理指导下，以心理健康教育理论为依据，以心理“抗郁”为目标组织设计的运动和艺术活动方能实现心理健康教育最优化效果。

其次，无论何种形式的运动和艺术，本质上都是一种“活动”，“活动为主，贵在体验”是心理健康教育的重要原则，唯有活动“科学”，方能体验良好，随着良好体验的积累，使良好的心理体验逐渐固化形成学生的内在人格特征，心理健康教育就实现永久的价值。实践中不少高校依据心理学原理，将运动与艺术有机结合，创设“动感韵律”“欢乐气排球”等集运动与音乐为一体的活动，使学生情绪得到有效放松，体验快乐，解焦降郁，甚至改善睡眠。所以运动和艺术已成为很多高校“心理干预坊”的重要工作内容即是最好的印证。

再次，疫情防控中高校普遍设置了在线咨询、危机干预、精准干预、心理“云”训练等一系列心理教育措施。一定意义上讲，确有构筑校园疫情防控“心理长城”的意义。但是，所有被干预的对象相较于全体学生而言，仍处于“小众”范畴，心理健康教育重要的原则之一是“面向全体学生”，促进全体学生心理健康发展。而各种运动和艺术形式活动，无论活动范围或参与对象都具有广泛的群体性，具有鲜明的“大众”心理健康教育意义。心理健康教育必须“固本培元，标本兼治”，既要重视特殊的个体心理矛盾，更要注重全体学生心理的共同健康发展。唯有确立面向全体学生的心理健康教育意识，依据心理学原理积极组织开展多种形式的“运动”和“艺术”，方能实现心理健康教育最优化效果，进一步凸显构筑高校疫情防控“心理长城”的价值意义。所以，确立体验式心理健康教育理念，面对“动态清零”的封控校园，精心设计，认真组织开展，使全体学生积极参与的各种形式心理教育“活动”，是校园疫情心理防控的有效途径。

新冠疫情犹如风暴搅动的海潮，当海潮退去，校园解封，部分学生因种种原因和疫情造成的心灵创伤，特别是思维和行为的紊乱，往往会因新的学业、人际、情感矛盾出现诸多心理困扰。修复疫情心理创伤，重视疫后心理重建，可谓校园心理健康教育不得不正视的命题。校园疫后心理重建首先应对疫情诸多心理特征予以梳理与分析概括，思考研究如何将失望与振作、虚弱与强大、退行与发展等诸多两极性矛盾心理引导走向健康的发展方向。如同样是“孤独”体验，有人消极悲观，有人却因“独处”不断内省，使心智“发酵”，增强思维的深刻性和洞察力，促进心智的成熟和心理健康的发展。“疫情促成长，逆境恰自强”，心理健康教育者重视引导学生心理正向良性发展，是疫后心理重建的重要内容。教育能够帮助学生形成新的心理支持系统。疫后学生由于情绪的两极性，对心理支持系统的需要更为迫切。凡是内心具有良好心理支持系统的学生，不仅有基本的“抗郁”能力，同时还有稳固的心理发展动力，因为一个人的心理支持系统不仅汇聚了身边的心理资源，使其心理镇定，亦包含其人生的信念方向。相反，一个缺乏稳固的心理支持系统的学生，不仅难以抵御外在的不良刺激，其内心也很难强大，心理健康从何谈起？学生情感心理的优化建设是疫后心理重建的重要途径。众所周知，情感对情绪具有支配作用，良好的情感是抵御不良情绪的心理底蕴。疫情中面对共同的疫情防控心理压力，形成共同的抗疫目标，师生和同学间出现很多相互合作、相互关照的情感支持。如高校寝室中，“足不出户，温暖同步”“疫情不染，静待疫散”“抗疫路上携手前行”等，本质上反映的都是可贵的善良的情感心理支持。长期的应试机制形成广大学习者浓郁的“竞争”意识，而疫情防控却唤醒了同学们的“合作”心理。合作与竞争是群体互动的两大方式，灾难面前唯有“合作”，才能释放群体抵御灾难的最大效应，维护相互合作、相互关照的情感心理，并将其烙入广大学生的内心，无疑大大有利于疫后心理重建。幸福研究人沙哈尔说“幸福的良好来源之一，就是给予他人帮助”，“慷慨帮助他人会使自己感觉更好，帮助他人与帮助自己之间形成一个自我强化的环路”，形成“螺旋式上升”的慷慨。这种对善良的渴望与拥抱恰恰彰显了人之为人的共情天性。相反，如果以为疫情已散、灾难已过，内心趋向精明世故、算计利益，将所有的付出都计入利益回报的成本，不仅不利于疫后心理重建，连基本的心理健康也无从谈起，因为世故的本质就是极端自私，一个极端自私的人本身就是心理不健康的。人们常说“医者仁心”，其实教者亦是“仁心”，心理健康教育者更为“仁心”。因为教育的本质就是教人向上向善，善良和责任是道德感的两大核心要素，而道德感又是情感的首要核心要素。“大学之道，在明明德，在亲民，在止于至善”。培养善良、有道德、人格完善的人，正是心理健康教育的目标。所以依据情感支配情绪的心理学原理，注重疫情情感心理的优化发展，是疫后心理重建的重要途径。

# 第一章 大学生心理健康教育导论

## 知识框图

- 心理活动与心理健康概述
  - 心理活动的实质和特点
  - 心理健康的含义
  - 心理健康的标准
- 大学生心理健康教育概述
  - 大学生心理发展的特点
  - 大学生心理发展阶段
  - 大学生心理健康教育的内涵
  - 大学生心理健康教育的意义
  - 大学生心理健康的标准
  - 影响大学生心理健康的主要因素
- 大学生心理健康教育的实施
  - 大学生心理健康教育的原则
  - 大学生心理健康教育的方法途径

## 导入案例

从前，有三个“钓鱼人”聚在河边钓鱼。他们突然发现有人在上游被水冲进河里，挣扎着求救。于是，有一个钓鱼人便跳入水中把落水者救了上来。但在此时，他们又看见一个落水者，另一个钓鱼人跳入水中也把他救了上来。可是，他们同时发现了第三个、第四个、第五个和第六个落水者……这三个钓鱼人已经是手忙脚乱，难以应付了。

此时，一个钓鱼人似乎想到了什么，他离开现场去了上游。他在落水处插上一块木牌警告并劝说人们不要在这里游泳，但仍有无视劝告者被冲到下游深水区。后来，其中一个钓鱼人最终明白这样做不能从根本上解决问题，他决定要教会人们游泳，因为会游泳的人，不易被水冲走，即使被冲入激流、深水中，也能够应付自如。

若以此例来比喻心理服务工作，那么跳入水中救人的工作就可比喻为“心理治疗”，这是一项艰巨而充满意义的工作，往往需要花费大量的时间和精力，被治疗者往往深感痛苦；插警告牌并劝说的工作可比喻为“心理咨询与辅导”，虽然它也是一项充满意义的工作，但它一般只是对“来访者”或接受咨询者发生作用；而教会人们游泳的工作，就可比喻为“心理健康教育”，它着眼于从根本上解决问题，教会人们如何预防和解决心理问题。

# 第一节　心理活动与心理健康概述

为了更好地理解大学生心理健康教育的有关知识，首先必须要理解心理活动和心理健康的基础知识。

## 一、心理活动的实质和特点

### （一）心理活动的实质

科学的心理观认为，人的心理活动实质是：心理是脑的机能，是人脑对客观现实的主观能动反映。

**1. 心理是脑的机能**

从物种发展史来看，心理是物质发展到高级阶段的属性，是物质的一种反映形式，是神经系统、脑的机能。有机体神经系统和机能发展的完善程度不同，反映的发展水平也不同。一般来说，无脊椎动物只有感觉，进化到脊椎动物才有了知觉，哺乳类动物进化到灵长类动物后才开始具备思维的萌芽。人类自从类人猿分化出来后，随着劳动和语言的发展，人脑得到了高度的发展，成为一种在结构上极为复杂、机能上极为灵敏的物质，在此基础上产生了人类的意识活动。高度发展了的人的心理正是在高度发展的神经系统和人脑这一物质基础上产生的。

从个体心理发展来看，人的心理的发生、发展与脑的发育完善程度紧密相连。刚出生时婴儿的脑重量一般只有 390 克，9 个月后达 660 克，2 岁半至 3 岁的儿童达 900～1 000 克，7 岁时已达 1 280 克，12 岁左右时已接近成人，约 1 400 克。随着人脑的发育完善，人的心理活动水平也在不断发展，从低到高经历了感觉阶段、表象阶段、形象思维阶段、抽象思维阶段。

科学研究表明，人的心理活动就其产生的方式来说都是脑的反射活动。人的大脑的反射活动主要包括三个环节：① 开始环节，外界刺激作用于感觉器官产生神经兴奋的过程，并经传入神经向脑中枢传导；② 中间环节，脑中枢发生兴奋或抑制的过程，在此基础上产生心理活动，如感知觉、表象和思维等；③ 终末环节，神经兴奋从脑中枢沿传出神经到效应器，引起效应器的活动，如言语或动作等。所谓终末环节，并不是说活动就到此完结。一般情况下，反应活动本身又会成为某种新的刺激而引起神经活动过程，又传入大脑中枢，这一过程称为反馈。反馈活动使人的心理活动成为一个完整、连续的过程，从而使人能够完整地反映客观世界。反射活动所包括的三个环节是不可分割的。心理活动的产生是在中间环节，它在整个反射过程中起重要作用。离开了人脑，人类的心理活动就无法产生。

临床医学发现，当人脑由于外伤或疾患而遭受损伤时，其正常的心理活动就会失调和改变。例如，大脑颞上回受损伤会出现失听症，大脑皮层额中回受损伤会出现失写症。

综上所述，正是由于人有大脑这一特殊器官，才有各种各样的心理活动的产生。所以说，心理是脑的机能。

**2. 心理是人脑对客观现实的主观能动反映**

（1）客观现实是人的心理活动的源泉。脑是心理产生的器官，但它不能单独产生心理，它只为心理的产生提供可能性条件。如果要把这种可能性变为现实，还要有客观现实提供必要条件。人的心理活动，不论简单还是复杂，都可从现实中找到其内容根据。现实中有“花草树木”，人脑中才有“花草树木”。人有丰富的知识，那是人与客观事物接触的结果。人的各种心理活动，无论是简单的感觉、知觉，还是复杂的思维，都是对具体的客观存在的物或事件的感知，思维也是对感知到的“信息”进行加工的活动。即使是人的想象，就构成想象的元素来说，仍然是来自客观现实。所以说，客观现实是人的心理活动的源泉。

(2) 心理是人脑对客观现实的主观反映。人的心理活动的内容是客观的，但其形式是主观的，因为当一个具体的人反映客观现实时，总是受他的个人经验、认识水平、个性以及当时的心理状态等的制约，从而经常产生与别人不同的反映。例如，同样一部电影，不同的人看了后会有不同的感受或评价，这受到观众的个人观念、兴趣、当时的情绪等因素的影响。同一个人在不同的时期或在不同的心理状态下，对同一客观事物的反映也不尽相同。所以说，人对客观现实的反映是有主观性的。

(3) 心理是人脑对客观现实的能动的反映。人脑对客观现实的反映，不是被动和机械的，而是一种积极的、能动的反映过程。这种能动性至少有以下几种表现：① 当人将其对客观现实的反映变成知识经验、思想观念后，能自觉运用它们反作用于现实，指导改造客观世界的行动；② 人在反映客观现实的活动中，根据“实践是检验认识的标准”这一理论不断调整着自己的行动，使反映活动符合客观事物发展的规律；③ 人在认识世界和改造世界的过程中，经常表现出克服困难、达到预定目标的意志行动。

(4) 心理对客观现实的反映是在实践活动中发生发展的。劳动创造了人类，也创造了人的大脑。人的心理是在长期劳动中逐渐发展和丰富起来的。恩格斯指出：“首先是劳动，然后是语言和劳动一起，成了两个最主要的推动力，在它们的影响下，猿的脑髓就逐渐地变成人的脑髓。”人脑的形成、发展和完善，为人类心理的产生准备了最重要的物质基础。科学研究表明，人脑的发展和完善主要表现在脑量的增长、脑内结构的复杂化、大脑新的机能区增加。这些都是长期实践活动的结果。

实践是心理反映客观现实的途径。心理反应总是伴随人的交往、接触、活动、操作等实际行为进行。如果没有各种形式的实践活动，个体无法接触客观现实，那么，个体就无从产生心理。

**阅读材料 1-1　狼孩**

> 1920 年，印度的辛格博士在狼窝里发现了同狼崽生活在一起的两个小女孩，一个约 8 岁，一个约 2 岁。领回之后，小的孩子很快死去，大的起名叫卡玛拉。卡玛拉用四肢走路，用双手和双膝着地休息，她只吃放在地板上的肉，舔食流质的食物。她白天蹲在角落里面朝墙壁睡觉，夜里活动并定时嚎叫。她怕光、怕火、也怕水，拒绝洗澡，即使天气寒冷，她也把加在她身上的衣服、毛毯撕掉。经过孤儿院近十年的教养，卡玛拉才学会用手拿东西吃，用杯子喝水，直到 17 岁死去那年其智力仅相当于 4 岁儿童的水平。为何“狼孩”具有人脑却没有人类的心理活动呢？

对人类而言，社会生活现实是心理重要的源泉和内容，因为它使我们的心理活动具有了社会性。社会生活现实主要指我们所处的社会制度、人际关系、后天的教育和训练等。“狼孩”正是由于脱离了人类的社会生活现实和社会实践活动，才会出现有脑不会思考、有嘴不会说话的现象。

### （二）心理活动的特点

**1. 复杂性**

从心理活动的本身来看，其具有一定的复杂性。心理活动可表现为动态的心理过程（包含认知过程、情感过程、意志过程）、静态的个性（包含个性倾向性、个性心理特征）、中间态的心理状态（包含注意状态、犹豫状态等），三者相互影响、相互作用，构成一个复杂的系统，共同影响人的行为。

从心理活动的影响因素来看，其也具有一定的复杂性。心理活动不仅受客观现实、人脑的影响，还受个体的知识经验、生理状态等的影响。所以，心理活动因人、因情境而复杂、多变、多样。

**2. 对物质的依存性**

如前所述，脑是心理产生的器官，客观现实是人的心理活动的源泉，这些说明人的心理不仅依存于人脑，而且依存于客观现实，证明了心理对物质的依存性。

**3. 主观能动性**

如前所述，心理是人脑对客观现实的主观能动反映，这充分说明了人的心理具有主观能动性。

**4. 内隐性和表现性**

心理作为对客观现实的反映是观念性的，不像物质具有三维结构，心理具有内隐性，难以直接观察。但在一定程度上，心理活动可通过行为、表情、身体姿势等方面表现出来。

## 二、心理健康的含义

什么是健康？1990 年，世界卫生组织公布了健康的定义：一个人只有在躯体、心理、社会适应和道德等四个方面都健康，才算是完全健康。

随着人们物质生活水平的提高，越来越多的人开始关注自己的心理健康。那么，什么是心理健康呢？我们认为，心理健康是指个人在身体上、心理上、社会行为上以及道德上都能保持良好的状态。心理健康具有生理、心理、社会行为、道德等四个方面的意义。

从生理上看，一个心理健康的人，其身体状况特别是中枢神经系统应当是没有疾病的，其功能应是在正常范围之内，没有不健康的特质遗传。脑是心理的器官，心理是脑的机能。健康的身体特别是健全的大脑是健康心理的基础。

从心理上看，心理健康的人不仅各种心理功能系统正常，而且对自我通常持有肯定的态度，能有自知之明，并发展自我，能面对现实问题，积极调适，有良好的情绪感受和心理适应能力。

从社会行为上看，心理健康的人能有效地适应社会环境，妥善地处理人际关系，其行为符合常规模式，角色扮演符合社会要求，与社会保持良好的接触，且能对社会有所贡献。

从道德上看，心理健康的人能够顾及社会道德的要求，适当顾及别人的感受和利益，不以自我利益的得失来为人处事。

## 三、心理健康的标准

目前，关于心理健康的标准表述众多，难以统一。本书列举几种典型的观点，具体如下：

**1. 国际心理卫生大会的标准**

1946 年第三届国际心理卫生大会上曾具体地提出人的心理健康的标准如下。

(1) 身体、智力、情绪十分调和。

(2) 适应环境，在人际关系中彼此能谦让。

(3) 有幸福感。

(4) 在工作和职业中，能充分发挥自己的能力，过有效率的生活。

**2. 杰霍塔的标准**

美国心理学家杰霍塔(M. Jahoda)从综合各家共同点的角度提出了自己的心理健康的标准：

(1) 自我认知的态度。有意识地对自身进行适当的探索；自我概念的现实性；接受自我，能现实地评价自己；心理认同感觉的明确性和稳定性。

(2) 成长、发展和自我实现。实现自己各种能力及才干的动机水平，实现各种较高目标的程度。

(3) 整合的人格。各种心理能量的适宜的动态平衡，有完整的生活哲学，在应急条件下能坚持并具有忍耐能力和应付焦虑的能力。

(4) 自主性或独立性。遵从自身的内部标准，行为有准则。

(5) 对现实的感知能力。没有错误的知觉，对于所预期及所见之物重视证据，对于他人的内心活动有敏锐的觉察力，有同情心。

(6) 对环境的适应能力。具有爱的能力，并建立了令人满意的性关系，有足够的爱、工作和娱乐；人际关系适宜；能够适应环境的要求；具有适应和调节自身的能力；能有效地解决问题。

**3. 张春兴的标准**

我国心理学家张春兴认为，心理健康的标准是：

(1) 了解自己并肯定自己。

(2) 掌握自己的思想行动。

(3) 自我价值感与自尊心。

(4) 能与人建立亲密联系。

(5) 有独立谋生意愿和能力。

(6) 理想追求不脱离现实。

## 第二节　大学生心理健康教育概述

大学生心理健康教育的实施首先要根据大学生心理发展的特点提出一些预防和解决心理问题的办法。那么，首先我们要了解大学生心理发展的特点。

### 一、大学生心理发展的特点

大学生的生理发展已接近完成，已具备了成年人的体格及种种生理功能。从中学到大学，生活环境发生了巨大改变，而大学生所处的年龄阶段又决定了他们的心理尚未完全成熟。以这种尚未完全成熟的心理状态来面对环境的巨大变化，其心理发展之路必定是坎坷不平、动荡不安的。可以说，大学生的心理问题更复杂、更多变、更独特。而且大学校园又不同于任何一种别的社会生活环境，它在社会中处于一个特定的层次。因此，大学生的心理发展有着十分明显的特点。

#### (一) 自我意识增强但发展不成熟

自我意识包括自我评价、自我体验、自我控制等。大学生的自我意识一般表现出如下特点。

**1. 自我评价有了较高的客观性、连续性和稳定性**

大学生自我评价同自己的客观实际比较接近，高估和低估现象只发生在少数大学生身上。他们进行自我评价的方式有三种：一是把自己同他人作比较，从而认识自己的优劣和长短；二是把自己的现实同自己的历史作比较，从而认识自己的进步速度；三是把自己的现实同未来作比较，从而发现自己现实状况的差距和不足。后两种方式表明，大学生的自我评价已经具有了连续性和稳定性的特点。

**2. 自我体验深但不稳定**

由于社会对大学生的要求及其自身身心的发展,他们经常在各种场合自我反思。由于对自身的发展以及对自身社会地位的日渐关心,大学生对自己的一切行为极易产生强烈的内心体验,但由于其自我体验有着较多的情感性,故不够稳定。

**3. 自我控制的水平明显提高,但有时容易冲动**

大学生基本能按照自己的理想和追求规范自己的行为,并能逐渐以社会标准和社会要求调节自己的行为,自我控制水平大大提高。但从总体上看,由于他们生活经验少,对一些重大问题往往不如社会阅历丰富的成年人那样沉着,比较容易冲动。

综合以上,大学生自我意识的发展状况充分反映出他们正处于迅速走向成熟但未真正完全成熟的心理特点。

### (二) 智力发展水平达到高峰,但思维易带主观片面性

大学生通常思维敏捷、接受力强,通过专业训练、系统学习,抽象逻辑思维能力得到充分的发展,智力水平大大提高,分析问题、解决问题的能力得到增强。他们在思考问题时,不再满足一般的现象罗列和获得现成的答案,而力求自己探讨事物的本质和规律。他们思维的独立性、批判性和创造性有所增强,主张独立发现问题和解决自己认为需要解决的问题,喜欢用批判的眼光对待周围的一切,不愿意沿着别人提供的方法去思考和解决问题,其思维的辨证性、发展性都有所提高。

但是,他们抽象思维水平并没有达到完全成熟的程度,主要表现为:思维品质发展不平衡,思维的广阔性、深刻性和敏感性发展比较慢,思维易带主观片面性。由于个人阅历浅、社会经验不足,看问题时容易过分地钻"牛角尖",并且掺杂了个人的感情色彩,缺乏深思熟虑,往往有偏激、过分自信和固执己见的倾向。尤其是他们还不大善于运用唯物辩证法观点和理论联系实际的观点指导自己的认识活动和实践活动。从思维的发展来说,大学生的"理论型"抽象思维居于主导地位,因而,他们常常把社会问题看得过于简单从而陷入主观、片面和"想当然"的境地。有的心理学家在揭示大学生的这种思维特点时发出这样的感慨:"连当代最伟大的政治家都感到棘手的社会问题,在大学生看来却易如反掌!"

### (三) 情感丰富,但情绪波动较大

大学生充满青春活力,随着校园生活的深入展开,社会性需要的增多,其情感也日益强烈、日益发展完善。这种强烈的情感不仅仅表现在学习和生活中,体现在对待家长、同学和教师的态度等方面,更重要的是这种情感还明显地具有时代性、社会性和政治性。他们热爱社会,富有理想,关心国家的命运和前途,对于走建设中国特色的社会主义道路、实现中华民族全面振兴充满了希望和激情。他们的爱

国主义情感、集体主义情感、社会责任感以及义务感、道德感、友谊感、美感、荣誉感、理智感等迅速向广度和深度发展，逐步成为其情感世界的本质和主流。爱情的出现是大学生情感世界的一大突变，对其心理发展可产生巨大影响。

大学生控制情绪的能力也在不断地由弱变强，大多数人的内心体验逐渐趋于平稳。但是，如果受到内心需要和外界环境影响的强烈刺激，他们的情绪又容易产生较大波动而表现出两极性，既可能在短时间内从高度的振奋变得十分消沉，又可能从冷漠突然转变为狂热，乃至造成消极的后果。这种情况常使一些大学生陷入理智与情感的矛盾和冲突之中，从而感到十分苦恼。大学生的情绪还存在着外显性与内隐性的矛盾，这种矛盾冲突也给大学生带来较多的情绪适应问题；生活经验的匮乏，又使大学生常常体验到挫折与焦虑。

### （四）意志水平明显提高但不平衡、不稳定

多数大学生已能逐步自觉地确定自己的奋斗目标，并根据目标制定实施计划，排除内外障碍和困难去努力实现奋斗目标，其意志的自觉性、坚韧性、自制性和果断性都有了较大发展。

但是处于意志形成时期的大学生，其意志水平发展又是不平衡和不稳定的。大学生意志水平的自觉性和坚韧性品质已达到较高水平，但意志的果断性和自制性品质的发展却相对缓慢一些。这主要表现在：大学生能独立、迅速地处理好一般的学习、生活问题，但在处理关键性问题或采取重大行动时往往表现出优柔寡断、动摇不定或草率武断、盲目从众的心态。在不同的活动中，大学生意志水平的表现也不一样，如在专业学习活动中，往往表现出较高的意志水平，而在思想品德的修养活动中意志水平则相对比较低。在同一种活动中，大学生的意志水平表现也有较大差异，心境好时意志水平较高，心境差时则意志水平较低。情绪波动对他们意志活动水平的影响是显而易见的。

意气风发、勇往直前、敢想敢说，是当代大学生思想解放、朝气蓬勃的表现，是大学生思维的独立性、批判性的进一步增强，是大学生的意志和情感得到进一步发展的反映。但是，由于大学生的思维发展还不够深刻、全面和辨证，辨别是非的能力还不够敏锐，情感仍存在不稳定的一面，自我约束、自我控制能力尚待在社会实践中继续培养和发展。

### （五）人生观基本形成，走向社会的需求迫切

人生观是对人生的基本看法和态度，是一种最高级的心理现象。大学时代是人生观形成并稳定发展的时期，大学生的人生观形成有两个突出的特点：一是自觉探讨人生问题，二是对人生问题的探讨更具有哲理性。

大学生在校园里的生活期限比同龄人长，这使得他们与社会有一定的距离；他

们较多关注自己将来在社会的角色，渴望加入社会的愿望更为迫切。在校园里，他们关注着社会，评判着各种社会现象，并希望自己能加入进去，按照自己的想法去改变各种令人不满的现象，用自己的专业知识服务社会，体现自己的力量，实现自身的价值。这种迫切地走向社会的需求与大学生正在形成的人生观、价值观相互作用，是将来他们走向社会的重要心理依据。这一心理特点支配、指导着大学生的学习态度，从而对大学时代的生活质量产生重要的影响。

## 二、大学生心理发展阶段

为了更深入地了解大学生的心理发展历程，可以将大学生的心理发展分为以下三个阶段：适应准备阶段、稳定发展阶段、趋于成熟阶段。

### （一）适应准备阶段

新生步入大学，从高考成功的喜悦中冷静下来，首先面临的就是从中学生活到大学生活的急剧转折。生活环境的变迁，人际关系的变化，学习方式的变更，凡此种种，都可能使他们感到很不适应，整个身心处于动荡不安之中。原有的、习惯化了的心理结构一下子被破坏，心理平衡被搅乱，周围全是陌生的面孔、陌生的事物。在一片陌生之中，需要逐步开始新的生活；在克服各种不适应的同时，力图建立新的心理结构，以达到新的心理平衡，从而开始真正的大学生活。大学新生对大学生活从不适应到适应的过程，称为适应准备阶段。

适应准备阶段是学生心理发展在整个大学时代的困难期，很多问题解决不好，会影响到以后几年的大学生活乃至毕业后的生活。适应准备阶段持续时间的长短因人而异，这与个人适应能力的强弱有关。对多数学生来说，一个学期左右就可以度过这个阶段了。

### （二）稳定发展阶段

这一阶段是大学生活全面深化和发展的时期。入学时的不适应已基本消除，新的心理平衡已初步建立起来，各方面的关系已趋于熟悉、稳定，新的生活秩序开始实施起来，大学生活进入相对稳定的阶段。这一阶段是大学生活最主要、最持久的阶段，将一直延续到大学毕业前夕，一般有三年左右的时间。

在这一看似平静的阶段，大学生极强的可塑性得到充分展示，每个人都按自身独特的方式塑造着自己。可能会遇到许多锻炼、提高的机遇，可能会有克服困难取得成功的欣喜，也可能会遇到困惑、苦恼，这正是大学生的成长过程，大学教育的主要目标将在此期间完成。

### （三）趋于成熟阶段

这个阶段是大学生从学生生活向职业生活过渡的阶段。面对又一次环境变迁、角色变化，大学生心理将又起波澜。不过，此时的大学生已接受了严格的专业训练和校园生活的陶冶，自主感较强，自我意识也有了很大的提高，对未来的生活道路产生种种设想。这些设想多数可能与现实存在一定差距。大学生在此阶段必须开始做好走向社会的心理准备。进一步深入地了解社会，把握好自己在生活中的位置，是所有大学生面临的任务。决定毕业后的去向，做毕业设计以证明自己大学时代的专业收获，有的大学生甚至还要处理与恋人的关系等，每个大学生的心理负担、心理冲突是不会少的。这个阶段往往是对大学生各方面素质进行综合考验的阶段，同时又是进一步促进大学生心理成熟的阶段。

从大学生的心理发展特点和发展阶段可以看出，大学生的心理正在迅速走向成熟，而又未达到真正的成熟，既存在积极面，又存在消极面。因而在大学生心理发展过程中，矛盾和冲突是在所难免的。正是在解决这些矛盾、冲突的过程中，大学生的心理才进一步成熟起来。同时，大学生心理健康教育可以对大学生心理的进一步成熟和完善起到促进作用。

## 三、大学生心理健康教育的内涵

综合各种文献，我们认为，大学生心理健康教育是指教育者运用心理学、教育学、社会学、行为科学及精神医学等各种学科的理论和技术，有计划、有目的地对大学生心理施加直接或间接影响，使大学生保持积极、健康的心理，从而充分开发大学生自身潜能，促进大学生全面发展的一种教育活动。

从这个内涵中可以看到大学生心理健康教育有以下几方面的含义。

(1) 大学生心理健康教育的直接目标是提高全体大学生的心理健康水平，最终目标是促进大学生的全面发展。

(2) 大学生心理健康教育通过提高大学生的心理健康水平，使得大学生以和谐的心理状态更好地开发自身潜能。

(3) 大学生心理健康教育是运用以心理学为主的多学科综合的理论和技术，来提高全体大学生的心理健康水平。

## 四、大学生心理健康教育的意义

### (一) 对于高校贯彻落实以人为本的科学发展观，推进素质教育有着重要意义

科学发展观强调“以人为本”。实施大学生心理健康教育，促进大学生的心理健康发展，符合大学生身心发展的需要，充分践行了科学发展观。

素质教育重视学生素质的提高。通过心理健康教育，能促进大学生在思想道

德素质、文化素质、专业素质、身体素质、心理素质等方面协调发展。大学生的成长应从“德、智、体、美、劳”等多方面进行培养，这实质上是一种持续不断的心理活动和心理发展过程。大学生综合素质的提高，在很大程度上要受到心理素质的影响。大学生各种素质的形成，要以心理素质为媒介，同时其他各方面素质的形成和发展要以心理素质为先导。全面推进素质教育就要重视对大学生全面发展和健康成长起基础性作用的心理素质，就要重视旨在培养和提高大学生心理素质的心理健康教育。

### （二）能够保证大学生家庭幸福、学校正常工作和社会安定

当代大学生由于年轻、阅历浅、心理不够成熟，当面临一些心理问题或冲突时，常常不能恰当地处理，结果不仅对大学生自身造成损失，也常常冲击大学生正常的家庭生活，破坏学校秩序，危及社会治安。因此，加强大学生心理健康教育，使大学生能够很好地解决问题，这是保证大学生家庭幸福、学校正常工作和社会安定的需要。

### （三）能够保证大学生健康成长和全面发展

从个体发展的角度来看，注重大学生心理健康教育，不仅是大学生对自身心理健康维护的需要，更是大学生健康成长和全面发展的需要。

**1. 促进大学生的心理健康和心理的发展**

当代大学生都具备共同的心理特征，如勤于思考、独立自主的人格意识和批判性思维，但他们的心理发展尚未完全成熟、稳定，心理承受能力和适应能力相对较弱。随着改革开放的不断深入和社会生活竞争的日益加剧，大学生面临的经济、学业、就业、情感等压力越来越大。大学生面临的心理困惑和心理问题日益突出。加强大学生心理健康教育，提高大学生预防和应对心理问题的能力，必将更好地促进大学生的心理健康和心理的发展，奠定自身全面发展的基础。

**2. 有利于开发大学生潜能，促进大学生学业、事业的成功和全面发展**

在大学学习中，如果一个大学生心情愉快，就会调动其智力活动的积极性，易于在大脑皮层形成优势兴奋中心，也易于形成新的暂时神经联系和复活旧有的暂时神经联系，进而促进其智力的发展。反之，若是在烦恼、担心、忧虑等情绪状态下学习，就会压抑其智力活动的积极性、主动性，使其感知、记忆、思维、想象等认知机能受到压抑和阻碍。事实上，一些大学生会因情感、人际关系等问题而致使成绩一落千丈，或因控制不住自己的冲动情绪而违法违纪等。总之，健康的心理对大学生的智力和行为产生促进作用，消极的心理对大学生的智力和行为则产生负面的影响。

教育的目的之一就是要开发受教育者的潜能。良好的心理素质和潜能开发是

相互促进、互为前提的，心理健康教育为两者的协调发展创造了必要条件。心理健康教育通过引导、示范、催化、矫正与疏导等多方面作用，调整好大学生的心理状态，激发大学生的自信心，帮助他们在更高的层次上认识自我，从而实现角色转换，增强对环境的适应能力，最终使大学生的潜能得到充分发展，学业、事业取得更大成功，全面发展获得进一步推动。

**3. 促进大学生良好思想品德的形成**

大学生心理健康教育能促进大学生良好思想品德的形成。大学生在成长过程中会遇到的心理问题往往同他们的思想品德（如世界观、人生观、价值观）交织在一起。心理问题的存在，也必然影响良好思想品德的形成。因此，注重大学生心理健康教育，使他们的心理处于健康、正常状态，必将促进大学生良好思想品德的形成。

综上所述，大学生心理健康教育有着重要意义，这就要求高等学校要加强大学生心理健康教育，采取有效措施和办法，切实提高大学生的心理健康水平。

## 五、大学生心理健康的标准

### （一）大学生心理健康的标准体系

对大学生来说，健康的心理特别重要。然而，到底应该从哪些具体的标准来衡量大学生的心理健康呢？根据我国大学生这一特殊群体，综合诸多学者观点，一般认为大学生心理健康的标准包括以下几个方面。

**1. 智力正常**

智力是指一个人的认知能力和活动能力所达到的水平，它是人的观察力、注意力、记忆力、想象力、思维力、创造力及实践活动能力等的综合。智力正常是大学生学习、生活和工作的最基本的心理条件，是大学生胜任学习任务、适应周围环境变化所需要的心理保证。因此，智力正常是衡量大学生心理健康的首要标准。一般来说，大学生的智力都是正常的，与同龄人相比较而言，其智力总体水平是比较高的，因而衡量大学生的智力是否正常，关键是看大学生的智力是否正常和充分地发挥了其效能。大学生智力正常且充分发挥的标准是：有强烈的求知欲和浓厚的探索兴趣；智力结构中各要素在其认知活动和实践活动中都能积极、协调地参与并正常地发挥作用；乐于学习。

**2. 情绪、情感健康**

情绪是人对客观事物态度的体验，是人的需要得到满足与否的反映。情绪健康的主要标志是情绪稳定和心情愉快。情绪健康是大学生心理健康的一个重要指标，这是因为情绪在心理状态中起着核心的作用，情绪异常往往是心理疾病的先兆。大学生的情绪健康内容应包括以下内容。

(1) 愉快情绪多于不愉快情绪，一般表现为乐观开朗、充满热情、富有朝气、满怀自信、善于自得其乐和对生活充满希望。

(2) 情绪稳定性好，善于控制和调节自己的情绪，既能克制约束又能适度宣泄而不过分压抑，情绪的表达既符合社会的要求又符合自身的需要，在不同的时间和场合有恰如其分的情绪表达。

(3) 情绪反应是由适当的原因引起的，反应的强度与引起这种情绪的情境相符合。

情感是和人的社会需要相联系的高级的社会性情感(包括道德感、理智感和美感)，它也是衡量大学生心理健康与否的指标。心理健康的大学生有较强烈的集体荣誉感、社会责任感；他们有浓厚的求知欲望，勇于探索真理；他们欣赏、支持、向往美好事物，在学习、生活中积极创造美。

**3. 意志健全**

意志是指人在完成一种有目标的活动时进行选择、决定和执行的心理过程。意志健全者在行动的自觉性、果断性、顽强性和自制力等方面都表现出较高的水平。意志健全的大学生在各种活动中，都有自觉的目的性，能及时作出决定并运用切实有效的方法解决所遇到的各种问题；在困难和挫折面前能够采取合理的反应方式，能在行动中控制自己的情绪和言行，而不是行动盲目、优柔寡断、轻率鲁莽、害怕困难、意志薄弱、顽固执拗、言行冲动。

**阅读材料 1-2　成功的秘诀**

有学生问大哲学家苏格拉底，怎样才能修学到他那般博大精深的学问。苏格拉底听了并未直接作答，只是说："今天我们只学一件最简单也是最容易的事，每个人把胳膊尽量往前甩，然后再尽量往后甩。"苏格拉底示范了一遍，说："从今天起，每天做 300 下，大家能做到吗?"学生们都笑了，这么简单的事有什么做不到的? 过了一个月，苏格拉底问学生："哪些同学坚持了?"有九成同学骄傲地举起了手。一年过后，苏格拉底再一次问大家："请告诉我，最简单的甩手动作，还有哪几位同学坚持了?"这时整个教室里，只有一人举了手，这个学生就是后来成为古希腊另一位大哲学家的柏拉图。

人人都渴望成功，人人都想得到成功的秘诀，然而成功并非唾手可得。我们常常忘记，即使是最简单、最容易的事，如果不能坚持下去，成功的大门绝不会轻易地开启。成功并没有秘诀，但坚持是走向成功必不可少的过程。

**4. 人格完整**

人格在心理学上是指个体比较稳定的心理特征的总和。人格完整是指有健全统一的人格及个人的所思、所说、所做都是协调一致的。大学生人格完整的主要标志是：

(1) 人格结构的各要素完整统一。

(2) 具有正常的自我意识，不产生自我同一性混乱。

(3) 以积极进取的人生观作为人格的核心，并以此为中心，把自己的需要、愿望、目标和行为统一起来。

**5. 正确的自我评价**

心理健康的大学生会对自我有一个适当的了解和恰当的评价，知道自己的优缺点、所长所短。心理健康的大学生对自己的认识应当比较接近现实，尽力做到具有自知之明；对自己的优点感到欣慰但又不至于狂妄自大，对自己的弱点和错误既不回避也不自暴自弃，而是善于正确地自我接受。心理健康的大学生自信乐观，愿意扬长避短，努力开发潜能。

**6. 人际关系和谐**

和谐的人际关系既是大学生心理健康不可缺少的条件，也是大学生获得心理健康的重要途径。大学生人际关系和谐的表现是：乐于与人交往，既有稳定而广泛的人际关系，又有知心朋友；在交往中保持独立而完整的人格，有自知之明，不卑不亢；能客观地评价别人和自己，善于取人之长补己之短；宽以待人，乐于助人；积极的交往态度多于消极态度；交往的动机端正。如果大学生在现实生活中缺乏正常的人际交往，孤身无援或总是与他人矛盾重重，那就是心理不健康的表现。

**7. 社会适应良好**

社会适应良好与否，也是衡量一个人心理健康的重要标准。心理健康的大学生应能和社会保持良好的接触，对于社会现状有清晰正确的认识，其思想和行动都能跟得上时代的发展步伐，与社会的要求相符合；在环境不利时，既不逃避，也不怨天尤人，而是千方百计地变通各种方式，通过自己的努力主动去适应环境，积极改造环境，使环境为自己服务；当发现自己的需求和愿望与社会需求相矛盾时，能够迅速进行自我调节，以求与社会协调一致，而不是逃避现实，更不是妄自尊大和一意孤行，与社会需要背道而驰。

**8. 心理行为符合大学生的年龄、性别和角色特征**

心理健康的人的一般心理特点应该与其所属年龄阶段的人的共同心理特征相一致，与其性别及在不同环境所扮演的角色相符合。如果一个大学生经常严重地偏离这些共同的心理行为特征，那么他可能是出现了心理异常。

**9. 热爱生活**

心理健康的大学生珍惜和热爱生活，并享受人生的乐趣，而不会视生活为负担。他们乐于学习，积极工作，在学习和工作中尽力发挥潜能，努力获得成功，竭力成为理想中的人。一个心理健康的大学生，是热爱生活、乐于学习、积极工作的人。

### (二) 对于大学生心理健康标准的理解和运用

上述标准只是为评价大学生心理健康水平和对大学生心理健康的自我评价提供了一个参考的尺度，在具体运用这些标准时，应当注意以下方面。

(1) 心理健康与心理不健康，两者不是泾渭分明的对立面，而是一种连续状态，从良好的心理健康状态到严重的心理疾病之间还有一个广阔的过渡带。在许多情况下，异常心理与正常心理之间，变态心理与常态心理之间，没有绝对的界限而只有程度的差异。

(2) 心理健康的状态不是固定不变的，而是处于动态变化的过程。随着人的成长、经验的积累、环境的改变，其心理健康状况必然也会随之改变。既可以从不健康转变为健康，也可以反之。因此，心理健康与否只能反映某一段时间内的特定状态。

(3) 心理不健康与有不健康的心理和行为表现不能等同。心理不健康是指一种持续的不良状态。一个人偶尔出现一些不健康的心理和行为，并不等于其心理不健康，更不等于他患有心理疾病。因此，不能仅仅以一时一事就简单地给自己或他人定下“心理不健康”的结论。

(4) 大学生心理健康的标准是一种理想尺度，它一方面为大学生提供了衡量心理是否健康的标准，同时也为他们指出了提高心理健康水平的努力方向。如果每个人在自己现有的基础上能够做不同程度的努力，都可追求自身心理发展的更高层次，从而不断发挥自身的潜能，取得更大的成功。

## 六、影响大学生心理健康的主要因素

影响大学生心理健康的因素是多方面的，概括起来主要有环境因素、个体因素两类。

### (一) 环境因素

#### 1. 社会因素

社会对大学生心理健康的影响是非常明显的。大学生深刻认识到自身命运同国家、社会紧密相连，因此非常关注社会、政治与经济的变化发展，对国家大事与社会问题相当敏感。因此，社会、政治、经济的不安全与不稳定，会使一些大学生产生不安情绪，甚至造成理想与信念的动摇，由此引发种种心理矛盾。如大学生就业时的困惑——是选择现在热门的职业，还是选择将来可能流行的职业，这就必须考虑到社会、政治、经济对职业的影响。若社会、政治、经济具有不确定性，就会加剧大学生的冲突和焦虑。

受市场经济大潮、西方文明和网络文化的影响，当前社会文化出现了一些变化，给原有传统、稳定的社会文化造成了很大的冲击，校园里出现了享乐主义、拜金主义、个人主义等思潮。不少大学生很难对“什么最能体现人生价值”“如何生活才是幸福的”等一系列问题达成共识，常常产生不安和焦虑，久而久之，就成为心理问题产生的一个诱因。

**2. 学校因素**

学校教育对大学生的心理健康有着更直接的影响。第一，多年来我国基础教育往往忽视了学生的心理健康，在这种教育体制下，培养的学生中有一部分是心理发展不足、意志薄弱的人。这对目前大学生的心理健康会造成了一定影响。第二，目前高校在不断改革，高校办学出现一些变化。上学交费制度、奖学金制度、考试淘汰制度以及择业制度等的变更与完善，都冲击了大学生的心理。第三，由于多方面因素，大学生心理健康教育的工作相对落后，满足不了学生的要求，致使许多大学生的心理问题不能得到有效的指导和解决。第四，由于学业负担沉重和就业压力加大，校园文化出现气氛不浓、频度不足、品位不高、效果不佳的现象，许多大学生社团组织名存实亡，致使大学生失去了校园文化应有的心理熏陶。

**3. 家庭因素**

在对大学生的心理咨询中发现，几乎所有的心理障碍中都有一部分的问题与家庭因素有着密切关系。研究表明，父母的行为举止、教育态度与方式、家庭成员之间的关系、经济地位等因素对大学生的心理健康有直接影响。父母文化程度与大学生心理问题的产生也有一定的联系。父母文化程度高的家庭，大学生心理问题相对少一些。从家庭教育方式来看，民主开放型的家庭，严松有度，其子女的心理问题较少；过于严厉、溺爱、放任型的家庭，严松无度，其子女的心理问题较多。在家庭关系上，父母不和、离异，继父母的虐待，家庭缺少和谐友爱，都可能造成大学生冷漠怀疑、妒忌仇视、孤独怪癖等的不良心理。

### （二）个体因素

**1. 生理因素**

生理因素对大学生心理健康的影响主要表现为两方面。

（1）遗传因素。如果父母或祖辈的遗传基因有缺陷，尤其家族史上有精神病史，很可能会影响后代的身心健康。此外，母亲孕期身体不好、情绪欠佳、营养不良或服用副作用大的药物，分娩过程出现早产、难产及分娩年龄过大、过小等，对子女的心理健康均有一定的影响。

（2）个体的生理变化因素。大学生的内分泌系统，尤其是性腺处于空前活跃时期，激素大量分泌，易形成冲动。研究发现，甲状腺功能亢进者，神经系统易兴奋、激动、紧张、烦躁、失眠；甲状腺功能低下者，会出现条件反射活动迟缓、智力下降、记忆力减退等。还有不少大学生可能因自己的容貌、言语以及严重的躯体疾病等产生心理上的不平衡。

**2. 心理因素**

影响大学生心理健康的心理因素很复杂，主要有以下几点。

(1) 个性缺陷。面对同样的环境、同样的挫折，不同的个体有不同的反应方式，这与人的个性有直接的关系。一般来说，性格内向孤僻、敏感多疑、固执急躁、爱钻牛角尖、唯我独尊、爱慕虚荣、过于自卑等个性特征，都是不利于心理健康的。

(2) 心理冲突。尽管大学生的生活比较稳定，但他们仍面临着各种各样的心理冲突。大学生所面临的心理冲突主要有以下几种类型：独立性与依赖性的冲突，理想性与现实性的冲突，心理闭锁与寻求理解的冲突，冲动与压抑的冲突，求知欲强与鉴别力相对弱的冲突。大学时代是大学生心理断乳的关键期。在这一过程中，种种矛盾、冲突交织在一起，成为大学生应认真对待的重要课题，如果处理不当，加剧了心理矛盾与冲突，就可能导致心理障碍。

(3) 认知不良。大学生活不是一帆风顺的，大学生会遇到各种各样的困难。当他们遇到困难又无法克服时，不少人以一种以偏概全的不合理思维方式处理问题。他们遇到挫折时就认为自己“无用”，是“失败者”，从而产生自责、自卑、自弃的心理，形成一种紧张、不安、抑郁、恐惧等交织而成的复杂心境。这种负面情绪和心态若长期持续下去，便会导致不健康心理的产生。

## 第三节　大学生心理健康教育的实施

在实施大学生心理健康教育中，广大教育工作者必须要坚持正确的原则、方法和途径，才能让大学生心理健康教育能够有切实的效果。

### 一、大学生心理健康教育的原则

#### (一) 教育性原则

教育性原则是指教育者进行心理健康教育的过程中根据具体情况，提出积极中肯的分析，始终注意培养学生积极进取的精神，帮助学生形成正确的思想认识。心理健康教育是社会精神文明建设的重要组成部分，要充分体现社会精神文明的特征以及它的时代性和进步性。许多大学生的心理问题是由他们错误的认识、偏激的观点引发的，所以针对大学生在学习、生活、交往中的矛盾冲突所引起的种种心理问题，以及由此产生的对社会中的人与事的不满言行、错误观点甚至敌对情绪与态度，教育者不应随便附和他们的观点和思想情感，而应该进行实事求是的分析，明辨是非，帮助他们端正看问题的角度，调整看问题的方法，建立积极的思维模式，使大学生在发展良好心理素质和排除各种心理困扰、解除心理问题结症的过程中，不知不觉地形成正确的思想认识。

### （二）系统性原则

人的心理是个十分复杂的系统，大学生心理健康教育也应遵循系统性原则。第一，个体的心理具有系统性，知、情、意、行紧密联系，个性心理与心理过程相互影响，生理与心理交互作用，构成一个有机的整体，牵一发而动全身，因此不能孤立、静止地看待大学生的心理问题，不能“头痛医头、脚痛医脚”。第二，从心理健康教育与其他教育的关系来看，心理健康教育是教育系统的一部分，应同学校的其他教育相结合，寓于各科教学之中，寓于大学生的课外活动和校园文化活动之中。第三，学校、家庭和社会对大学生心理健康的影响相互制约，必须协调三方面的力量，形成一种合力。

### （三）发展性原则

发展性原则是指在大学生心理健康教育工作中，教育者要注意以发展变化的观点来看待大学生身上出现的问题，不仅要在对问题的分析和本质的把握中善于用发展的眼光做动态考察，而且在对问题的解决和教育效果的预测上也要具有发展的眼光。教育者要看到大学生的心理健康问题，大多是发展性的而非障碍性的；对待大学生的心理问题，不要过早、盲目地下结论；良好的心理健康状态并非一成不变，因此，心理健康教育不仅只针对有问题的学生，也要针对所谓表现好的学生。

### （四）主体性原则

主体性原则是指在心理健康教育过程中教育者要尊重大学生的主体地位，注意调动大学生的主动性、积极性。离开大学生的主动参与和自觉努力，教育者的种种努力也是枉费心机。人都有理解自己、不断走向成熟、产生积极的建设性变化的心理潜能。教育者要在尽其所能、全面了解大学生的基础上，从满足大学生的正确需要入手，发挥大学生的这种潜能。

### （五）平等性原则

平等性原则就是教育者要尊重大学生的人格与尊严，尊重大学生的权利，承认大学生的独立性，承认大学生与教育者在人格上是平等的。心理健康教育实际上是教育者与大学生双方的一种交往过程。双方只有在人格上平等、心理上相容时，大学生才能放开自我，教育者才能了解真实情况，心理健康教育才会有实际效果。如果教育者不能意识到这一点，只一味将大学生当作命令的对象，极易引起他们的不满、反感甚至是抵触情绪。平等性原则要求教育者避免在教育过程中将自己对问题的观点强加给大学生，或者对其评头论足，而是要创造一种自由、舒畅、开诚布公、无拘无束的交往氛围，引导他们解决问题；要对大学生一视同仁，无论面对什么样的大学生，教育者都要虚怀若谷、坦诚相待，一视同仁地予以尊重，而不应厚此薄彼。

### （六）多样性原则

大学生的个性是丰富多彩的，心理健康问题本身也是复杂而多样的。因此，心理健康教育在内容上应该是开放性的，在形式上应该是灵活多样的。为此，在心理健康教育过程中，教育者要鼓励、引导大学生表达不同的内心体验、感受和看法，要敢于吸收一些先进的理论和技术来服务于大学生健康教育。在心理健康教育的形式上，教育者要注意多样、变化，课堂教育与课外活动、普及教育与个别咨询、学习与指导、自助与咨询、媒体知识宣传与心理活动开展紧密结合，以增强教育效果。

### （七）保密性原则

保密性原则是指在学校心理健康教育过程中，教育者有责任对大学生的个人情况以及谈话内容等予以保密，大学生的名誉权和隐私权应受到道义上的维护和法律上的保障。保密性原则是心理健康教育极其重要的原则，是鼓励大学生畅所欲言和建立相互信任的心理基础，同时也是对大学生人格和隐私权的最大尊重。

### （八）预防重于治疗的原则

心理问题与生理问题一样，都坚持预防重于治疗的原则。只有坚持预防为主的原则，才能防止更多的心理问题由无到有、由轻到重。因此，要在学校广泛开展心理健康教育工作，让更多的大学生懂得心理健康的意义和重要性，掌握预防和应对各种心理问题的方法，尽可能保障全体大学生的心理健康；注意加强对大学生常见心理障碍的分析和研究工作，以及对个别大学生的危机干预，以利于早期发现和尽早诊治。

## 二、大学生心理健康教育的方法途径

### （一）知识传授法

采用给大学生开设心理健康教育课程、讲座等形式，向大学生传授有关的心理学和心理健康知识（例如：大学生应该如何面对自身的“心理问题”，见阅读材料1－3），是心理健康教育最为常用的方法。通过知识的传授，让大学生获得辨别心理和调控心理的方法，有助于自助和助人。

**阅读材料 1-3 大学生应该如何面对自身的“心理问题”**

坦然面对。出现心理问题虽不是什么好事，但也完全不必如临大敌、疑神疑鬼。一些同学可能在情绪上出现一些困扰，或者在身体上出现某些不适，就担心焦虑，甚至害怕长此以往会患上精神病。其实，心理健康也跟身体健康一样，在人的一生中难免会出现这样那样的问题，实在不必大惊小怪、怨天尤人。

别急于“诊断”。心理问题本身多种多样，成因往往也很复杂，切忌盲目地从一些书籍上断章取义或者道听途说，急于“对号入座”，认定自己患了什么病。弄清问题当然是必要的，但一般而言，大学生的问题还是以发展性的居多，很多都是“成长中的烦恼”，实在不必自己吓自己。

转移注意。心理问题往往有这么一个特点，就是越注意它，它似乎就越严重。所以，不要老盯住自己所谓的问题不放，不要过分关注自我，而应把注意力转移到学习、生活、工作的方方面面。做自己感兴趣的事情并全力投入是很有利于心理健康的。

调整生活规律。很多时候，只要将自己习惯了的生活规律稍加调整，就会给自己整个的精神面貌带来焕然一新的感受。结果，不少所谓的心理问题也随之轻松化解了。

不要讳疾忌医。就像得病了去看医生一样，对于严重的、难以排解的心理问题，如果条件具备，大可寻求专家的帮助。

### (二) 学科渗透法

在各科教学中渗透心理健康教育的内容，是一种事半功倍的理想方法。例如，将心理健康教育与思想政治教育、道德教育相结合，可以培养学生的道德意识倾向性和道德心理品质；与美育结合，可以激发学生的情感，陶冶其心灵；与学科课程教学结合，更可广泛地培养学生的细心、耐心、负责、认真等优良的心理品质。使用学科渗透法的关键在于提高广大教师的心理健康教育意识，使他们将心理健康教育视为自己不可推卸的责任。

### (三) 系列活动法

开展丰富多彩的系列教育活动，是对大学生进行心理健康教育的行之有效的方法。这种系列教育活动，时间可长可短，方式灵活多样，有利于提高大学生的综合心理素质和心理健康水平。

### (四) 淬砺教育法

目前，我国部分大学生的心理素质较差，这也常常成为各种心理问题的诱因。

因此，很有必要对大学生进行淬砺教育，如军事训练、学习磨炼、远足拉练、社会实践和体育锻炼等。

### （五）榜样示范法

大量的教育实践表明，榜样对于大学生有着巨大的力量，起着示范和激励的作用。对大学生而言，可提供的榜样包括历史上的杰出人物、现实生活的风云人物、学生身边的优秀人物以及教师自身等。

### （六）心理咨询法

心理咨询是由专业人员即心理咨询师运用心理学及相关知识，遵循心理学原则，通过各种技术和方法，帮助求助者解决心理问题。心理咨询的主要对象是那些精神正常，但心理健康水平较低，产生心理障碍导致无法正常学习、工作、生活并寻求帮助的人群。因此，心理咨询法是专业性和针对性较强的一种方法。

### （七）环境优化法

在对大学生进行心理健康教育的过程中，环境的力量不可忽视。环境不仅指学校的自然环境，还包括家庭与社会的物质环境、文化心理环境、校园的文化活动和文化氛围等。

在大学生心理健康教育的实施过程中，大学生应该主动按照教育者的要求，从多种方法途径上塑造好、维护好自己健康的心理状况。

## 课堂活动

### 叉　手

**【目的】**演示强迫性的改变可能引起的不自在和随之而来的抵触情绪。

**【程序】**请小组成员按照平时的习惯双手交叉握在一起，并注意看看自己的拇指和各个手指是怎样交叉的（是左手大拇指在上？还是右手大拇指在上？），然后请大家松开后再重新合拢，这次手指交叉的顺序要正好相反（如本来左手拇指在上的改为右手拇指在上）。教师向学生指出：对于有些人来说，这个身体上的小小变动并不会引起任何问题，但是对于大多数人来讲，即使只是很轻微的身体变化，也会引起不自在的感觉。

**【讨论】**

1. 当手指采取与平时不同的习惯姿势时，你们有没有觉得异样或不自在？为什么？

2. 你们是否同意“人都是不喜欢改变的”这个说法？如果同意，为什么？如果不同意，为什么？

3. 为了减轻这种对改变的抵触情绪，我们应当采取什么样的技巧？

4. 游戏继续,请你按照你所不习惯的叉手动作连续做30遍后再做一遍叉手动作(随便哪只手在上面)。请问有多少人改变了刚才的叉手习惯?这说明了什么?怎样去改变习惯?

## 案例分析

刚进六月,初夏季节,大学的校园里洋溢着青春火热的气息。临近傍晚,花草环绕的桂花池沐浴在晚霞之中,显得格外富有诗意。两名身穿鲜艳连衣裙的女同学坐在路旁的椅子上聊天。小路的入口处,张某与同宿舍的三名男同学谈笑风生地散步走来。张某看到了坐在椅子上的女生,投去了欣赏的目光。

“看!他是不是看上那个女生了?”另外一名男同学发现了这一细微变化。

“嘿!真没看出来,平时挺正经的,居然对女生这么感兴趣!”其他男同学也开玩笑地附和着。

听到这些话,张某顿时涨红了脸,急忙把目光转了过来。

这是大学校园里经常发生的故事。然而张某却没有就此画上句号。

“我是不是一个道德有问题的人?为什么别人没去看那两个女生,而我却看了?”“真没面子,同学们肯定认为我是一个不正经的人。我发誓再也不看女生了!”这些问题和想法在张某的头脑里频繁显现、反复强化。

大学校园里到处都有异性的身影,教室里、食堂中、花园内、操场上、道路旁……张某根本无法实现自己的誓言。当迎面走来女生时,他就强迫自己低着头或目不斜视地往前走,然而一种无法抑制的力量使他每次都抬起头或转过脸去看一眼擦肩而过的女生。

一次次的失败使他失去了自信,不敢正视自己的同学,他感到自己陷入了一个怪圈,无法自拔。摆在面前的书一页也看不进去,课堂上不知老师在讲些什么,深夜久久不能入睡。

一年过去了,沉重的心理负担压得他喘不过气来。在他脸上再也看不到年轻人应有的生机和朝气,显得极为疲惫,眼睛直直的,转动起来似乎很费劲。

**【问题】**

1. 张某出现这种现象的原因有哪些?
2. 针对同学的玩笑,如果你是张某,你该如何调节自己的心理?
3. 如果你是张某的同学,你该如何帮助他?

## 心理训练

### 一、训练题目:彼此相识

1. 轻柔体操

2. 自我介绍与他人介绍

### 二、训练具体方法

1. 轻柔体操

**【目的】**放松,减轻焦虑,活跃气氛。

**【准备】**全体成员围成圆圈,面对圆心,指导者也在队伍里。要求有足够的活动空间。

**【操作】**指导者先带头做一个动作,要求成员不评价不思考,模仿做三遍。然后每个人依次做一个自己想出来的动作,大家一起模仿。无论什么动作都可以达到放松的目的,以减轻紧张气氛。有时,一些极富创造性的动作会引起大家愉快的笑声。

这个训练可让每个学员体验到通过形体动作,身心从紧张到放松的感觉。

2. 自我介绍与他人介绍

(1) 2人一组的自我介绍

**【目的】**初步相识。

**【准备】**足够的空间,可以挪动的椅子,如折叠椅。

**【操作】**指导者先让团体成员在房间里自由漫步,见到其他成员,微笑着握握手。给一定的时间让成员自然相遇,鼓励成员尽可能多地与其他人握手。当指导者说“停”,每个正在面对或握手的人就成了朋友,2人一组,席地而坐,或拿折叠椅面对面坐下,各自进行自我介绍。

介绍的内容包括:姓名、身份、性格特点、个人兴趣爱好、家庭情况以及个人愿意让对方了解的有关自我的资料。每人3分钟,然后漫谈几分钟。当对方自我介绍时,倾听者要全身心地投入,通过语言与非语言的观察,尽可能多地了解对方。

(2) 4人一组的他人介绍

**【目的】**扩大交往圈子,拓展相识面。

**【准备】**足够的空间,可以挪动的椅子,如折叠椅。

**【操作】**刚才自我介绍的两个组合并,形成4人一组,每位成员将自己刚才认识的朋友向另外两位新朋友介绍,每人2～3分钟。然后4人一起自由交谈几分钟。

(3) 8人一组的自我介绍

**【目的】**进一步扩大交往范围，引发个人参与团队的兴趣。

**【准备】**足够的空间，可以挪动的椅子，如折叠椅。

**【操作】**2个4人小组合并，8人围圈而坐。从其中一个人开始，每人用一句话介绍自己。一句话中必须包含三个内容：所属（院系、年级、专业）、自己与众不同的特征（兴趣、爱好等）、姓名。规则是：当第1个人说完后，第2个人必须从第1个人开始讲起，第3个人一直到第8个人都必须从第1个人开始讲起，这样做可使全组注意力集中，相互协助他人表达完整的信息，而且在多次重复中，不知不觉地记住了他人的信息。

A：我是××学院××年级××专业，性格××的，名字叫×××。

B：我是××学院××年级××专业，性格××的，名字叫×××。

旁边的××系××年级××专业，喜欢××的，名字叫××。

C：我是××学院××年级××专业，性格××的，名字叫×××。

旁边的××系××年级××专业，喜欢××的，名字叫××。

旁边的××系××年级××专业，喜欢××的，名字叫××。

……

这个训练让每个学员体验到：在自我介绍与他人介绍时，每个人都很在乎自己是否被大家接纳，所以不用担心你是否能记住对方的信息。另外，在有限时间内尽快记住别人名字，是以后交往的重要步骤。

## 本章小结

人的心理活动的实质是：心理是脑的机能，是人脑对客观现实的主观能动反映。心理活动具有复杂性、对物质的依存性、主观能动性、内隐性和表现性的特点。

心理健康是指个人在身体上、心理上、社会行为上以及道德上都能保持良好的状态。心理健康具有一定的标准。

从大学生的心理发展特点和发展阶段可以看出，大学生的心理发展正在迅速走向成熟，而又未达到真正的成熟。大学生心理健康教育可以对大学生心理的进一步成熟和完善起到促进作用。大学生心理健康教育具有多方面的重要意义。

大学生心理健康教育是指教育者运用心理学、教育学、社会学、行为科学及精神医学等各种学科的理论和技术，有计划、有目的地对大学生心理施加直接或间接影响，使大学生保持积极、健康的心理，从而充分开发大学生自身的潜能，促进大学生全面发展的一种教育活动。

大学生心理健康的标准有：智力正常，情绪、情感健康，意志健全，人格完整，正确的自我评价，人际关系和谐，社会适应良好，心理行为符合大学生的年龄、性别和角色特征，热爱生活。

影响大学生心理健康的因素主要有环境因素和个体因素两类。

在大学生心理健康教育的实施过程中，应该坚持正确的原则和方法途径。

## 思考与练习

1. 如何理解人的心理活动实质？

2. 心理健康的含义是什么？

3. 联系实际谈谈大学生心理发展的特点。

4. 联系实际谈谈大学生心理健康教育的重要意义。

5. 联系实际谈谈大学生心理健康的标准。

6. 有人说："一个心理健康的大学生是不需要心理健康教育的。"你认为对吗？请说出原因。

7. 联系实际谈谈影响大学生心理健康的因素。

8. 有人说："只要有好的心理健康教师和心理咨询师，大学生心理健康教育就一定能够实施好。"你认为对吗？请说出原因。

9. 联系实际谈谈大学生心理健康教育的方法途径。

# 第二章 大学生心理咨询

## 知识框图

- 心理咨询概述
  - 心理咨询的概念
  - 心理咨询的功能
  - 心理咨询的原则
  - 心理咨询的过程
- 大学生心理咨询的内涵
  - 大学生心理咨询的特点
  - 大学生心理咨询的意义
  - 大学生心理咨询的内容
  - 大学生心理咨询的类型
- 心理咨询的方法
  - 心理分析疗法
  - 行为疗法
  - 以人为中心疗法
  - 认知疗法
  - 心理咨询方法的整合趋向

## 导入案例

有一天，我接到一个心理咨询电话，对方是一名即将毕业的男生。他在电话里用颤抖的声音倾诉了自己的苦恼。他在一次打球时摔伤了腿，同班的一名女生经常来医院护理照料。这位女生性格开朗，心地善良，长得又漂亮，他以前就对她有好感，现在快毕业了，这种感觉更加强烈。由于伤势较重，不能参加外出专业实习，他就请同年级的一位男老乡多多关照那位女生。可万万没有想到，实习结束以后，他发现女生与他的关系渐渐生疏了，反而与那位老乡接触频繁，因此心里感到极为酸痛，吃不好、睡不香，经常丢三落四。他觉得老乡不够朋友，那位女生欺骗了他的感情。说到这里，电话里传来了抽泣之声。

这是比较典型的失恋焦虑心理，对他的痛苦我深表理解和同情。但是在这突如其来的消沉气氛里，我还要认真地思考和澄清一些问题。我问他是否已与那位女生确立了恋爱关系。他回答说只是好感，并没有说穿。于是我觉得这里面好像含有单相思的意思。我对他讲，既然双方没有确定恋爱关系，自然谈不上对方欺骗自己的感情，他的看法似乎有些唐突。我又问了老乡的情况，据说老乡是学生干部，和其他女生接触也比较多。我更加感到这个男生在情感处理上的盲目性。解铃还需系铃人，我建议他不要轻易下结论，可以考虑与那个老乡交谈一次，或许这本身就是一场误会。同时告诉他，爱情是高尚而纯洁的，应该尊重对方的选择，应走好人生的每一段路，毕业在即，应以学业为重，希望他能处理好学业与爱情的关系。

离家的不适感、校园生活节奏的加快、学习压力的增大、同学间人际关系的复杂、恋爱的困扰等使许多大学生无所适从，常常出现情绪困扰，其他问题亦随之而来。开展大学生心理咨询工作，对维护和增进大学生心理健康、优化大学生心理素质、促进大学生心理健康发展等方面会产生积极的作用。目前，我国很多高校已建立了心理咨询机构并开展了心理咨询活动。心理健康课程的开设、咨询活动的开展，有利于向大学生普及心理咨询知识，让他们了解心理咨询的概念，认识心理咨询的目的和意义，初步了解心理咨询的方法和技巧以及学会求助。

# 第一节　心理咨询概述

## 一、心理咨询的概念

### (一) 心理咨询的定义

心理咨询(counseling)的词干“counsel”，源于拉丁语的“consilium”(会议、考虑、忠告、谈话、智慧)和古法语的“conseiller”(商谈)。从形式上，现在的心理咨询仍继承着词源的原意。从中文字面理解，就是一种提供信息、析疑解惑、忠告建议的活动。它是一个涵盖非常广的概念，涉及职业指导、教育辅导、心理健康咨询、婚姻家庭咨询等诸多方面。心理咨询的发展历史虽有近百年，但至今有关心理咨询的内涵与外延仍旧众说纷纭。没有哪一种已知定义得到专业工作者的公认，也没有哪一种定义能简洁明了地反映出心理咨询工作的丰富内涵。各种解释往往随着咨询理论流派及职业特点等的不同而有很大差异。

帕特森(C. H. Patterson)认为：“咨询是一种人际关系，在这种关系中咨询人员提供一定的心理氛围和条件，使咨询对象发生变化，作出选择，解决自己的问题，并且形成一个有责任感的独立的个体，从而成为一个更好的人和更好的社会成员。”[①]罗杰斯(C. R. Rogers)将心理咨询狭义地解释为：通过与个体持续、直接地接触，向其提供心理援助并力图促使其行为、态度发生变化的过程。威廉森(E. G. Williamson)等则将心理咨询广义地解释为：A、B两个人在面对面的情况下，受过心理咨询训练的A向在心理适应方面出现问题并企求解决问题的B提供援助的过程。这里的A就是咨询者，B是来访者。朱智贤主编的《心理学大词典》对心理咨询是这样定义的：“对心理失常的人，通过心理商谈的程序和方法，使其对自己与环境有一个正确的认识，以改变其态度与行为，并对社会生活有良好的适应。心理失常，有轻度的，有重度的，有属于机能性的，有属于机体性的。心理咨询以轻度的、属于机能性的心理失常为范围……心理咨询的目的，就是要纠正心理上的不平衡，使个人对自己与环境重新有一个清楚的认识，改变态度和行为，以达到对社会生活有良好的适应。”[②]从国内外代表性的观点中可以看出，尽管有各种各样的不尽相同的解释，但其内涵都有某些共同性的特征。

第一，心理咨询是心理咨询工作者(以下简称咨询者)对咨询对象(以下简称来

① 汤宜朗，许又新. 心理咨询概论[M]. 贵阳：贵州教育出版社，1999.

② 朱智贤. 心理学大词典[M]. 北京：北京师范大学出版社，1989.

访者或咨客)进行帮助的过程,这一过程是建立在双方良好的人际关系基础之上的。咨询者运用专业技能及所创造的良好咨询气氛,帮助来访者以更为有效的方式对待自己和周围环境,促进个人的成长与发展。

第二,心理咨询是一系列的心理活动的过程。从咨询者的角度看,帮助来访者更好地理解自己,更有效地生活,其中包含一系列的心理活动。从来访者的角度看,在咨询过程中需要接受新的信息,学习新的行为,学会调整情绪以及解决问题的技能,作出某种决定,这都涉及一系列的心理活动。

第三,心理咨询是由专业人员从事的一项特殊服务。咨询者必须是受过严格专业训练、拥有这项服务所必需的知识和技能(尤其是具有接受他人的基本态度和理解他人的能力)、得到权威机构认可的专业人员。

第四,心理咨询的服务对象(即来访者)不是那些有精神病、明显人格障碍、智力低下或脑器质性病变的患者,而是在心理适应和心理发展上需要帮助的人。

综上所述,心理咨询是指咨询者运用心理学的有关理论与方法,通过特殊的人际关系,帮助来访者解决心理问题,增进身心健康,提高适应能力,促进个性发展与潜能发挥。①

### (二) 心理治疗

心理治疗(psychotherapy)如同心理咨询一样,迄今也无公认的定义,比较有代表性的如《美国精神病学词汇表》将心理治疗定义为:“在这一过程中,一个人希望消除症状,或解决生活中出现的问题,或因寻求个人发展而进入一种含蓄的或明确的契约关系,以一种规定的方式与心理治疗家相互作用。”陈仲庚认为,心理治疗是治疗者与来访者之间的一种合作努力的行为,是一种伙伴关系;治疗是关于人格和行为的改变过程。②

我们认为心理治疗是指在良好治疗关系的基础上,由经过专业训练的治疗者运用心理学的有关理论和技术,对当事人进行帮助,以消除和缓解当事人较严重的心理问题和障碍,促进其人格健康协调的发展,恢复其心理健康的过程。③

### (三) 心理咨询与心理治疗的异同点

心理咨询和心理治疗是不能截然分开的。心理咨询师所做的工作,在心理治疗师看来,就是心理治疗;而心理治疗师所实践的,在心理咨询师看来则是心理咨询。当然,心理咨询和心理治疗还是有所区别的。

---

① 乐国安.咨询心理学[M].天津:南开大学出版社,2002.

② 陈仲庚.心理治疗与心理咨询的异同[J].中国心理卫生杂志,1989,4(3):184—186.

③ 姚本先.学校心理健康教育导论[M].北京:高等教育出版社,2010.

**1. 心理咨询与心理治疗的相同点**

（1）在关系的性质上，两者都注重建立帮助者与求助者之间良好的人际关系，并贯穿到咨询或治疗过程的始终。

（2）在工作的目的上，两者都希望通过帮助者和求助者之间的互动，达到使求助者改变和完善的目的。

（3）在工作的对象上，两者的工作对象常常是相似的。例如：心理咨询师与心理治疗师可能都会面对因人际关系问题、情绪障碍而来寻求帮助的来访者。

（4）在指导理论和方法、技术上，两者所遵循的指导理论和采用的方法、技术常常是一致的。例如：心理咨询师对来访者采用的来访者中心治疗的理论与方法和心理治疗师采用的同种理论与方法别无二致。

**2. 心理咨询与心理治疗的不同点**

（1）心理咨询的工作对象主要是正常人、正在恢复或已复原的病人；心理治疗则主要是针对有心理障碍的人进行工作的。

（2）心理咨询着重处理的是正常人所遇到的各种问题，主要有日常生活中人际关系的问题、职业选择方面的问题、教育求学过程中的问题、恋爱婚姻方面的问题、子女教育方面的问题等；心理治疗的适用范围则往往是某些神经症、性变态、行为障碍、心理生理障碍、心身疾病及康复中的精神病人等。

（3）所需的时间不同。心理咨询所需的时间较短，一般为一次至数次，少数可达十几次；而心理治疗则往往费时较长，常需数次、数十次不等，有的需要数年方可完成。

（4）涉及意识的深度不同。心理咨询涉及的意识深度较浅，大多在意识层面进行，更重视教育性、支持性、指导性工作，焦点在于找出已经存在于来访者自身的内在因素，并使之得到发展，或在对现存条件进行分析的基础上提供改进意见；而心理治疗的某些流派主要针对无意识层面进行工作，重点在于重建病人的人格。

（5）目标不同。心理咨询的目标往往较为直接、具体、明确；而心理治疗的目标常比较模糊，它往往着眼于个人的成长和进步。

两者关系如图 2.1 所示。

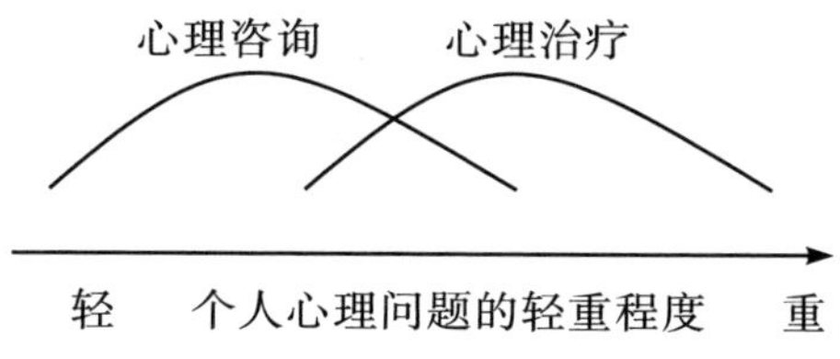


**图 2.1　心理咨询与心理治疗关系示意图**

## 二、心理咨询的功能

马然(A. R. Mahrer)认为心理咨询的功能体现在以下六个方面。

### (一) 矫正情绪体验

一方面,来访者的焦虑、紧张、沮丧、自卑等心情可能减轻;另一方面,来访者在与咨询者交谈中可能萌生希望甚至信心,感到心情轻松愉快,感到被理解和被尊重。

### (二) 从事新的有效行为

新,指来访者过去未曾尝试过;有效,指行动能满足来访者的需要,如友好关系的体验、成就感等。启发、鼓励和支持可以是公开的和直截了当的,包含明确的建议和具体的指导,也可以是含蓄的、间接的或暗示性的。

### (三) 提出可供选择的生活态度

各种不同形式的心理咨询和心理治疗都有共同的临床策略,就是为来访者提出另外的可供选择的生活态度和看待他们自己以及周围世界的方式。心理冲突,简而言之就是态度的冲突。典型的神经症患者既有自相矛盾的认知,也有势不两立的情感和欲望,还有背道而驰的行动倾向。一言以蔽之,他们处于尖锐的态度冲突之中。神经症的痊愈必然有生活态度的根本性转变(许又新)。所谓的移情疗效之所以不持久,原因就在于患者只是重复过去已有的(往往是根深蒂固的)态度,如果治疗不彻底,患者一旦离开长期和他密切相处的治疗者,便会产生分离焦虑。没有生活态度的根本性改变,即使症状消失且维持相当一段时间,病人还是经受不了生活中的波折,容易旧病复发。他认为,任何减轻病人痛苦和症状的方法都可以采用,但是有一个条件,即这种方法不妨碍病人态度的根本性转变。

### (四) 建立良好的咨询关系

咨询者通过尊重、真诚、准确的深入和无条件的积极关怀与来访者建立起温暖、信赖的咨询关系。这种关系可以增强来访者战胜困难、治愈疾病的信心。良好的关系直接有利于心理障碍的缓解甚至消除。

### (五) 准备接受社会影响

来访者求助于咨询者的行动本身,就意味其准备接受社会影响。但是,只有初步的求助动机是远远不够的,还必须具有随时准备接受社会影响的能力和自觉性。心理咨询的主要任务之一,就是培养来访者随时准备接受社会影响的能力和自觉性,并鼓励来访者与别人建立和发展类似他与咨询者之间的关系,在广泛的社会生活中随时准备接受他人有益的影响。为此,咨询者要通过实例帮助来访者弄清楚某些与来访者最关紧要的社会影响机制,例如吸引、喜欢、爱、厌恶、憎恨、攻击等的机制,弄清楚如何处理从众、顺从、服从和保持独立自主性的关系等问题。

### （六）激发自我探索

咨询者的启发和引导，不能代替来访者自觉的思考。自我探索使意识的范围和深度加大，过去觉察不到的内心世界逐渐清晰地呈现出来，人们对自己的理解得以提高或深入。①

## 三、心理咨询的原则

在心理咨询过程中遵循基本的咨询原则是心理咨询的根本要求，是咨询者与来访者建立良好人际关系的重要条件，也是有效运用咨询方法和技术帮助来访者排忧解难，获得良好咨询效果的基本保证。心理咨询的基本原则可以从以下三方面来界定：

### （一）职业要求的原则

心理咨询是一项专业性很强的工作。它既是一门科学，也是一种特殊的职业，在伦理道德等方面有着严格的要求。咨询者必须恪守有关原则，这是心理咨询的首要前提。

**1. 保密原则**

心理咨询是人与人之间心灵的沟通，也是人际交流的艺术。当来访者将自己埋藏心底的困惑与苦恼讲述给咨询者时，他希望对方理解他的心境，分担他的痛苦，还希望对方不会将自己的隐私和心事告诉他人。因此，保守秘密既是职业道德的要求，也是咨询能有效进行的最起码、最基本的要求。这是心理咨询与一般朋友之间闲谈的重要差别，也是专业心理咨询与非专业心理咨询的分水岭。对此，有学者曾提出五条注意事项：① 来访者的资料绝不能当作社会闲谈的话题。② 咨询者应小心避免自己有意无意间将个案举例以炫耀自己的能力和经验。③ 咨询者不应将个案记录档案带离服务机构。至于在工作场所，亦要小心保管，避免放错地方、遗失或置于他人可翻阅的地方。④ 咨询者所做的记录不能视之为公开的记录而随便任人查阅。⑤ 若有必需，资料传阅之前，必须经当事人同意。如果来访者可能危及他人或自己的生命（他杀、自杀等），必须与有关人员联系，采取保护措施。此外，由于教学与研究的需要，咨询内容需公开时，咨询者必须隐去全部可辨认的来访者的信息。

**2. 中立原则**

咨询者在心理咨询中应始终保持不偏不倚的立场，确保心理咨询的客观与公正，不得把自己私人的情感、利益掺杂进去，保持冷静的、清晰的头脑；在咨询过程

---

① 许又新. 心理治疗基础[M]. 贵阳：贵州教育出版社，1999.

中，不轻易批评对方，不把自己的价值观强加于对方。

**3. 信赖原则**

咨询者应以满腔的热情、真诚的态度，从正面、积极的角度来审视来访者的问题与错误表现。它是信任与接纳的化身，若要尊重与接纳每一个来访者，咨询者必须对人的本质有积极的信念，相信每一个个体独特的潜能，重视每一个个体的人性、尊严与价值，这样，他才相信人的可塑性、可改变性，才能采取正面、积极的审视态度引导来访者的转变与成长。

### （二）咨询活动中应遵循的原则

心理咨询过程对咨询者有一些原则要求，是否遵循这些原则直接影响心理咨询的有效性。

**1. 理解与支持原则**

此项原则要求咨询者设身处地地去感受来访者的内心体验，以深刻了解其精神痛苦和行为动机。从专业角度而言，这种真诚理解是同感的基础。咨询者对来访者自我反省与转变的努力予以及时的肯定与支持，则可使他们深受鼓舞，改变对自我的认识，将有助于来访者解除心头的郁结，从而获得鼓励和信心。

**2. 疏导与启发原则**

咨询者应该对来访者的失调情绪进行合理疏导，给予适当的安慰，对在咨询中来访者表现出的积极因素及时给予肯定。同时强调启发性，引导来访者正视自己面临的问题，启发他从多种角度思考问题，自觉领悟、调整、建立新的适当的态度，提高独立性。

**3. 耐心细致原则**

本原则要求咨询者对来访者的行为转变做长期的思想准备，不因一时一刻的挫折与反复而放弃对来访者的信心。由于心理咨询的难度性和弱效性问题，来访者的自我反省与转变会因各种内、外界的因素而出现反复与言行不一。因此，心理咨询不可能是一日一时之功，需要咨询者采取积极的态度与耐心细致的思想准备来与来访者沟通。

**4. 非指示原则**

人本主义流派认为心理咨询主要不是一种外部指导或灌输关系，而是一种启发与促进内部成长的关系。他相信每个人都有成长的巨大潜力，通过咨询激发潜力，不能对来访者的行为简单地进行解释以及明确告诉他应该怎么办或不应该怎么办。非指示原则要求咨询者在咨询过程对来访者绝对尊重、接纳，竭力推动对方去独立思考，从而强化其自助能力，避免直接出谋划策。

### （三）运用心理咨询方法应遵循的原则

目前世界上心理咨询的方法达 400 多种。至今各种理论流派仍层出不穷，且效能各具千秋。一般认为，按心理咨询与治疗的方法所依据的理论分类，大致有四大类，即精神分析法、行为主义疗法、人本主义疗法和认知疗法。其他的方法可看作是这四大类的派生物和结合物。因此，在运用心理咨询和治疗的方法时应遵循以下基本原则。

**1. 综合原则**

在实际心理咨询实践中，至今还没有一种方法能取代其他方法，因为所有的咨询方法都有其长处与短处，各自适用于不同的情况。部分学者认为咨询者需要多种方法结合运用，在了解多种方法的各自特点之后，根据来访者的具体情况，选择合适的方法。也有人主张在咨询的初期多用人本主义的方法，咨询中期多用精神分析的方法，咨询后期多用行为矫正的方法。

**2. 发展性原则**

人的心理活动始终处在动态过程中，心理咨询也是不断发展变化的过程。咨询者要用发展变化的观点看待来访者，选择和运用的方法要有助于来访者的成长和发展，根据实际情况随时调整方法。

心理咨询和心理治疗虽有区别，但本质上是相通的。咨询过程本身就有一定的治疗意义，而治疗也离不开必要的咨询过程。因此，在咨询中，咨询者不仅要帮助来访者分析心理问题产生的原因，使其达到领悟，同时也要采取必要的措施，使心理咨询更加有效。

## 四、心理咨询的过程

心理咨询是一种帮助过程、教育过程和增长过程，这个过程是由若干阶段构成的。国内外关于心理咨询阶段划分的观点不一。卡瓦纳(M. E. Cavanagh)把治疗过程划分为信息的收集、评价、反馈、治疗协议、行为改变和结束等六个阶段。① 伊根(G. Egan)把咨询和治疗过程分为确认和分析问题、设立目标以及行动等三个阶段。② 马建青认为基本的咨询阶段包括建立咨访关系、收集资料、澄清问题、确立目标、制订方案、实施行动、检查反馈、结束巩固等。③ 许又新将心理咨询分为六个阶段：信息收集阶段、评估阶段、信息反馈阶段、咨询协议阶段、行为改变阶段和终止咨询阶段。④

综合诸多学者观点，从动态发展的角度来看，我们认为心理咨询包括以下四个

---

① Cavanagh M E. The Counseling Experience[M]. California: Cole Publishing Company, 1982.

② Egan G. The Skilled Helper [M]. California: Cole Publishing Company, 1986.

③ 马建青. 辅导人生：心理咨询学[M]. 济南：山东教育出版社，1992.

④ 许又新. 心理治疗基础[M]. 贵阳：贵州教育出版社，1999.

阶段。

### (一) 建立咨询关系阶段

在这一阶段里，咨询者要与来访者建立起一种有效的咨询关系。建立良好咨询关系的潜在价值是不可忽视的，对于来访者来说，良好的咨询关系能帮助他们与咨询者建立起足够的信任，以便他们最终能够披露自己的内心世界。有些来访者认为能与咨询者建立起这种关系就已经足够了，已经可以很好地解决自己的问题了。而对有些来访者来说，关系的建立只是他们在咨询中寻求各种选择和变化的必要条件，而不是充分条件。他们需要咨询者采取进一步的治疗活动或干预措施。

### (二) 评估及确立目标阶段

该阶段常常与第一阶段同时或稍后进行。咨询者在这个阶段中，要帮助来访者研究、了解自己和自己的问题。评估问题能使咨询者和来访者更全面、深入地了解究竟发生了什么事情，究竟是什么促使来访者来进行咨询。找出问题和困难后，咨询者与来访者还要一起制定预期目标，即来访者希望通过咨询而得到的特殊结果。预期目标同样可为规划咨询策略提供有用的信息。

### (三) 干预策略的选择与补充阶段

咨询者的任务是促进来访者顿悟并做出相应的行为。为了达到这一结果，咨询者与来访者要在评估资料的基础上，选择并安排好行动计划或干预步骤，以使来访者取得预期目标。制定干预步骤时，重要的是选择那些与问题及目标相关联的策略方法，而且不要让所选择的策略与来访者的基本信念和价值观相冲突。

### (四) 评估及终止咨询阶段

这阶段要做的是评估咨询者干预措施的有效性，以及来访者取得目标的进展情况。这种评估会使咨询者知道何时可以结束咨询，何时需要修补干预行动计划。而且评估结果中具体可见的进步也常常会鼓励、强化来访者。

# 第二节　大学生心理咨询的内涵

## 一、大学生心理咨询的特点

大学生正处于个体成长的特殊阶段，正是心理变化最激烈、最不稳定的过渡期，许多大学生难以适应复杂多变的社会环境，以致出现种种迷惘、忧郁、不安等，继而诱发出各种心理和行为问题。中国高校心理咨询的主要对象是那些需要心理调节与发展的正常大学生，既包括在恋爱、学习、工作、生活等方面遇到了实际困难

（心理障碍）的人，也包括寻求潜能开发的人。当代大学生心理咨询的特点主要体现在以下几个方面。

### （一）双向性、依赖性

大学生心理咨询的过程是咨询老师给来访同学以帮助、启发和教育的过程。作为一种特殊的人际交往过程，心理咨询需要双方相互依赖，谁也离不开谁，缺少其中任何一方都不能构成这个过程。在这个过程中，咨询老师起主导作用，而来访同学是心理咨询过程中的主体，两者相互影响，相互配合，使咨询在愉快轻松的气氛中进行，才能得到圆满的结局。如果咨询老师自恃高明，听风是雨，口若悬河，那么来访同学会产生反感情绪，听不进劝导；若来访同学顾虑重重，懒于启齿，或对咨询老师抱有成见，也会使咨询老师感到扫兴，使咨询难以进行。

### （二）渐进性、反复性

人的心理品质的形成与发展是渐进的，不良心理品质的克服与消除也是渐进的，不可能在短时间内一蹴而就，因此，咨询老师与来访同学都应克服急躁情绪，不可一下子提出过高要求，而应由浅入深、从简单到复杂、由量到质逐步去做。如果操之过急，往往会适得其反。同时，应该看到任何事物的发展都是曲折的，心理问题的解决也是如此，也会出现反复。因此，咨询老师不能存有一劳永逸的思想，对来访同学出现的反复不应厌恶、冷漠或横加指责，而应耐心帮助，定期回访，以巩固咨询效果。

### （三）社会性、开放性

大学生心理咨询不是局限于高校心理咨询机构内封闭地进行，而是具有社会性、开放性的。一方面，社会的发展、科技的进步以及社会价值体系的变化，会给心理咨询事业带来不同程度的影响；另一方面，学校处在开放的社会环境中，社会变化直接影响心理咨询的效果。咨询老师对来访同学的帮助只是各种“影响源”中的一个因素，家庭、学校、社会各种因素都会对来访同学产生影响。在这些影响源中，有些是与心理咨询方面一致的，能帮助和促进来访同学更好地克服心理障碍；有些则与心理咨询方面相背，可能妨碍、削弱心理咨询的顺利开展。这就需要咨询老师将心理咨询与学校、家庭、社会联系起来，统一步调，协同帮助来访同学克服心理障碍。

## 二、大学生心理咨询的意义

### （一）是解决大学生心理问题以及预防、治疗心理疾病的有效途径

大学阶段是人生成长发展的重要阶段，就个体发展而言，大学生正处在青年期向成年期转变的过程中，个体正逐步走向成熟、走向独立，但尚未真正成熟与独立。

况且，这一时期的大学生人生观和世界观尚未成熟，心理波动较大，面对生活、环境、人生、理想、现实等种种问题，许多大学生因为苦无良策或处理不当而陷入痛苦、焦虑、失望和困惑之中，有的甚至出现过激或异常的言行。诸多调查研究表明，大学生心理问题发生率呈上升趋势。心理问题已成为困扰大学生学习和生活的大问题，如果不能得到及时解决，就会严重影响大学生的人格成长和身体健康。开展大学生心理咨询工作不仅有助于解决大学生心理问题，促进和谐校园建设，而且能够拓展大学生心理健康教育的深度与广度，这也是预防与治疗大学生心理疾病的有效途径。

### （二）是提高大学生心理素质的重要手段

大学生多半是从中学进入大学，没有经历过大风大浪的磨炼，没有遇到过挫折和打击，生活一帆风顺，因此，他们的心理素质和挫折耐受性相对较差，对自身的认识和了解也相对较肤浅。高校心理咨询不应仅限于解决心理问题、治疗心理疾病这一层次上，而应主动地对大学生进行心理学、心理卫生和心理健康等有关知识的传授，加强对大学生的心理素质训练，使他们了解心理活动的一般规律和特点，懂得心理健康对于成长的意义，更多地理解自我与他人、自我与社会的关系，学会运用心理学的方法进行自我调节，保持心理平衡，提高心理素质，增进心理健康；更多地了解自己适合干什么，能够干什么，哪里是自己的最佳位置，如何促进个人潜能的发挥等。

现代社会对素质教育要求也越来越高，我们不能仅注重大学生身体素质、思想素质和智力素质的培养，忽视了他们心理素质的提高。这就像一只木桶，其容量的大小取决于木桶最低的那一块板。同样，大学生个人的潜能能否充分发挥，关键在于心理素质这一块板是否得到充分重视。因此，开展大学生心理咨询是帮助大学生提高心理素质，促进心理潜能开发的重要途径。

### （三）是新时期高校德育教育的新任务、新内容、新途径

胡锦涛同志在党的十七大报告中指出："加强和改进思想政治工作，注重人文关怀和心理疏导，用正确方式处理人际关系，动员社会各方面共同做好青少年思想道德教育工作，为青少年健康成长创造良好社会环境。"因此，我们可以通过开展大学生心理咨询工作，创新高校德育工作模式，提升高校德育效益，促使青年大学生成长、成才。

首先，从教育学的角度来讲，根据大学生的心理特点，从大学生自身的实际需要出发，充分利用大学生的积极因素开展思想政治教育往往会收到一般思想政治教育收不到的效果，而心理咨询恰恰符合这一原则。

其次，从心理咨询的实践来看，心理咨询与思想政治教育相结合，是符合中国

国情和高校现状的，也是有科学基础的。因为大学生的许多心理问题都与他们的人生观、价值观和道德观有着直接的联系。许多大学生是因为缺乏科学的人生观、价值观和道德观，才造成心理创伤的。比如，有些大学生就是因为缺乏长远的人生奋斗目标，上了大学以后，就陷入空虚、无聊和抑郁状态；有些大学生就是因为把人生的路看得太窄，当在某一方面遇到困难和挫折时就一蹶不振或全盘否定自己，更有甚者会用死来摆脱内心的痛苦等。

最后，从高校心理咨询工作者本身来看，咨询者的人生观、价值观和道德观也会对来访者起到示范和潜移默化的作用。有些时候，来访者对人生和世界的看法在很大程度上受咨询者的影响。因此高校心理咨询工作者只有坚持科学的人生观、世界观和道德观，才能对大学生产生积极的影响，否则就会引导大学生走向痛苦的深渊。

## 三、大学生心理咨询的内容

大学生的心理咨询主要集中在环境适应不良、自我管理困惑、人际交往障碍、交友恋爱受挫、考试紧张焦虑、求职择业矛盾、人格发展缺陷、情绪调节失衡等方面。

### （一）角色转换与适应

大学新生都有一个角色转换与适应的过程，心理学上将这一时期称为“大学新生心理失衡期”。大学生经过努力的拼搏和激烈的竞争，进入了一个全新的生活天地。上大学前，他们想象中的大学犹如天堂般浪漫奇特、美妙无比。上大学后，与期望值迥然不同的自主学习模式、严格纪律要求、寄宿生活环境、陌生人际关系均可能使大学新生难以适应，极易产生困惑而造成心理失调。此外，新生作为大学中普通的一员，与其以前在中学里作为佼佼者的感觉大不一样，有的因此怀有深深的失落感，这也是心理问题的诱因之一。相当一部分大学生所学专业非其所爱，致使这部分大学生长期处于矛盾痛苦之中，而课程负担过重、学习方法不当、精神长期过度紧张等，也会造成学习压力。

### （二）人际交往问题

良好的人际关系是大学生健全人格的重要组成部分，它是大学生心理健康水平、社会适应能力的综合体现。有些大学生缺乏与人交往的热情，不愿主动参与或很少参与群体活动，与人总是保持一定距离，独来独往，不相信别人，也不了解自己。还有些大学生有强烈的人际交往愿望，渴望理解与尊重，渴望得到他人与社会的承认，渴望与周围的同学沟通，但却因为交往方法不当，导致人际交往不善。

### （三）恋爱与性问题

大学生因对情感问题的认识与处理不当而导致的心理痛苦，大致表现为：一是与性相关,男生因对遗精和手淫的认识有偏差而产生犯罪感,女生在月经前后精神紧张,在性意识与自我道德规范的冲突中产生心理矛盾,还有少数同居行为引起的连锁负面效应带来的困扰等;二是因恋爱所造成的情感危机,也是诱发大学生心理问题的重要原因,恋爱失败往往导致大学生心理异常,甚至因此走向极端酿成悲剧。

### (四)网络成瘾问题

不少大学生因交际困难而在网络的虚拟世界里寻找心理满足,并被网络本身的精彩深深吸引,乃至染上网瘾,每天花大量时间沉湎于虚拟世界而不能自拔。他们自我封闭,久而久之极易导致成绩滑坡、自我评价降低、情绪低落、思维迟钝、神情恍惚、言语不清、举止失常、行为怪异等生理和心理异常现象。

### (五)就业问题

激烈的市场竞争、紧张的生活节奏和巨大的工作压力使人感到精神压抑、身心疲惫,职业生涯焦虑与自我认同危机普遍存在于大学生中。大学毕业生供需见面、双向选择、择优录用等方式,扩招后的就业竞争的加剧以及大多数大学生缺乏职业生涯规划、理论与实践脱节等,都直接或间接地使大学生在心理上产生苦闷和不安,其人格弱点和心理问题也接踵而至。

## 四、大学生心理咨询的类型

心理咨询按照不同的标准可以划分出很多种类型,具体如下。

### (一)按咨询内容划分

心理咨询按其内容可分为障碍咨询和发展咨询。

#### 1. 障碍咨询

障碍咨询是针对存在不同程度心理障碍的来访者进行的咨询,即存在程度不同的非精神病性的心理障碍、心理生理障碍者,目的在于宣泄来访者的消极情绪,改变来访者在认知上的错误观念,缓解心理压力并确立正确、合理的思考方向和方法,指导来访者进行有效的自我调控,激发来访者的自愈机制与潜能,帮助来访者重新建立包括和谐的人际关系在内的良好的社会适应行为。

#### 2. 发展咨询

发展咨询主要针对希望开发自己潜能并能作出更好选择的来访者所进行的咨询,主要是帮助来访者更好地认识自己和社会,充分开发心理潜能,增强适应能力,提高自我生活质量,促进人的全面发展。发展咨询所涉及的内容十分广泛,凡是在人生各时期出现的各种心理问题都属于咨询的范围,如学习、工作、恋爱、婚姻、家庭生活和职业选择等。它的目的在于帮助来访者了解心理发展的规律,重视自己在心理发展过程中已经出现或将要出现的各种发展性心理问题,并提供有效的处理方法,使其更好地认识自我,防患于未然。同时,帮助来访者充分挖掘潜在能力,从而更好地适应环境和促进自我更健全地发展。

### (二) 按咨询对象的数量划分

心理咨询按咨询对象的数量可分为个别咨询和团体咨询。

**1. 个别咨询**

个别咨询是咨询者与来访者之间的单独咨询,由来访者单独向咨询机构提出咨询要求,由单个咨询者出面解答、劝导和帮助的一种形式。这也是心理咨询中最常见的形式。其优点是针对性和保密性好,咨询效果明显,但咨询的成本较高,需要双方投入较多的时间和精力。

**2. 团体咨询**

团体咨询亦称集体咨询、群体咨询或小组咨询,是在团体情景下提供心理帮助与指导的一种咨询形式。咨询者根据来访者问题的相似性组成小组,通过团体内人际的交互作用,促使个体在交往中通过观察、学习和体验,认识自我、探讨自我、接纳自我并且了解他人心理,从而达到改善人际关系、增加社会适应性、促进人格成长的目的。

团体咨询是学校心理咨询中应用最为广泛的一种咨询形式,它不同于一般的学生社团将学生群体作为服务对象,团体咨询没有团体目标,只有成员的个人目标,其服务对象是每一个团体成员,成员在团体咨询的过程中不断学习、体验和改变,从而达到促进成长与发展的目的。因为大学生的问题,如人际关系问题、恋爱问题等大多比较集中,并且他们年龄相仿,非常适宜采用团体咨询。其突出的优点是感染力强,影响广泛;咨询效率高,省时又省力;咨询效果好,不易反复;咨询成本低,对人际关系适应效果明显优于个别咨询。不足之处是团体咨询对咨询者的要求相对个别咨询而言更高;团体咨询中成员个体深层次的问题不易暴露出来;团体咨询中由于成员存在个体差异,因此可能对成员照顾不周或使有的成员受到伤害;在团体咨询中成员间获得的他人隐私可能会给当事人带来麻烦;另外保密性也较个别咨询差些。

**阅读材料 2-1 团体心理辅导的过程**

罗杰斯曾将团体发展的过程分为 14 个不同的阶段。

第一阶段:自由活动。在几乎没有结构的情形下,成员随意走动去接触和认识别人。在这一阶段中,成员有很大的混乱和沮丧感。有些人很安静,也有人进行断断续续的交谈。大家倾向于要求指导者做出指引提示。

第二阶段:抗拒作个人的表达和探索。成员感到局促不安,往往不愿意表达自己,即使有对话,也是很表面的、资料性的。

第三阶段:叙述过去的经验。成员不会对当前的感受做出描述,通常只会将过去的经历作为讲述的话题，其谈话更不会涉及团体中的人。

第四阶段：叙述负面的经验。成员开始讲到自己在团体中负面的情绪。他们负面取向的感受往往首先指向指导者，随之是其他的成员。这些行动背后的原因是个人感到焦虑和受威胁而做出防御，同时也借此测试团体的安全度。

第五阶段：表达和探索与个人有关的资料。当成员讲了负面的感受，而不被人批评和否定时，有些成员就会由此开始提及个人的事。而团体成员间彼此的信任也逐渐产生。

第六阶段：表达与其他成员相处的即时感受。成员开始表达对其他人的感受和态度，包括正面和负面的。不过，虽然会有负面的表达，却不会很极端，更不会带有攻击性，大家因此而共同摸索和发展出一种珍贵的信任。

第七阶段：团体发展出医治的能力。成员彼此表示关心，对他人也有了解和体谅，而且，大家尝试用自己的方法来为他人提供帮助。

第八阶段：达到个人的自我接纳，并开始改变。由于大家都很坦诚和信任地表达和互助，成员已安心地放下个人的防御和伪装，并开始逐渐对自己有更大的接纳，随之而来的就是个人态度和行为的改变。在这一阶段，成员感到团体中每个人都很实在，都是真实的个体。各人虽然有软弱和限制，但也各有所长。

第九阶段：打破伪装。由于对自己的接纳和确认，成员会抛掉种种的伪装和面具，开始享受一种充满关爱、诚实和开放的深挚关系，大家也因此会彼此支持和鼓励对方保持真诚。

第十阶段：提供和接受反馈。因为成员明白到自己在团体中的重要性，肯定了个人对别人的影响和价值，因此他们会坦诚为别人提供反馈，同时也愿意接受别人的反馈和帮助。

第十一阶段：面质。由于成员彼此关心，因此当有需要时，他们会面质别人，协助别人澄清和处理矛盾，积极面对问题，效果往往很有建设性。

第十二阶段：将帮助延伸到团体之外。成员间的关系密切，除了在团体中彼此帮助之外，在团体之外，他们也有很人性化的交往和支持。这种行为，对正在经历一种可能很痛苦的自省和改变的成员，往往很有意义，很有帮助。

第十三阶段：发展出基本的真实关系。成员可以具体感受到大家之间的亲密及高度的同感，结果发展出一种很深厚的人际关系。那是一种人与人的真实接触，一种难能可贵的“我—你”关系。

第十四阶段：在小组中做出行为的改变。成员逐渐改变，他们变得体谅他人，富有同理心，待人温暖、深挚而真实。具体来说，大家已经踏上自我实现之路，他们个人的问题不但得到解决，在人际关系上也得到改善。

### (三) 按咨询的途径划分

心理咨询按其咨询途径可分为门诊咨询、书信咨询、电话咨询、专栏咨询、现场咨询和网络咨询。

**1. 门诊咨询**

门诊咨询是通过医院的心理咨询门诊或专门的心理咨询机构进行的咨询。其面谈咨询的形式,可以使来访者充分详尽地倾诉,并且咨询者可对来访者进行直接观察,有利于掌握来访者的全面情况,从而深入地为来访者提供有效的帮助。

**2. 书信咨询**

书信咨询是针对来访者来信描述的情况和提出的问题,咨询者以通信方式解答其疑难问题,对其进行疏导教育的一种形式。其优点是可以打破地域的限制和在来访者不愿向咨询者当面倾诉的情况下运用。不足之处有:① 由于双方无法直接面谈,不利于咨询者深入了解对方情况,很难进行具体指导;② 受来访者文字表达能力的限制等原因,咨询者可能无法把握来访者的问题的关键,从而影响咨询效果。

**3. 电话咨询**

电话咨询是利用电话的通话方式对咨询对象给予劝告、安慰、鼓励和指导,是一种较为方便快捷的心理咨询方式。这种形式主要用于防止咨询对象由于心理危机的一时冲动而酿成悲剧。其隐蔽性和保密性强的特点深受咨询对象的喜爱。

**4. 专栏咨询**

专栏咨询是通过报刊、广播和电视等大众媒介对群体的典型心理问题进行公开解答的一种形式。其优点是受益面广,具有治疗与预防并重的功能,但同时也存在模糊和泛泛而论的缺陷。

**5. 现场咨询**

现场咨询是咨询者深入到基层,如学校、家庭、工厂、农村和企业等实际现场,为广大来访者提供多方面服务的一种咨询形式。

**6. 网络咨询**

网络咨询是利用网络为咨询对象提供有效帮助的一种形式。网络以其极强的保密性、互动性、隐蔽性、快捷性和实时性,为心理咨询提供了无限发展的空间。通过网络,咨询对象可以毫无顾忌地倾诉和暴露自己存在的问题,从而使咨询者能在短时间内掌握其基本情况并做出适时分析和判断,从而做出切合实际的引导和处理。随着互联网技术的发展和普及,各高校已相继建成校园网。因此,大学生心理咨询工作要充分利用网络的优势,促进网络心理教育的健康发展。

# 第三节　心理咨询的方法

在众多心理咨询理论的影响下，心理咨询的方法多种多样。现介绍几种具体的方法。

## 一、心理分析疗法

心理分析疗法即精神分析法，其理论根据是心理分析的理论。该理论强调无意识的冲突对行为的主导作用和重要影响，认为非理性的意欲与外界现实在内心引起的冲突是精神异常的原因。心理分析疗法多用于对神经症的治疗。心理分析法力图破除来访者的心理阻抗，使来访者自己意识到其无意识中的症结所在，并产生意识层次的领悟，了解症状的实质，从而使症状失去存在的意义而消失。心理分析疗法以来访者愿意接受咨询并遵守咨询规则为前提。传统的心理分析疗法的治疗疗程较长，少则半年至 1 年，多则 2 年至 4 年，通常每周会谈 3～6 次，且不宜间断。改进后的心理分析疗法时间可大大缩短，但一般也需要一个月以上或 10 次左右。①

### （一）自由联想

自由联想的具体做法是：让来访者在一个安静与光线适当的房间里躺或坐在沙发床上，咨询者站或坐在其后，然后让来访者打消顾虑，随意地进行联想，把自己想到的一切都说出来；来访者不要怕难为情或怕人们感到荒谬、奇怪而有意地加以修改，不论其如何微不足道、荒诞不经、有伤大雅，咨询者都要保证为来访者保密。在进行自由联想时要以来访者为主，咨询者不要随意打断他的话（当然在必要时，咨询者可以进行适当的引导）。咨询者的工作主要是帮助来访者回忆从童年起所遭遇到的一切经历或精神创伤与挫折，对其所报告的材料加以分析和解释，从中发现那些与病情有关的心理因素。特别是当来访者所谈的内容出现停顿或避而不谈时，往往可能是关键之处，有可能成为心理分析的突破口。在弗洛伊德（S. Freud）看来，浮现在头脑中的任何东西都不是无缘无故的，都是有一定因果关系的，因此可以从中找到来访者无意识中的矛盾冲突，并把它带到意识中来。

### （二）释梦

弗洛伊德在为神经症患者进行自由联想咨询时发现，有许多人常谈起自己所做的梦。他认为，梦是通向潜意识的一条迂回道路，因此，梦的内容与被压抑的无

---

① 陶慧芬，李坚评，雷五明. 心理咨询的理论与方法[M]. 武汉：华中科技大学出版社，2006.

意识内容有着某种联系。当一个人睡眠时，自我的控制减弱，潜意识的欲望趁机表现出来，但因精神仍处于一定的自我防御状态中，所以这些欲望通过伪装或变形后进入意识成为梦象。因此通过对梦的分析最终可找到来访者被压抑的欲望。弗洛伊德认为，梦可以分为“显梦”内容与“隐梦”内容两部分，前者指梦境中所显示的具体内容，而后者指这些梦境内容所代表的潜意识含义。释梦就是根据“梦的工作”的规律进行解析，来发掘梦者被压抑在潜意识中的矛盾冲突。

### (三) 移情

在长期进行心理分析的咨询过程中，来访者会把自己对父母、亲人等的感情和情绪依恋关系转移到咨询者身上，把他作为自己的父亲、亲人等。其实质是来访者幼年时代的情绪态度被引出了潜意识，将咨询者看成是早年生活环境中与自己有着重要关系的人，并把曾经给予这些人的情感置换给了咨询者。它源自来访者与关键人物关系的体验。

移情有两个特征：一是反应的强烈性与不相适宜性，如本来只是细微琐事，而来访者却反应强烈、大发雷霆；二是反应的持久性，如对咨询者表现出的不现实、不相适宜的厌烦反应持续或一再发生。移情是咨询能取得良好效果的重要条件。咨询者可以通过这种移情作用，使来访者退回到儿童时期与父母之间的不正常的情绪关系，并重新体验这种情绪关系，同时通过对移情的解释，使来访者领悟到其与咨询者的关系实际上是其先前的情绪扰乱的反应，这样就可以消除过去留下的心理矛盾，从而达到治愈的目的。

### (四) 阻抗

阻抗又称“抗拒作用”，指来访者有意识或无意识地回避某些敏感话题，有意无意地使咨询重心偏移，也可以看作是阻止那些使自我过分痛苦或引起焦虑的欲望、情绪和记忆进入意识的力量。有意识阻抗可能是来访者对咨询者不信任或担心自己说错话等造成的，经咨询者说明即可消除；无意识阻抗则表现为对咨询的抵抗，而来访者自己并不能意识到，也不会承认，来访者往往口头上表示迫切希望早日完成咨询，但行动上却并不积极。产生阻抗的根源是由于潜意识里有阻止被压抑的心理冲突重新进入意识的倾向。当自由联想的谈话接近这些潜意识的事实时，潜意识的抗拒就发生了作用，从而这些事实真实的表述就被阻止。因此，阻抗的发生常常是来访者问题之所在，是问题的核心或真正致病情结的症结所在的信号。

### (五) 解释

解释是精神分析中最常使用的技术。咨询者要揭示症状背后的无意识动机，消除阻抗和移情的干扰，使来访者对其症状的真正含义达到领悟，解释是必不可少的。解释的目的是让来访者正视他所回避的东西或尚未意识到的东西，使无意识之中的内容变成意识的。

解释要在来访者有接受的思想准备时进行。此外,单个的解释往往不可能明显奏效。较有效的方法是在一段时间内渐渐地接近问题,从对问题的澄清逐步过渡到解释。因此,解释是一个缓慢而又复杂的过程。通过解释,咨询者可以在一段时间内,不断向来访者指出其行为、思想或情感背后潜藏着的本质意义。

## 二、行为疗法

行为疗法又称行为矫正法,来源于行为治疗理论。该理论强调环境和情况决定人的行为,行为的产生受当时行为条件的制约,即行为会因情境而改变。行为疗法着重于人的外在行为,用来矫正人的某些适应不良的行为和习惯。该方法可操作性强、效果好,被广泛运用于咨询实践中,尤其对消除大学生的考试焦虑情绪和强迫症等有特殊作用。在大学生日常心理咨询实践中经常运用的方法包括放松法、系统脱敏法和厌恶疗法。

### (一) 放松法

放松法是一种重要的心理咨询方法。如我国的气功、太极拳,印度的瑜伽术,日本的坐禅等都与放松法一样,以通过调整姿势、呼吸、意念而达到松、静、自然的放松状态。其咨询原理为:放松状态下大脑皮层的唤醒水平下降,交感神经系统的兴奋性下降,机体耗能减少,血氧饱和度增加,血红蛋白含量及携氧能力提高,消化机能提高,有助于调整机体功能,提高心理能力。

放松训练作为一种心理治疗方法,咨询者要遵循心理治疗的基本原则,首先要同治疗对象建立良好的咨询关系。咨询者要作风正派、态度和蔼,对治疗对象真诚耐心、满腔热情。取得治疗对象的密切配合是治疗成功的重要条件。在进行放松训练时,多数人会感到头脑清醒,心情轻松愉快,并有全身舒服感。但有少数人会出现头晕、麻木或抽动、震颤、有漂浮感,甚至有肢体刺痛感,这些都是正常现象,如果治疗对象在放松过程中有严重不安感应停止治疗。

### (二) 系统脱敏法

系统脱敏法亦称交互抑制法,由精神病学家沃尔普(J. Wolpe)于 20 世纪 50 年代首创。这种方法主要是诱导来访者缓慢地暴露出导致焦虑的情境,并通过心理的放松状态来对抗这种焦虑情绪,从而达到消除焦虑的目的。其基本原理为:人和动物的肌肉放松状态与忧虑情绪状态是一对抗过程,一种状态的出现会对另一种状态起抑制作用。

系统脱敏法一般包括三个步骤:放松训练、建立焦虑(或恐怖)等级表、系统脱敏。

**1. 放松训练**

让来访者坐在舒适的椅子上,深呼吸后闭眼,并想象可令人轻松的情境,如躺在海边听轻松的音乐等，然后让来访者依次练习放松前臂、头、面部、颈、肩、背、胸、腹及下肢，亦可借助肌电反馈仪来增强训练效果。反复这样的训练，直至来访者达到能在实际生活中运用自如、随意放松的娴熟程度。

**2. 建立焦虑(或恐怖)等级表**

这一步十分关键。首先要根据来访者的病史及会谈资料找出所有使来访者感到焦虑(或恐怖)的事件。将这些事件进行相互比较，根据致病作用的大小分成若干等级。通常将刺激因素按其可引发来访者的主观焦虑程度，分为五等或采用百分制(0～100)，如引起1分主观焦虑(或恐怖)的刺激为一等，引起2分的为二等，以此类推，而后将这些不同的刺激因素按其等级依次排列成表，即为焦虑(或恐怖)等级表。

需要注意的是，被视为一等刺激因素所引起的焦虑(或恐怖)，即主观的焦虑或恐怖评定为1分者，应小到足以被全身松弛抵消的程度。这是决定治疗成败的一个关键。此外，理想的等级设计应是各等级之间的级差均匀，是一个循序渐进的系列层次。这一点需要启发来访者共同完成。

**3. 系统脱敏**

先让来访者想象最低等级的刺激物或事件。当他能清楚地想象并确实感到有些紧张时，就让其停止想象，并全身放松，然后重复上述过程，直至来访者对这样的想象不再感到焦虑(或恐怖)为止，从而完成第一等级脱敏。接着再对下一个等级的刺激物或事件，即焦虑(或恐怖)等级表中列为2分的刺激进行同样的脱敏训练。最后迁移到现实生活中，不断练习，巩固疗效。在咨询过程中，一般在一次会谈时间内以完成1～2个事件的脱敏训练为宜。

### (三) 厌恶疗法

厌恶疗法是将某些不愉快的刺激，通过直接作用或间接想象，与来访者需改变的行为症状联系起来，使其最终因感到厌恶而放弃这种行为。即利用条件反射的原理，把令人厌恶的刺激与来访者的不良行为相结合，形成一个新的条件反射，用来对抗原有的不良行为，进而最终消除这种不良行为。常用的厌恶刺激有物理刺激(如电击、橡皮圈弹痛等)、化学刺激(如催吐剂等)和想象中的厌恶刺激(即口述某些厌恶情境，然后与想象中的刺激联系在一起)。

厌恶疗法的操作程序如下。

**1. 确认靶症状**

厌恶疗法具有极强的针对性，因此，必须先确定打算弃除的是什么行为，有清楚、具体的行为学定义，尽量不要夹杂其他行为，如若具有不止一个不适应行为，则择其最主要、最迫切需要弃除的行为。

**2. 选用厌恶刺激**

厌恶刺激必须是强烈的，能使被治疗者产生的不快远远压倒原有的种种快感，才可能取而代之。但同时，作为一种医疗措施，厌恶刺激又必须是无害、安全的。一般说来，常用的刺激物包括适当电压的电刺激、可引起恶心和呕吐的药物及想象刺激(内在敏感训练)等。此外，还要注意的是，对不同的人，在不同的情况下，同一刺激所起的功能可能是惩罚亦可能是奖励。例如，对这个学生来说，斥责的功能是厌恶刺激；但对另一个学生，斥责却是作为一种关注形式的正强化刺激。概括说来，厌恶刺激是根据它对跟随其后的行为所起的作用而界定的。

**3. 把握施加厌恶刺激的时机**

要尽快地形成条件反射，必须将厌恶体验与不适应行为紧密联系起来。厌恶体验与不适应行为应该是同步的，这样才能很快建立起新的条件反射，从而达到消除不良行为的目的。

## 三、以人为中心疗法

以人为中心疗法是以接受咨询的来访者为中心的一种疗法，是根据罗杰斯的自我理念逐步发展而来的。以人为中心疗法关注来访者的情感体验，强调在咨询过程中创造一种以来访者为中心的和谐的咨询气氛。以人为中心的治疗一般不强调技术，强调治疗者的态度，用心理咨询中的三个基本要素——尊重、真诚和同感，与来访者之间建立一个开放的、安全的气氛，协助来访者进行自我探索、认识自身的价值和潜能、发现真正的自我，最终达到自我实现的理想人生境界。

### (一) 治疗目标

以人为中心的治疗的基本目标可以说是“去伪存真”。“伪”就是一个人身上的那些与其价值条件化了的自我概念相一致的，或者说由这些自我概念衍生出来的生活方式、思想、行动和体验的方式。“真”就是一个人身上那些代表着他的本性，属于他的真正自我的思想、情感和行动方式。罗杰斯常用“变成自己”“从面具后面走出来”这样的话来表达以人为中心的治疗目标。在《成为一个人意味着什么》一文中，罗杰斯这样谈到治疗者希望在来访者身上产生的变化：“他……变得愈来愈接近他真正的自己。他开始抛弃那用来应付生活的伪装、面具或扮演的角色。他力图想发现某种更本质、更接近于他真实自身的东西。”

### (二) 治疗过程

罗杰斯在其工作的早期，曾就治疗过程提出过 12 个步骤。[①] 但他强调说这些

---

① Rogers C R. Counseling and Psycholotherapy[M]. Boston: Houghton Mifflin, 1942.

步骤并非是截然分开，而是有机地结合在一起的。具体步骤如下。

**1. 来访者前来求助**

这对治疗来说是一项重要的前提。如果来访者不承认自己需要帮助，不是在很大的压力之下希望有某种改变，咨询或治疗是很难成功的。

**2. 治疗者向来访者说明咨询或治疗的情况**

治疗者要向对方说明，对于他所提的问题，这里并无解决的答案，咨询或治疗只是提供一个场所或一种气氛，帮助来访者自己找到某种答案或自己解决问题。治疗者要使对方了解咨询或治疗的时间是属于他自己的，可以自由支配，并商讨解决问题的方法。治疗者的基本作用就在于创造一种有利于来访者自发成长的气氛。

**3. 鼓励来访者自由表达自己的情感**

治疗者必须友好地、诚恳地接受对方的态度，促进对方对自己的情感体验作自由表达。来访者开始所表达的大多是消极的或含糊的情感，如敌意、焦虑、愧疚与疑虑等。治疗者要有掌握会谈的经验，有效地促进对方表述。

**4. 治疗者要能够接受、认识、澄清对方的消极情感**

这是很困难同时也是很微妙的一步。治疗者接受了对方的这种信息必须对此有所反应。但反应不应是对表面内容的反应，而应深入来访者的内心深处，注意发现对方影射或暗含的情感，如矛盾、敌意或不适应的情感。不论对方所讲的内容是如何荒诞无稽或滑稽可笑，治疗者都应能以接受对方的态度加以处理，努力创造出一种气氛，使对方认识到这些消极的情感也是自身的一部分。有时，治疗者也需对这些情感加以澄清，但不是解释，目的是使来访者自己对此有更清楚的认识。

**5. 来访者成长的萌动**

当来访者充分暴露出其消极的情感之后，模糊的、试探性的、积极的情感不断萌生出来，成长由此开始。

**6. 治疗者对来访者的积极的情感要加以接受和认识**

对于来访者所表达出的积极的情感，如同对其消极的情感一样，治疗者应予以接受，但并不加以表扬或赞许，也不加入道德的评价。而治疗者只是使来访者在其生命之中，能有这样一次机会去自己了解自己，使之既无须为其有消极的情感而采取防御措施，也无须为其有积极情感而自傲。在这样的情况下，来访者自然达到了领悟与自我了解的境地。

**7. 来访者开始接受真实的自我**

由于社会评价的作用，一般人作出任何反应总有几分保留；由于价值的条件化，使得人们具有一个不正确的自我概念，因此常常会否认、歪曲若干情感和经验。

这与人的真实的自我是有很大距离的。而在治疗中,来访者因处于良好的能被人理解与接受的气氛之中,有一种完全不同的心境,能够有机会重新考察自己,对自己的情况达到一种领悟,进而达到了接受真实自我的境地。来访者这种对自我的理解和接受,为其进一步在新的水平上达到心理的整合奠定了基础。

**8. 帮助来访者澄清可能的决定及应采取的行动**

在领悟的过程之中,必然涉及新的决定及要采取的行动。此时治疗者要协助来访者澄清其可能作出的选择。另外,对于来访者此时常常会有的恐惧、缺乏勇气及不敢作出决定的表现,治疗者应有足够的认识。此时,治疗者也不能勉强对方或给予某些劝告。

**9. 疗效的产生**

领悟导致了某种积极的、尝试性的行动,此时疗效就产生了。由于是来访者自己达到了领悟,自己对问题有了新的认识,并且自己付诸行动,因此这种效果即使只是瞬间的事情,仍然很有意义。

**10. 进一步增强疗效**

当来访者已能有所领悟,并开始进行一些积极的尝试后,治疗工作就转向帮助来访者发展其领悟以求达到较深的层次,并注意扩展其领悟的范围。如果来访者对自己能达到一种更完全、更正确的自我了解,则会具有更大的勇气面对自己的经验、体验并考察自己的行动。

**11. 来访者的全面成长**

来访者不再惧怕选择,处于积极行动与成长的过程之中,并有较大的信心进行自我指导。此时治疗者与来访者的关系达到顶点,来访者常常主动提出问题与治疗者共同讨论。

**12. 治疗结束**

来访者感到无须再寻求治疗者的协助,治疗关系即就此终止。通常来访者会对占用了治疗者许多时间而表示歉意。治疗者采用同以前的步骤中相似的方法来澄清这种感情,接受和认识治疗关系即将结束的事实。

### (三) 非指导的治疗方式

罗杰斯早在 1942 年就在其著作《咨询与心理治疗》一书中,提倡非指导(non-directive)的治疗方式。他认为采用较多指导性(directive)的治疗技术与方法的治疗者与更多地采用非指导性的治疗技术与方法的治疗者,对于治疗的目的与看法是不同的。指导性的治疗假定治疗者应为来访者选择治疗目标,指导来访者努力去达到这一目标。这种治疗实际上假定治疗者地位优越,而来访者是无法全部承担为他自己选择治疗目标的责任。非指导的治疗认为来访者有权为他自己的生活作出选择，尽管他选择的目标可能与治疗者的看法很不相同。非指导的治疗还认为，如果来访者对自身的问题有所领悟的话，他们更可能会作出自己明智的选择。

非指导的治疗重视个体心理上的独立性和保持完整的心理状态的权利。而指导性的治疗重视社会的规范，认为有能力的人应该对能力较差的人进行指导。不同的治疗观对治疗的结果会产生不同的影响。指导性的治疗者更倾向于对来访者的问题进行工作，一旦症状消除或问题得到解决，治疗就算是成功了。非指导的治疗着眼点在来访者而不是来访者的问题。一旦来访者对自己与现实的关系有了充分的理解之后，他就能够选择适应环境的方法。由于其领悟力的提高和经验的增长，他将更有能力去应付将来可能出现的问题。

来访者中心治疗即非指导的治疗，这种治疗的着眼点是促进来访者的成长，具体地帮助来访者进行自我探索，促进其自我概念向着更接近自我的经验、体验的方向发展。

## 四、认知疗法

认知疗法的基本观点是：认知过程及其导致的观念是行为和情绪的中介，适应不良的行为和情绪与不合理的认知有关。咨询的关键是指导来访者重新构建认知结构，纠正不合理的思维方式和信念，从而改变行为。认知疗法是以认知理论为基础发展而来的，是多种心理咨询方法的总称。心理学家艾里斯(A. Ellis)创立的合理情绪疗法颇具代表性。其基本理论又称为 ABC 理论，A 指诱发性事件(activating events)，B 指个体在遇到 A 之后所产生的信念(beliefs)，C 指在特定情境下个体的情绪及行为的结果(consequences)。通常人们会认为 A 引发 C，但 ABC 理论指出：不是 A 引发了 C，而是 B 引发了 C。也就是说，诱发性事件 A 只是引起情绪和行为反应 C 的间接原因，而人们对诱发性事件所持的信念 B 才是引起人的情绪及行为反应 C 的直接原因。其治疗目标是以理性替代非理性，帮助来访者以合理的思维方式和信念代替其不合理的思维方式和信念。来访者的非理性信念有三个特征：绝对化的要求(demandingness)、过分概括化(overgeneralization)和糟糕至极(awfulizing)。

合理情绪疗法主要包括以下四个步骤。

(1) 帮助来访者了解自己不合理的思维方式和信念及其与情绪困扰之间的关系。

(2) 向来访者指出其目前的消极情绪来源于自身所持的不合理信念，并应敢于对这种消极情绪和行为负责。

(3) 帮助来访者改变不合理的思维方式和信念，调整认知结构。

(4) 帮助来访者学习合理的思维方式和信念,并使之内化为自己的思维方式和信念。常用技术有与不合理信念的辩证法、合理情绪想象法和认知家庭作业法等。

**阅读材料 2-2　皮鞋的故事**

> 很久以前,人们都是赤脚走路的。后来,有个国王到各地巡视,走在崎岖不平的沙石路上,他的脚常常被磨出水泡来,疼痛难忍。于是他下令把全国的道路都用牛皮铺上,这样人们走起路来脚就会好受些。但那得需要杀死多少牛呀?全国的牛都杀光了也铺不了多少路,一时间人们怨声载道。铺路的事困难重重。
>
> 后来有个大臣想了一个办法,他向国王建议:何不把脚用牛皮裹起来?这样既解决了脚被磨的问题,也不用杀那么多的牛。国王听后大喜,于是停止了杀牛铺路,改用牛皮裹脚,由此产生了皮鞋。
>
> 人们常常受到生活事件(如脚被磨出泡)或心灵的困扰(如本想铺路却引来民众怨声载道),解决之道往往就在于改变一下自己的认知角度。

## 五、心理咨询方法的整合趋向

在美国,1959 年哈珀(R. A. Haper)认定有 36 种心理咨询与治疗的体系;1976 年,帕洛夫(RT. B. Parloff)发现共有 130 余种疗法;到了 1986 年,卡拉瑟(T. B. Karasu)则报告有 400 种以上的心理治疗学派。① 其中影响较大的有精神分析学派、行为学派、人本主义学派等,每一种学派又衍生出多种治疗的理论和方法技术。在发展初期,各派互相排斥,门户甚深。但是由于心理问题的复杂性,在实践中学者们认识到,没有任何一种单一的理论和方法能在所有情境下解决所有人的所有心理问题,其效果或各有所长,或无显著差异。于是,人们逐渐抛弃门户之见,打破学派林立的局面,彼此借鉴,取长补短,不拘一格。根据不同情况选择不同的方法,或同时采用几种不同学派的方法,这样,心理咨询和治疗就朝向一种兼容和整合化方向迈进了。

从不同的学派来讲,每一学派都在致力于不断完善自己的理论,并在临床实践中提高治疗效果,缩短治疗周期。与此同时,这些学派也向外吸收一些于己有利的其他学派的理论观点和技术方法,相比之下,吸收外来的方法技术的倾向更为积极。心理分析学派的许多治疗者和咨询者运用了行为学派的某些方法,而行为学派的治疗者和咨询者们也在不断吸收和运用其他学派的方法充实自己。在 20 世纪 60 年代,折中主义还是一个不大受欢迎的字眼,而到了 80 年代却有越来越多的

① 钱铭怡. 心理咨询与心理治疗[M]. 北京:北京大学出版社,1994.

心理咨询与治疗工作者称自己奉行的是折中主义。有人对美国自1974年以来的15年的临床心理学研究作了回顾总结，发现近50%的都是兼容取向。① 还有人对临床心理学家、精神病学和社会工作等相关领域的专业人员所作的调查发现，有68%的人认为自己属于兼容学派。②

方法上的兼容导致了理论上的整合(integrative)。所谓整合是指将不同的理论作更高层次的统整和综合。从兼容到整合的过渡，是寻找各种理论与方法的共同要素。虽然方法兼容目前已经相当普及，但是理论整合却并不十分成功。正如拉扎勒斯(R. S. Lazarus)所言，对理论的统整并非今人的能力所及，而对共同因素的寻找已有所收获，几乎所有学派都强调"治疗关系"的重要，甚至认为治疗关系可以作为整合辅导理论的基础。但他同时又指出，只有对治疗的哲学与理论有一致的看法，才能对治疗的实务有一致的看法。

## 课堂活动

### 感受聆听的艺术

**【目的】** 学习聆听的艺术。

**【准备】** 问题卡片若干(每个同学4张，写上自己烦恼的问题)，4张倾听技能卡片，分别是：

(1) 复述对方说过的话("你刚才说的是……")；

(2) 更详细地询问对方说过的话("你能不能告诉我一点……")；

(3) 对对方所说的表示兴趣(运用姿势、语气、眼光接触等)；

(4) 描述对方的感觉("我觉得你似乎对……生气呢")。

**【操作】** 将学员分成两人一组。玩游戏时，每个学员选择一个问题，谈3分钟；一个人说话时，另一个人要表现出4种技能。每次"倾诉"结束后，谈话者根据4种技能给听话者打分，使用一项记1分；倾听者如果没有插话，另外加2分。然后双方交换角色再玩。8次"倾听"(每次谈一个问题)后，游戏结束，把两人得分相加，总分如果超过40分(最高分48分)，这组就可以得到奖励。

例如：

A学员：最近我可烦了，教练又批评我，批评就算了，他还告诉我父母，后来我

---

① Norcross J C, Grencavage L M. Elclecticism misrepresented and integration in counseling and psychotherapy: major themes and obstacles[J]. British Journal of Guidance and Counseling, 1989(17): 227—247.

② Jensen J P, Bergin A E, Grenve D W. New survey and analysis of components[J]. Professional Psychology: Research and Practice. 1990(21): 124—130.

又被我爸爸妈妈骂了一通。

B学员:你刚才说你爸爸妈妈也骂你了?

A学员:是啊!其实我很不服气。这件事,教练完全是误会我了,冤枉我了。唉,真是没办法,倒霉极了!

B学员:你能告诉我,教练是怎么冤枉你的吗?

A学员:当时,我在学校踢球,我同桌的小王一不小心将球踢到窗户上,把窗户玻璃给打碎了。其实是小王踢球打碎玻璃的,但其他几个同学都说是我打碎的,教练就批评我了。

B学员:(点头,理解地)那你父母怎么说的你?

A学员:要我闭门思过,在我零用钱里扣了赔偿费,还责骂我,我吓坏了……

B学员:看来你对这件事还很生气?

A学员:那当然了,肯定生气了。

B学员:(点头)是啊……有时,亲人也不分青红皂白就简单行事。

A学员:是啊……

## 角色扮演

### 我也来当咨询师

某女,大学新生。跨入大学使她非常高兴,她向往大学生活的无忧无虑,想开始自己崭新的人生。但是,现实的生活与她的想象截然不同,她遇到的最大问题就是人际关系问题。她认为自己是个较多愁善感的人,往往会遇到许多不如意的事情,但是找不到倾诉心中苦闷的知心朋友。她在高中时有几位知心朋友,可以从她们那里得到安慰,但在大学校园里却不敢将伤心事告诉同学。因为无处倾诉,常感到很痛苦。她平时不善言谈,但渴望与人交流。在宿舍里,她希望可以同舍友交谈,但有时像在自言自语,无人理睬,这令她感到强烈的孤单、寂寞。她总是怀疑有时同学看她的眼光带有一些轻视,但又认为自己这么想很“卑鄙”。后来在辅导员的建议下,她来到咨询室寻求心理老师的帮助。

**【讨论】**

请分组模拟咨询老师和求助学生之间的咨询过程。

## 案例分析

小王,男性,19岁,大学一年级学生。

小王是由父母陪同走进咨询室的。他看上去精神不振，被动地听从父母的安排坐在了靠近咨询师的位置，但并没有主动和咨询师讲话，也没有看着咨询师。他的父母都显得很焦虑，主要是由他们介绍情况。小王去年以很优异的成绩考进了一所重点大学，全家人都很高兴。开学后，小王平时读书、住宿在学校里，每周回家一次。开始一切正常，但后来父母偶尔发现小王很晚还在用电脑，回家后和他们讲话的时间越来越少，没事就把自己关在房间里玩电脑。每个周末他睡得都很晚，有时甚至通宵不睡。由于父母都不大懂电脑，也不知道小王在电脑上做什么。父母也问过小王是不是在学校遇到什么困难或不开心的事，但小王都说没什么。父母劝他不要沉迷于电脑，开始时小王只是敷衍，到后来对父母的劝说变得越来越不耐烦，经常和父母发生冲突。父母虽然觉得他和以前不一样，但他们的理解是，可能是他长大了，是正常地对父母的反抗，也就没有深究。但是，上学期考试结束，小王有两门功课不及格，其他功课也都是刚及格。他们才意识到事情的严重性，到学校向老师和小王同寝室的同学了解情况。

老师和同学都反映小王是个很内向的人，平时很少和同学交流或参加集体活动。同寝室的同学知道他经常去网吧，常常很晚才回来。了解到这些情况，父母很生气，回来后就禁止小王上网，要求他在假期里好好复习，准备补考。此后，小王变得更加沉默寡言了。父母看到小王并没有复习功课，一筹莫展，只好带他来咨询了。

在父母介绍情况的整个过程中，小王一直面无表情。由此可以看出他内心和父母的距离。咨询师把观察到的情况反馈给小王，并表示希望听听他的感受。父母也很配合，主动提出留下小王一个人和咨询师说说心里话。小王开始讲述自己内心的痛苦。他从小就很内向，不善于交往。他自己分析认为，自己的反常举止来源于父母关系的不和睦。他从很小时就记得父母经常吵架，常常吵得很凶，吵得厉害时彼此常常扬言要离婚，他内心感到很害怕。他自觉没有什么特长，没法接受自己在集体活动中的糟糕表现。虽然他有时很羡慕那些有文娱特长的同学，但他觉得只要学习成绩好就可以了。事实上，确实是因为学习成绩好，他受到学校和老师的关注。但是进入大学后，一方面，他觉得自己学习上没有在中学时那样的优势了，因为很多同学高考成绩都比他好；更重要的是，与同学交往给了他太大的压力。刚开学时，各种各样的活动很多，参加这些活动总是会让他很紧张。他感觉周围的同学在与人交往方面都很自如，而他常常感到不知该和同学说什么。同学们感兴趣的事情他要么不懂，要么不会。他待在同学当中就会感到不自在，学习也逐渐无法集中注意力。有一次和一个同学去网吧，他马上就迷上了网络游戏。在那里他感到时间过得很快，不需要面对那些压力。渐渐地，他待在网吧里的时间越来越长。虽然他也曾意识到这样不好,也曾下决心不再去网吧,但只要坐在教室里他就感到无法集中注意力,心情很烦躁,往往坚持不了多久就又会去网吧。后来他对自己越来越没信心。

**【问题】**

小王为何会出现网络成瘾的状况?如果你是咨询师,你该如何帮助他?

## 心理训练

### 帮助自己放松——自我催眠技巧

**【目的】**通过想象,学会放松。

**【准备】**找一个安静的环境,选择一个自己觉得最舒服的姿势,躺着、坐着都可以。

**【操作】**闭上眼睛,开始想象。如果你能把下面的想象念出来让自己听到,效果会更好。

开始想象:

我正在度假。

这是我一直向往的海边。

夕阳西下,空气中弥漫着让人愉悦的海水的味道。

晚风吹在身上,每个毛孔都特别舒服,像是在呼吸一样。

我正走在柔软的沙滩上,海浪拂过脚踝,酥酥麻麻的,好舒服。

我躺了下来,享受海边的静谧,全身都很放松,好舒服……

想象地点可以因人而异,无论你喜欢草原、高山还是别的地方,都可以尽情想象,原则是一定要尽量在脑海中展现能让自己觉得放松舒适的画面。

值得一提的是,这一技巧在你睡眠情况不是特别好的时候也可以尝试一下。

## 本 章 小 结

心理咨询是指咨询者运用心理学的有关理论与方法,通过特殊的人际关系,帮助来访者解决心理问题,增进身心健康,提高适应能力,促进个性发展与潜能发挥。心理咨询和心理治疗虽然有所区别,但是不能将两者截然分开。心理咨询可以帮助求助者矫正情绪体验,从事新的有效行为,提出可供选择的生活态度,营造良好的咨询关系,准备接受社会影响,激发自我探索等。心理咨询的原则应该从职业要求的原则、咨询活动中应遵循的原则和运用心理咨询方法应遵循的原则三个方面进行界定。

大学生心理咨询具有双向性、依赖性，渐进性、反复性，社会性、开放性等特点。大学生心理咨询内容主要集中在角色转换与适应、人际交往问题、恋爱与性问题、网络成瘾问题、就业问题等方面。大学生心理咨询按照不同的标准可以划分出很多种类型，如障碍咨询与发展咨询、个体咨询与团体咨询等。

心理咨询的方法主要有：心理分析疗法、行为疗法、以人为中心疗法、认知疗法等。

## 思考与练习

1. 什么是心理咨询？
2. 大学生心理咨询有哪些类型？
3. 合理情绪疗法主要包括哪些步骤？
4. 行为疗法的技术主要有哪些？
5. 当你遇到心理困扰时，经常用什么方法进行自我调试？效果如何？
6. 当周围同学出现心理问题时，你是怎样给予帮助的？以后你有没有更好的方法？

# 第三章
# 大学生心理困惑及异常心理

## 知识框图

- 大学生常见的心理困惑及异常心理
  - 大学生常见的心理困惑
  - 大学生常见的异常心理
- 大学生常见的心理疾病
  - 大学生常见的心理疾病
  - 大学生常见心理疾病的应对

## 导入案例

郑某，女，19岁，大一学生，来自经济水平一般的小城市，入学前对大学生活充满期待和向往。入学一段时间后，发现现实与理想之间的差距较大。她以前没有离开过父母，生活由父母照顾，缺乏独立生活的能力，对食堂饮食、集体宿舍不习惯。与同学相处时经常相互比较，觉得自己处处不如他人。在某次班委竞选中失败，没有获得自己期待的职位，她从此更加心灰意冷、情绪低落、意志消沉，干什么都提不起劲来。类似这样的情况，不少大学生也经历过。

人的心理与人的身体一样，可以保持正常状态，也可能会出现异常状态。人们对于身体异常的各种情况一般容易理解和接受，并会主动求医诊治，但是对于异常心理的各种情况却不甚了解。处于青年期的大学生中有一些人存在着不同类型和程度的异常心理，在日常学习和生活中饱受折磨，但不知道是怎么回事，也不知道去哪里去寻求专业的帮助，怎样去解决这些异常心理从而恢复正常心理。有些人从报刊书籍或网络中读到一些关于异常心理的信息，就简单地对号入座，认为自己有着异常心理，从而整日忧心忡忡、惶恐不安，严重地影响了学习和生活。所以，当大学生有着异常心理时，应及时发现，积极面对，及时求助或治疗。

## 第一节 大学生常见的心理困惑及异常心理

异常心理是偏离正常人心理活动的心理。人的心理与行为是一个由正常状态到异常状态逐渐转化的连续过程，正常心理与异常心理之间并不存在一条明确和绝对的界限。可以说，每个人都存在一定程度的异常心理，即心理问题是普遍存在的，只是程度不同而已。

目前常用的区分正常心理与异常心理的标准主要有：自我评价标准（自己认为自己是否有问题）、外部评价标准（身边熟悉自己的人认为自己是否有问题）、社会适应性标准（人的行为是否符合社会的准则，是否能根据社会要求和道德规范行事）、心理测验标准（通过心理测验，相对客观地把自己的心理表现与正常多数人的心理表现进行统计学上的比较）、病因病理学分类标准（是否能找到某些异常心理表现出来的病理解剖或病理生理变化）等。

根据异常心理的严重程度，我们可以把异常心理分为心理困惑（轻微的异常心理）、一般心理问题（轻度的异常心理）、心理障碍（中度的异常心理）、精神病（重度的异常心理）。

心理困惑或心理困扰，是指因人们经常遇到的各种生活适应问题、人际问题、学习或工作问题、应激问题等引起的轻度心理失调，其强度较弱，一般持续时间短，对人的生活和情绪状态的负面影响较小，但不属于心理疾病范畴，可以通过一定的自我调节和心理疏导来恢复，是轻微的异常心理。

一般心理问题是正常心理活动中的局部异常状态，是心理失衡的具体表现，在情绪活动中尤其频繁和突出。它是比心理困惑稍微严重的轻度异常心理。

心理障碍，是指因心理与行为功能紊乱影响了人的社会功能并使自己感到痛苦的异常心理。它主要有神经症、心境障碍、应激障碍和人格障碍等中度的心理创伤或异常心理。

精神病，是指因人的大脑机能活动失调，不能应付正常的生活，不能与现实保持恰当的接触，且自己丧失了自知力，是重度的异常心理。它主要有精神分裂症、情感性精神病和反应性精神病等。

## 一、大学生常见的心理困惑

每个人都不是全能的、生来已知的，在人生的道路上会遇到各种生活、学习、工作、人际等方面的困难和选择，如何面对这些人生困难，怎样作出决定，是否坚持下去，是许多人不得不认真思考并为之困惑的。从人一生发展的角度来看，大学生正处在一个重要的变化阶段，从中学到大学，从大学到社会，似乎很多事情都发生了改变，大学生自己也发生了许多变化。在各种新问题、新挑战面前，有的人从容应对，有的人无所适从。从大学生面临的各种任务和问题来看，常见的心理困惑主要有：环境与生活适应的困惑、学习的困惑、人际交往的困惑、恋爱与性的困惑、网络使用的困惑、就业的困惑、自我意识的困惑等。

### （一）环境与生活适应的困惑

大学不同于中学，它是一个类似于现实社会的复杂环境，学生的生活环境发生了根本性的改变，吃、穿、住、行基本由自己安排，大量的课余时间由自己管理，这就要求大学生要有较强的独立生活能力、自我管理能力和自我教育能力。然而中国的大学生群体虽然在生理上已经成熟，但在经济生活上对父母依赖性仍较强，一部分大学生进入大学后，如同脱缰的野马，随意放任自我，面对突如其来的“自由”不知所措，不能很好地转变和适应大学生活。

环境与生活适应的困惑在大学新生中较为常见。多数大学新生是第一次远离熟悉的家庭生活环境，来到陌生的大学后，首先面对的问题就是独立学习和生活。很多大学生从小到大都是在父母和家庭的照顾监督下长大的，过着衣来伸手饭来张口的日子，没有独立生活的经验和勇气，缺乏生活自理能力、环境适应能力、自我调整能力，仍非常依赖熟悉、舒适、温暖的家；入学后不能迅速熟悉环境、适应生活，当初离家的兴奋褪去后，随之而来的是“食堂的饭菜难吃，外面的饭菜可能不卫生”“衣服不想洗”“寝室空间小，几个人住在一起不方便，有干扰”“晚上睡不好，早上起不来”“交通不方便，买东西不方便”等吃、穿、住、行的烦恼。

### （二）学习的困惑

进入大学后，学生的学习动机和目标也发生了变化。某些大学生对自己所学专业不甚了解，甚至不感兴趣，走过高考独木桥后，对自己的要求又放松了。甚至有些大学生认为进入大学就已经实现了人生目标，对前途一片迷惘，不知何去何从。

另外，大学与中学无论是在教学方法上还是在教学内容上，都完全不同。大学更注重应用性、实践性和综合性，更强调学生自我学习的能力。有些学生不能较好地完成从中学到大学的转变，往往表现为学习焦虑，更严重的主要是考试焦虑。再者，一些在中学名列前茅的学生在大学往往表现不是十分理想，产生严重的失落感，由于不能承受如此之大的落差，他们的心理往往出现问题，做出意想不到的事情。

大学生的主要社会角色是学生，其主要任务是学习，虽然大学生的学习能力在同龄人中是比较优秀的，但在具体的学习方式上，大学生与中学生之间存在许多差异。在中学阶段表现较好者，在大学阶段则不一定有良好表现。大量事实表明，对大学生影响最为显著的仍是学习上的困难与挫折，这也是引起大学生焦虑的主要原因。当紧张的高考逐渐远去，又见熟悉的公共课和陌生的专业课，望一望这个教室，想着诸如"读大学是为了什么？工作还是能力""大学学些什么""学这些有用吗？怎么知道学这些有没有用？能不能多学些有用的""好成绩意味着好能力吗""全面发展还是专业发展""如何兼顾学习与社团工作""我不喜欢这个专业，怎么办""平时学习没压力，期末一考定输赢吗""力争上游还是及格万岁""不想看书学习，一学就晕""上课就想玩手机、睡觉""学习有心无力"等问题，却总是没有明确的答案。

### （三）人际交往的困惑

大学生正处于步入社会的关键期，从内心渴望着与他人建立良好的人际关系。但是大学新生刚离开家门，进入独立生活的环境，跟社会人士、同学、老师等多方面的人打交道，常觉得不知道如何与人相处，与人发生矛盾时更不知道如何处理。离开了熟悉的人际环境，过去亲密的朋友们一下子远离自己，心理疏离感凸显，以至于进入大学一段时间后，大多数学生都反映内心苦闷、压抑、空虚，觉得周围世态炎凉、人情淡薄、真心朋友难觅，不仅要面对金钱和财富的差异，更要面对兴趣和爱好的差异。由于不能很好地融入集体生活，有些大学生对生活毫无兴趣，产生强烈的孤独感，求诉于网络，沉溺于虚拟的网络世界里不能自拔。

大学生处于亲密与孤独的心理社会发展阶段，非常渴望能进行广泛而深入的人际理解与交往。大学生从熟悉的家庭和中学校园到陌生的寝室和大学校园，原有的人际关系圈在空间上疏离，而新的人际关系圈则需自己独立创建。受中学应试教育的影响，许多大学生较为封闭、被动、羞怯、敏感、冲动，人际交往能力较弱，在新的环境中不知如何与室友、同学、异性、老师友好和谐交往，不能较好地调控交往行为，从而产生人际交往冲突。

不少大学生会有以下困惑："精神交往和物质交往哪个更重要""做君子还是做小人""平时没有人与我说话，我也不会与别人说话""点头之交多，知音之交少，刎颈之交无”“他人无赖，我自无奈”“网络交往有多少可信度”。

### (四) 恋爱与性的困惑

我国大学生年龄基本都在17～23岁，从生理阶段讲，他们处于青春中后期，生理发育早已成熟，并希望得到生理上的满足。加之不少大学生远离故乡，倍感孤单，高中阶段由于高考压力，忽略了和异性的交往，进入大学后，思想活跃，受到西方文化和多种媒体比如电影、电视、书刊等的影响，在潜意识中，对异性的渴求尤为强烈。这可以反映在大学校园的“友谊寝室”广告上，有的女生寝室明文标榜要与某种类型的男生寝室结为友谊寝室，甚至在某些高校，商家把“安全套”的文章做到大学校园。与此同时，由于缺乏经验和处理恋爱问题的能力，大学生在感情方面比较执著，常为感情纠葛而头痛。有的大学生因为谈恋爱而与别的同学关系疏远、与朋友交往少而孤立；有的大学生因为性格不合或其他原因失恋，可能陷入感情旋涡不能自拔，甚至产生自杀等心理危机（校园内因为恋爱危机也曾发生毁容等违法行为）；有的大学生则因过早偷吃禁果而烦恼不断，变得郁郁苦闷。大学阶段学生因年龄、生理及感情的特殊性，往往会产生情绪焦虑的病态心理。

不少大学生会有以下困惑：“我喜欢某人，这是恋爱吗”“我接不接受他人的爱”“大学是爱的天堂还是地狱”“怎么拒绝他人的爱”“爱上不该爱的人”“我爱的人不爱我”“爱我的人我不爱”“以前不爱现在爱，怎么办”“以前爱现在不爱，怎么办”“爱的界限在哪里”“有爱就有性吗”“爱的真谛是什么”。

### (五) 网络使用的困惑

微型计算机和互联网的普及促进了知识信息的传播与创造，也使人们的生活发生了巨大变化。大学生一方面利用网络数据库查询、阅读、观摩、学习各种知识和操作技能，另一方面利用网络玩游戏、看小说、看影视、浏览新闻、听音乐、在线交友、网聊、购物等。在丰富庞杂的网络环境中，有些大学生迷失了网络使用的目标，无法控制自己使用网络的时间和频率，影响了正常的学习和生活。

不少大学生经常出现“上课玩手机”“通宵或逃课玩游戏”“越上网越孤独”“除了上网就不知道干什么”“不上网就不舒服”“上网最容易打发时间”“上网下网两种人”“网络交友不慎”的现象。

### (六) 就业的困惑

大学是进入职场的一个过渡阶段。在现代大学自主择业、双向选择的就业政策下，每个大学生都会思考大学毕业时何去何从。有的人从大一就开始想就业的问题，看到社会新闻中报道大学生就业率低的现象，会联想到自己的条件，忧心忡忡；而有的人则不管不顾，一切交给父母去解决，听从父母的安排。

不少大学生会有以下困惑：“我能找什么工作”“工作与专业不对口怎么办”“找

不到工作，失业了怎么办”“怎样才能找到好工作”“是先工作好，还是先读研好”“在家附近的工作虽稳定，但收入却不高”“在家外面的城市工作，没有亲朋的支持，一个人好孤单”。

### （七）自我意识的困惑

入学后面对新的环境，每个大学新生都有重新认识自我的过程，只有正确地认识、评价和要求自己，才能摆脱自我的困扰，悦纳自己，才能适应大学的学习和生活。由于缺乏正确的引导和积极有效的交流，大学新生的自我意识往往走向两个极端：一部分表现为自我评价过低，自卑感严重，甚至认为自己不如一个高中毕业生；另一部分表现为自我评价过高，盲目乐观，以自我为中心，自以为是，不容易接受其他人的意见，有时明知自己是错的，也不承认。

不少大学生会有以下困惑：“我是谁”“我是怎样的一个人”“我有什么优势和能力”“我是怎么变成现在这样的人”“我会什么？我能做什么？我有什么用”。

## 二、大学生常见的异常心理

异常心理是相对于正常心理、健康心理而言的。凡是人的心理和行为不能与客观环境保持一致而使人难以理解，各种心理和行为之间不能保持协调、统一与完整而失去良好的社会功能，在长期生活经历过程中形成了不能保持相对稳定的人格而使人难以捉摸的，都被视为异常心理。

异常心理是对许多不同种类的心理和行为失常的统称。其表现可以是严重的，也可以是轻微的。人们在日常生活中常用“神经病”“精神病”“变态”“不正常”“心理问题”这样的词汇来描述一些使人难以理解、接受的言行表现，这些词汇在一定程度上混淆了不同种类、不同程度的异常心理之间的区别。

一般心理问题是心理困惑没有得到及时、有效解决时具体的心理与行为表现，也属于轻度的异常心理，是正常心理活动中的局部异常状态，在各个年龄阶段的群体中普遍存在，具有特定的情境性、偶发性、暂时性，不存在心理状态的病理性变化。实际上，在心理辅导和心理咨询中常见的异常心理，大量的还是指一般心理问题。下面就大学生的一般心理问题作简要介绍，中度或严重的异常心理在下一节介绍。

### （一）分神

分神是指心理活动能够有选择地指向一定事物，但却难以稳定地集中于该事物的注意失调。分神通常发生在对自己有特定意义或重要意义的活动中，在一般活动尤其是感兴趣的活动中则很少发生。例如在上课课堂，有分神心理问题的学生，尽管其心理活动指向了课堂，但却常常心猿意马，听不见或者看不见，甚至眼睛注视黑板，心里却不由自主地想着其他的事，严重时还会时不时地发呆，半天才回过神来，一问三不知，人在心不在。

### （二）期待性焦虑

期待性焦虑是指担心即将发生的事件会出现最坏的结局，时刻等待不幸的到来所表现出的消极心态。期待性焦虑通常发生在以往屡遭挫折的活动进行前夕，在从事这些活动之前，由于主观上有一种威胁感，就会情不自禁地产生紧张、焦虑的反应。例如考试屡屡受挫的学生，一旦进入考试复习阶段，就会焦躁不安，时时处于恐惧状态之中而无法进行正常的迎考复习。但考试过后，时过境迁，不管考试成绩如何，期待性焦虑也会烟消云散。期待性焦虑与正常焦虑不同，后者人皆有之，是重视某个事件或某项活动的必然反应，且能随着焦虑刺激的重复出现而逐渐适应，前者则是对屡遭失败的特定活动“后怕”的过度反应，不仅对这些活动难以适应，而且还会出现焦虑反应愈演愈烈的倾向。期待性焦虑与作为心理疾病的焦虑症也不同，后者尽管也常常出现期待性焦虑，但毫无原因，只感到有一种莫名其妙的大祸临头感，前者仅发生在对自己有威胁，以往又很少有成功经验的特定活动前夕。

### （三）冷漠

冷漠是指对他人冷淡、漠然的消极心态。冷漠通常因受人漠视、轻视、歧视或欺骗、侮辱、暗算等心理创伤所致。一般表现在其所在的不和谐群体或完全陌生的群体中，在这些群体中常常显示出漠不关心、冷眼视之，既不与他人交流思想感情，也不多管闲事，一副冷若冰霜、与己无关的样子。但在关怀自己的亲朋好友和家庭成员之中，则依然开朗、热情、富有同情心和爱心。如在人际交往中，曾经与室友或同学发生过矛盾冲突，就在日常生活中以冷漠对待他们，形同路人，而不是去化解矛盾，重建良好的人际关系。冷漠与情感淡漠等心理障碍不同，后者是情感反应的缺乏、内心体验的缺失，即使对足以引起大喜大悲的刺激也无动于衷，前者则是情感反应有选择的自我抑制，是对受伤害情景有限度弥散的消极反应。

### （四）暴躁

暴躁是指在一定场合受到不利于自己的刺激就暴跳如雷的人格缺陷。暴躁通常在相处极为随意的熟人或家庭成员中表现出来，因无所顾忌，一不顺心就激动愤怒，给人一种脾气极坏的感觉；在生人面前则因要保持良好形象而忍耐控制。暴躁与病理性激情等心理障碍不同，后者的情绪暴发和冲动行为来势凶猛而残暴，常伴有明显的意识障碍，事后多不能回忆，前者则能控制且意识清醒，仅有意识狭窄的表现。

### （五）自卑

自卑是指自我评价偏低、自愧无能而丧失自信，并伴有自怨自艾、悲观失望等情绪体验的消极心理倾向。自卑感通常产生于屡屡受挫或他人对自己的消极评价之后。由于屡遭挫折，就会情不自禁地怀疑自己的能力，认为自己无能。由于他人对自己的消极评价，就会不由自主地将其转化为自我否定评价，把自己看得一无是处而失去自信，结果对那些稍加努力就能完成的任务也轻易放弃。自卑不同于自责。自责可以是正常心理现象，是对做错事而感到内疚的表现，也可以是具有病理性改变的严重心理失常，常伴有犯罪感并频频自伤自罚，多见于抑郁症。自卑则是某种情景下心理失衡的一种表现，是自感无能而失去正常自信的一种表现。

### （六）空虚

空虚是指百无聊赖、闲散寂寞的消极心态。空虚是心理不充实的表现，通常在两种情景下产生：一种是物质条件优越，习惯并满足于享受，不思追求；另一种是心比天高，既不屑追求人们通常向往的目标，又无法追求自己感到难以达到的目标，结果是无所追求。因为不思追求和无所追求，精神就无从着落，心灵就虚无空荡。空虚与慵懒不同，慵懒是心理上的懒散，是惰性使然，慵懒虽然会导致空虚，但未必表现为空虚，相反，如习惯并满足于慵懒，常常也会有一种消极的"充实感"；空虚则是对生活失去兴趣，是无聊寂寞的表现，是心理上的"没劲""无聊"。

### （七）无端烦恼

无端烦恼是指无缘无故烦躁苦恼的消极情绪。无端烦恼产生的情景比较宽阔，但都是通过主观想象建立在"假设"基础上的，如生活顺利时担心"天有不测风云"而生烦恼，学习时担心将来考不出好成绩而生烦恼，身体偶有不适担心患上重病而生烦恼，恋爱顺利担心对方变心而生烦恼等，因而常会感到烦恼无处不在、无时不在。无端烦恼与生活中正常的烦恼不同，正常烦恼皆有具体原因，如为生活拮据而烦恼，为失恋而烦恼等，人皆有之；无端烦恼则是莫名其妙的烦恼，是无中生有的自我折磨，烦恼是徒劳而毫无结果的，"杞人忧天"就是这种无端烦恼的生动写照。

### （八）消沉

消沉是指心灰意冷、沮丧颓废的消极情绪。消沉通常在力不从心而使渴望变成失望、处处失意而抱怨命运不济以及受错误人生观影响而看破红尘时发生，这时就会萎靡颓废、浑浑噩噩，似乎已经"心死"。消沉与委顿不完全相同，委顿虽也表现为精神不振，但同时也伴有躯体疲乏且常由躯体过度疲乏引起，持续时间也比较短；消沉则由失去实现希望的信心造成，与躯体疲乏无关，且持续时间也较长。

### （九）偏执

偏执是指表现为极端执拗、刚愎自用的人格缺陷。偏执常在以下一些情景中表现出来：有了些许成绩就自以为能力非凡而理应与成功相伴；听到不同意见就争辩反驳,一副即使不得理也不饶人的架势;有人胜过自己就忌恨和攻击,显得目中无人、唯我独尊;遇到挫折绝不勒马回缰,始终自以为是,不撞南墙不回头。总之,只相信自己而不信任别人,显得异常执拗任性、刚愎自用。偏执与生活中常见的固执不同。固执是一意孤行、坚持己见,不能听取别人正确的意见,是"自尊心"过强的表现,通常不伴有自我能力非凡的错误认知。偏执则是以自我为中心,是"自信心"过强的表现,凡事耿耿于怀,好走极端,给人一种难以容忍的感觉。

### (十) 孤僻

孤僻是指孤寡怪僻而不合群的人格缺陷。孤僻通常在以下一些情景中表现得更为突出:别人不愿理睬自己而伤及自尊,与人交往而受到讥讽、侮弄、奚落和指责,遇到挫折而产生自卑等情况时,往往就会自我封闭,郁郁寡欢,拒人于千里之外,独来独往,离群索居,一副自我禁锢的样子,倘若与人不得不交往,也缺乏热情与活力。孤僻与孤独不同。孤独是孤单寂寞的心态,通常渴望与人交往,独处时会产生被人遗弃的感觉,但与人交往时一切如常;孤僻则不合群,常伴有对他人的戒备和鄙视心理,使人感到行为怪僻、奇特。

### (十一) 敌对

敌对是指与他人心理不相容而敌视、对抗他人的消极心态。敌对通常在以下情境中表现出来:当他人轻视、指责和伤害自己时,不管是否是自己主观上的错觉,都会怒目相对、冷漠仇视;对自己看不顺眼的人,不管是否惹自己,都会冷眼相视、动辄非难。敌对虽是攻击行为的潜在状态,但与攻击不完全相同。攻击是对他人的有意侵犯和破坏行为,从言语上的谩骂到行动上的暴力,都属于攻击的范畴;敌对则是一种敌视、对抗的情绪状态,一般仅限于攻击欲望而不转化为攻击行为,尽管敌对有时也有非难举动,但非难只是设置障碍,不具有攻击的进攻性和侵犯性。

### (十二) 狂热

狂热是指对某一事物表现出盲目热衷的、过度的、不合情理的、热情的情绪缺陷。狂热一般在迷恋、倾慕、感染和冲动的情境下发生。沉湎电脑游戏是迷恋而不能自拔的结果;狂慕歌星是倾慕而难以自制的结果;盲信伟人是受到伟人业绩、品格、气质等感染的结果;过火举动则是冲动而不听劝告、不顾后果、不易控制的结果。狂热与热情不同,热情比较稳定持久、广泛、深厚和合乎情理,是一种积极的情绪状态;狂热则显得短暂、狭窄、浅显和违背情理,是一种消极的、缺乏理智的情绪缺陷。

一般心理问题除了上述提到的以外,还有记忆减退、注意转移困难、急躁、多疑、狭隘、冲动、狂妄、怯场、怯懦、压抑和心理疲劳等。

# 第二节 大学生常见的心理疾病

心理疾病又称精神疾病、精神障碍等，其表现多种多样，各国都有自己的分类标准和体系，较为公认的分类与诊断标准有：国内 2001 年中华医学会精神科分会制定的《中国精神障碍分类与诊断标准》第 3 版(CCMD－3)、世界卫生组织(WHO) 1992 年的《精神与行为障碍分类》第 10 版(ICD－10)、美国 1994 年的《诊断与统计手册》第 4 版(DSM－Ⅳ)。我国的 CCMD－3 采用 0～9 位编码进行分类，将常见的精神疾病分为 10 大类：① 器质性精神障碍；② 精神活性物质或非成瘾物质所致精神障碍；③ 精神分裂症和其他精神病性障碍；④ 心境障碍(情感性精神障碍)；⑤ 癔症、应激相关障碍、神经症；⑥ 心理因素相关生理障碍；⑦ 人格障碍、习惯与冲动控制障碍、性心理障碍；⑧ 精神发育迟滞与童年和少年期心理发育障碍；⑨ 童年和少年期的多动障碍、品行障碍、情绪障碍；⑩ 其他精神障碍和心理卫生情况。

按症状上有无精神病性障碍可以把心理障碍分为非精神病性障碍与精神病性障碍。大学生群体常见③、④、⑤、⑦类中的神经症、心境障碍、应激障碍、人格障碍、习惯与冲动控制障碍、精神分裂症等心理疾病，以非精神病性障碍为主。表 3.1 揭示了非精神病性心理障碍与精神病性心理障碍的区别。

**表 3.1 非精神病性心理障碍与精神病性心理障碍的区别**

| | 非精神病性障碍 | 精神病性障碍 |
|---|---|---|
| 检验自我和现实的能力 | 没有丧失 | 丧失，主客观混淆 |
| 幻觉、妄想等精神病性症状 | 没有 | 有 |
| 对心理疾病的自知力 | 有自知力，主动求医 | 缺乏自知力，否认有病，不主动求医 |
| 行为 | 行为障碍，工作学习能力受损 | 行为紊乱，冲动毁物，工作学习能力严重受损 |

心理困惑(轻微的异常心理)和一般心理问题(轻度的异常心理)在大学生群体中发生率是比较高的，而心理疾病包括了心理障碍和精神病，属于中度或重度的异常心理，其发生率较低，但其对患者的身心健康和社会功能的影响较大，给学校、家庭、社会带来较为严重的损害，且大多数心理疾病也是从一般心理问题逐渐发展而来，这更应引起我们的高度重视。面对大学生群体中常见的心理疾病，每个大学生应持有怎样的科学态度？怎样识别这些心理疾病，并掌握适当、科学、有效的应对

策略呢？下面对大学生群体中常见的心理疾病作一个简要的介绍。

## 一、大学生常见的心理疾病

### （一）神经症

神经症又称神经官能症，是指高级神经活动过度紧张，致使大脑神经机能活动暂时轻度失调而造成的多种心理疾病的总称。其主要临床表现为焦虑、抑郁、强迫、恐惧、疑病等症状，以 18～30 岁的青年患者最多见。神经症一般没有器质性病变，患者对自己的病态有充分的自知力，有病痛折磨感，能主动求医，其生活自理能力、社会适应能力、工作能力仍基本保持。

**1. 焦虑症**

焦虑症以焦虑、紧张、恐惧情绪为主，伴有自主神经系统症状和运动不安，其焦虑与处境不相称，没有明确客观对象和具体观念内容的提心吊胆和恐惧不安，包括惊恐性障碍和广泛性障碍。惊恐性障碍的基本症状是反复的惊恐发作，表现为突发性的紧张性忧虑、害怕或恐惧，常伴有即将大祸临头的感觉。广泛性障碍则表现为持续的紧张不安，并趋向慢性过程。

**阅读材料 3－1 焦虑症**

李某，女，19 岁，大一学生。中学时英语成绩不好，高考时英语成绩也较低，原以为到了大学后就可以不学英语，但令她失望的是，仍需要学习两年英语。她在课堂上听不懂跟不上，课后自学效率低下，学习英语的信心严重不足。后来又听说学校规定大学英语四级成绩必须过线才能顺利毕业，但她第一个学期的英语成绩就不及格，这给她带来了沉重的心理负担。第二学期期末考试临近期间，她心里感到十分紧张、焦虑，晚上睡不着觉，持续胃痛，没有食欲。

**2. 强迫症**

强迫症是以强迫症状为特征的神经症。强迫症状是指患者主观上感到有某种不可抗拒的和被迫无奈的观念、情绪、意向或行为的存在，虽然患者同时能清醒地认识到这些观念、情绪、意向或行为都是毫无意义的和没有必要的。强迫症主要表现为强迫观念、强迫意向和强迫行为。

**阅读材料 3－2 强迫症**

张某，男，20 岁，大二学生。近一年多来，在网上、宣传栏中经常看到如何预防禽流感等传染病的信息，他总认为这个世界很脏，担心病从口入，要把手上的细菌杀掉，因而反复洗手，不允许别人在没有洗手之前接触自己的物品，同学归还的物品也要反复清洗和消毒才放心使用，以至于室友都不敢碰他的东西。他总是觉得不洗干净、不消毒就会不舒服，洗了就不会紧张焦虑，才能感到放心。同学们都渐渐地不愿与他交往，他也知道这是自己的问题，自己这么做有点过分，也多次想控制自己的清洗行为，但都不奏效，心里也为此烦恼，担心自己以后会失去所有朋友。

**3. 恐怖症**

恐怖症是指对某些事物或特殊情境产生十分强烈的恐惧感。这种恐惧感与引起恐惧的情境通常极不相称，患者明知自己的恐惧不切实际，但仍不能自我控制。常见的恐怖症有社交恐怖、旷野恐怖和动物恐怖等。

**阅读材料 3-3　恐怖症**

石某，男，21 岁，大二学生。他是独生子女，自幼性格内向，不善于与人交往，中学时忙于学习，从不主动与老师、同学交谈。在某次课堂上，老师突然点名让他站起来回答问题，因没有充分准备，当时很紧张，头脑迷糊，虽说了一些话，但表述不清楚，也没有得到老师的好评，许多同学还笑他。之后他渐渐出现怕与人交谈，怕在别人面前表达自己，怕别人注视自己的情形，并很快发展到在与异性同学交往时十分紧张，脸红、手心出汗、心慌，不敢主动说话，甚至因怕出丑而不敢到公共场合去。他自己也觉得不应该害怕与人交往，也曾多次努力想去改变，但都不成功。

**4. 疑病症**

疑病症是指患者在没有任何证据的情况下确信自己有病，而处于对疾病或失调的持续的强烈恐惧中。患者通常极为焦虑，对自己想象出来的疾病经常表现出强迫性动作。当被医生检查证明没有病时，常常会断定医生的诊断是错误的，又去找其他医生。疑病症状常常是患者不自觉地希望从家庭或周围寻求对自己的注意、关心和同情，同时也作为满足某些欲望的手段，在疑病症的背后实质上往往是一种潜在的不安全感及内心的矛盾、冲突和困扰。患者对健康过分关注是对现实生活的转移，逃避矛盾，逃避实际或可能出现的挫折。他们常常把一切挫折、失败归结于“病”，从而减少个人心理上的压力、内疚和自责，避免对自己能力、才学等的怀疑和否认，避免自以为可能出现的名誉、地位的损失，以求心安理得。可见，疑病症实际上是一种自我心理防御机制作用的结果。

**阅读材料3-4　疑病症**

> 周某，男，22岁，大三学生。半年前的暑假，他邻居家的一位老人因心血管疾病突然去世，他听家人讲了老人患病的详细情况，起初没有在意，后来在学校一次运动后，感到胸闷、头晕、心动过速，回忆起家人讲过的心脏病症状，似乎与自己的生理表现类似，担心自己患上了心脏病，因此多次到心血管内科进行心电图检查，并未发现异常。医生也说他没有心脏病，但他认为医生不负责任，检查不认真，可能会有疏漏，进一步要求进行24小时心电图监测和进行心脏彩超等多项检查，仍未见异常，但其仍不相信医生的诊断和检查结果，认为医生故意隐瞒真实病情。为找到自己患心脏病的证据，他每天数十次的自测脉搏，一旦发现脉跳增快或减慢就认为是心脏病发作而到医院就诊。为了看病，他跑遍了周边的大小医院，最后被一家医院心理科诊断为疑病症。

### （二）心境障碍

心境障碍又称情感性精神障碍，是一组以显著而持久的心境或情感改变为主要特征的疾病，临床上主要表现为情感高涨或低落，伴有相应的认知和行为改变，间歇期可恢复到病前正常的精神状态，但具有复发倾向，常表现为情绪大起大落的波动。在病情表现程度上有轻性、重性之分。狭义的心境障碍仅包括躁狂发作和抑郁发作及其亚型。

**1. 躁狂发作（躁狂症）**

躁狂发作以心境高涨为主，主要表现为情绪高涨、思维奔逸、活动增多、精神运动性兴奋，伴有躯体症状如面色红润、心率加快、体重减轻、食欲增加、性欲亢进、睡眠需要减少。病情轻者，其社会功能无损害或仅有轻度损害，严重者可出现幻觉、妄想等精神病性症状。

**阅读材料3-5　躁狂症**

> 薛某，女，19岁。近两周来，她情绪异常愉悦，整天兴高采烈，忙东忙西的，自我感觉良好，喜欢逛街购物，乱花钱，买些不实用的东西，打扮花哨一改以往。她话多，滔滔不绝；精力旺盛，晚上忙忙碌碌到后半夜。在医院治疗住院期间，她丝毫不当成是住院，说是来疗养的，蹦蹦跳跳地跑来跑去，很热情地与医生、护士打招呼，说话幽默，不时引起其他围观病友哈哈大笑。

**2. 抑郁发作（抑郁症）**

抑郁发作以抑郁为主要特征，主要表现为情感低落、思维迟缓、言语动作减少、意志活动减退，伴有躯体症状如睡眠障碍、食欲减退、体重下降、性欲减退、便秘、身体任何部位的疼痛、阳痿、闭经、乏力等。患者体验到情绪低落、悲伤，感到绝望、无助、无用，对各种以前喜爱的活动缺乏兴趣，离群索居，不愿见人；快乐感缺失；常伴有焦虑症状，患者对自己以往的一些轻微过失或者错误痛加责备，认为自己的所作所为让别人感到失望；伴有注意力和记忆力的下降，常觉得"大脑不够用"，睡眠紊乱，精力丧失，无精打采，疲乏无力，懒惰，不愿见人。症状晨重夜轻，严重者会出现自杀观念或行为。

**阅读材料 3－6　抑郁症**

范某，男，23 岁，研一学生。父亲性情暴戾，酗酒成性；母亲逆来顺受，为生计而整日操劳。他自小感受不到纯真的父母之爱，性格渐见孤僻、内向，学习刻苦，成绩名列前茅。大三时，对班上某女同学产生了爱慕之情，她的言谈举止、着装仪态，他都认为是最完美的、无可挑剔的、至圣至爱的。但这是他一厢情愿，"剃头担子一头热"。某日他独自在校园散步，见对面一对亲密无间的情侣，手挽着手，肩并着肩，相互依偎着，他羡慕不已，但忽然定睛一看，发现那位女生竟是自己朝思暮想的意中人。当时他如五雷轰顶、天昏地暗、眼冒金星，顷刻间陷入了痛苦的深渊。他不知怎么回到寝室的，从此一蹶不振，情绪一下子失落如同被打入十八层地狱，不能自拔。他多年来一厢情愿构筑的美好憧憬，顷刻间化为乌有，各种负性情绪蜂拥而至，悲观、失望、烦闷、忧伤、焦虑、抑郁、怨恨、愤懑、疑惑、沮丧、孤独、厌世等像暴风骤雨以排山倒海之势席卷而来。

此后，他每天浑浑噩噩，生活质量大大下降，学习成绩也一落千丈，其精神状况濒临崩溃，曾几度出现厌世观念。后来，在家人和朋友的多方劝慰下，他勉强将注意力转移，发奋学习，大学毕业后考取硕士研究生。一年后，他旧病复发，焦虑、抑郁、忧伤依然笼罩全部心灵，自杀念头仍然挥之不去，学业备受影响，只好休学回家休养。家人送其到医院心理咨询门诊，半年后完全康复。

### （三）应激障碍

应激一般称为心理负担或压力，是由个人在生活过程中实际上的或认识上的"要求—能力"不平衡而引起的一种身心紧张状态，从而产生非特异性生理和心理反应。引起应激的原因称为应激源，主要分为急性应激源、生活事件应激源、长期慢性应激源等三类，其中与个人密切相关、对个人影响最大的应激源是个人生活事件应激源，如考试失败、学习负担繁重、受批评或处分、考研或就业压力、与人发生争吵纠纷、受人歧视冷遇、被人误会错怪、与家人/同学/老师人际关系紧张、亲朋患重病或去世、恋爱不顺利或失恋、生活习惯明显改变、家庭经济困难、被盗或丢失东西等。不同的人生阶段面临不同的心理任务和压力，其应激源也相应不同。

一般认为应激是一个动态过程，包括警告反应期、抵抗适应期、衰竭期等三个阶段。应激不仅使机体产生一定的生理变化，也会产生恐惧、焦虑、过度依赖、失助感、抑郁、愤怒、敌对、自怜等情绪。如果个体易感性较高，应激源持续作用下，可能导致应激障碍。应激障碍可分为急性应激障碍、创伤后应激障碍和适应障碍等。

**1. 急性应激障碍**

它是个体在遭受急剧、严重的精神打击后数分钟或数小时内发病的应激障碍，主要表现为：意识障碍，意识范围狭隘；定向障碍，言语缺乏条理；对周围事物感知迟钝，可出现人格解体，有强烈恐惧、精神运动性兴奋或精神运动性抑制。此障碍持续数小时至一周，可在一个月内缓解。

**2. 创伤后应激障碍**

创伤后应激障碍，简称PTSD，是指在遭受强烈的或灾难性精神创伤事件之后，数月至半年内经常反复出现的精神障碍，如创伤性体验反复重现、面临类似灾难境遇可感到痛苦和对创伤性经历的选择性遗忘。

**3. 适应障碍**

它是指个体在易感个性的基础上，遇到了应激生活事件，出现了反应性情绪障碍、适应不良性行为障碍和社会功能受损。它通常在遭遇生活事件后一个月内发病，病程一般不超过六个月。

**阅读材料3-7　创伤后应激障碍**

洪某，女，21岁，大三学生。她的父母均为农民，她有一弟，家庭和睦，家族无精神病史。她从小聪明可爱，深受身为乡干部的爷爷喜爱。她也非常敬爱爷爷，决心长大后出人头地，好好孝顺爷爷。去年爷爷去世，她到目前还不是很能接受。一年以来，她经常忽然就想起关于爷爷的点点滴滴，甚至会流泪。她经常梦见爷爷，而一旦梦见，就会在几天内都很伤心，也很痛苦，心情很差，情绪烦躁，注意力不集中，什么都不想做，学习落下很多，与同学和男友的关系逐渐冷淡。她的心情总受到爷爷去世这件事的影响，很多个晚上把被子都哭得湿透。去年，她的爷爷病重在医院的时候，正赶上期末考试，父亲便向她隐瞒了爷爷病重的事情，怕耽误她学习。在爷爷去世前一天，家人才打电话说爷爷已经病危，要她过去见爷爷最后一面。当时她很害怕，不敢想象回去后的情景。见到被疾病折磨得不成人样的爷爷时，她很震惊，但爷爷看着她，眼睛就亮了，嘴里含糊地说着“回来就好啊！”当时她就哭了出来，看着爷爷孱弱的身体，觉得好无奈，非常不愿意相信这是事实，可是爷爷还是走了。现在她感觉很愧疚，认为爷爷一定很恨她，而她也确实是个不孝的孙女，没有给爷爷照顾和关爱。经学校心理咨询师进行摄入性会谈和心理测量，她被诊断为创伤后应激障碍。她经多次支持性心理治疗和认知治疗，创伤后症状基本消除，情绪稳定，恢复正常的生活和学习。

### （四）人格障碍

人格障碍是指在没有认知过程障碍或智力缺陷的情况下，人格明显偏离正常，是介于正常人与精神病之间的行为特征，一般始于童年或青少年时期，持续到成年或终生。一般认为是在不良先天素质的基础上遭受到环境的有害因素影响而形成的，在大学生心理咨询门诊中很常见，包括偏执型人格障碍、分裂型人格障碍、反社会型人格障碍、冲动型（攻击型）人格障碍、表演型（癔症型）人格障碍、强迫型人格障碍、焦虑型人格障碍、依赖型人格障碍等（详见第五章第二节）。

### （五）精神病

在日常生活中，人们会使用"精神病""神经病"等言语来侮辱或嘲笑他人。精神疾病是指由各种因素造成的大脑功能失调，表现为感知、思维、注意、记忆、智能、情感以及意志行为等心理过程的某个方面或几个方面发生了显著的变化，而且这些变化已经使患者的社会功能受损，其严重程度达到了需要医学和心理学干预的地步。

神经病是神经系统疾病的简称，是指中枢神经系统和周围神经系统的器质性病变，并可以通过医疗仪器找到病变的位置。常见的神经病有脑炎、脑膜炎、脑囊虫病、脑出血、脑梗死、癫痫、脑肿瘤、重症肌无力等。神经系统疾病患者应去神经科寻求诊治。

精神病是指人脑机能活动失调，丧失自知力，不能应付正常生活，且不能与现实保持恰当接触的、严重的心理障碍，又称为重性精神障碍。其主要症状表现有：患者的反映机能严重损害，对客观现实的反映是歪曲的，出现如幻觉、妄想、思维错乱、行为怪异、情感失常等严重精神失常现象，丧失正常的理智、言语和行为反应；社会功能严重损害，不能正常处理人际关系，不能正常参与社会活动，甚至会给社会造成危害；不能理解和认识自身的现状，不承认自己有精神病。

精神病主要有以下几种。

**1. 精神分裂症**

精神分裂症是一类常见的、精神症状复杂的、至今未明确其病理基础的重性精神障碍，多起病于青年或成年早期。它主要表现为精神活动分裂，即患者的行为与现实分离，思维过程与情感分离，行为、情感、思维具有非现实性，难以理解，不能协调。其临床特点是以精神活动过程分裂为特点的认知损害，其基本症状包括阳性症状和阴性症状。阳性症状是指精神功能的亢进或歪曲，典型表现有幻觉、妄想、怪异行为等，常发生于起病早期，暴露在外，容易识别；阴性症状是指精神功能的减退或消失，典型表现有情感平淡、兴致缺失、意志减退、言语减少、注意力不集中等，常发生于病程中晚期，不太容易识别，导致患者延误诊断和治疗。

阳性症状为主的精神分裂症患者愈后较好，社会功能损害小，而阴性症状为主者愈后较差，常导致社会功能严重缺陷。

根据精神分裂症的临床特征将其划分为几个亚型，分别是妄想型、紧张型、青春型(解体型)、单纯型等。

(1) 妄想型精神分裂症。妄想型精神分裂症又称偏执型精神分裂症，是最为常见的精神分裂症类型。大约有半数的精神分裂症患者被诊断为妄想型，发病多在25～35岁，发病缓慢，症状以妄想为主，其中以被害妄想为常见，也见夸大妄想、自罪妄想、关系妄想、影响妄想、钟情妄想、嫉妒妄想等，伴有幻听为主的幻觉。患者最初表现为多疑敏感，怀疑有人在背后议论自己；逐渐演化为关系妄想，总觉得周围发生的一切都与自己有关；进而出现被害妄想、嫉妒妄想或钟情妄想等。

**阅读材料3-8　妄想型精神分裂症**

丁某，女，20岁，大二学生。患者读高三时，学习很紧张，出现失眠、多疑等症状。她认为门外的行人和楼上的邻居故意弄出声音来影响她，让她不能好好地复习功课，别人的咳嗽声、走路声音都是故意跟她过不去。为此，她常无故发火，冲到邻居家，大吵大闹。她读书时不能在房间里读，要到卫生间里才能读，说卫生间里更安静。当时，她父母发现她精神不好后，带她到医院求诊，诊断为精神分裂症，用利培酮等药物治疗后，精神症状改善。之后，患者继续上学并考上大学。她上大学后，害怕别人知道自己在服用抗精神病药物，有精神病史，会影响她的名誉，就自行停药。患者停药后不久，又开始出现失眠、多疑等症状，认为有人在她宿舍安装了监视器，自己的一举一动都在别人的监视范围内，她无论在做什么，楼上的同学马上会知道，并发出一些声音来暗示她等。为此，她常常夜里不睡觉，拿着一个手电在宿舍里照来照去，看房间里到底有没有监视器。舍友们认为她的行为影响了她们休息，她却觉得这是同学和她过不去，对同学态度差，认为老师对她也不好，成天疑神疑鬼，认为别人都是故意针对她，不能安心学习，成绩一落千丈。老师看她精神状态不好后，通知其父母。患者在她父母的要求下来到医院求诊。患者身体健康，近期没有遭遇特殊应激事件。精神检查有：被害妄想和关系妄想，有思维被洞悉感，觉得自己想什么别人都会知道；有被监视感，紧张，情绪激动，不承认自己有病，不配合治疗。经检查诊断其为妄想型精神分裂症，用药物治疗及心理治疗3个月后，上述症状基本消失。

（2）紧张型精神分裂症。此病多数在中、青年发病，起病可急可缓。在发病前和发病早期，有萎靡无力、食欲不振、怠惰少动、缺少兴趣、情绪低落等行为表现。随着病情的发展，紧张性木僵和紧张性兴奋的症状交替出现。处在木僵状态时，患者言语动作明显减少，有时一连几小时的呆呆站立或坐着，不言不语，不饮不食，表情呆滞冷漠，叫不应，推不动，对周围事物毫无反应。症状由紧张性木僵转换为紧张性兴奋时，表现为兴奋、激动、行为暴烈，出现幻觉，并常伴有伤人、毁物的行为。这种状态可持续几十分钟、几小时或几天，然后缓解，又逐渐进入木僵状态。

**阅读材料3-9　紧张型精神分裂症**

冯某，男，22岁，大二学生。半年前，同学发现他变得沉闷，经常注视屋顶一角，或呆坐床上。他有时半夜起床开窗往外看，或在窗前站立不动；听课时常发愣，不做笔记，有时低声自言自语或冷笑；常迟到、早退或旷课。一周前，其动作变得显著缓慢，吃一顿饭要一个多钟头，拿着碗筷发呆，有时走到厕所旁边就站立不动。到最后，他就开始整天卧床，不起来吃饭，也不上厕所，叫他、推他均无反应，表情呆板。学校通知家长带他到医院就诊后，诊断为紧张型精神分裂症。

（3）青春型（解体型）精神分裂症。青春型（解体型）精神分裂症多发病于青春期，可急可缓，其临床表现为思维散漫，言语增多，但毫无逻辑令人难以理解，不知所云，有时伴有重复模仿言语；情感波动大，悲喜无常，常伴有傻笑、扮鬼脸；本能活动亢进，如举止轻佻、主动接近异性、赤身裸体，俗名"花痴"；行为无意义，变化无常，不可预测；生活不能自理，常独处沉思，生活懒散，不修边幅，有时吃大小便等脏东西。

**阅读材料3-10　青春型（解体型）精神分裂症**

王某，男，19岁，大一学生。入学后，他经常无故怀疑他人想要害自己，并且不顾时间、地点用激烈言语辱骂他人。他在辱骂过程中，多次出现语句混乱，不知所云，上句与下句之间毫无逻辑关系，思维破裂严重，还表现出明显的妄想，并且坚信不疑，无法被说服。后来抑郁发作时，患者沉默不语，反应迟缓，眼神呆滞，动作死板。

（4）单纯型精神分裂症。单纯型精神分裂症又称隐潜性精神分裂症，临床表现以思维贫乏、情感淡漠、意志减退等“阴性症状”为主，没有妄想、幻觉、怪异行为等“阳性症状”。此病多始发于青少年时期，核心症状是一种病态的“懒”，与其过去的表现极不符合；起病十分缓慢，最初不大容易被人觉察，一旦被怀疑有病时，往往病症已发展到严重阶段。患者在病程早期仅有失眠、头昏、头痛、注意力不集中、全身不舒服和精神萎靡等类似神经衰弱的症状。后来患者逐渐出现人格改变，如孤僻、懒散、不与人交往、不注意个人卫生、不修边幅，对任何事情都不感兴趣，整天沉醉于白日梦之中，“做一天和尚撞一天钟”；业绩下降却不着急，也不采取任何补救措施；对别人的批评和规劝毫不介意；对亲友冷淡，整日在家无所事事；病情严重时，与外界环境完全隔离，精神日益衰退。患者病程至少 2 年，愈后状态较差。

**阅读材料 3－11　单纯型精神分裂症**

黄某，女，22 岁，大三学生，平时表现都很优秀。但近一年来，同学和父母发现她变得跟以前不一样了，常常不洗脸不漱口，头发凌乱也不梳理，即使在酷热的夏天，如果没有人提醒也可以一星期不洗澡、不换衣服，自己的物品乱七八糟也不收拾，常常缺课，讲话明显减少，基本上不再与人来往，表现出一种病态的“懒”。父母曾带她到医院进行各项生理检查，均未发现任何异常。直到到精神科就诊后，她才被确诊患有单纯型精神分裂症。

**2. 情感性精神病**

情感性精神病又称躁狂抑郁性精神病、循环性（周期性）精神病。首次发病年龄多在 16～30 岁，主要临床表现为情感的高涨或低沉，有时躁狂发作与抑郁发作两种状态交替进行，呈周期性发作，但间歇期内是正常的。某些心理刺激如强烈的惊吓、尖锐的批评、失恋等引起的过度焦虑与紧张等都是致病的诱因。

**阅读材料 3－12　情感性精神病**

刘某，男，23 岁，大四学生。他即将毕业，因一时还没找到工作单位，心理压力大而诱发起病，表现为失眠、兴奋、话多，讲起话来口若悬河，滔滔不绝，海阔天空；变得爱管闲事、易激惹；整天忙忙碌碌，不知疲倦，精力旺盛，载歌载舞，追求享乐，行为轻率，冒险；自夸自负，自认才高八斗，相貌出众，有上打美貌的姑娘追求，自称拥有无数财富，慷慨解囊，挥霍无度；整天喜气洋洋，兴高采烈，自觉天空格外明朗，阳光明媚，生活也绚丽多彩，就好像上了天堂一样。但好景不长，一个月后他突然从天堂掉进了地狱，他变得少语少动，不愿外出，自觉心烦意乱，无所适从，郁闷不乐，情绪低沉，悲观绝望；自觉世界一片灰暗，冷风凄泣，鸟号哀鸣，四面楚歌，穷途末日，仿佛掉进了十八层地狱。就这样，年轻的他两年间多次穿梭于天堂与地狱之间。他被诊断为情感性精神病，在精神科医生的指导下，服用抗躁狂药碳酸锂和抗抑郁药百忧解后痊愈。

**3. 反应性精神病**

反应性精神病是由剧烈或持续的精神紧张性刺激直接引起的。这些精神刺激包括个人损失、凌辱、自然灾害等与创伤体验有密切关系的应激事件。此疾病临床上表现为反应性意识模糊，严重者反应性木僵，轻者反应性兴奋；感知迟钝、运动减少、呆滞；情感淡漠、心境抑郁，有时可出现消极观念和自杀行为；睡眠障碍，有明显的入睡困难或噩梦频繁；多伴有自主神经系统症状，如心悸、多汗、潮红等。这类精神病大多数为期短暂，常随诱发因素的消退而减轻，通过变换环境、支援性心理治疗及镇静安眠等治疗，精神状态即可恢复正常。患者愈后良好，一般不再复发。

## 二、大学生常见心理疾病的应对

心理疾病与生理疾病不同，不少心理疾病起病原因不明，没有器质性病变，一般的身体检查也不涉及，容易被人忽视，一旦病情发作，则对患者的社会功能产生较大损害，严重影响其学习、工作和生活。有些心理疾病的愈后较差，易复发，治愈难度较大，有的患者需终生服药。而现在社会中某些人对心理疾病患者的误解和歧视也给治疗带来不利影响。所以应对大学生的心理疾病应“预防为主，防治结合”，要建立心理疾病的三级防控体系，发挥各种力量的作用。

### （一）从学校管理的角度来看，可以建立学校大学生心理健康教育三级网络工作系统

第一级为学校心理健康教育中心、心理咨询中心、心理健康协会，第二级为各院系心理健康教育工作领导小组，第三级为各班级心理委员、全体同学。三级网络工作系统应相互配合，群策群力，共同搞好大学生心理健康教育。

### （二）从疾病发生发展规律的角度来看，可以建立与心理疾病自然史相对应的三级防控体系

预防医学研究指出，疾病的发生发展是有规律的，在疾病自然史的每一个阶段都可以采取措施防止疾病的发生和恶化。因而，从疾病发生发展规律的角度来看，也可以建立与心理疾病自然史相对应的三级预防体系。第一级为病因预防。针对全体师生，广泛开展心理卫生宣传、新生心理健康普查、学生心理档案建立等工作，通过心理健康教育必修或选修课程、讲座、校园传媒宣传等多种多样的形式普及心

理健康常识，让全体师生关注心理健康。第二级为临床前期预防。早发现、早诊断、早治疗，防止疾病发展，针对有心理困惑、一般心理问题、不良适应行为、人格缺陷和某些患有早期心理疾病的大学生，通过校内的个体心理咨询、成长训练营、团体心理辅导等工作对其进行初步诊断、支持、帮助。第三级为对症治疗、防止伤残和加强康复工作。针对心理障碍和精神病患者，依靠专业的精神卫生机构，如综合医院的精神科或心理科、精神病医院、心理医院等，做好心理疾病的鉴别、转介和心理危机干预，避免因发现不及时而造成严重不良后果，如处于发作期的患者可能会谩骂、攻击、毁物、伤人或自杀行为。

### （三）从学生防控的角度来看，大学生可以通过“自我—同伴—专业心理机构”系统来帮助自己

这个系统就是大学生自我帮助、同伴互助、寻求专业心理咨询或心理治疗等三种方式来维护心理健康，防控心理疾病。

高校大学生心理健康教育工作仅靠少量心理咨询师是远远不够的，三级预防体系的构建离不开每一个师生，尤其是在广大学生之间，应建立一个多层次的自助与互助服务机制，从而达到“自助助人、助人自助”的良好效果。

**1. 自我帮助**

第一层次是每个学生的自我帮助。学校建立良好运转的心理健康三级防控体系，是为广大师生提供一个开放的、高效的心理疾病防治环境，并不是说就此能保证每个学生都是心理健康的，每个学生都能“免疫”心理疾病。保持心理健康的良好状态，需要每个学生树立“培育良好心理素质、维护自身心理健康”的自我教育意识，并具备基本的心理健康常识和自我心理调节技术。

（1）增进认识，关注心理健康。大学是信息的海洋，大学生身边就有许多心理学的知识和信息。学校不仅开设了心理健康教育类课程，校园中也经常可以看到心理健康协会宣讲各种心理学知识，发放心理宣传手册，解答心理小测验，时不时还有各类轻松愉快的心理学讲座，展播心理励志影片；图书馆中提供了许多心理学相关书籍和杂志；不少大学生都很喜欢聆听诸如神秘园、班得瑞等放松音乐。大学生可以通过这些有效的方法和途径来认识自己、体验自己、调节自己。

（2）调整心态，控制情绪波动。成功能带来快乐和自信，失败会导致烦恼和自卑。良好的积极情绪是个体健康和成功的基础，不良的消极情绪是造成个体心理疾病的重要原因。因此，大学生要少一些抱怨和责备，多一些幽默和实干；不只是看事物黑暗的一面，也要看事物光明的一面；遇到冲突和问题应不责备、不逃避、不遗忘、不委曲求全，多用积极的情绪体验，把消极情绪变成过去，而不是让它一直控制着你。

（3）树立目标，做好生涯规划。大学是人生的一个重要阶段，经过基本的专业

学习，许多大学生对自己未来的职业生涯有着较高的预期，希望在毕业后能顺利地走上满意的工作岗位。这就要求大学生不能“等、靠、要”，而应主动树立目标，做出适合自己发展的生涯规划，解决好职业生涯中的“定向、定点、定位、定心”，尽早确定自己的职业目标，选择自己职业发展的地域范围，把握自己的职业定位，保持平稳和正常的心态，按照自己的目标和理想有条不紊、循序渐进地努力。

(4) 在社会实践中优化心理素质。如果说许多高中生是为了高考而专注于读书，那么大学生面临毕业后的职场工作，只是学习成绩好是远远不够的，还需要实践操作能力、人际交往能力、合作与协调、策划创新等，这些都不是通过课堂和书本的学习能具备的，而需要进行各种社会实践活动。大学生应通过社会实践活动增加历练来提高大学生的心理素质。大学生除了参加学校组织的实验、见习、实习、观摩等活动，还可以利用平时课余、周末、假期等时间，在不影响学业的前提下，从事各种兼职，这不仅可以优化自己的心理素质，还可以积累社会实践经验，为毕业后快速融入社会做好铺垫。

(5) 不惧困难，坚持就是胜利。大学四年并不是一帆风顺的，每个大学生都会遇到属于自己的困难，而在困难面前，最重要的就是坚持。困难出现了，目标确定了，解决方法有了，行动的路就在脚下，一步一个脚印，不断地朝着目标努力前进，不断地取得成功。即使最终没有实现目标，但大学生在坚持中磨炼了自己的心理品质，也是属于自己的胜利。

**2. 同伴互助**

第二层次是同伴互助。在室友、同学、朋友、师生之间建立同伴心理支持系统，主要从精神上对同伴相互关注、关心、尊重、理解、接纳、包容、支持、倾听、鼓励、开导、劝说、教育、影响、干预等，这是社会支持系统中最直接、最有效的心理帮助系统。这要求大学生做到以下几点。

(1) 要培养良好的人际关系。来自全国各地的大学生有缘聚集在一个寝室、班级、专业、院系、学校中，并在一起共同生活、学习四年的光阴，是非常难得的。大学生应珍惜在一起的时间，通过这些共同的活动(如聚会、唱歌、吃饭、逛街、上自习、踏青、旅游、游戏)，彼此熟悉了解，相互鼓励支持，在力所能及的范围内相互帮助，营造一个包容、开放、友爱、信任的人际交往环境。

(2) 要积极参加成长训练营。成长训练营的团体活动以大学生喜欢的体验式团体活动和游戏为主。大学生在教练的带领下亲身参与和体验一系列精心设计的心理游戏，让大家在快乐中体验一些有趣的游戏，而在游戏结束后，教练会组织大家一起讨论在游戏中的收获和学习，从而帮助大学生在游戏中学会如何与人相处、与人合作，如何与人沟通，如何表达自己的想法，学习如何让自己的心态更和谐、心理更健康，以更加快乐、自信的状态投入到学习和生活之中。一般一个小组由10～15名同学组成，由一位教练带领。通常每个小组会活动4～6周，一周活动一次，一次2～3个小时。

(3) 要积极参加各种发展性或治疗性团体心理辅导。在大学中，常有心理辅导老师组织并公开招募大学生组建大学生同伴心理互助团体，如北京师范大学学生心理咨询与服务中心招募"我们都是拖延症"正念训练小组，围绕某个成长性或治疗性的团体主题目标，制定一系列活动计划、内容、组织纪律，开展多种多样的团体训练活动，并在活动过程中分享彼此的感受与心得，有时同伴间可以通过频繁的交流来探讨"过去—现在—将来""个人—家庭—社会""生理—心理—社会""出生—成长—转折""原因—看法—期望""生活—学习—娱乐"等深层次问题。

**3. 寻求专业心理咨询或心理治疗**

心理咨询是指受过专门训练的心理咨询工作者，运用心理学的理论、方法以及技术，对那些解决自己心理问题有一定困难的人提供帮助、指导、支持，找出心理问题产生的原因，探讨摆脱困境的对策，从而帮助其缓解心理冲突、恢复心理平衡、提高环境适应能力、促进人格成长。

心理治疗又称精神治疗，是运用心理学的原则和技巧，通过治疗者的言语或非言语的沟通方式对病人施加影响，达到改善患者的认知、情绪情感、意志和行为状态，减轻各种症状的效果。心理治疗不是单纯好心的劝说或思想教育，而是帮助患者弄清楚心理疾病的原因和人的内部因素是如何起作用的，掌握情绪对躯体功能影响的规律，调动患者的积极情绪，重建认知联系和行为方式，诱发潜能代偿，提高患者的社会康复能力。多数轻度的心理疾病采用心理治疗就能取得良好效果，而重性心理疾病也须辅助心理治疗，不能只重视药物治疗。

心理咨询和心理治疗有很多相似之处，心理咨询和心理治疗的理论和方法很多，针对不同病症可运用不同的方法。目前国内外常用的心理治疗方法主要有支持性心理治疗、精神分析心理治疗、放松训练、系统脱敏法、暴露疗法、厌恶疗法、认知疗法、生物反馈疗法、森田疗法、以人为中心疗法等。

心理疾病的现代药物治疗始于20世纪50年代，经多年发展，逐步提出许多精神药物的药理作用、作用机制、药物代谢、临床应用特点，形成了精神药理学这门新学科。精神药物服用方便、疗效确实，成为当前治疗心理疾病的重要手段。

精神药物分类方法多种多样，一般按临床应用为主，化学结构为辅的原则进行分类。具体分类如下。

(1) 抗精神病药物。它主要用于治疗具有幻觉、妄想等精神病性症状的精神分裂症和其他精神病，如氯丙嗪、奋乃静、氟哌啶醇、氯氮平、舒必利、利培酮、奥氮平、喹地平等。

(2) 抗抑郁药物。它主要用于治疗情绪低落、消极悲观等各种抑郁状态，如丙咪嗪、阿米替林、多虑平、氯丙咪嗪、麦普替林、氟西汀、帕罗西汀、舍曲林、氟伏沙明、西酞普兰等。

(3) 抗躁狂药物。它主要用于治疗躁狂症，如碳酸锂、卡马西平等。

(4) 抗焦虑药物。它主要用于治疗紧张、焦虑和失眠，如安定、利眠宁、去甲羟安定、硝基安定、氟安定、甲丙氨酯、卡立普多、定泰乐、芬那露、谷维素等。

精神药物都是处方药，有各自的适应症和禁忌症，多数都有副作用，具体用药应遵医嘱，不可随意减药、停药。

心理疾病还有电抽搐治疗、胰岛素治疗、中医治疗、工娱治疗、精神外科手术治疗等其他治疗方法。

大学生要坦然面对心理疾病，避免讳疾忌医。心理疾病虽有多种多样，程度轻重不一，但现代医学、心理学都能较好地鉴别、诊断和治疗。但社会上的心理门诊和医院良莠不齐，大学生应先到学校心理咨询中心进行初步诊断和咨询，再根据情况进行有针对性的转介、治疗。

## 小组讨论

分成三组分别讨论以下三个问题：

1. 每个人都会产生心理困惑，你产生过哪些心理困惑？你是怎么解决这些心理困惑的？

2. 每个人都有过心理异常的体验吗？你体验过哪些异常心理？你是如何应对的？

3. 你以前见过患有心理疾病的人吗？他们的具体表现是什么？

## 案例分析

王某，男，18 岁，大一学生，因经常要求调换宿舍而被辅导员介绍来咨询。该生来自农村，家中排行最小，上有一个哥哥，爸爸和哥哥的脾气都很暴躁，从小经常打骂他。第一次高考落榜后在学校复读时，一位老师经常在课堂上对他冷嘲热讽，他认为老师经常借课堂的内容来影射他，而同学们都跟着嘲笑他，使他心理受到创伤。上大学后刚好与来自该学校所在地区的同学分在同一宿舍，他感到难受，辅导员已几次为他调换宿舍，但他仍与同学相处不好，认为同学都排斥自己，因此常与舍友产生矛盾。上大学后他很希望能学到真正的知识，但上课时却总认为老师所讲的内容是在讽刺他，和其他同学也相处不好，总觉得同学把他当成怪物，不喜欢自己。

**【问题】**

该生患有何病？如何对他进行治疗？

## 心理训练

### 神经症患者心理应对能力训练方案

| 活动次数 | 目标 | 活动内容 |
|---|---|---|
| 第 1 次<br>破冰 | 相识<br>增进团体凝聚力<br>树立信心 | 热身游戏(无家可归)<br>让我们相识<br>建立小组文化(组长、命名、口号、小组规则)<br>放声高歌:明天会更好 |
| 第 2 次<br>感恩的心 | 引导成员认识自我和接纳自我<br>用感恩的态度去认识和接纳身边的人和环境 | 热身游戏(同舟共济)<br>独一无二的我<br>放声高歌:感恩的心 |
| 第 3 次<br>得失中的成长 | 了解生活中的得失<br>释放压力 | 热身游戏(得与失)<br>得失观的探讨<br>冥想练习 |
| 第 4 次<br>信任之旅 | 增进团体信任感<br>体验互助的感觉 | 热身游戏(虎克团长)<br>盲人和拐杖的互助体验<br>冥想练习 |
| 第 5 次<br>戴高帽 | 促进认识<br>学习欣赏和赞美他人<br>增进自信心 | 热身(幸福拍手歌)<br>成员分别介绍自己,包括姓名、来自哪里、个性、爱好等,并接受他人的赞美<br>活动后谈感受 |
| 第 6 次<br>搭塔 | 增进成员合作性<br>达成共识,听从指挥 | 热身游戏(解开千千结)<br>搭塔(材料:报纸、剪刀、胶水等)<br>活动后谈感受 |
| 第 7 次<br>潇洒走一回 | 提高成员应对压力的能力 | 热身游戏(雨点变奏曲)<br>我的压力圈,分析自己目前承受的各种压力源<br>头脑风暴:缓解压力的方法<br>学习《减压 26 式》 |

续表

| 活动次数 | 目标 | 活动内容 |
|---|---|---|
| 第 8 次<br>生活新大陆 | 树立自信心<br>帮助探索生命意义的方向和目标 | 游戏(魔幻水晶球)<br>小组分享:我的人生观探讨<br>健手操练习<br>放声高歌:明天会更好 |

## 本章小结

人的心理是一个从正常状态到异常状态逐渐转化的连续谱。每个人都会存在一定的异常心理,只是程度不同而已。

心理困惑以及一般心理问题,是程度较轻的异常心理;心理障碍,如神经症、心境障碍、应急障碍和人格障碍等,是中度的异常心理;精神病,如精神分裂症、情感性精神病、偏执性精神病和反应性精神病等,是重度的异常心理。

大学生常见的心理困惑有:环境与生活适应的困惑、学习的困惑、人际交往的困惑、恋爱与性的困惑、网络使用的困惑、就业的困惑、自我意识的困惑等。

大学生常见的一般心理问题表现有:分神、期待性焦虑、冷漠、暴躁、自卑、空虚、无端烦恼、消沉、偏执、孤僻、敌对、狂热等。

大学生常见的心理疾病有:神经症、心境障碍、应激障碍、人格障碍、精神病等。

大学生常见心理疾病的应对方法主要是建立心理疾病三级防控体系:从学校管理的角度来看,可以建立学校大学生心理健康教育三级网络工作系统;从疾病发生发展规律的角度来看,也可以建立与心理疾病自然史相对应的三级防控体系;从学生防控的角度来看,大学生可以通过"自我一同伴一专业心理机构"系统来帮助自己。

## 思考与练习

1. 异常心理与正常心理的判断标准有哪些?
2. 大学生常见的心理困惑有哪些?
3. 大学生常见的一般心理问题有哪些?
4. 大学生常见的心理疾病有哪些?
5. 怎样区别神经病、神经症和精神病?

# 第四章 大学生自我意识及其培养

## 知识框图

- 自我意识概述
  - 自我意识的概念
  - 自我意识的结构
  - 自我意识的功能
  - 自我意识的形成和发展
  - 自我意识形成的信息来源
- 大学生自我意识的发展特点
  - 大学生自我认识方面的主要特点
  - 大学生自我体验方面的主要特点
  - 大学生自我控制方面的主要特点
- 大学生自我意识发展中的矛盾和偏差
  - 大学生自我意识发展中的矛盾
  - 大学生自我意识发展中的偏差及其调适
- 大学生自我意识的培养
  - 自我意识的评估
  - 积极悦纳自己
  - 科学塑造自我
  - 不断完善自我、超越自我

## 导入案例

李某，男，21 岁，某大学三年级学生，自杀身亡。该生身体瘦小，皮肤偏黑，眼睛近视，身体素质差，体育成绩常处于全班最后一名，性格内向，参加班级活动不积极，人际关系不和谐。同学们都认为他为人过于敏感，不好相处。一天，全班上体育课，内容是 100 米跑，两人一组，由于男生的人数单一个，而他又排在最后，老师只好将他和一名女生排在一组，结果他没有跑赢这名女生。这种场面自然引起在场同学的哄笑。自此以后，该生变得更加沉默和孤僻。有一天夜晚，该生外出未归，第二天早晨被发现已在学校的后山上吊身亡。

该生的自卑是因生理和其他社会因素的影响对自我意识产生了消极态度。该生极度悲观，自我否定，感到前途渺茫，最终对人生失去信心，走上厌世轻生的道路。由此，可以看出自我意识的正确培养是多么的重要。

# 第一节　自我意识概述

## 一、自我意识的概念

自我意识是指人对自己、自己与他人、与周围世界的关系的意识。它是人格结构的核心成分，是人的意识的本质特征，是人的心理区别于动物心理的重要标志。

**阅读材料 4-1　我是花蘑菇**

夏天，一个精神分裂症患者晴天里打着一把雨伞，蹲在矮树丛中，与几个蘑菇并排，边打伞边说："我是蘑菇，我是花蘑菇(他的雨伞是花的)。"大半天不回医院，人们束手无策。一名十分精通心理学的医生知道后，默不作声地也拿起一把伞，蹲在他旁边。那位患者好奇而兴奋地问："你是谁呀？你干什么？"心理医生答道："我是蘑菇，我是大蘑菇。"就这样陪他蹲了一段时间后，医生收起伞，起身。患者急忙问："大蘑菇，你去哪儿？"医生说："天晚了，大蘑菇回房子里，回家啰！"随后问那位患者："花蘑菇，你不回家了？"患者被他一问，也高高兴兴地收伞跟着医生回去了。

该患者认为自己是蘑菇，不是人，不能正确认识自我和理解他人，不能把自我和周围自然、环境协调统一起来，没有一个同一的自我概念和形象。因此，该患者的自我意识有着重大问题。

## 二、自我意识的结构

自我意识是一种多维度、多层次的心理活动系统，可以从内容和结构形式上对它进行分析，如表 4.1 所示。

**表 4.1　自我意识的结构**

| | 自我认识 | 自我体验 | 自我控制 |
|---|---|---|---|
| 生理自我 | 对自己身体、外貌、衣着、风度、家属、所有物等的认识 | 英俊、漂亮、有吸引力、迷人、自我悦纳等 | 追求身体的外表、物质欲望的满足，维持家庭的利益等 |
| 社会自我 | 对自己的名望、地位、角色、性别、义务、责任、权力等的认识 | 自尊、自信、自爱、自豪、自卑、自怜、自恋等 | 追求名誉地位，与他人竞争，争取得到他人的好感等 |
| 心理自我 | 对自己的智力、性格、气质、兴趣、能力、记忆、思维等特点的认识 | 有能力、聪明、优雅、敏感、迟钝、感情丰富、细腻等 | 追求信仰，注意行为符合社会规范，要求智慧与能力的发展等 |

### (一) 从结构形式上来看，自我意识表现为自我认识、自我体验和自我控制

自我认识是指一个人对自己各种身心状况的认识，包括：自我感觉、自我观察、自我观念、自我分析和自我评价等。自我认识主要涉及“我是一个怎样的人”“我为什么是这样一个人”等问题。

自我体验是指一个人在自我认识的基础上产生的对自己所持的情感体验。它包括：自我感受、自尊、自爱、自卑、责任感、优越感等。自我体验主要涉及“我是否满意自己”“我能否悦纳自己”等。

自我控制是指个体能够调节和控制自己的心理和行为，是一种意志力强的表现。它包括：自主、自立、自强、自卫、自制、自律等。自我控制主要涉及“我怎样控制自己”“如何使自己成为理想的那种人”等问题。自我控制不仅是对自我行为的控制，也是对自我认识、自我体验的控制，通过主观能动性，选择认识角度，转变自我观念，调整自我评价体系，修正自我形象，去感受积极的自我。

### (二) 从内容来看，自我意识分为生理自我、社会自我和心理自我

生理自我是指个人对自己的生理属性的意识，包括个体对自己的身体、外貌、体能等方面的意识。这是自我意识的最原始形态。

社会自我是指个人对自己在社会关系、人际关系中的角色、地位的意识，对自

己所承担的社会义务和权利的意识等。

心理自我就是个人对自己心理活动的意识，它包括对自己性格、智力、态度、信念、理想和行为等的意识。

总之，自我意识是一种多维度、多层次的心理活动系统。自我意识在发展人的个性中占有重要的地位，人的兴趣、能力、性格、情感、意志和道德行为无不受它的影响。

## 三、自我意识的功能

### （一）自我意识影响个体现实的行为方式

个体的行为不仅受外在情境的影响，也受心理因素（包括自我意识）的影响。个体常常按照自我意识来选择自己的行为方式。一个大学生，如果认为自己是一个遵纪守法的大学生，他可能会自觉不自觉地按照遵纪守法的大学生的标准严格要求自己。

### （二）自我意识影响个体对经验的解释

不同的人可能会获得完全相同的某一经验，但由于自我意识的不同可能对这种经验的解释不同。例如，某门学科成绩同样为 90 分，一个自认为能力一般的大学生会认为是取得了极大的成功，感到非常满足；而另一个自认为能力强的大学生会觉得是个巨大失败，并体验到挫折。

### （三）自我意识影响个体对未来事情发生的期待

自我意识影响个体对未来事情发生的期待。这是因为，个体对于自己的期望是在自我意识的基础上发展起来的，并与自我意识相一致，其后续的行为也决定于自我意识的性质。心理学研究表明，学生的自我意识影响学生学习上的自我期待水平，这种学习上的自我期待水平在一定程度上影响学生学习成绩的高低。心理学上将自我意识对期望水平的这种作用称为自验预言，即由一定的自我意识引发的与其相一致或自我支持性的期望，并使人们倾向于运用可以使这种期望得以实现的行为方式的心理现象。

## 四、自我意识的形成和发展

自我意识是个体生理和心理能力发展到一定程度时发生的，在个体与社会环境长期互动中发展并最后形成的。心理学研究表明，个体的自我意识从发生、发展到相对稳定，大约需要二十多年的时间。

### （一）生理自我阶段

人出生时，并不能区分自己和非自己的东西，生活在主客体未分化的状态；七八个月的婴儿开始出现自我意识的萌芽，即能意识到自己的身体，听到自己的名字会明确作出反应；2 岁左右的儿童，掌握第一人称代词“我”的使用，这在自我意识的形成中是一大飞跃；3 岁左右的儿童，开始出现羞耻感、占有心，要求自主性，其自我意识有新的发展。但是，这一时期幼儿的行为是一种以自我为中心的行为，以自己的身体为中心，以自己的想法和情感来认识和投射外部世界。因此，这一时期被认为是“生理自我”时期，也有人称之为“自我中心期”，它是自我意识最原始的形态。

### （二）社会自我阶段

从 3 岁到青春期以前的 13、14 岁这段时期，是个体接受社会教化影响最深的时期，也是角色学习的重要时期。他们在幼儿园、小学、中学接受正规教育，通过在游戏、学习、劳动等活动中不断学习、模仿和认同，逐渐习得社会规范，形成各种角色观念，并能有意识地调节和控制自己的行为。虽然青春期少年开始积极关注自己的内心世界，但他们主要是从别人的观点中评价事物，认识他人，对自己的认识也服从于权威或同伴的评价。因此，这一时期个体自我意识的发展被称为“社会自我”发展阶段，也称为“客观化”时期。

### （三）心理自我阶段

从青春期开始以后的近十年的时间里，是自我意识发展的关键期。期间，自我意识经过分化、矛盾、统一而趋于成熟，个体开始清晰地意识到自己的内心世界，关注自己的内在体验，喜欢用自己的眼光和观点去认识和评价外部世界，开始有明确的价值探索和追求，强烈要求独立，产生了自我塑造、自我教育的紧迫感和实现自我目标的驱动力。这一时期被称为“心理自我”发展时期，也被称为自我意识“主观化”时期。

## 五、自我意识形成的信息来源

自我意识不是与生俱来的，而是后天获得的，是随着个体一般认知能力的发展以及社会经验的增长而逐渐建立起来的。一般而言，个体对自己的认知可以通过以下四个方面逐渐形成。

### （一）他人的反馈

他人常常会对我们的品质、能力、性格等给予清晰的反馈，从而增强我们对自己的了解。当我们被老师告诫要更加大胆一些、更加主动、更加勤奋一些时，我们便会从反馈中得知：自己有些害羞，不够主动，学习不够勤奋。特别是当许多人的看法一致时，我们就会相信这种看法是正确的，从而确定自己是这样的人。激励对成长中的大学生是非常重要的，我们经常说：“优秀的学生是夸出来的。”当否定性评价过多时，学生会产生“习得性无助”。“习得性无助”是指对环境失去控制的一种信念，当一个人拥有这种信念时，他感到不能从环境中逃脱出来，便会放弃脱离环境的努力。如有的大学生会说：“无论我如何努力，我也不会成为受大家欢迎的人”，不少人因此而放弃努力。综上所述，他人的反馈对自我意识的形成起着重要作用。

### （二）反射性评价

在生活中，那些与我们生活无关紧要的人有时并不会给予我们清晰、明确的反馈，但我们可以从他们的态度与反应中来了解自己。符号互动学者库利（C. H. Cooley）提出“镜中我”理论，认为我们感知自己就像别人感知我们一样，镜子中的“我”或别人眼中的“我”就是我们感知的对象，我们常常依据别人如何对待我们来了解自己，这一过程称为反射性评价。

当大学生在与同学、老师交往中感知到的“自我”，可得到一些反射性评价。如一个大学生在信中提到：“我感到非常孤独，宿舍的同学不喜欢我，常常是当我在宿舍外面听着里面在热烈地谈论一个问题而我进入宿舍时，谈话经常就中断了，大家的表情也显示出冷淡与不在乎，我不知道自己做错了什么，得不到大家的认同，这使我非常痛苦。在来自不同家庭背景的同学中，我的家境略好些，可这不是我的过错，我一直主动地想与同学相处好，甚至做了一系列努力但都得不到大家的认同。在中学以前，我一直是非常受人欢迎的，但我现在变得沉默了，因为不知道该如何做。”可见，反射性评价对自我意识的形成也起着重要作用。

### （三）自我观察和自我反省

个体常常观察自己外在行为及其结果来判断自己的特征如性格、态度、品质、爱好、责任心等。如当学生参加无偿献血时，学生会认为自己是一个有爱心的人；当学生取得巨大成功时，学生会认为自己是一个有能力的人。

个体也常常依据内部线索进行自我反省，达到了解自己的目的，如通过想法、情绪来了解自己，而且它比外显行为更准确，因为行为易受外在压力的影响，更易伪装。

**阅读材料 4-2　爱因斯坦的故事**

爱因斯坦（Albert Einstein）小时候是个十分贪玩的孩子。16 岁那年，父亲将正要去河边钓鱼的爱因斯坦拦住，给他讲了一个故事：“昨天，我和咱们邻居杰克大叔去清扫一个大烟囱，需要踩着里边的钢筋踏梯才能上去，你杰克大叔在前面，我在后面。下来时，你杰克大叔依旧走在前面，我还是跟在后面。钻出烟囱，我们发现了一个奇怪的事情：你杰克大叔的后背、脸上全都被烟灰蹭黑了，而我身上一点烟灰也没有。”爱因斯坦的父亲继续笑着说，“我看见你杰克大叔的模样，心想我肯定和他一样，脸脏得像个小丑，于是就到附近的小河去洗了又洗。而你杰克大叔呢，他看见我钻出烟囱时干干净净的，就以为他也和我一样干净呢，于是只草草地洗了洗手就大模大样地上街了。结果街上的人都笑疼了肚子，还以为你杰克大叔是个疯子呢。”爱因斯坦听罢，忍不住和父亲一起大笑起来。父亲笑完了，郑重地对他说：“其实别人谁也不能做你的镜子，只有自己才是自己的镜子。拿别人做镜子，白痴或许会把自己照成天才的。”爱因斯坦听了，顿感羞愧。他从此离开了那些顽皮的孩子们，时时用自己做镜子来映照和审视自己，终于铸就了自己的辉煌人生。

### (四) 社会比较

人们非常想准确地认识自我、评估自我，为此，在缺乏明确标准时，人们常常和自己相似的人作比较，然后得出对自己的评价。社会比较是个体认识自我的重要方面，通过社会比较知道自己长处、短处，通过改善自己来取得更大进步。

大学生正处于人生重要的发展时期，他的人生目标、职业理想、生活态度等都在形成之中，社会比较为大学生提供了认识自我、了解自我和发展自我的重要标尺。当然，自我比较并不总是向着积极的方向，自我比较又分为向上比较、向下比较与相似比较。当个体的目的与动机不同时，采用的社会比较策略也不相同。例如，自我成功动机强的人更倾向于向上比较，向着那些比自己更加成功的人比较，促使自己更加成功；自我保护与自我美化的动机促使学生与那些不如自己走运、成功和幸福的人相比。

# 第二节　大学生自我意识的发展特点

大学生的自我意识是在儿童、青少年时期自我意识的基础上发展起来的，它具有以下特点。

## 一、大学生自我认识方面的主要特点

### (一) 自我认识的广度和深度进一步提高

随着年龄、环境的变化、阅历的增加以及目标的提高，大学生的自我认识在广度和深度上有明显的提高。从广度上看，大学生活使自我认识不仅涉及自己的生理、心理等一般问题，而且涉及自己的社会角色、社会责任等问题。从深度上看，大学生的自我意识和其他青年、中学生相比，更具有理性色彩。社交活动范围的扩大，使他们对现实社会有了更为充分的接触，认识也随之更为深入；系统的科学文化知识和唯物主义辩证法的学习，使大学生的抽象思维能力加强，认识问题的方法更趋于客观、正确。大学生开始时认识到自己在学校、社会中的角色和地位，后来逐渐确立世界观、人生观，自我意识有了明显的深入。

### （二）自我认识的自觉性和主动性明显提高

由于大学生的思维能力增强，独立意识不断发展，走向社会的欲望日益强烈，他们更加自觉、主动地思考许多问题，如“将来做个什么样的人”“将来能做一项什么职业”。

### （三）自我评价能力提高

由于自我认识的广度和深度进一步提高，大学生对自己的评价能力日益提高。大多数大学生能够对自己有个较全面、较客观的评价，并根据这种评价调整自己的行为。

## 二、大学生自我体验方面的主要特点

### （一）丰富性和起伏性

大学生丰富多彩的学习生活为他们发展自我体验的丰富性提供了有利条件。例如，大学生由于意识到自己的能力和品德的高低而产生了自豪、自尊或自卑、自惭等体验；由于意识到自己的社会角色和社会地位而产生了社会责任感和义务感。

由于大学生的自我认识还在不断完善中，意志还不能完全控制自己的情绪情感，大学生的自我体验表现出起伏性。有的大学生高兴时忘乎所以，有的大学生为一点小事就想不开，悲观失望。

### （二）深刻性

由于大学生自我认识水平的提高和阅历的增加，大学生的自我体验表现出深刻性。如大学生通过各种渠道了解了人民生活状况和国家的状况，就会产生强烈的社会责任感、义务感和道德感。

### （三）自尊心强烈

大学生由于意识到自己存在的价值，强烈地要求肯定自己和保护自己，因此他们的自尊心很强烈，对触犯自己自尊心的事件或信息十分敏感。这种强烈的自尊心促使大学生奋发进取，尽可能实现自己的目标。但是，大学生的自尊心要适当，否则就可能转化为嫉妒心或自卑感，导致行为的失常。

### （四）孤独感明显

大学生自立、自主意识日益强烈，他们不再像中小学生那样坦诚和外露，可能自觉不自觉地会以含蓄的方式来表现自己，甚至在行为上表现出与内心相反的情况。这使他们不被别人所理解，自己有着不同程度的孤独感。

### 三、大学生自我控制方面的主要特点

随着阅历的增加、知识经验的积累，大学生自我认识与自我体验的水平的提高，自我控制能力明显增强。这主要表现在以下两个方面。

#### （一）在自我确立行为的目标和规划上，从依附性向独立性发展

大学生意识到自己是个成人，应该做一个独立的人，且客观环境也需要大学生做一个独立的人。在自我确立行为的目标和规划上，大学生不再像中学生那样依赖于父母、老师等他人的意见，而是越来越独立地决策。

#### （二）在执行行为上，由盲目性向自主性发展

随着生活阅历的增加和认知能力的提高，大学生自我控制行动的能力逐步增强，对自己的行动能有所选择，能够自觉参加那些自己认为应该参加的活动，并控制好自己的行为。

自我认识、自我体验、自我控制三者之间相互作用、相互影响。自我认识是自我体验与自我控制的前提和基础，自我体验是自我认识和自我控制的动力，自我控制可增强自我认识，加深自我体验。因此，只有将三者都发展好，才能使大学生的自我意识发展达到一个更高的水平。

## 第三节　大学生自我意识发展中的矛盾和偏差

由于心理尚未成熟，大学生自我意识的发展不是一帆风顺的，其中会出现许多矛盾和偏差。针对这些矛盾和偏差，大学生可以采取一些措施来应对它们。

### 一、大学生自我意识发展中的矛盾

#### （一）现实自我和理想自我矛盾

这可以说是大学生自我意识矛盾最突出、最集中的表现。大学生对未来充满信心，抱负水平较高，成就欲望较强，但由于他们生活范围相对狭窄，社会交往比较单一，缺乏社会阅历，对自我认识的参照点较少，因此，不能很好地将理想与现实结合起来，从而使“理想我”与“现实我”之间产生了较大差距。这种差距在给大学生带来苦恼和不满的同时，也会激发大学生奋发进取的积极性。但如果这种矛盾与冲突过于强烈，不能及时加以调适，则会导致自我意识的分裂，从而带来一系列心理问题。如：有的大学生对自我缺乏客观的认识，往往会在对现实自我不满的情况

下否定自己。

### （二）自主与依附的矛盾

大学生独立面对生活、学习中遇到的问题，希望自立自强，成为一个有独立见解、能决定自己命运的人，但在心理上又对亲朋好友存在深深的依赖，特别是当应激事件出现时，由于他们的社会阅历与经验相对匮乏，尤其期望亲朋好友能够替自己分忧，无法做到人格上的真正独立。

### （三）自尊心与自卑感之间的矛盾

大学生的优越感和自尊心一般都很强，对自己的能力、才华和未来都充满了自信。然而进入大学后，群英荟萃，强者如云，许多大学生发现“山外有山”，尤其是当学习、文体、社交等方面显露出某些不足时，有些大学生就会陷入怀疑自己、否定自己的不良情绪中，产生自卑心理。在这些大学生的内心深处，自尊心和自卑感常常处于冲突状态。

### （四）追求上进与自我消沉的矛盾

许多大学生都有较强的上进心，他们希望通过努力来实现自身的价值。但在追求上进时，困难、挫折在所难免，不少大学生常常出现情绪波动，在困难面前望而生畏、消极退缩，虽然退缩但又不甘放弃，心中依然想追求、想奋进，内心极为矛盾，困惑、烦躁、不安、焦虑也由此而生。

还有一些矛盾冲突，如渴望交往与心灵闭锁的矛盾、个人的我与社会的我的矛盾，这都是大学生自我意识发展中的正常现象，也是大学生迅速走向成熟的集中表现。自我意识矛盾冲突一方面会使大学生感到焦虑苦恼、痛苦不安，可能影响到他们的心理发展和心理健康；另一方面也会促使他们设法解决矛盾，来实现自我意识的整合统一，也使大学生不断取得进步。

由于大学生个人的社会背景、生活经验、智力水平、追求目标等方面的差异，自我意识的整合统一途径也有所不同。总的来说其整合统一途径有三个方面：一是努力改善现实自我，使之逐渐接近理想自我；二是修正理想自我中某些不切实际的过高标准，并改善现实自我，使两者互相趋近；三是放弃理想自我而迁就现实自我。按照心理健康的标准，无论哪种途径达到自我意识的统一，只要统一后的自我意识是完整的、协调的、充实的、有力的，就是积极的统一。这种积极的统一有利于大学生的心理健康，有利于大学生的和谐发展，有利于社会的文明与进步。

## 二、大学生自我意识发展中的偏差及其调适

大学生活中有这样一些大学生：他们志向很高，认为自己将来注定是要成为伟人的。虽然他们并不一定有很出色的学习成绩或很强的工作能力，但他们瞧不起

周围的人，蔑视世俗的一切。他们常常郁郁寡欢，独来独往，在自我的世界里建造理想的王国，而自己是这个理想王国的最高统治者。同时，我们的周围又不乏另外一类大学生：他们小心翼翼地跟在人后，沉默寡言，唯唯诺诺；他们觉得自己是世界上再糟糕不过的人，学习上不如人，外表上太平常，能力上无所长，自暴自弃，甚至走上自我毁灭的道路。这两种类型的人代表了大学生自我意识发展过程中的两个极端。从心理健康的角度看，任何过度的心理现象都是不符合心理健康的，对自我的认识和体验尤其如此。大学生由于心理尚未成熟，自我意识还在不断发展变化之中，因而会出现这样那样的偏差、缺陷。大学生自我意识发展中的偏差主要表现为自我意识的混乱：一种是自我意识过强，另一种是自我意识过弱。

### （一）自我意识过强

自我意识过强的大学生，往往扩大现实的自我，形成错误的不切实际的理想自我，并认为理想自我可以轻易实现。这种类型的大学生往往盲目乐观，以自我为中心，自以为是，不易被周围环境和他人接受与认可，容易引起别人的反感和不满。因此，他们极易遭受失败和内心冲突，产生严重的情感挫伤，导致苦闷、自卑、自我放弃，有时会引发过激行为和反社会行为。自我意识过强主要表现为过分追求完美、过度的自我接受、过度自我中心等。

#### 1. 过分追求完美

追求完美是人的本能，可以让人更好地认识世界和改造世界。但是过分追求完美，其后果往往适得其反，使其对自我的认识和适应更加困难。人们过分追求完美的表现有：他们期望自己完美无缺，却不顾自己的实际情况；他们不能容忍自己“不完美”的表现，不肯接纳现实中平凡的、有缺点的自我，对自己“不完美”的地方过分看重，甚至把人人都会出现的、人人都会遇到的问题看成是自己“不完美”的表现。由于他们总对自己不满意，从而严重影响了自己的情绪和自信心。产生这种现象的原因有未树立正确的观念、未真正了解自己、过分受他人期望的影响等。

改善过分追求完美的状态，要做到：第一，树立正确的观念。人不能十全十美，每个人都有优缺点。一个人应该接纳自己包括自己的不足，同时肯定自己的价值，不自以为是也不妄自菲薄。第二，确立合理的评价参照体系和立足点。以弱者为参照会自大，以强者为标准会自卑，因而人应该选择合适的标准，更重要的是以自己为标准，按照自己的条件评定自己的价值。第三，设立合理恰当的目标。大学生在充分了解自己的基础上对自己有恰当的目标和追求，目标符合自己的实际能力，不苛求自己，不被他人的要求左右。个体越能独立于周围人的期望，其自我意识的独立性就越强，所遭遇的冲突也越少。

#### 2. 过度的自我接受

自我接受是指自己认可自己、肯定自己的价值，对自己的才能和局限、长处和短处都能客观评价、坦然接受，不会过多地抱怨和谴责自己。对自我的接受是心理健康的表现。过度的自我接受往往表现在有点自我扩展的人身上，他们高估自我，对自己的肯定评价往往有过之而无不及，甚至把缺点也视为长处，拿显微镜看他人的短处，他们的人际交往模式是“我好，你不好”“我行，你不行”。过度自我接受的人容易产生盲目乐观情绪，自以为是，不易处理好人际关系；而且过高评价滋生骄傲，对自己提出过高要求，会因为承担无法完成的任务、义务而导致失败。改变过度的自我接受，应通过他人的反馈、反射性评价、自我观察和自我反省、社会比较等各种方式来合理地认识和评价自己。

**3. 过度自我中心**

随着自我意识的发展，大学生越来越感到自己内心世界的千变万化，他们越来越多地把关注的重心投向自我，尤其是那些有较强自信心、自尊心、优越感、独立感的学生更容易出现自我中心倾向。当这种倾向与一些不健康的思想意识（如个人主义、自私自利思想）和心理特征（如过强的自尊心、唯我独尊等）结合时，就会表现出过分的、扭曲的自我中心。过度自我中心的人往往以自我为核心，想问题、做事情从“我”出发，不能设身处地进行客观思考，反而盛气凌人，不允许别人批评，“老虎屁股摸不得”；这种人往往见好就上，见困难就让，有错误就推，总认为对的是自己，错的是别人，因而他们常不能赢得他人的好感和信任，人际关系多不和谐。

克服过度自我中心的途径包括：第一，树立健康的人生观，自觉地将自己和他人、集体结合起来，走出自己的小天地；第二，恰当地评价自己，既不低估也不高估，既不妄自菲薄，也不自高自大；第三，尊重他人，只有尊重和信任才能获得友谊；第四，设身处地地从他人的角度思考问题，将心比心，真诚地关爱他人，从而做到“我爱人人，人人爱我”。

### （二）自我意识过弱

自我意识过弱的大学生在把理想我与现实我进行比较时，对理想我期望较高，又无法达到，对现实我不满意，又无法改进。他们在心理上的一个特征就是自我排斥，往往会产生否定自己、拒绝接纳自我的心理倾向。他们的心理体验常伴随较多的自卑感、盲目性、自信心丧失的情绪消沉、意志薄弱、孤僻、抑郁等现象，尤其是面对新的环境、挫折和重大生活事件时，常常会产生过激行为，酿成悲剧。自我意识过弱主要表现为极度的自卑。

自卑是个体由于某种生理或心理上的缺陷，或者其他原因而引起的一种消极情绪体验，表现为对自己的能力或品质评价过低，轻视自己，甚至看不起自己，害怕自己在别人心中失去应有的地位，因而产生消极心理。这种心理状态很容易使青年学生产生孤独、压抑的情感，给自己的情绪和学习带来严重的影响，更甚者还会产生消极的态度，从而对前途失去信心。

一般认为，自我意识中的自卑比一般心理问题中的自卑要相对严重些，对个体心理与行为的影响要相对持久些。一般心理问题中的自卑可以进一步升级演化成自我意识中的自卑。

在大学里，人与人之间比赛、竞争的情况是无法避免的。而且，如果从能力、成绩、特长以及身体、容貌、家世、地位等所有条件相比，很少有人永远是强者。但有的同学过度自卑，斤斤计较自己的缺点、不足和失误，结果因自卑而心虚胆怯，凡有挑战性的场合就逃避退缩，或对自己的所作所为过分夸张，过分补偿，恐天下不知，其结果捍卫的是虚假的、脆弱的、不健康的自我。

个体的自卑感形成的原因比较复杂，主要有以下几种影响因素：首先是来自自我认知的偏差。具体表现有：消极的自我暗示；过低的自我期望，进一步强化了自卑；过强的自尊。其二是来自个性的差异。其三，生理缺陷是自卑性格形成的一个重要原因。其四，幼年的生活信息的影响。心理学家认为，自卑感起源于人的幼年时期。心理科学的研究证实，不少心理问题都可以在早年生活中找到症结，自卑作为一种消极心态也不例外。

改变过度自卑，首先对其危害要有清醒的认识，并且有勇气改变自己。其次，客观、正确、自觉地认识自己，无条件接受自己，欣赏自己所长，接纳自己所短，做到扬长避短。第三，在发展中增强自己的自信心，对自己的经验持开放态度。第四，根据经验，调整对自己的期望，确立合适的抱负水平，区分长期目标和近期目标，区分潜能和现在表现。第五，对外界影响保持相对独立，正确对待得失，勇于坚持正确的东西、改正错误。第六，学会积极的自我心理暗示，可以在内心里对自己说“我能行”“只要努力，我一定会成功”。

从以上的分析我们可以看到，大学生自我意识发展过程中出现的失误、偏差是心理还不成熟的表现，这是由其身心发展状况和成长背景决定的，并不是某个人的缺点，而是所有大学生或多或少都要亲身经历的，是整个年龄阶段的特征，因而是普通的、正常的，但也是必须调整的。大学生只有认识到这一点，才有可能去面对它、正视它，并争取解决它。

## 第四节　大学生自我意识的培养

自我意识影响个体的心理活动，影响个体现实的行为方式，影响个体对经验的解释和个体对未来事情发生的期待。因此，培养良好的自我意识，不仅是大学生心理健康的保证,也是大学生全面发展的重要基础。

## 一、自我意识的评估

评估自我意识是培养良好自我意识的基础。只有充分地了解自己、认识自己,大学生才有可能改变自己、完善自己。

### (一) 自我意识的评估标准

良好的自我意识有许多标准,下面一种可为参考。

(1) 接受自己的生理状况,不自怨自艾。

(2) 对自己的心理素质有较清晰的认识,知道自己的长处和短处。

(3) 对自己所处的环境有较清晰的认识,包括家庭、工作和学校环境。

(4) 对自己的经历有正确的评价。

(5) 对未来自我发展有较明确的目标。

(6) 对自己的需求有清楚的认识。

(7) 知道生活中什么是应该珍惜的,什么是应该抛弃的。

(8) 对妨碍自己达到目标的因素有较为清楚的认识。

(9) 对自己能够做到的事情有较为清楚的认识。

(10) 对自己的希望和能力的差距比较清楚。

(11) 正确估计自己的社会角色。

(12) 对自己的感受和情绪有较为清楚的认识。

(13) 明白自己能力的极限。

大学生可以根据这些标准来评估自己的自我意识。

### (二) 自我意识的评估方法

**1. 观察法**

是指在不加控制的自然条件下对人的行为进行直接观察,再通过对观察的行为及其活动成果进行分析,进而推断人的自我意识的方法。如通过观察个体言行,知道其是否能够有效控制自己的言行,从而判断其自我意识状况。此种方法能较准确地评估人的自我意识,但费时、费人力。

**2. 实验法**

由于自我意识的复杂性,自我意识评估一般不采用严格控制条件的实验室实验法,而较多采用自然实验法。自然实验法是实验法在自然条件下的运用,兼有实验室实验法的控制条件和观察法的自然真实两方面的优点。实验时,实验者创设一定的情境,主动引起被试的某种自我意识特征并使其表现出来,通过观察、分析,了解被试的自我意识。

**3. 问卷、量表法**

它是采用信效度较高的量表、问卷来对人的自我意识进行测量的方法。目前使用最广泛的是问卷、量表法，它的特点是省时、省力、省钱，而且便于大规模的施测。

**4. 投射法**

它是向被试提供无确定含义的刺激，让被试在不知不觉中把自己的思想感情投射出来，以确定其自我意识。如一些能力强的大学生在一些场合自然表现出自信满满的行为，反映出其在自我体验的具体特征。但此种方法信效度不是特别高。

**5. 作业法**

它不依赖于被试的语言、观念、思想，而是使用一些“任务导向”的客观作业来测验，在掩蔽测验目的的条件下，从被试完成这些客观作业的态度和风格、选择作业的难度及完成作业的质和量上来了解分析其作业特点，以此评价被试的自我意识。此种方法对主试要求高。

**6. 晤谈法**

它是与被评定者直接谈话，通过了解被评定者的自我意识相关内容，来对自我意识进行评估。这种方法常用，虽然使用方便，但可能信息不全面、不深入，而且评定者有一定的主观性，所以此方法不够客观。

**7. 内省法**

古人云：“吾日三省吾身。”个体可以通过了解“自己眼中的我”“别人眼中的我”和“自己理想的我”等方面，来评估自己的自我意识状况。此种方法主观随意性较强。

**8. 比较法**

通过与他人的行为比较来认识自己，从而评估自己的自我意识状况。在比较时，个体要与合适的人比较合适的方面，才能比较正确地评估自我意识。此种方法要求个体有良好的认知能力。

以上这些方法，有的适合自己评估自己的自我意识，有的适合他人评估自己的自我意识。总之，大学生通过以上这些方法的合理运用，可以对自我意识进行正确评估。

## 二、积极悦纳自己

曾经有一位闻名遐迩的美容医生，善于做面部整形手术。他创造了不少奇迹，使很多丑陋的人改变了容颜。不过，他发现，某些接受手术的人，尽管为他们做的手术很成功，但他们仍旧抱怨自己面目依旧，还是不漂亮，说手术没成效。于是，医生悟出一个道理：美与丑，并不在于一个人本来面目如何，而在于个体是如何看待自己的。一个对自己充满信心的人，会自感其美，并充分地展示其美；一个对自己缺乏信心的人，则很难去发现自己的美，更不用说去展示自己的美了。所以，一个人首先应该自己喜爱自己，才能让别人也喜欢自己，即应首先悦纳自己，才能让他人悦纳自己。对大学生来说，不仅要坚持自我意识的评估，全面、正确地评价自己，还要积极悦纳自己。大学生欣然接受自我，有助于维护和增进心理健康，将一个真实的我、本来的我展示于人们面前，可以让别人了解自己，有助于密切人际关系，有助于正确认识自我和评价自我。另外，大学生欣然接受自我，才能自重自爱，珍惜自己的人格和声誉，努力进行自我修养，谋求自身的发展。

#### （一）要全面、正确地评价自己

悦纳自己首先就要全面、正确地评价自己，要实事求是地评价自己。大学生对自己的长处、短处不能夸大，也不要贬低。

#### （二）要正确对待短处

短处有两种，一种是能够改进的，要闻过则改，使自己不断取得进步；另一种是无法补救的，如先天的身材矮小，要勇敢面对它、承认它、接受它，同时着力塑造自己内在的心灵美。

#### （三）要正确对待失败

大学生对失败要有正确的态度。第一，大学生要清醒地认识到眼前的失败并不代表永恒的失败。古人云，“失之东隅，收之桑榆”，也有人说，“一次成功是以99次失败为基础的”。第二，大学生要不怕失败，要认识到失败也是人生的一部分，要善于从失败中吸取经验教训，从而为下一次的成功奠定基础。第三，大学生要在实践中努力提高自己，不断取得成功。

#### （四）适当运用积极的自我暗示

为了避免自尊心受到伤害，大学生不妨采取一些策略性的自我美化的暗示。大学生可以采取“比下有余”的社会比较方式；可以采取自我照顾归因，将成功归于自己的努力和能力，将失败归因于自己的不努力和运气不佳；可以采取选择性遗忘，忘记失败和挫折，记住成功和快乐。当然，大学生只能适当运用这种积极的自我暗示，过多或过少则会影响大学生对自我的正确认识和由此产生的应对行为。

### 三、科学塑造自我

大学生自我意识的培养，应坚持科学的方式，以下几点需要特别注意。

#### （一）要确立正确的行动目标

确立正确的行动目标，关键是大学生要按照社会的需要和个人的特点来进行设计，做一个“自如的我，独特的我，最好的我，社会欢迎的我”。特别强调的是，大学生确定自己的目标时，要把远大的目标分解成许多子目标，无论是远大的目标还是子目标，都应是适当的、合理的。对自己来说，它们都是有价值的，经过努力都是可以实现的。

### (二) 要塑造适宜的自尊心和自信心

自尊心和自信心对人的心理与行为产生影响。过强或过弱的自尊心和自信心都对人的心理与行为产生不利影响。只有适宜的自尊心和自信心，才能使人不断进取，催人自强不息。这需要大学生正确认识和看待自己，注重对自身思想修养的提高，发挥自己的优势，克服自己的不足，努力在行动中取得成功，做一个对社会有用之才。如此，大学生才能塑造适宜的自尊心和自信心。

### (三) 要培养坚强的自控能力

自我控制的动力来源，在于从根本利益和长远利益上去看问题。如果大学生要想有较强的自制力，那么就要注意“应当做”的事情，善于强迫自己去做应当做的事情，克服妨碍“这样做”的愿望和动机(如恐惧、懒惰、过分的自爱、不良的习癖等)，从而自主地塑造自己。当自己脱离于“应当做”的事情，就应该想到这种做法的不良后果以及自己正确的目标和方向。

## 四、不断完善自我、超越自我

坐在轮椅上的加拿大残疾青年里克·汉森(Rick Hansen)，靠一双手，“走”遍了全世界，跨越四大洲，穿过了 34 个国家，行程 40 073 千米。从小集聋、哑、盲于一身的海伦·凯勒(Helen Keller)学会了四种语言，写出了风靡世界的著作，她对语言的掌握，被称为“教育史上最伟大的成就”。这些事实说明，人能够超越自己的缺陷，超越自己的客观条件，以使自己不断发展。自我意识的培养过程，也是一个需要不断完善自我、超越自我的修养过程。

大学生要加强自我修养，不断进行自我塑造，达到完善自我、超越自我的境界。这是大学生培养自我意识的终极目标。自我意识的培养过程，其实质是一个塑造自我、超越自我的过程。

大学生要不断完善自我、超越自我，需要注意以下两个方面。

(1) 大学生要从小做起，从行动开始，全力以赴。完善自我、超越自我，需要大学生落实到行动中，从点点滴滴做起，通过自己的努力，不断取得进步。

(2) 大学生要善于反省，再投入行动，以扩展和深化自我。大学生在行动前要对各个方面进行反思，合理安排计划，之后投入行动，无论成功失败，行动后需要再反省，汲取经验教训，再投入行动。如此循环反复，自我便不断得到完善和超越。

## 心理测试

### 自我和谐量表

下面是个人对自己看法的陈述，填答时，请你看清每句话的意思，然后选择一个数字。1 代表该句话完全不符合你的情况，2 代表比较不符合你的情况，3 代表不确定，4 代表比较符合你的情况，5 代表完全符合你的情况。

| | 完全不符合 | 比较不符合 | 不确定 | 比较符合 | 完全符合 |
|---|---|---|---|---|---|
| 1. 我周围的人往往觉得我对自己的看法有些矛盾。 | 1 | 2 | 3 | 4 | 5 |
| 2. 有时我会对自己在某方面的表现不满意。 | 1 | 2 | 3 | 4 | 5 |
| 3. 每当遇到困难，我总是首先分析造成困难的原因。 | 1 | 2 | 3 | 4 | 5 |
| 4. 我很难恰当表达我对别人的情感反应。 | 1 | 2 | 3 | 4 | 5 |
| 5. 我对很多事情都有自己的观点，但我并不要求别人也与我一样。 | 1 | 2 | 3 | 4 | 5 |
| 6. 我一旦形成对事物的看法，就不会再改变。 | 1 | 2 | 3 | 4 | 5 |
| 7. 我经常对自己的行为不满意。 | 1 | 2 | 3 | 4 | 5 |
| 8. 尽管有时得做一些不愿意做的事，但我基本上是按自己意愿办事的。 | 1 | 2 | 3 | 4 | 5 |
| 9. 一件事好是好，不好是不好，没有什么可含糊的。 | 1 | 2 | 3 | 4 | 5 |
| 10. 如果我在某件事上不顺利，我就往往会怀疑自己的能力。 | 1 | 2 | 3 | 4 | 5 |
| 11. 我至少有几个知心朋友。 | 1 | 2 | 3 | 4 | 5 |
| 12. 我觉得我所做的很多事情都是不该做的。 | 1 | 2 | 3 | 4 | 5 |
| 13. 不论别人怎么说，我的观点决不改变。 | 1 | 2 | 3 | 4 | 5 |
| 14. 别人常常会误解我对他们的好意。 | 1 | 2 | 3 | 4 | 5 |
| 15. 很多情况下我不得不对自己的能力表示怀疑。 | 1 | 2 | 3 | 4 | 5 |
| 16. 我朋友中有些是与我截然不同的人，这并不影响我们的关系。 | 1 | 2 | 3 | 4 | 5 |
| 17. 与朋友交往过多容易暴露自己的隐私。 | 1 | 2 | 3 | 4 | 5 |

续表

| | 完全不符合 | 比较不符合 | 不确定 | 比较符合 | 完全符合 |
|---|---|---|---|---|---|
| 18. 我很了解自己对周围人的情感。 | 1 | 2 | 3 | 4 | 5 |
| 19. 我觉得自己目前的处境与我的要求相距太远。 | 1 | 2 | 3 | 4 | 5 |
| 20. 我很少去想自己所做的事是否应该。 | 1 | 2 | 3 | 4 | 5 |
| 21. 我所遇到的很多问题都无法自己解决。 | 1 | 2 | 3 | 4 | 5 |
| 22. 我很清楚自己是什么样的人。 | 1 | 2 | 3 | 4 | 5 |
| 23. 我很能自如地表达我所要表达的意思。 | 1 | 2 | 3 | 4 | 5 |
| 24. 如果有足够的证据,我也可以改变自己的观点。 | 1 | 2 | 3 | 4 | 5 |
| 25. 我很少考虑自己是一个什么样的人。 | 1 | 2 | 3 | 4 | 5 |
| 26. 把心里话告诉别人不仅得不到帮助,还可能招致麻烦。 | 1 | 2 | 3 | 4 | 5 |
| 27. 在遇到问题时,我总觉得别人都离我很远。 | 1 | 2 | 3 | 4 | 5 |
| 28. 我觉得很难发挥出自己应有的水平。 | 1 | 2 | 3 | 4 | 5 |
| 29. 我很担心自己的所作所为会引起别人的误解。 | 1 | 2 | 3 | 4 | 5 |
| 30. 如果我发现自己某些方面表现不佳,总希望尽快弥补。 | 1 | 2 | 3 | 4 | 5 |
| 31. 每个人都在忙自己的事,很难与他们沟通。 | 1 | 2 | 3 | 4 | 5 |
| 32. 我认为能力再强的人也可能遇上难题。 | 1 | 2 | 3 | 4 | 5 |
| 33. 我经常感到自己是孤独无助的。 | 1 | 2 | 3 | 4 | 5 |
| 34. 一旦遇到麻烦,无论怎样做都无济于事。 | 1 | 2 | 3 | 4 | 5 |
| 35. 我总能清楚地了解自己的感受。 | 1 | 2 | 3 | 4 | 5 |

**【评分说明】**

各分量表的得分为包含的项目分直接相加,三个分量表包含的项目为:

(1) 自我与经验的不和谐

1 4 7 10 12 14 15 17 19 21 23 27 28 29 31 33

得分之和≥56分为高分,≤35分为低分。

(2) 自我的灵活性

2 3 5 8 11 16 18 22 24 30 32 35

得分之和≥55分为高分,≤37分为低分。

(3) 自我的刻板性

6 9 13 20 25 26 34

得分之和≥40 分为高分，≤13 分为低分。

将自我的灵活性反向计分，再与其他两个分数相加，得分越高，自我和谐度越低。低于 74 分为低分组，75～102 分为中间组，103 分以上为高分组。

## 体验活动

### 学会自我评价

一、活动目标

通过活动树立正确的评价观，学会全面而客观地评价自我，不断提高自我评价能力，并在正确评价自我的过程中体验到积极、快乐、健康的情感，促进健康自我的发展。

二、设计理念

自我评价是指一个人对自己的思想、动机、行为和个性特点的判断与评价。它集中反映自我意识的发展水平，是自我意识的核心。自我评价对个体的发展、社会生活及人际关系的协调都具有重要意义。

大学阶段是一个人从青春期向成年期转变的重要时期，也是人的自我意识形成、发展、完善的重要时期。在这一时期，大学生更加关注自我，但是还没有建立自我评价的客观指标，容易陷入“片面化”和“极端化(过高和过低的自我评价)”的误区，以致时而自卑，时而自负。

为此，根据大学生自我意识的发展特点，活动设计强调认知和引导。通过教师的展示、讲解，启发大学生思考、讨论，引导大学生学会客观地看待自我并能够运用“宏观比较”来评价自我的价值；通过教师的总结，使大学生掌握全面而客观地评价自我的方法，从而避免在评价自我时出现片面化和极端化。

三、活动流程

活动开始，教师先向大学生出示一张 5 元纸币并提问：这张纸币所代表的价值大不大？有多大？

之后，教师再在这张 5 元纸币旁边分别放上 1 角、1 元、10 元和 100 元的纸币，并问同样的问题：这张纸币所代表的价值大不大？有多大？

通过展示、提问，启发大学生思考、讨论：应该怎样客观地看待自我？

最后，教师进行全面总结。

## 案例分析

2002 年 1 月 16 日，当某大学本科生黄某在家中跳楼自杀的消息传到学校，几乎所有认识黄某的同学都感到震惊和难以置信。

黄某性格外向，与同学相处融洽，学习成绩在班里也名列前茅，连续两年都获得了一等奖学金。自杀前不久，黄某还曾向班主任咨询过报考研究生的有关事宜，并表示去中山大学读研将是自己未来规划的重要一步。“太突然了，我想象不出这样一个人有什么自杀的理由。”然而，在黄某自信开朗的外观下，由过度好强而导致的焦虑和脆弱一直隐隐存在。据有关同学反映，黄某对自己要求很高，非常要强，从来不把自己的困难向别人说，有什么事都自己承担，即使在产生巨大压力时也不愿接受他人的支持与帮助。第七学期末，黄某所在班级在 1 月 9 日～14 日要考 6 门功课，这使下定决心英语六级一定要考优秀的黄某压力陡增。在遗书中，他提到自己已连续 7 天失眠，自认为英语六级和另一门课程考得不好，担心要重修，并因此而不可自拔。1 月 16 日，黄某在割脉自杀不成后，从楼上跳下，死时手上还留有先前缝针的痕迹。

**【问题】**

该生在自我意识方面出现什么问题？试用自我意识有关知识分析该生为什么会自杀。

## 心理训练

### 一、训练题目：自我认识

1. 20 个我是谁
2. 他山之石，可以攻玉
3. 自画像

### 二、训练具体方法

1. 20 个我是谁

**【目的】**强化自我认识，促进自我接纳。

**【准备】**1 张白纸，1 支笔。

**【操作】**

(1) 写出 20 句“我是怎样的人”，要求尽量选择一些能反映个人风格的语句，避免出现类似“我是一个男生”这样的句子：

我是一个________________________________________的人。

我是一个________________________________________的人。

……

(2) 将陈述的20项内容作下列归类：

A. 生理自我(你的体貌特征,如年龄、身高、体形、是否健康等)。

编号：______________

B. 心理自我(你常持有的情绪情感以及智力、能力情况,如乐观开朗、振奋人心、烦恼沮丧、聪明、灵活、迟钝、能干等)。

编号：______________

C. 社会自我(与他人的关系、如何和别人应对进退、对他人常持有的态度、原则,如乐于助人的、爱交朋友的、坦诚的、孤独的等)。

编号：______________

D. 其他

编号：______________

分类是为了了解自己对自己各方面的关注和了解程度。某一类项目多,说明你对这方面关注和了解多;某一类项目少或没有,说明你对这方面关注和了解少或根本就没关注、不了解。健全的自我意识应能较为全面地关注和了解自己。

(3) 评估你对自己的陈述是积极的还是消极的。在你列出的每句话的后面加上正号(+)或负号(—)。正号表示“这句话表达了你对自己肯定满意的态度”,负号的意义则相反,表示“这句话表达了你对自己不满意、否定的态度”。看看你的正号与负号的数量各是多少。

如果你正号的数量大于负号的,说明你的自我接纳状况良好。相反,你的负号将近一半甚至超过一半,这显示你不能很好地接纳自己,你的自尊程度较低,这时你需要内省一番,寻找问题的根源,比如:是否过低地评价了自己?是什么原因使你成为这样?有没有改善的可能?

(4) 分组交流。将团体成员分成4～6人的小组,在组内进行交流。交流对自己的认识以及对活动的感受。

(5) 团体内分享。每组派一名代表在团体内进行小组情况交流或个人体会的发言,供大家分享。

通过这个训练,让每个成员知道,如何客观地认识、分析和接纳自己。

2. 他山之石,可以攻玉

**【目的】**通过与他人优点的比较,指引自己更好地前进。

**【准备】**1 张白纸,1 支笔。

**【操作】**

(1) 优点排列。

自己有何优点?

| | | |
|---|---|---|
| 1. | 2. | 3. |
| 4. | 5. | 6. |
| 7. | 8. | 9. |

瞄准你最熟悉最崇拜的一个人,他(她)有何优点?

| | | |
|---|---|---|
| 1. | 2. | 3. |
| 4. | 5. | 6. |
| 7. | 8. | 9. |

(2) 彼此进行横向比较后,觉得今后应该怎么办?

| | | |
|---|---|---|
| 1. | 2. | 3. |
| 4. | 5. | 6. |
| 7. | 8. | 9. |

通过这个训练,让每个成员知道,通过与他人优点的比较,我们可以向先进人物学习,可以变得更好。

3. 自画像

**【目的】**强化团队成员自我认识,促进自我觉悟。

**【准备】**1 张白纸,1 支笔。

**【操作】**团队成员拿出纸和笔,画出自己,可以有标题,也可以无标题。若有标题,如大学生活中的我、我的梦等;无标题则让成员随自己的意思,可以用任何形式来画出自己,抽象的、形象的、写实的、动物的、植物的,什么都可以。总之,把自己心目中最能代表自己的东西画出来。这种方法可以使成员发现隐藏在潜意识层面的自我,在不知不觉之中对自己作出评估和内省。画完后挂在墙上开"画展",让团体成员自由观看他人的画,不加评论。欣赏完毕,请每一位画家对他的画进行解释并答疑。

这个训练,让每个成员去体验:自画像用非语言的方法将画者的内心投射出来,是一种独特的自我探索、自我分析、自我展示的方法。通过团体内的交流,还可以促进成员深化自我认识,加深对他人的认识和理解。

# 本章小结

自我意识是指人对自己、自己与他人、与周围世界的关系的意识。

自我意识是一种多维度、多层次的心理活动系统。从结构形式上来看,自我意识表现为自我认识、自我体验和自我控制;从内容来看,还可以把自我意识分为生理自我、社会自我和心理自我。

自我意识影响个体现实的行为方式,影响个体对经验的解释,影响个体对未来事情发生的期待。

自我意识的形成和发展可以分为生理自我阶段、社会自我阶段、心理自我阶段。

自我意识形成的信息来源有:他人的反馈、反射性评价、自我观察和自我反省、社会比较等。

大学生自我认识方面的主要特点有:自我认识的广度和深度进一步提高;自我认识的自觉性和主动性明显提高;自我评价能力提高。大学生自我体验方面的主要特点有:丰富性、起伏性、深刻性,自尊心强烈,孤独感明显。大学生自我控制方面的主要特点有:在自我确立行为的目标和规划上,从依附性向独立性发展;在执行行为上,由盲目性向自主性发展。

由于心理尚未成熟,大学生自我意识的发展会出现许多矛盾和偏差。针对这些矛盾和偏差,大学生可以采取一些措施来应对它们。

大学生自我意识的培养可以通过以下方面进行:自我意识的评估,积极悦纳自己,科学塑造自我,不断完善自我、超越自我。

## 思考与练习

1. 什么是自我意识?自我意识有哪些功能?
2. 自我意识的形成和发展可以分为哪几个阶段?
3. 自我意识形成的信息来源有哪些?
4. 试述大学生自我意识的发展特点。
5. 试述个体的自卑感形成的原因及其调适。
6. 联系实际谈谈大学生自我意识的培养。

# 第五章 大学生人格发展

## 知识框图

- 人格概述
  - 人格的概念及其特征
  - 人格的形成与发展
  - 人格类型与身心健康
- 大学生的人格特征与完善
  - 大学生的人格特征
  - 人格发展异常的表现与评估
  - 大学生人格完善的途径和调适方法

## 导入案例

清朝爱国将领林则徐曾经性格暴躁，爱发脾气，常常因此而引起他人的误解。他意识到自己性格的缺陷后，痛下决心要改掉它。他在房间里高悬"制怒"二字，每每遇事不冷静时，他就提醒自己。终于，他凭着顽强的毅力逐步克服了爱发脾气的毛病，进一步改善了自己的人格特点。因此，大学生要正确理解和科学把握人格的相关知识，了解自己的人格特点，以更好地培养和塑造健康人格。

# 第一节　人格概述

“人格”的使用范围非常广泛，含义极为抽象和丰富，在生理、心理、宗教、社会、伦理、法律和美学等不同领域具有不同的意义。伦理学家把人格看作“道德的尺度，做人的尊严”，我们常听人说某人人格卑鄙或高尚，就是从伦理道德上给予的评价。法学家把人格看作“享受法律地位的任何人”，比如，有时说“这是对我人格的侮辱”，就是属于法律范畴，说明有人侵犯了他的尊严和人权。在国外，有的广告会说这种产品能增强你的人格，其意是指对你的衣着、发型、装饰等有所改进，令你的外表更加美观，这时的“人格”则是指容貌、仪表给人的印象等。那么“人格”从心理学的角度而言，其含义是什么呢？

## 一、人格的概念及其特征

### （一）什么是人格

“人格”一词是从英文“personality”翻译来的。该词源于拉丁文的“persona”，本意是指古希腊戏剧演员所戴的面具，它代表了演员在戏里所扮演的角色和身份，就像我国京剧表演中的脸谱，红脸代表忠义执著，白脸代表阴险狡诈，黑脸代表刚正不阿……面具体现了角色的特点和人物性格，心理学沿用其含义，转意为人格，把一个人在人生舞台上扮演角色时表现出来的行为和心理活动看作人格的表现。

我国古代汉语中只有“人性”“品行”等一类的词，而没有“人格”一词；现代汉语中的“人格”与西方心理学的“人格”内涵也相去甚远。后来，我们逐渐接受了西方心理学的“人格”概念，并尝试用“人格”取代之前常用的“个性”一词。

人格的定义也许是心理学中比较复杂的问题之一了，因而对这一问题的回答众说纷纭，对人格的定义可以说是包罗万象，无所不有。据美国心理学家奥尔波特(G. W. Allport)1937 年统计，人格定义已达 50 多种，现代定义也有 15 种之多。

综合各家之见，我们对人格界定出一个简明易懂的概念：所谓人格，是指一个人在社会化过程中形成和发展的思想、情感及行为的特有模式，这个模式包括了个体独具的、有别于他人的、稳定而统一的各种心理品质的总体。一般认为，人格包括人格倾向性（包括需要、动机、兴趣、理想、信念、世界观等）和人格心理特征（包括气质、性格、能力）。

### （二）人格的特征

人格是一个具有丰富内涵的概念，它反映了个体的多种本质特征。

**1. 人格的独特性与共同性**

一个人的人格是在先天、后天多种因素的交互作用下形成的，不同的因素形成了各自独特的心理特征。人与人没有完全一样的人格特点。所谓"人心不同，各如其面""龙生九子，九子不同"，这就是人格的独特性。但是，人格的独特性并不意味着人与人之间的个性毫无相同之处。人格作为一个人的整体特质，既包括每个人与其他人不同的心理特点，也包括人与人之间在心理上相同的方面，如每个民族、阶级和集团的人都有其共同的心理特点。人格是共同性与独特性的统一。

**2. 人格的稳定性与可塑性**

人格的稳定性是指个体经常表现出来的心理特点，是个体一贯的行为方式的总和。偶尔表现出的特征不能称为人格。稳定性，从时间上讲，就是始终一贯制，即个体的人格特征在不同的年龄阶段趋于稳定；从空间上讲，就是跨情境的前后一致性。一个人的某种人格特点一旦形成，就会相对稳定，要想改变它，则较为困难。俗话说："江山易改，禀性难移。"正因为人格具有稳定性，我们才可以通过人格特征的描述来推论、预测一个人一生的人格状况。当然，人格具有稳定性并不意味着人格一成不变。随着生理的成熟和环境的变化，人格也有可能产生或多或少的变化，这是人格可塑性的一面。正因为人格具有可塑性，我们才能培养和发展个体的人格。人格是稳定性与可塑性的统一。

**3. 人格的统合性**

人格的统合性又称整体性。人格是由多种成分相互联系、交互作用构成的一个有机整体，具有内在统一的一致性，受自我意识的调控。人格的统合性是心理健康的重要指标。当一个人的人格结构在各方面彼此和谐统一时，他的人格就是健康的。否则，一个人一旦失去内在的统合性，其行为就会混乱，出现双重人格或多重人格等人格分裂现象。

**4. 人格的功能性**

人格决定一个人的生活方式，甚至决定一个人的命运，是人生成败的根源之一。俗语说："性格决定命运。"当面对挫折与失败时，坚强者能发奋而搏，懦弱者会一蹶不振，这就是人格功能的表现。

## 二、人格的形成与发展

### （一）人格形成与发展的影响因素

**1. 生理遗传因素**

生理遗传因素包括个体的遗传、容貌、健康等状况。不同的个体遗传基因不同，因而也往往表现出不同的人格特征。研究结果表明：遗传是人格不可缺少的影响因素,但遗传因素对人格的作用程度因人格特征的不同而不同。通常在智力、气质这些与生物因素相关较大的特征上,遗传因素较为重要,如气质的形成,包括兴奋性强弱、主动或被动、反应速度快慢、活动水平高低、反应强度等;而在价值观、信念、性格等与社会因素关系紧密的特征上,后天环境因素更为重要。人格形成与发展过程是遗传与环境交互作用的结果,遗传因素是人格形成的前提条件,影响人格发展方向及形成的难易。

**2. 社会文化因素**

每个人都处在特定的社会文化环境中,文化对人格的影响极为重要。社会文化塑造了社会成员的人格特征,使其成员的人格结构朝着相似性的方向发展,这种相似性具有维系社会稳定的功能,又使得每个人能稳固地"嵌入"在整个文化形态里。

首先是社会思潮对人格的影响。代表社会发展方向的社会思潮,在某种程度上,可促使个人人格解体和重组。特别是社会风气一旦形成,很容易成为一种行为和思维的定势,形成一种普遍的人格。其次是人际交往的作用。人际交往或相应的社会活动,容易使人受到暗示,产生模仿,从而对人格发展产生影响。再次是群体人格对个体人格的影响。社会的形态、结构、政治、科技、教育、习俗等因素,通过家庭、学校、舆论等多种渠道持续地、"无意识"地渗入个体的身心,时间长了就可能形成个体较为稳定的价值取向。

**3. 家庭环境因素**

家庭是塑造个体人格的第一堂课。从发生时间看,开始最早、持续最长;从作用看,范围最大、内容最广;从关系看,家庭成员之间关系最密切。

家庭是塑造个体人格的基石。家长的人格潜移默化地影响和塑造着孩子的人格,家长的优点、缺点和各种风格都很容易在孩子不加选择的模仿中被继承下来;同时家长的教养方式直接决定孩子人格的形成,如采取民主型教养方式的父母尊重孩子,给孩子一定的自主权和积极正确地指导,与孩子关系融洽,这使孩子形成一些活泼、快乐、自立、善于交往、富于合作等积极的人格品质。

**4. 学校心理环境因素**

学校是一个有目的、有计划地向学生施加影响的教育场所,是学生成长过程中重要的环境因素。不同学者对于校园心理环境定义的不同,导致了对其构成因素也有不同的看法。有学者认为,学校的校风、学风、舆论、道德意识、人际关系等精神层面的要素属于心理环境的范畴。还有人认为,校园心理环境包括:① 学校的自然环境,即学校的主体建筑和布局、文化设施和景观、校园美化和绿化等,又称物化形态环境;② 学校的人文环境,即学校的校园精神、教风学风、校纪校规、传统风格、人际关系等，又称非物化形态环境。两者相比而言，后者得到更多人的赞同。

**5. 个体主观因素**

环境因素对人格的形成和发展有着重要影响，但任何环境都不能直接决定人的人格，它们必须通过个体已有的心理发展水平、心理活动和自我意识才能发生作用。社会各种影响只有为个体理解和接受，才能转化为个体的需要和动机，才能推动他去行动。个体已有的心理发展水平对人格形成的作用，随着年龄增大而日益增强。自我意识是人对自己的认识和态度，包括自我认识、自我体验与自我控制等心理成分。通过自我意识，个体塑造自己的人格。人是一个不断自我完善的调节系统，一切外来的影响都要通过自我调节而起作用。从这个意义上说，每个人都在塑造自己的人格。因此，大学生应该充分了解自己的人格特征，发挥主观能动性，有意识地控制自己人格中的消极方面，发展积极方面，从而使自己拥有良好的人格。

综上所述，人格是先天与后天的合金，是外因与内因交互作用的结果。遗传提供了人格发展的可能性，环境决定了人格发展的现实性。

### (二) 人格的形成与发展

每个人的人格的形成与发展经历了不同的阶段，大体上分为三个时期。

**1. 萌芽期**

这个阶段是从人一出生到进入青春期之前。3～8个月大的婴儿便可区分“我一他”。成长到8个月至1岁时，个体对自我开始有些模糊的认识。2周岁时，其开始确立作为个体的一些基础概念，如性别、年龄等。此后，在父母和老师的教育下，个体在生理上提高了动作的协调性和自控能力，逐步能比较自如地运用语言，在心理上形成了初步的性格及情绪反应方式等。随着怀疑的产生，个体也会对周围的事情提出问题，并逐步发展到在一定程度上对周围世界的观察与思考。个体在观念上因灌输等而产生了朦胧、机械的道德观、价值观等。在这个时期，儿童以模仿为主，依赖性很强，自觉程度较低，缺乏个体的主动性。

**2. 重建期**

重建期是指从青春期开始到青年期结束。这是人格突变、重建和产生新质的时期，是人的生理和心理都处于显著变化的时期。

身体的急剧发展和性的成熟，使青年在关心自己的身体和探索自己的内心世界的同时，也开始关心他人对自己的评价。学者们把这个时期称之为“断乳期”“I与me的分裂期”“感情上的暴风雨期”等。人在这个时期由过去的依附走向独立，由无忧无虑的儿童成为承担责任和义务的成年人。在心理方面，气质、性格、感情、态度等都开始由易变转向稳定，独立意识增强，个体学会用自己的眼睛去审视世界，加以判断，确立自己的世界观与人生观，人格在此阶段得到调整、修正和完善，所以称为人格的重建。

**3. 成熟期**

这个阶段是从成年期到老年期。随着自我意识的日趋成熟，人在社会中的位置和适应性得到强化，人格特征也逐步稳定，行为方式进一步稳固，社会角色得到确立，由过多的自我调节向积极参加社会生活迈进。个体开始专注于各自的事业，发挥才干，为社会谋利益，进一步实现人生价值，同时会关注、维持家庭及教育子女，在事业和感情上会产生全面的体验和认识。心理上若遇到强烈刺激也会趋于平稳，观念上会把青年后期积淀下来的东西消化，有选择地由成熟走向坚定和开阔。

人格的形成与发展是一个从出生经成年到老年的持续发展过程，这种毕生的发展在不同阶段具有不同的特征。美国心理学家埃里克森(E. H. Erikson)将个体从出生到死亡的人格发展划分为八个阶段，每个阶段都有不同的发展任务，表现出不同的特征，见表 5.1。

**表 5.1 人格的发展阶段及其主要特征**

| 序号 | 阶段 | 年龄 | 主要特征 |
|---|---|---|---|
| 1 | 产前期 | 受孕到出生 | 身体的发展 |
| 2 | 婴儿期 | 出生到 18 个月 | 动作技巧，基本语言，社会依附关系 |
| 3 | 儿童前期 | 18 个月～6 岁 | 语言建立，性别认同，团体游戏，准备上学 |
| 4 | 儿童后期 | 6～13 岁 | 认知发展，动作技能与社会技能发展 |
| 5 | 青年期 | 13～20 岁 | 高层次认知发展，人格逐渐独立，两性关系分化 |
| 6 | 成年早期 | 20～45 岁 | 职业与家庭的发展 |
| 7 | 中年期 | 45～65 岁 | 事业发展高峰，对自我重新评价，退休 |
| 8 | 老年期 | 65 岁到死亡 | 享受家庭生活，依赖，失去配偶，健康不良 |

## 三、人格类型与身心健康

人格是人的心理行为的基础，它在很大程度上决定了人如何面对外界的刺激作出反应以及反应的方向、速度、程度、效果。进一步说，人格会影响到人的身心健康、活动效率、潜能开发以及社会适应状况。人格与健康的关系已经成为当今时代的一个重要问题。研究发现，许多身心疾病都与相应的人格特征有关，这些人格特征在疾病的发生、发展过程中起到了生成、促进、催化作用。

A 型性格、B 型性格与 C 型性格是对人们人格特质的一种区分方式。

### (一) A型人格与冠心病

A型人格，也叫A型行为模式，是一种复杂的行为和情绪模式。A型行为是美国著名心脏病学家弗里德曼(M. Friedman)和罗森曼(R. H. Rosema)于20世纪50年代首次提出的概念。他们发现许多冠心病人都表现出一些典型而共同的特点，如：雄心勃勃、争强好胜、醉心于工作但是缺乏耐心，容易产生敌意情绪，常有时间紧迫感等。他们把这类人的行为表现特点称之为A型行为类型(TABP)，而相对缺乏这类特点的行为称为B型行为类型(TBBP)。A型性格者，属于较具进取心、侵略性、自信心、成就感，并且容易紧张。A型性格者总愿意从事高强度的竞争活动，不断驱动自己要在最短的时间里干最多的事，并对阻碍自己努力的其他人或其他事进行攻击。B型人格者则属较松散、与世无争，对任何事皆处之泰然。A型性格被认为是一种冠心病的易患行为模式。冠心病人中有更多的人是属于A型性格，而且A型性格的冠心病人复发率高，愈后较差。对于A型人格和高血压、心血管疾病的关系，国外进行过多年研究。美国西北大学医学院预防医学系的研究者从1985年开始，对18～30岁之间的3 300人进行了15年的跟踪调查。结果发现，具有A型人格的人在步入中年后，得高血压的几率更大。另外，有统计显示，85%的心血管疾病与A型人格有关；在心脏病患者中，A型性格占到了98%；而与B型人格相比，A型人格患冠心病的风险要高出5倍。这是因为，A型性格的人经常情绪激动，或愤怒，或焦躁，都会引起交感神经系统变得兴奋。当这些人处于情绪变化的应激状态下，他们就会感到有压力，此时体内大部分血管处于“紧绷”的状态，天长日久也容易引起高血压。

### (二) C型人格与癌症

据心理学家研究发现，许多癌症病患者都具有一种特殊的性格，研究人员称之为“C型人格”或“癌症倾向性格”，“C”采用英语“cancer”(肿瘤)的第一个字母，C型行为模式即肿瘤行为模式。心理学家通过大量研究，归纳出C型人格最为基本的心理特征——不善于宣泄和表达，严重的焦虑、抑郁，过分压抑自己的不良情绪，尤其是竭力压抑原本应该发泄的愤怒情绪。与此相应的是一系列退缩的行为表现，如屈从于权势，过分地自我克制，回避矛盾，姑息迁就，忍耐，为取悦他人或怕得罪人而放弃自己的需要等。具有这样一些心理特征的人，其肿瘤的发病率可高出常人3倍以上。

C型人格者的具体表现如下。

(1) 个体性格内向，待人过度友善，极力避免发生任何人际冲突。个体表面上是好好先生，可内心却愤世嫉俗；表面上处处牺牲自己为别人着想，但内心却极不情愿。

（2）个体情绪抑郁，好生闷气，不表达任何负性情绪。

（3）个体过分敏感，生活中极小的事情便可使其忐忑不安，总是处于焦虑、紧张的情绪状态之中。

（4）个体遇到困难，起初因畏惧不尽全力去克服，拖到最后却又要做困兽之争。

（5）个体屈从于权威，害怕竞争，企图以逃避的方式来达到虚假的心理平衡。

具有C型人格的人，消极情绪长期积蓄，很容易造成神经功能和内分泌功能的失调。最终，机体的免疫力下降，癌细胞突破免疫系统的防御形成了癌症。

## 第二节　大学生的人格特征与完善

大学生正处于身心急剧发展和自我意识由分化、矛盾、逐渐走向统一的特殊时期，因此大学阶段仍然是大学生人格不断发展的重要阶段。

### 一、大学生的人格特征

根据国内外心理学家的研究，结合我国当代社会发展的现状和大学生的实际表现，他们在人格发展中呈现出以下几方面的特征。

#### （一）能正确认知自我

首先是能自我认可，能接受一切属于自我的东西，从而形成对自己的积极的看法；其次是自我客体化，对自己的所有与所缺都比较清楚和明确，理解现实自我与理想自我之间的差别，多数人有明确的奋斗目标和愿望，并为之而努力。

#### （二）智能结构健全而合理

健全而合理的智能结构是指个体具有良好的观察力、记忆力、思维力、注意力和想象力，各种认知能力能有机结合并发挥其应有作用。

#### （三）对社会环境的适应能力较强，不断地进行社会化活动

当代大学生对外部世界有着浓厚的兴趣、广泛的活动范围和许多爱好，积极参与各种形式的社会实践。同时，能容忍别人与自己在价值观与信念上存在的差别，能根据实际情况看待事物，而不是根据自己的主观愿望来看待事物。

#### （四）富有事业心，具有一定的创造性和竞争意识

当代大学生能把事业看成生活的重要组成部分，在事业上有较强的进取心和责任感；具有竞争意识，具有开放性的思想观念，少有保守思想；喜欢创造，勇于创新，甘愿冒险，独立性强，富有幽默感，态度务实。

### (五) 情感饱满适度

情绪上稳定性与波动性、外显性与内隐性并存,情感丰富多彩,积极的情绪、情感体验在学习、生活中占主导。

以上这些特点表明,我国大学生人格发展状况基本良好,大学生在人格教育方面具有良好的自觉性。

## 二、人格发展异常的表现与评估

在人格形成发展过程中,内外不良因素会不同程度地影响人格的健康发展,从而导致人格的异常。人格发展异常可表现为人格发展缺陷和人格障碍。

### (一) 人格发展缺陷与调适

人格发展缺陷是介于健康人格与病态人格(即人格障碍)之间的一种人格异常状态,表现为人格发展的不良倾向。在接受心理咨询的大学生中,相当一部分人存在着不同程度的人格发展缺陷。常见的人格发展缺陷有以下几种类型。

**1. 自卑**

一般认为,自卑有多种形式,自卑可以是一般心理问题,可以是一种消极的自我意识,也可以是一种人格发展缺陷。三者主要区别为:在对个体影响的轻重程度上,从轻到重分别为一般心理问题中的自卑、自我意识中的自卑、人格发展缺陷中的自卑;在对个体影响的时间持久程度上,从短到长分别为一般心理问题中的自卑、自我意识中的自卑、人格发展缺陷中的自卑。三者的联系主要为:一般心理问题中的自卑可以进一步升级演化成自我意识中的自卑、人格发展缺陷中的自卑。

自卑感严重的大学生,性格和行为中通常有以下特点:① 性格内向,情感脆弱,体验深刻,多愁善感;② 常常自惭形秽,觉得自己处处不如别人;③ 总是感到别人看不起自己,又怕受到别人的伤害;④ 他们处事敏感,且比常人感受强烈,经受不起刺激;⑤ 他们处事多回避,处处退缩,不愿抛头露面,害怕当众出丑。

存在这种缺陷的大学生们自感不如别人,其实他们并不一定比别人差,而且一定也存在自己的优势。因此自卑是个体的一种主观感觉。

自卑感的形成大致有以下原因:① 生理存在缺陷容易使人产生自卑感,如患有小儿麻痹症后遗症、长相丑陋及身材矮小等;② 家境贫寒、生活拮据,容易使人感到卑微;家居偏僻农村,也会使人自感社会地位低下而自卑;③ 自我认识不足,自我评价过低;④ 消极的自我暗示。面临新的局面时,如果经常出现“我不行”的消极自我暗示,就会抑制自己的自信心,产生心理负担,影响和限制个人能力的发挥。如果这样的消极暗示反复出现,就会形成自卑。

自卑是弱者情感的摇篮、成才成功的障碍。大学生应对自卑的策略如下。

(1) 全面客观地评价自己,正确看待自己的不足或缺陷。多数大学生没有遇到过什么失败,常常过分追求完美,一旦"完美"的期望受挫,便容易跌入自卑之谷。其实,任何人都有不足或缺陷,我们向往完美,但完美只能是一个不断被接近的目标。因此,大学生应该摒弃过分的完美主义,客观地分析对自己有利和不利的因素,尤其要看到自己的长处和潜力,懂得能力的限度,不为自己设立不可企及的目标。

(2) 积极与他人交往。自卑者多数孤僻、不合群,容易把自己封闭起来,使心理活动走向片面,只看到自己的不足和别人的长处而忽略自己的优点,从而陷入深深的自卑之中,不能自拔。当个体积极地与他人交往,注意力就会被他人吸引,感受他人的喜怒哀乐,心理活动就不会局限在个人的小圈子里,心情自然就会变得开朗。另外,通过与他人交往,能全方位认识他人和自己,通过比较,正确认识自己,由此调整自我评价,提高自信心。

(3) 运用积极的补偿心理。补偿心理是一种心理适应机制。从心理学上看,这种补偿,其实就是一种"移位",即为克服自己生理上的缺陷或心理上的自卑,而发展自己其他方面的长处和优势,赶上或超过他人的一种心理适应机制。正是这一心理机制的作用,自卑感就成了许多成功人士成功的动力。由于自卑,人们会清楚甚至过分地意识到自己的不足,这就促使其努力学习别人的长处,弥补自己的不足,从而使其性格受到磨砺,而坚强的性格正是获取成功的心理基础。

(4) 学会发现自己的优点,以长比短,增加成功的体验。海明威(E. Hemingway)说:"自卑源于比较,而不是源于真实。"每个人都有自己的长处和短处,如果以短比长,上帝也会自卑。大学生要善于发现自己的优点,学会欣赏自己的优点,肯定自己的价值,切不要忽视小小的成功,因为任何的成功都会提高人的自信,随着成功体验的不断增加,自卑感便会逐步被自信取代。大学生可以将自己的困惑向家人或朋友诉说,争取家人和朋友的"共鸣性理解",这对消除自卑感很有帮助。

**2. 虚荣**

"虚荣"一词,《辞海》释为:表面上的荣耀、虚假的荣誉。虚荣心是一种追求表面上的荣耀、光彩的心理。每个人都或多或少有些虚荣,但是,如果表现出来的虚荣心超过了一定的范围,那就是一种不正常的病态心理。心理学上认为,虚荣心是自尊心的过分表现,是为了取得荣誉和引起普遍注意,而表现出来的一种不正常的社会情感。虚荣心的本质是不顾事情的真相,只注重别人对自己的看法。虚荣心强的人,嫉妒心也强。在虚荣心的驱使下,个体往往只追求面子上的好看,不顾现实的条件,采取一些夸张、欺骗、攀比甚至违法的手段来满足自己,最后造成危害。在强烈的虚荣心支使下,个体有时还会产生可怕的动机,带来非常严重的后果。因此，大学生应正视“虚荣”，可采取以下策略。

（1）树立正确的价值观、荣辱观。一个人应该知道，什么是一个人必须终身孜孜以求的，要对荣誉、地位、得失、面子等有一个正确的认识和态度。人生在世界上要有一定的荣誉与地位，这是心理的需要，每个人都应珍惜和爱护自己及他人的荣誉与地位，但是这种追求必须与个人的社会角色及才能相一致。

（2）淡泊名利、宁静致远。“非淡泊无以明志，非宁静无以致远。”这是诸葛亮一生经历的总结，也是他的家训。用现代话来说就是：“不把眼前的名利看得轻淡就不会有明确的志向，不能平静安详、全神贯注地学习，就不能实现远大的目标。”人生的烦恼来自于非分的欲望，种种诱惑使人心中的明月蒙尘。因此，大学生要学会控制自己过分的欲望。当然，修养心灵，不是一件容易的事，要用一生去琢磨。

（3）要有自知之明，懂得进行正确的比较。社会比较是人们常有的社会心理，但要把握好比较的方向、范围与程度。大学生只有进行正确的比较，才可以正确地认识自己，根据实际情况来设定符合自己的目标和需求，才能抑制虚荣心的膨胀。大学生实事求是地对待自己，虚荣心理就会大大削弱，许多麻烦事也可避免。

（4）对不良的虚荣行为进行自我心理纠偏。当察觉到自己出现自夸、说谎、嫉妒等行为，大学生就要及时地提醒自己，对自己的虚荣行为进行纠正，避免虚荣心理的进一步膨胀。

**3. 急躁**

急躁是神经系统的兴奋和冲动过度而出现的一种不良的情绪，往往使人心神不宁、坐立不安。急躁的人说话办事快，竞争意识强，但做事缺乏耐性、急于求成，往往容易因一时冲动犯下错误。日常生活中有急躁特点的大学生为数不少。有的人什么都想学，整日忙忙碌碌、慌慌张张，却常是蜻蜓点水，一掠而过，钻不进去，沉不下来，因而学习效率并不高，效果也不一定好。一遇挫折也易灰心，对学习、工作和身体健康都带来很多消极效应。

诗人萨迪（Sa′di）说：“事业常成于坚忍，毁于急躁。”我们该如何克服急躁呢？

（1）充分认识到急躁的危害。只有充分认识到急躁所带来的危害，才有自觉去克服的动机与力量。在实际中，急躁的人易带来以下不良后果：一是浮光掠影，挂一漏万；二是鲁莽上阵，骑虎难下，使自己处于尴尬境地；三是感情用事，容易愤怒，不计后果，有时好心也得不到好结果，人际关系难以和谐；四是给自己造成不愉快和烦躁，影响身心健康。

（2）三思而后行。情绪易急躁的人，要养成缜密思考的习惯。在动手做事之前要认真地思考一下，既可调控急躁情绪，又可给自己增加信心，增强对工作的把握度，做起事来才能有条不紊，避免急躁。

(3) 磨炼养成法。大学生可采取一些措施，把性子磨慢。大学生要选择一些需要很大耐心和韧劲才能完成的事，如下棋、打太极拳、慢跑、长距离散步、解开乱绳结等，持之以恒，一般会收到较好效果。

(4) 自我放松法。当急躁情绪已经产生时，要及时进行心理上的自我放松，比如暗示自己“这件事根本不值得着急”“着急会把事情办糟的”，等等，使冲动和急躁的心情平静下来，再从容不迫地去工作。有急躁脾气的人，平时可在居室内写上“制怒”“慎思”“冷静”等条幅，经常看上几眼。这种特殊的暗示，会对平息激动情绪产生意想不到的效果。急躁情绪可能不断出现，那就需要大学生不断进行心理上的自我放松，直到急躁情绪被克服为止。

**4. 嫉妒**

嫉妒是指人们为竞争一定的权益，对相应的幸运者或潜在的幸运者怀有的一种冷漠、贬低、排斥甚至是敌视的心理现象。严重的嫉妒心理可视为一种典型的人格发展缺陷。如果处理不当，产生报复现象，后果是不堪设想的。在大学生活中这种不良心理会妨碍社会交往，并影响自身的心理健康。可以说，超过一定限度的嫉妒损人毁己，同时也影响个体的工作、学习和生活，危害国家和集体利益。

根据这一人格缺陷的特点，我们可以尝试以下几种调适嫉妒心理的方法。

(1) 当你嫉妒某人时，应使自己同时想到自己的长处和优势，即主动把注意力引到自己的优势和长处上来，通过注意力的调节产生一种平衡力，以弱化嫉妒心理。

(2) 当你受到他人嫉妒时，应主动与嫉妒自己的人进行交往，通过相互的沟通来缓解对方不满情绪。

(3) 提高修养、开阔眼界、坦荡胸怀，勇于面对他人的成绩与自己的不足。

(4) 学会适当的精神发泄。当你正受着嫉妒的煎熬时，首要的是将郁积在心底的烦恼通过口头或书面的方式表达出来，可与信任的人交流，请其为自己出主意，提建议，在产生问题行为之前把心理问题消灭，这样有助于稳定情绪、保持良好的精神面貌和心理状态。

**5. 自我中心**

所谓自我中心是指在思考问题时从自我的观点出发，不能从他人的立场考虑问题，而且错误地以为自己的观点就是别人的观点。具有自我中心特点的人对问题的看法、判断往往是绝对的，只注意事物的突出特点，而不能全面观察事物。它属于正常人格的一种缺陷。大学生中自我中心通常有这几种表现：① 固执己见，唯我独尊；② 少关心别人，与他人关系疏远；③ 自尊心过强，过度防卫，有明显的嫉妒心理(“自我中心的调适方法”可以参阅第四章第三节中“克服过度自我中心的途径”)。

**6. 懒惰**

青年大学生本应是充满朝气、活力和开拓进取的群体,但事实并不总是如此。大学校园内曾经流行着这样的打油诗:“人生本该 HAPPY,何必整天 STUDY,只要考试 PASS,拿到文凭 GO AWAY。”这从一个侧面反映了某些大学生得过且过、做一天和尚撞一天钟、缺乏进取精神的懒惰心理。

懒惰是不少大学生为之感到苦恼又难以克服的一种人格发展缺陷,是意志活动无力的表现,懒惰是影响大学生积极进取、张扬青春活力的天敌,尤其是在改革开放、日新月异的今天,它与时代是那么格格不入,必须予以改变,否则会有被时代淘汰的危险。

处于懒惰状态的大学生也常为此感到内疚、自责、后悔,但又觉得无力自拔,心有余而力不足。这主要是因为他们往往想得多而做得少,缺乏毅力所致。要克服懒惰,应充分认识其危害性;自己对自己负责,振作精神,“起而行之”,从日常小事做起,并努力做到不给自己找借口,不原谅自己的偷懒,力争今日事今日毕;多与人交往,多关心外部世界,多参加有益身心的社会活动;要有一个坚定而有价值的理想或目标,如此自己会动力十足,克服懒惰。

**7. 狭隘**

受功利主义影响,大学生中的“狭隘”现象有增无减。凡事斤斤计较、耿耿于怀、好嫉妒、好挑剔、容不得人等,都是心胸狭隘的表现,即日常说的“气量小”。心胸狭隘往往影响人际关系,伤害他人感情,也常给自己带来烦闷、苦恼,影响自己的情绪和在他人心目中的形象,因此,于人于己有百害而无一利。狭隘人格多见于内向者,尤其是女性。

克服狭隘,一要胸怀宽广坦荡,一切向前看,正如歌德所言“比海洋更广阔的是天空,比天空更广阔的是心灵”;二要丰富自己,一个人的视野越开阔,就越不会陷入狭隘之中,这就是所谓的“站得高,看得远”;三要学会宽容,宽以待人。

### (二) 人格障碍

有文献报道国外大学生人格障碍的患病率为 1.0%～1.3%,国内调查发现大学生的患病率为 1%。

人格障碍又叫病态人格或变态人格,是指人格特征显著偏离正常人的行为模式,是在没有认知障碍或没有智力障碍的情况下出现的情绪反应、动机和行为活动的异常。人格障碍的类型很多,主要有以下几种。

**1. 偏执型人格障碍**

这是一种以猜疑和偏执为特点的人格障碍,主要表现为:持续、广泛、无端地猜疑，敏感，常将他人的行为误解为敌意或歧视；或无足够根据地怀疑别人有意陷害，被人利用或伤害，表现出好斗和较强的攻击性；过分自负，且无端夸张自己的重要性，遭遇拒绝或挫折时易感到委屈，总认为自己正确，责备和加罪于他人；好争辩，无幽默感，情感和行为反应固执死板，因而很难用说理或事实来改变想法；在家不能和睦，在外不能与朋友、同学友好相处，别人只好对他敬而远之。

**阅读材料 5－1　偏执型人格障碍**

陈某，男，22岁，大三学生。他自幼固执、倔强，从不听人劝告，总自以为是。无论读小学、中学、大学，他总认为自己是最杰出的，任何困难对于他而言都是轻而易举的。他特别容易冲动，一点小事都能令他大发雷霆甚至出现攻击行为。自中学开始，周围的人就发现他敏感多疑、不信任任何人，在与他打交道时都特别注意和小心，否则就会被他认为不友好或有意刁难他。而且他心胸特别狭窄，容不得半点善意的批评或指正，对学习比他好的同学十分妒忌，总说他们这样不行那样不行。他现在有一个性格文静的女朋友，可他对女友的言行极为关注，容不得女友与其他男性同学打交道。如果他看到有男性同学或朋友跟他女友谈话或一同走路，就认为女友在跟他们谈情说爱，总是追问不休，有时斥责女友，但事后却十分后悔，认为是自己胡乱猜忌，能主动向女友承认错误，并赔礼道歉，而且也知道女友还是很爱他，不可能移情别恋，但遇到女友再与男同学说话时又无法自控。现在他在学校基本上没有要好的朋友，他自己也感到孤独，内心十分苦恼，但总想不通为什么同学们都不愿与他交朋友。到学校心理咨询中心寻求帮助，经综合心理测验诊断为偏执型人格障碍。

**2. 分裂型人格障碍**

这是一种以观念、行为奇特、人际关系有明显缺陷、情感冷淡为主要特点的人格障碍。具体表现为：人际交往从避开他人到孤零远离；行为怪异而偏执，为人孤独而隐退；言语怪异；对人冷淡，缺少温暖体贴；表情淡漠；明显的社会化障碍，孤僻，多单独活动，社交被动，缺乏亲密朋友，不在乎他人的夸奖和批评，对别人的友好也无动于衷。

**3. 焦虑型人格障碍**

特征是一贯感到紧张、提心吊胆、不安全及自卑，总是需要被人喜欢和接纳，对拒绝和批评过分敏感，因习惯性地夸大日常处境中的潜在危险，而有回避某些活动的倾向。临床表现有：持久和广泛的内心紧张和忧虑体验；对遭排斥和批评过分敏感；不断追求被人接受和受到欢迎；除非得到保证被他人所接受和不会受到批评，否则拒绝与他人建立人际关系;惯于夸大生活中潜在的危险因素,达到回避某种活动的程度,但无恐惧性回避。

**4. 反社会型人格障碍**

这是一种破坏社会准则以及无视他人权利和感受的人格障碍。其特点为:少年期就显露出违法的品行特征,并会延续到成人时期,时常做出不符合社会要求的行为。比如:经常逃学、被学校开除、被公安机关拘留、习惯性吸烟喝酒、反复偷窃、鲁莽、好斗、反复违反家规或校规、过早有虐待动物或弱小同伴等行为;不能维持持久的工作或学习;易激怒,并有攻击行为;在建立亲密的人际关系以及履行责任方面有严重问题;对亲人和朋友没有责任感和义务感,经常不承担经济义务或不赡养父母;经常撒谎,欺骗他人,以获得个人的利益;对自己或他人的安全漠不关心;危害别人时无内疚感、无同情心,缺乏羞耻心和罪责感;不能从失败和惩罚中吸取教训,所以屡教不改。

**5. 依赖型人格障碍**

这是一种以顺从和依赖为行为特征的人格障碍,表现为:极端缺乏自信,没有别人的劝告和支持不敢作决定,典型特点就是没有主见,顺从依附,信赖他人,独立性差;常依赖别人的帮助,不果断,也缺乏判断力;讨厌孤独,害怕被遗弃;自我评价低,怯懦,情绪不稳定。

**6. 冲动型人格障碍**

以情感爆发,伴明显行为冲动为特征。临床表现有:易与他人发生争吵和冲突;有突发的愤怒和暴力倾向,对导致的冲动行为不能自控;对事物的计划和预见能力明显受损;不能坚持任何没有即刻奖励的行为;不稳定和反复无常的心境;容易产生人际关系的紧张或不稳定,时常导致情感危机;经常出现自杀、自伤行为。

**7. 表演型人格障碍**

又称戏剧化型人格障碍,指过分戏剧化的自我表现以及寻求别人注意的人格障碍。它以过分感情化、夸张言行吸引注意力及人格不成熟为主要特征。临床表现有:表情夸张像演戏一样,以吸引他人注意力;具有浓厚和强烈的情绪反应和装腔作势的行为特点;暗示性高,很容易受他人的影响;自我中心,强求别人符合他的需要和意志,依赖性大,常需别人的保护与支持;经常渴望表扬和同情;非常重视自己的吸引力,有时甚至不适当地表现自己;情感易变,常把自己的感受和情感加以夸张;说话夸大其词,掺杂幻想情节,希望自己总是注意的中心,而且常做一些不适宜的事情去争取成为注意的中心。

**8. 强迫型人格障碍**

这是一种以要求严格和完美为主要特点的人格障碍。其特点为:强烈的自制和自我约束;做事情要求完美无缺,按部就班,强调秩序与条理性;不合理地要求别人按照他的方式做事,否则心里很不痛快,对别人做事很不放心;犹豫不决,常推迟或避免作出决定;常有不安全感,反复考虑计划是否得当,反复核对检查,唯恐疏忽和差错;拘泥细节,不遵照一定的规矩就感到不安或要重做,执着地追求完美;对自己要求严格,有过多的清规戒律,缺乏幽默感和灵活性,缺乏创意,拘谨吝啬。

**阅读材料 5-2 谁解我心**

这是一封学生来信:

当我反思大三时,是过得最龌龊的一年。学习成绩没起色,工作经历更是一张白纸。我很想找一些客观的理由来搪塞。是因为失恋吗?我和她是多年的知心朋友,由友谊发展到爱情,她突然提出分手,因为她已不再爱我,在接到电话的那一刻我差点当场昏厥过去。我想竭力挽留,因为我一直都以为我们之间的感情是真正的爱情,应该好好珍惜。我应当尊重她,我应珍惜我们之间曾经拥有过的那份纯洁的感情。我现在有些茫然,如果找理由可以说是因为我的右腿。儿时,习武不慎扭伤了骨头,当时我没有在意,直到意识到病症的严重性才去了医院,这确实也给我造成了一些自卑的想法。我甚至还担心,如果再过若干年后我的身体是否健壮如初。这注定我的路肯定比别人要难走。

的确,我感到压力很大,但是这都不应成为不思进取的理由。唯一的理由归结为我不够坚强和优秀,意志不够坚定。这使我想到了一种说法:做不成大树,就做一棵小草,这是无奈的选择,虽然它包含一种达观的人生境界。

现在我渐渐对自己失去信心与耐心。因为很多事我付出了努力,却没有得到相应的收获,这或许是我太重视付出的努力、太吝惜汗水、太急功近利的缘故,因此才把结果看得这么重。也许我只是时间上的投入却极少有精力上的投入,所以事倍功半。我学习时杂念太多了,有时甚至坐不住板凳;有时有种发泄的冲动,但是我不知道应该发泄什么,对谁发泄,但就是觉得心里特别浮躁,干什么都不能安下心。我曾不止一次地骂自己,并且也一直在尝试着努力摆脱,可是效果并不理想。现在无法像高中时候那样玩的时候痛痛快快地玩,学习时就能集中精力,我现在真的感到心有余而力不足。

在生活面前,我必须摆出强者的姿态,我曾经默默流泪,但我不应该说累。我知道一切都得靠自己。我也不想家人对我失望,因为我是家里的唯一希望。如果说家里现在是雨天的话,那么我是家里唯一的一束阳光。在家人期望的目光中,我不敢暴露自己的懦弱、自卑、烦恼和忧伤,因为我怕家里从此连这点希望都没了。现在我真的有一种严重的危机感,我放弃了继续考研求学的打算,这也许是缺乏眼光的一种表现。但我真的感到自己的思想包袱太重了，我要求自己在这一年半时间里英语要达到一般翻译的水准，计算机要掌握好一门语言，要为注册会计师作准备。对我而言，这些都是严峻的挑战，我现在所要做的是去证明我的想法不是好高骛远。我现在缺乏的不是目标而是应付外界的能力，如何将压力变为动力……

当我们综合分析这位学生的情况时，发现失恋、学业成绩不理想已经变成两副担子压在他身上，他变得不再坚强，有些茫然、不知所措。有一句西方谚语说得好："最后一根稻草也能压垮一头骆驼。"良好的人格发展需要良好的环境，更需要对自身正确的认识，逃避竞争、放弃责任并不能够解决面临的问题，而个体人格的成长也是在经历挫折、失败与成功等诸多方面后才能逐渐成熟起来的。

### (三) 大学生人格障碍的矫治

人格障碍的矫正虽然有很大的难度，但也不是说是"不治之症"。在临床实践中发现，有相当一部分人格障碍者，在精神科医生和心理咨询师的指导下，通过自身的努力，在人格障碍的矫正方面取得了令人满意的效果。下面简要介绍几种人格障碍自我矫正的方法。

#### 1. 反向观念法

人格障碍者大多伴随有认识歪曲现象，反向观念法即是改造认识歪曲的一种有效方法。反向观念法是指自己主动与自己原有的不良自我观念唱反调，原来是以自我为中心，现在则应逐渐放弃自我中心，学习设身处地为他人着想；原来爱走极端，现在则学习多方位考察问题，来点中庸；原来喜欢超规则化，现在则应偶尔放松一下，学习无规则地自由行事。采用反向观念法克服缺点的要点是：先对自己的错误观念进行分析，然后提出相反的改进意见，在生活中努力按新观念办事。这种自我分析可以定期进行，几天一次或一星期一次，也可以在心情不好或遭挫折之时进行。认识上的错误往往被内化成无意识的，通过上述自我分析，就可把无意识的东西上升到有意识的自觉层次，这有助于发现和改进自己的不良人格状态。

#### 2. 习惯纠正法

人格障碍者的许多行为已成为一种习惯，破除这些不良的习惯有利于人格障碍的矫正。以依赖型人格为例，实施这种方法有三个要点。第一，清查自己的行为有哪些事是习惯地依赖别人去做，有哪些事是自作决定的，可以每天做记录，持续一个星期。第二，将自主意识很强的事归纳在一起，如果做了，则当做一件值得庆贺的事，以后遇到同类情况应坚持做；如果没做，以后遇到同类情况则应要求自己去做。而对自我意识差、没有按自己意愿实施的事，可以提出改进的想法并在以后的行动中逐步实施。例如，在制定某项计划时，你听从了朋友的意见，但你对这些意见并不欣赏，便应把自己不欣赏的理由说出来，这样，在计划中便渗透了你自己的意见，随着你的意见的增多，你便能从依赖别人的意见逐步转为完全自主决定。第三，找一个信赖的人作为监督者，并与监督者订立双边协议，当表现良好时，予以奖励；当违约时，予以惩罚。

**3. 行为禁止法**

对于人格障碍者的许多不良行为，可以采取此法。例如，一个偏执型人格障碍的人当对一件事忍无可忍而将要发作时，可对自己默念如下指令："我必须克制住自己的反击行为，我至少要忍十分钟。我的反击行为是过分的，在这十分钟内，让我当即分析一下有什么非理性观念在作怪。"采取这种方法后，不久你就会发现，每次你认为怒不可遏的事，只要忍上几分钟，用理性观念加以分析，怒气便会随之消减。不少你认定极具威胁的事，在忍耐了几分钟后，你会发现灾难并未降临，不过是自己的一种无谓担忧罢了。

**4. 情绪调整法**

人格障碍者多伴有情绪障碍。例如，表演型人格的情绪表达太过分，旁人无法接受。采用此法首先要做到的便是向你的亲朋好友进行一番调查，听听他们对你的看法。对他人提出的看法，你应持全盘接受的态度，千万不要反驳，然后你扪心自问一下：上述情绪表现哪些是有意识的，哪些是无意识的；哪些是别人喜欢的，哪些是别人讨厌的。对别人讨厌的坚决予以改进，对别人喜欢的则在表现强度上力求适中；对无意识的表现，你将其写下来，放在醒目处，不时地自我提醒。此外，请你的好友在关键时刻提醒一下，或在事后对自己的表现作一评价，然后从中体会自己情绪表达的过火之处。这样坚持下去，你的情绪表达就会越来越得体和自然了。

### （四）人格评估

人格评估与其他认知能力方面的测量有所不同，它在评估上所遭遇到的困难与挑战远远大于认知能力方面的测量。人格评估方法大致分为以下几种。

**1. 晤谈法**

这实际上是一种最古老和最广泛应用的获得个体信息及评估人格的方法，即与被评定者直接谈话，在谈话的同时进行观察。这种方法很常用，虽然方便，但不全面、不深入，加上观察者的主观性，所以并不客观。

**2. 评定量表法**

这是由评定者按一定规格的评定项目通过观察作出判断的一种方法。将其与晤谈法结合使用，可提高评定的客观性。

**3. 客观评定法**

这是一种采用调查表、问卷、校核表等，由受评者自我报告（或称自我陈述）的方法，所以这类方法又称自陈(或自评)法。这不是由主评者评定，而是受评定者自评，所以称为客观评定，是指未加入评定者的主观成分。晤谈法与评定量表法都称为主观评定法。

客观评定法主要有明尼苏达多项人格调查表、加州心理调查表、艾森克人格调查表、卡特尔16人格因素问卷等。

**4. 投射测验法**

投射测验一般由若干个模棱两可的刺激组成，被试可任意对它进行说明与解释，使自己的动机、态度、感情以及性格等在不知不觉中反映出来。主试通过被试的这些反应加以分析，推论其若干人格特征。投射测验中比较著名的有罗夏克墨迹测验、主题统觉测验等。

总的来说，人格评估方法颇多，但与能力评估相比，其手段及效度上仍觉不够理想。

## 三、大学生人格完善的途径和调适方法

### (一) 当代大学生健康人格塑造的重要性

**1. 积极开展健康人格培育有利于大学生的全面成长**

青少年时期是健康人格形成的重要阶段。当代大学生正处于青少年时期，其人格的需要结构和其他素质结构(包括身体素质、思想素质、道德素质、智能素质)正逐步成熟，引导大学生正确地面对自我，恰当地把握自我，不断完善自我，努力追求理想自我，是培养高素质、全面发展社会主义建设者的重要要求。高等院校作为社会人才培养的摇篮，有责任、有义务为塑造大学生的健康人格贡献自己的力量，帮助大学生努力完善个体的人格要素;优化其人格结构，引导大学生在实现人格健康的基础上，向着理想人格的目标迈进。

**2. 大学生人格培育是开展素质教育、培养合格人才的必然要求**

大学生健康人格培育是当前教育改革的时代要求。大学生面临就业、学习、经济等压力，导致其产生一系列的问题，影响他们的健康成长。人格作为人的素质的重要组成部分，对人的综合素质的发展、提高有极为重要的作用。当前我国高校素质教育的目标是要培养具有良好的政治、思想、文化、道德和心理素质的社会主义接班人，其最基础的工作则应该是塑造大学生的健康人格。

**3. 大学生的健康人格培养是高校思想政治教育工作的必然要求**

大学生人格培育工作与高校思想政治教育关系密切。思想教育的一个重要方面是对人的世界观、人生观、价值观的引导，而正确的社会价值观及人生观需要有良好的人格基础，只有具备稳定的、统一的人格，人的人生观、价值观才会稳定。对

健康人格的培养，有助于引导大学生树立正确的人格目标，并为之奋斗，这与思想政治教育所具备的积极的价值引导是一致的。在新的历史条件下，改革开放和发展社会主义市场经济带来的新旧体制、新旧观念、中西文化等方面的冲突，必将引起人格在价值认识上的矛盾、冲突。而健康人格培养有助于填补某些价值上的“真空”，引导人格向健康化方向发展，从而实现我们的育人目标，切实推动人的全面发展。

### （二）大学生健康人格的标准

大学生健康人格，从具体特征上讲，主要应具备以下标准。

**1. 具有远大而稳定的奋斗目标**

有坚定的社会主义信念和远大的共产主义理想，有科学的世界观和人生观。

**2. 具有强烈的道德责任感**

能以社会主义、集体主义道德观为核心，正确处理生活和工作中的各种关系，具有正直诚实、谦虚谨慎、尊老爱幼等良好品质。

**3. 具有正确的自我意识**

能够正确地认识自己，客观地评价自己，自尊、自信、悦纳自己；能够自我监督、自我调节，努力发展身心潜能；能够与环境保持平衡。

**4. 具有良好的情绪调控能力**

经常保持愉快、开朗、乐观的心境，能合理地宣泄、排解消极情绪，富有幽默感。

**5. 具有良好的社会适应能力**

能够正确观察和了解社会现象，关心社会发展变化，使自己的思想和行为跟上社会发展的主流，对新环境具有较强的适应能力。

**6. 具有和谐的人际关系**

在人际关系中能够相互沟通理解，尊重、信任他人多于嫉妒、怀疑，同时也能受到他人的尊重和接纳。

**7. 具有乐观向上的生活态度**

对前途和生活充满希望和信心；对学习和工作抱有浓厚的兴趣，并充分发挥自身潜能；勇于面对困难和挫折，并设法克服困难，振作精神。

**8. 具有健康、崇高的审美情趣**

有正确的审美理想、审美态度和对美的正确追求；抵制各种低级趣味的腐朽思想的侵蚀。

总之，人格健康的人，其人格的各个方面是统一、平衡的。上述标准不仅是我们衡量大学生人格健康的尺度，同时也为大学生改善自己的人格提供了具体的努力方向。

**阅读材料5-3　健康人格的标准**

奥尔波特"成熟、健全人"的标准：

① 自我扩延的能力；② 与他人热情交往的能力；③ 情绪上有安全感和自我认可；④ 表现具有现实性知觉；⑤ 具有自我客体化的表现；⑥ 有一致的人生哲学。

罗杰斯"机能健全人"的标准：

① 能接受一切经验；② 自我与经验和谐一致；③ 个性因素都发挥作用；④ 有自由感；⑤ 具有高创造性；⑥ 与他人和睦相处。

马斯洛(A. H. Maslow)"自我实现人"的标准：

① 良好的现实知觉；② 对人、对己、对大自然表现出最大的认可；③ 自发、单纯和自然；④ 以问题为中心，不是以自我为中心；⑤ 有独处和自立的需要；⑥ 不受环境和文化的支配；⑦ 对生活经验有永不衰退的欣赏力；⑧ 神秘或高峰体验；⑨ 关心社会；⑩ 深刻的人际关系；⑪ 深厚的民主性格；⑫ 明确的伦理道德标准；⑬ 富有哲理的幽默感；⑭ 富有创造性；⑮ 不受现存文化规范的束缚。

### (三) 大学生健康人格塑造的途径和调适方法

大学生健康人格的塑造和调适，不仅关乎自身身心健康和人生发展，还关乎社会进步和国家和谐。因此，国家要通过建立良好的社会风气来促使大学生养成良好的人格；学校要重视对大学生的心理健康教育；教师要加强自身健康人格的培育，从而对学生树立示范效应；大学生父母要对大学生的心理、言行进行关注，帮助大学生形成健康的人格；大学生更要重视对自身人格的塑造和调适。在此，我们介绍一些大学生塑造和调适自己的健康人格的途径和方法。

**1. 自我加强人生观教育，树立正确的理想信念**

大学生从入校起，就要树立正确的人生观、价值观。人生观是人格的核心内容，是支配人的行为、态度、理想和信念的内在动力。没有正确的人生观就会影响大学生心理结构的正常发展，偏离健康人格的轨道。大学生可以通过系统地接受知识和参加实践活动，了解自然界和社会发展变化的规律，体验着健康的情感情操，这些对形成正确的人生观有极其重要的意义。例如，大学生自觉、系统地进行马克思主义、毛泽东思想的自我教育，可以帮助自己树立共产主义远大理想，热爱社会主义祖国，确立全心全意为人民服务的人生观；大学生可以在"义务献血""1+1"义务家教、好人好事的宣传活动、纪念日教育等活动中，学习先进人物的优秀品质，发扬他们奋力求索的可贵精神。大学生通过多渠道、全方位的引导教育，在导向正确的舆论环境中，促使自己树立正确的人生观，形成正确的理想信念。

**2. 客观地进行自我认知,优化人格**

优化人格的前提是对自我有个客观准确的认知定位。随着年龄的增长,大学生的心理发展不断成熟,构成人格的各种心理品质也逐渐由最初的互不相关,发展到和谐一致的状态。在这个过程中,大学生要学会对自我心理发展的积极因素进行选择,如自信、勇敢、坚毅、善良等,以达到塑造健康人格的目的;对于人格的弱点,如自卑、虚荣、狭隘、自我中心等,要进行改善。

**3. 提高自我学习能力,提升自我培育能力**

大学生学习的根本任务在于获取知识,在努力学习专业知识的同时,还需要多读书、读好书,读历史、文学、哲学、法律等各方面的书籍,从各类书中汲取成长所需的各方面知识。荣格(C. G. Jung)有句名言:"文化的最后成果是人格。"学习科学文化知识、增长智慧的过程也是优化人格的过程。只有多读书才能使人开阔眼界,明辨是非,提高修养;只有勤奋读书,才能掌握更多的知识,而掌握知识又是形成良好道德品质的基础。正如列宁所说:"只有用人类创造的全部知识财富来丰富自己的头脑,才能成为共产主义者。"因为道德的产生、传播和发展都离不开知识,有了丰富的知识才能提高自我对道德的认知水平,使道德由理性认识转化为坚定信念,并转化为行动去实践。学习除可以获得丰富的知识外,还可以提高自我教育能力。自我教育往往是从阅读一本好书开始的,如《钢铁是怎样炼成的》《居里夫人传》《马克思传》等,这些书催人奋进。因此,在大学的学习期间应该发奋读书,形成良好的道德品质。通过自我学习,不断地意识到自我需要、自我存在的价值,以提高自我评价、自我调控能力,从而实现自我、完善自我,达到自我培育的效果。

**4. 积极参加社会实践活动**

由于校园生活经历与社会生活存在一定的差异,大学生如果对国情、民情、自我缺乏深刻的了解,一旦走入社会,心理落差巨大,缺乏应有的防御能力与应变能力。而且当代大学生思想活跃,求知欲强,对改革、开放充满信心和憧憬,渴望在实践中认识自然、认识社会、认识他人、认识自我。因此大学生应该积极参加社会实践,学校同时也应予以支持,以有利于大学生健康人格的塑造。

大学生可以参加的社会实践活动一般包括以下几种。

(1) 军训。军训有利于大学生克服自我中心意识和懒散作风,树立国防观念、纪律观念和集体观念,培养吃苦耐劳的精神和克服困难的坚强意志。因此大学生在军训期间应该积极参与,而非以各种理由逃避。

(2) 社会政治性的调查活动。这种活动主要是围绕改革开放和现代化建设的伟大实践进行的社会实践活动。大学生要利用课余时间、假期深入街道、商场、企业、农村乡镇进行社会调查,广泛接触群众,深入了解国情、民情,了解改革开放的大好形势，这样可以激发自己艰苦奋斗、奋发图强的爱国主义精神，激发参与社会主义现代化建设的热情，增强社会责任感与历史使命感。

(3) 学科专业和学术性研讨活动。它们不仅可以在实际生产、生活运用中加深大学生对专业知识的理解，还可以增加对科学知识、科学技术价值的积极情感体验，从而让自己更加热爱知识，积极地进行创造性活动。

(4) 各类社会服务活动。如勤工助学、社区劳动、青年志愿者活动以及科技、文化、卫生“三下乡”活动等。通过多种社会服务角色实践与体验，有利于丰富自己的人生经历，促进人格的社会化，防止因社会适应不良而引发一系列心理危机。

**5. 设置自我监督机制，防止过犹不及**

凡事都有“度”，人格的发展和表现的“度”是十分重要的，因此，大学生在人格塑造过程中应把握辩证法，掌握好“度”，否则就会过犹不及，适得其反。具体说来，应该是：自信而不自负，自谦而不自卑，勇敢而不鲁莽，果断而不冒失，稳重而不犹豫，谨慎而不怯懦，豪放而不粗俗，好强而不逞强，活泼而不轻浮，机敏而不多疑，忠厚而不愚昧，干练而不世故等。

**6. 培养良好的思维品质**

实践证明，不良的思维容易导致不正确的认识，出现不良行为，久而久之易形成不良的人格。因此，大学生要有意识地培养良好的思维品质，必然有助于促进自己的良好人格的形成。

**7. 增强自立能力，保持乐观心态**

自立是指个体逐渐从以往依赖的事物中独立出来，并对自己的行为担负责任。自立可以分为身体的自立、行动自立、经济自立、社会自立和心理自立。大学生发生角色的改变，开始离开父母，需要独立地解决生活和学习问题，因此对大学生而言，树立自立意识、增强自立能力是非常重要的。通过增强自己的自立能力，就能很好地安排自己的生活和学习，在遭受困难和挫折的时候会运用积极的应对方式，能够更加积极地投入学习和生活。大学生可以通过这样一个独立的阶段增强自己的自立能力，学会自己处理生活和学习问题。

人格健康的人一般都具有良好的情绪调控能力和积极乐观的心态。积极乐观的心态可以让我们乐观地看待生活中美好的一面，努力追求自己的目标。大学生在学习生活期间应该保持积极乐观的心态，合理规划自己的学习目标，丰富自己的大学生活，通过自己的努力收获成功与快乐；享受大学生活给自己带来的充实和快乐，敢于面对遭遇的挫折，积极乐观地迎接未来，使大学生活充满快乐，形成积极的情绪体验，培养自己的健全人格。

总之，培养健康人格，是一项系统的自我改造、自我实现的工程，要从小事做起，贵在坚持。当代大学生应努力把自己培养成具有服务社会的理念和社会责任感的成熟人格的人。

## 心理测试

### 人格小测试

请根据你目前的实际情况，回答以下问题：

(1) 当你站立时，为了舒服，你总是爱把胳膊放在椅背上吗？

(2) 你有咬手指或手指甲的习惯吗？

(3) 当你与人交谈或倾听别人谈话时敲击桌面吗？

(4) 当你站立时，你喜欢双臂抱肩吗？

(5) 你总是不停地弹手指吗？

(6) 当你讲话时：① 你抑扬顿挫，眉飞色舞，手舞足蹈；② 你感到有些紧张；③ 你把手轻轻地放在衣兜里。

(7) 聚会时，不论你想不想吸烟，你总爱点上一支或有类似的行为吗？

(8) 参加宴会时，你总是把眼睛盯在面前的一盘或几盘菜上吗？

(9) 看到别人把大拇指藏在手心、拳头紧握时，你害怕吗？

**【评分说明】**

第 6 题回答①得 2 分，回答②得 1 分，回答③得 0 分。其余 8 题，回答“是”得 1 分，回答“不是”得 0 分。

0～3 分：人格健康。不论在什么情况下，你都能沉着坚定、稳重。你的举止表现说明你是一个沉着老练、遇事不慌、自信、自强、分寸得当、自制力强的人。这种自我控制能力是健康人格的重要特点。

4～7 分：人格健康状况欠佳。表面上看，你很平静，但常常失去平衡。高兴时，你信口开河，夸夸其谈；不高兴时，你冷眼相看，袖手旁观，情绪变化大。对你来说，至关重要的是学会自我控制，从而达到人格结构的稳定与健全。

8～10 分：人格健康问题严重。你很不沉着。如果不学会自我控制，坚定信心，你在哪里都无法安定，总不舒服。也许你自己还不以为然，可在别人看来却很明显。关键问题是达到内心的平衡、和谐和安定，同时注意与周围的环境相适应。

## 案例分析

某大学二年级的男生，前半学期由于同学间尚互不认识，老师指定他暂任班长，半学期后由于与同学关系不和，他被撤换班长之职。于是，该生就疑心是某同学嫉妒他的才干，在老师那里搞他的鬼。他认为自己受到了排挤和压制，对撤换班长一事耿耿于怀，愤愤不平。他认为同学与老师这样对他不公平。他经常指责、埋怨同学和老师，后发展到与同学、老师发生冲突，甚至去校长和家长那里告状，要求恢复他的班长之职，并扬言要上告，要伺机报复。大家都耐心地劝他，他却总是不等人家把话说完，就急于申辩，始终把大家对他的好言相劝理解为恶意、敌意。这样的无理取闹导致了他与同学、老师的关系日益恶化，到毕业时，仍无根本性的变化。

**【问题】**

该生患有什么人格障碍？你认为该如何矫正？

## 心理训练

### 超越自卑，重建自信

**【目的】**帮助大学生获得一个良好的心态，从而征服畏惧，战胜自卑，将自己磨砺成勇敢自信的人。

**【要求】**个人独立完成；循序渐进；不折不扣地完成训练作业。

**【操作】**

(1) 在上课或听讲座时，坚持坐在第一排。坐在第一排会比较显眼，但要记住，有关成功的一切都是显眼的。

(2) 睁大眼睛，正视别人。要让自己的眼神专注于别人，这不但是自信的象征，而且能赢得他人的信任。

(3) 改变走路姿势，昂首挺胸，快步行走。步伐轻快矫健，身姿昂首挺胸，会给人带来明朗的心情，会使自卑遁形，自信滋生。

(4) 练习当众发言。无论上课、听讲座或其他场合，尽量抓住机会当众发言，这是信心的“维生素”。每当众发言一次，就奖励自己一次。

(5) 学会微笑。微笑会使他人对你产生好感，而这种好感可以使你充满自信。

(6) 注意事项：坚持一段时间的训练后，一定要仔细回顾、评价自己练习之后的体验、感受，将每一点进步都作一番分析，想想其中的原因，并从中得到收获。训练要循序渐进，不可半途而废。

**【小结】**

征服畏惧，战胜自卑，不能夸夸其谈，必须见诸行动。摆脱自卑，建立自信最快、最有效的办法就是去做你害怕做的事，直到你获得成功的经验。通过一段时间的训练，让自己在挑战自我的过程中不断积累成功的经验，逐渐摆脱自卑，重获自信。

## 本章小结

人格是指一个人在社会化过程中形成和发展的思想、情感及行为的特有模式，这个模式包括了个体独具的、有别于他人的、稳定而统一的各种心理品质的总体。人格具有独特性与共同性、稳定性与可塑性、统合性、功能性。

人格形成与发展的影响因素有生理遗传因素、社会文化因素、家庭环境因素、学校心理环境因素、个体主观因素。每个人的人格的形成与发展经历了不同的阶段，大体上分为三个时期：萌芽期、重建期、成熟期。人格类型与身心健康有着紧密的关系。

大学生的人格特征有：能正确认知自我；智能结构健全而合理；对社会环境的适应能力较强，不断地进行社会化活动；富有事业心，具有一定的创造性和竞争意识；情感饱满适度。人格发展异常可表现为人格发展缺陷和人格障碍。人格评估方法大致分为以下几种：晤谈法、评定量表法、客观评定法、投射测验法。

大学生健康人格的塑造途径和调适方法有：自我加强人生观教育，树立正确的理想信念；客观地进行自我认知，优化人格；提高自我学习能力，提升自我培育能力；积极参加社会实践活动；设置自我监督机制，防止过犹不及；培养良好的思维品质；增强自立能力，保持乐观心态。

## 思考与练习

1. 什么是人格？人格有哪些特征？
2. 谈谈人格类型与身心健康的关系。
3. 大学生的人格特征有哪些？
4. 大学生中常见的人格发展缺陷有哪些？如何进行改善？
5. 阐述大学生人格完善的途径和调适方法。

# 第六章
# 大学期间生涯规划及能力发展

## 知识框图

- 大学生活的特点及生涯规划
  - 大学生活的特点
  - 生涯规划概述
- 大学生能力概述及发展目标
  - 大学生能力概述
  - 大学生能力发展的目标
- 大学期间生涯规划的制定
  - 树立大学期间生涯规划意识
  - 大学期间生涯规划的制定与实施
  - 大学期间生涯规划的误区
- 学会时间管理
  - 时间管理的重要性
  - 时间管理理论的历史演进
  - 如何进行时间管理

## 导入案例

三个人要被关进监狱三年，监狱长满足了他们每人一个要求。美国人爱抽雪茄，要了三箱雪茄；法国人最浪漫，想要一个美丽的女子相伴；而犹太人说，他要一部能与外界沟通的电话。三年过后，第一个冲出来的是美国人，嘴里鼻孔里塞满了雪茄，大喊道："给我火，给我火！"原来他忘了要火柴。接着出来的是法国人，只见他手里抱着一个小孩子，美丽女子手里牵着一个小孩子，肚子里还怀着第三个孩子。最后出来的是犹太人，他紧紧握住监狱长的手说："这三年来我每天与外界保持联系，我的生意不但没有停顿，反而增长了200%，为了表示感谢，我送你一辆劳斯莱斯！"

从这个故事可以看出，三个人后来的结果与先前的选择、定位和规划有关。这要求大学生要想在大学期间发展好自己，必须要根据大学生活的特点、个人的情况等，做好规划。

# 第一节　大学生活的特点及生涯规划

## 一、大学生活的特点

大学生活是指大学生在大学期间以学习为主体所展开的全方位的活动状况，包括学习活动、消费活动、课外休闲活动、政治参与等。大学生活具有以下特点。

### （一）学习上的自主性

大学教育的内容是既传授基础知识，又传授专业知识，还开设公共选修课（或通识课）来拓宽知识面，知识的广度和深度比中学要大为增加。课堂教学由于时间限制，教师往往在课堂上只讲重点、难点、疑点，其余部分就要由学生自己去自学；同时，大学生要想学习自己感兴趣的内容，还需要大量的自主学习。另外，正如钱伟长教授所说：一个人在大学四年里，能否养成自学的习惯，学会自学的习惯，不但在很大程度上决定了他能否学好大学的课程，把知识真正学通、学活，而且影响其大学毕业以后，能否不断地吸收新的知识，进行创造性的工作，为国家作出更大的贡献。因此，大学的学习不能完全依赖教师的教学，学生必须充分发挥主观能动性，发挥自己在学习中的潜力，补充自己的知识。这要求大学生能够自主安排学习内容、学习方法和课外学习的时间等。

## （二）生活上的相对独立性

中学时不少学生吃住都在家，生活上的事一切都由父母安排妥当，生活无需自理，学生的自理能力当然很差。而大学生则大多过集体生活，学习、生活等诸多事情都需要自己处理，因此，大学生在生活上具有相对独立性，相对较少地受到父母的影响。这要求大学生要有意识地培养较强的独立生活能力。

## （三）人际交往的广泛性

大学生来自于五湖四海，这造成不同地区的大学生由于各种原因在一起交往；由于学习、生活、活动等的需要，同班、各班之间、年级之间、不同系、不同专业之间的大学生产生频繁交往；有的同学因为参加一些社会实践活动，还需要与校外社会人士接触交往。大学生通过交往增进了同学之间的友谊，结识了一些新的朋友，学到了很多知识，大大拓宽了视野。这要求大学生要克服害羞感，主动与别人交往。

## （四）自由的课外时间

在中学，尽管也有课外时间，但大多数中学生都用在看书学习上，并没有自由地支配课外时间。但到了大学，课外时间一般都由大学生自由支配，这就要求大学生要有意识地规划好自己的课外时间。

## （五）较多的社会接触面

中学大多数知识属于基础知识，与社会接触有限。但大学中不少专业知识紧密地联系社会实践，甚至还安排了社会实践活动，使得大学生与社会接触较多。这要求大学生根据专业、兴趣等方面的要求，紧密地、频繁地与社会接触。

## （六）充分的个性发展

由于知识经验的增多，思想价值观的成熟，思维方式的改善，不同个性的人的相互交流的增强，大学生能够意识到自己个性的不足，从而有意识地塑造自己良好的个性。这要求大学生要看到别人的良好个性和自己个性的不足。

## （七）管理制度的约束性和学生的自律性

大学通过规章制度来规范和约束学生的行为，使学校能够维持正常的秩序，使学生能更好地培养自己良好的行为。同时，大学生要树立自律意识，增强在日常生活中的自我管理、自我教育和自我约束的意识和能力。大学生要认真学习学校的各项规章制度，自觉遵守校纪校规，既不要在纪律方面“闯红灯”（如因考试作弊、打架等违纪现象而受处分），也不要在学习上被“罚黄牌”（如不及格、留级、定量淘汰）。这要求大学生要按照规章制度时时规范和约束自己的行为。

## 二、生涯规划概述

### (一) 生涯的定义

“生”原意为“活着”,“涯”为“边际”,“生涯”连起来就是“一生”的意思。然而,国外学者对生涯的理解与日常生活中大家对生涯的常见理解不尽相同。

沙特尔(Shartle)认为,生涯指一个人在工作中所经历的职业或职位的总称。

麦克弗兰德(McFarland)提出,生涯指一个人依据心中的长期目标所形成的一系列的工作选择以及相关的教育或训练活动,是有计划的职业发展历程。

霍德和班那兹(Hood&Bannathy)认为,生涯包括个人对工作世界职业的选择与发展、对非职业性的选择和追求以及在社交活动中参与的满足感。

霍尔(Hall)指出,生涯指人终其一生,伴随工作或职业的有关经验与活动。

麦克丹尼尔斯(McDaniels)认为,生涯指一个人终其一生所从事的工作与休闲活动的整体生活形态。

从上述国外学者的生涯定义可以看出,生涯的概念并没有统一,但都指出生涯是指与个人终身所从事工作或职业等有关活动的过程。不过,越来越多的学者认识到生涯不仅包括工作或职业,还包括生活、人际关系等,这较全面地揭示了生涯的涵义。如舒伯(Super)提出了自己的论点——生涯是生活中各种事件的演进方向和历程,它统合了人一生中的各种职业和生活角色,由此表现出个人独特的自我发展形态。生涯也是人自青春期以至退休后一连串职位的综合。除了职位之外,生涯还包括任何与工作有关的角色,如学生、退休者,甚至还包含了家庭和公民的角色。韦伯斯特(Webster)认为,生涯指个人一生职业、社会与人际关系的总称,即个人终身发展的历程。

### (二) 影响生涯的因素

**1. 个体的生理因素**

生理因素包括个体的健康状况、容貌形象、精力、性别等。生理因素影响个体生涯表现在:一方面,个体不同的生理状况会影响个体对职业的选择,如身体不好的大学生不会选择矿山开采、消防等职业;另一方面,一些职业对个体的生理素质有所要求,将那些生理素质不过硬的个体淘汰掉,如需要经常到外地出差的营销员的工作岗位会将那些身体欠佳的人员淘汰掉。

**2. 个体的心理因素**

心理因素包括人的能力、人格、动机、知识经验等。如能力强、敢于冒险、知识经验丰富的人成就动机强,会选择难度较大的任务,自然他的生涯发展也就不一样。

尤其值得研究的是，教育背景（属于个体知识经验的一部分）对个体的生涯产生了显著的影响，首先不同的教育程度影响了个体的职业选择和发展。教育程度高的人，敢于选择难度较大的职业，并能够相对较容易地取得成功。其次，不同的专业教育影响个体生涯发展的方向。所学专业种类或多或少地影响了大多数人的生涯发展，往往成为他们职业生涯的前半部分乃至一生的职业。

**3. 家庭的影响**

家庭是个体生活的重要场所，家庭对个体生涯发展的影响也是非常显著的。个体的思想认识、人生观、价值观、兴趣爱好、职业选择很多时候受到家庭成员的影响，甚至家庭关系是否和睦会影响个体对工作投入的程度。因此，家庭对个体生涯发展产生深刻的影响。

**4. 个体的环境状况**

从宏观环境看，国家政治状况、社会经济状况、职业发展趋势、国际环境等影响了社会职业、工作岗位的种类和数量，影响着人们对不同职业的认可程度，进而影响到个体对生涯发展道路或方向的选择；从微观环境看，个体所在的单位、人际关系、所在社区等影响了个体的活动范围和内容，从而影响了人的生涯发展。

**5. 不可控制的因素**

机遇、疾病、地震、意外等一些不可控制的因素也会影响个体的生涯。如李玉刚成功地利用央视节目《星光大道》，夺取年度总决赛季军，并通过不懈的努力，最终成名。因此，当机会出现，个体如果抓住了它，可能就改变一生。

### （三）生涯规划的概念

一个人要想发展好，就必须要进行生涯规划。生涯规划是指个人对自己未来发展所作出的主动的、自觉的计划与设计。如果个体对自己的生涯有所规划，那么就可以按部就班地按照自己预定的计划去行动。

生涯规划是个人通过对自我、机会、限制、选择与结果的了解，以确立与生活有关的目标，并且根据个人在工作、教育与发展方面具备的经验，去规划具体步骤，实现生涯的目标。生涯规划是个人从内在、外在找到自我学习、生活工作上的平衡点，选择一种生活方式，把学习、工作与生活理想结合在一起。就个人而言，有了生涯规划，便有了努力、奋斗的目标，不再犹豫彷徨，不再迷失自我，不再消极颓废，使生命有了意义，生活有了重心，变被动为主动，化消极为积极，积极进取以求自我的成长与实现。

生涯规划是为个人制定生涯目标，找出达到目标的方法手段，它的重点在于找出达到个人目标的机会，寻出最佳的行为组合，并相信自己会成功。具体而言，生涯规划的主要内容有以下几种。

(1) 从年龄、兴趣、性格、特长、局限、生活方式等方面评估自己，全面地了解自己。

(2) 了解自己所处的世界，包括学习环境、工作条件、发展机会和发展前景等。

(3) 能根据各方面情况，选择合适自己的生涯发展道路和方向，并努力付诸实施。

(4) 在拟定生涯规划时，必须充分地考虑到生涯不同阶段的不同特点和需要，合理地设计生涯发展路线。

(5) 能够根据情况的变化合适地调整自己的生涯规划。

# 第二节　大学生能力概述及发展目标

## 一、大学生能力概述

### (一) 能力的概念

能力是指直接影响个体活动的效率，使活动顺利完成的个性心理特征。只有那些直接影响活动效率，使活动任务顺利完成的心理特征才是能力。但是，并非所有与活动有关、在活动中表现出来的心理特征都称为能力。比如沉静、活泼等心理特征显然与活动有关，但不是完成活动最直接的心理特征，不能称为能力。

能力和活动联系在一起，只有通过活动才能了解和发展人的能力。比如大学生只有通过活动才能了解自己的能力；大学生只有通过经常参加活动，才能切实增强自己的能力。

### (二) 大学生能力的结构

大学生能力可以划分为两大类：一般能力与特殊能力。

**1. 一般能力**

一般能力指那些适用广泛，为多种活动所必需的心理特征，主要有思维力、观察力、记忆力、注意力、想象力等心理特征。上述一般能力在一个人的身上是相互联系地、统一地表现出来，如观察精细、思维灵活、形象记忆强、想象丰富。这种一般能力组成了大学生的智力系统。大学生一般能力的组成有个别差异，如有的观察力强，有的想象力强。大学生的一般能力可以通过训练、教育等方式获得一定程度的提高。

**2. 特殊能力**

特殊能力指在特殊活动领域内发生作用的能力。在特殊能力方面，大学生的个别差异也是显著的，有的大学生体育运动能力强，有的大学生演讲能力强，有的大学生组织管理能力强，有的大学生数学运算能力强。

一般能力为特殊能力的发展提供了有利条件，特殊能力的培训、发展也促进了一般能力的发展。完成任何一项活动不能是靠单一的能力，往往是多种能力综合运用的结果。因此，大学生既要培养一般能力，也要培养多种特殊能力。

### （三）大学生能力发展的影响因素

大学生能力发展的影响因素主要有：

**1. 先天素质**

父母遗传给大学生的心理素质和生理素质，会直接或者间接影响大学生能力的发展。

**2. 环境**

良好的社会政治、经济环境有利于社会经济、科技、文化、教育等水平的提高，从而影响个人能力的发展。环境对能力发展的影响，通常是通过教育来实现的。学校通过系统的教育，向大学生传递知识和技能，从而为大学生能力的发展奠定基础。

当然，从微观的人际环境来说，良好的人际关系必然有助于大学生各项任务的完成和能力的提升。因此，大学生应该构建和谐的人际环境。

**3. 实践活动**

环境和教育是大学生能力发展的外部条件，同时大学生的能力是在积极活动中发展起来的。哲学家王充提出“施用累能”，意思是能力是在使用过程中积累起来的；他还提出“科用累能”，意思是从事各种不同活动、各种不同职业积累各种不同能力。因此，大学生应长期坚持积极参加实践活动。

**4. 个性品质**

优良的个性品质推动大学生去从事并坚持某种活动，从而促进能力的发展。推孟(L. M. Terman)指出，具有完成任务的坚毅精神，自信而有进取心，谨慎和好胜是能力发展的重要条件。还有许多研究表明，兴趣、性格和态度等因素影响能力的发展。因此，大学生要在实践活动中不断优化自己的个性品质。

## 二、大学生能力发展的目标

质量是大学的生命，创新是大学的灵魂。21 世纪是知识经济时代和信息时代，更是一个全面创新的时代。我国建设创新型国家的战略目标对大学的人才培养质量提出了新的挑战，既注重思想道德素质、科学文化素质和健康素质的全面提高，又注重传授知识、培养能力、提高素质的协调发展，特别强调大学生能力的培养。

对于大学生来说，要尽快了解和培养自己在大学四年中应该掌握和具备的能力，设置好目标，并努力实现它们。

### (一) 人际交往能力

一位哲人曾这样说过："一个没有交际能力的人，犹如陆地上的船，是永远不会漂泊到广阔的大海中去的。"这很好地说明了人际交往对人的重要性。然而，不少大学生像中学时那样"两耳不闻窗外事，一心只读圣贤书"，没有意识到人是社会的人，尤其是现代社会强调团队合作，那么他在以后发展中必将受到"人际关系"瓶颈的限制。因此，大学生要有意识地去培养自己的人际交往能力，向人际交往能力强的人学习有关知识经验，积极参加班集体、宿舍、社团等活动。

值得注意的是，口语表达能力是人际交往能力中的核心部分。良好的口语表达能力有助于大学生获得别人的认可，有助于和别人正常地进行人际交往，有助于学习、生活和其他各项任务的完成。但有的大学生还是习惯于中学的学习、生活模式，不愿主动表达自己；有的大学生几乎每天都沉溺于网络，说话的机会很少，与他们交流几乎成了一种奢望，他们对于条理清晰、目的性明确的"说"甚至是能避就避，时间长了，就会怕说、厌说。因此，大学生必须从观念上产生危机意识，有意识地培养自己的口才，多给自己创造登台的机会和当众演说的机会，在大家聚会时主动与别人聊天，多发表一些独到的见解，这些都有助于大学生口语表达能力的提高。

### (二) 专业技术能力

大学生在就业时需要依靠专业技术能力。因此，大学生要想方设法地增强自己的专业技术能力，主要有以下两点。

(1) 大学生应该努力学习专业理论知识，养成自学的习惯，增强自学的能力。大学生上课前应适当预习；上课时应认真听讲，并做好笔记工作；课后应及时复习，积极和老师、同学交流，并经常到图书馆借阅书籍。

(2) 大学生应努力增强专业实践能力。众所周知，企业重视文凭不假，文凭在一定程度上可以证明一个人读书的能力，但是企业要提高生产率，要创造更多的经济效益，它们更重视的是大学生的实践能力。为此，很多大学开始大量地安排学生参加实习、实验、实训等社会实践活动。这也要求大学生应该从心底发出"我要实践"的呼喊，努力争取各种机会锻炼自己的专业实践能力，不是为了毕业，不是为了学校，不是为了家长，而是为了自己，为了让自己成为一个对社会真正有用的人才，否则，大学生在求职时可能会频繁出现"高分低能"现象。

### (三) 独立思考、分析和解决问题的能力

现代社会是学习型社会,也是终身学习的社会。现代企业也非常重视大学生的学习能力。学习能力强的大学生可以减少入职培训时间,可以有效提高学习或工作效率。而大学生学习能力的高低主要取决于独立思考、分析和解决问题的能力。大学生在大学期间应该着重培养自己这方面的能力,它是衡量人才的重要指标之一。

大学生在日常学习和实际生活中,遇到问题时不要急于求助他人或是查阅资料,首先要冷静下来,独立地思考、分析问题,可以自己试着提出多种解决办法,然后从中选择一种最好的解决方案;也可以通过分阶段解决问题,最终解决整个问题;大学生一定要相信自己有能力解决,不怕失败,敢于尝试。如此,大学生才能提高独立思考、分析和解决问题的能力。

### (四) 时间管理能力

一位成功人士是善于管理时间的。大学生如果要想取得成功,就必须学会管理时间。首先,大学生应该有“时间管理”的意识。其次,大学生要学会如何进行时间管理(详见本章第四节)。

试想一下,大学生如果能够有效地管理时间,那么不仅能安排好学习、生活,还能坦然面对压力,一身轻松。

### (五) 写作能力

对大学生来说,写作能力不仅关系到大学学业的顺利完成,还关系到将来职场的沉浮升迁。试想,一个连一篇自我总结和自我规划都写不完整、写不明白的人,单位还能对他要求得更多吗?但是,不少大学生的写作能力还需进一步提高。这就要求大学生,一要多阅读优秀文章,多思考,看看别人是怎么写的,同时获得有关知识;二要勤加练习,锻炼自己的文笔、思维和分析问题的能力;三要善于向写作好的教师、同学、朋友等取经。

### (六) 心理调节能力

大学生的生活很丰富,包含学习、休闲、恋爱、参加社团活动等。然而,大学生在应对各种事情之前、过程和结果时,大学生都需要调节自己的心态,把事情做好。事实上,良好的心理调节能力是每一位成功人士的必备品质。

大学生应该养成良好的心理调节能力,培养自己对待问题的冷静态度,对人、对事时刻保持一个平和的心态。大学生遇到喜事,不要沾沾自喜;遇到困难,不要一筹莫展;有问题要及时解决,有心事可以找人倾诉;心情不好时,也可以通过写作、唱歌、运动等方式来宣泄自己的情绪;要经常做好心理暗示,如“失败了是长见识了”“没有过不去的关,只有不想过关和不会过关的人”“我一

定会成功的”。

### (七) 生活自理能力

生活自理能力是每个大学生应有的能力。大学生只有具备良好的生活自理能力,才能更好地发展自己。良好的生活自理能力不仅仅要求自己能“活”下来,而且要求活得利索、活得体面。然而,当前大学生的生活自理能力不容乐观,这可以从教室、寝室的卫生情况,从大学生的衣着打扮等方面看出。

这要求大学生,一要树立增强自己的生活自理能力的意识,要坚定“一屋不扫何以扫天下”的类似思想;二要从细小处着手培养自己的生活自理能力,如卫生、着装、消费,养成良好的生活习惯;三要经常评价自己的生活自理能力,并提出改良措施。

### (八) 创新能力

创新是一个民族的灵魂。与时俱进,是时代赋予大学生的使命。因循守旧、循规蹈矩地对待生活、学业、事业,最好的结果也就是停滞不前,这种做法比较适合缺少远大抱负、安于现状的大学生。

要想在千百万求职大军中成为幸运儿,具备一流的创新能力是必需的。企业要发展,发展靠员工,员工创新能力的高低直接决定企业发展程度的高低。因此,大学生要努力增强创新能力。

这就要求大学生,一要树立增强创新能力的意识;二要时刻做好充分的准备,自觉主动地发现并提出问题;三要反复思考,激发创新思维并不断进行问题解决的尝试,如面对一个问题,如果没有合理的解决方案,你是否能够提出一个来?如果已经有了解决方案,你是否能够提出一个更好的?四要建立创新型团队,群策群力,营造良好的创新氛围;五要积极参加各项创新活动,这可以锻炼一个人的思维水平、创新能力和实践能力;六要关注直觉思维成果,及时抓住创新灵感。

**阅读材料 6-1　创新能力训练**

试用 3 条线穿过下面 4 个点。真正创造性解决问题的方法总是能够摆脱常规的束缚(如右边两图所示),那么现在请你试一试。

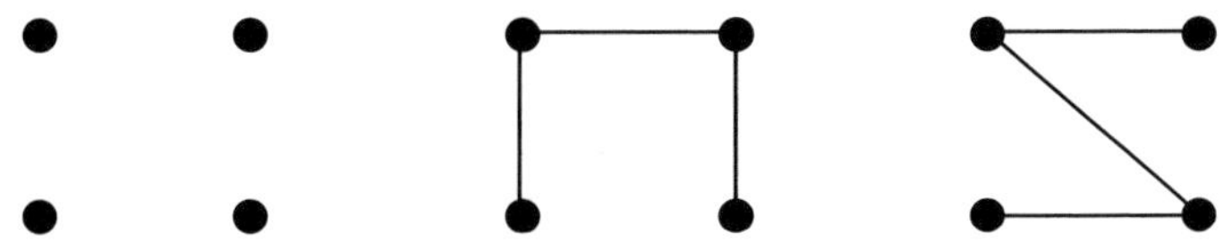

如果是用 4 条线穿过 9 个点，又该如何呢？

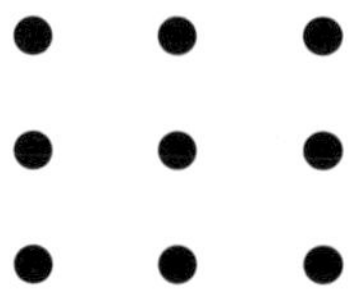

参考答案：

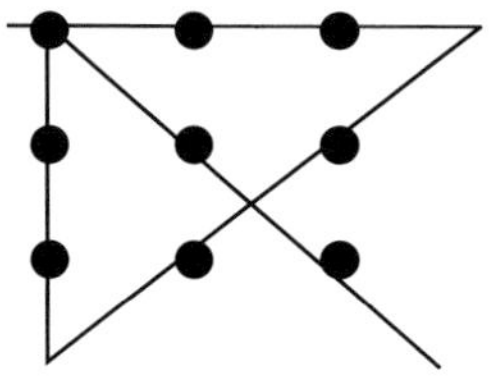

## 第三节　大学期间生涯规划的制定

### 一、树立大学期间生涯规划意识

大学时期是人生发展的一个新阶段，大学阶段的学习、生活、社会工作情况直接或间接地决定了大学生未来的职业发展方向与高度。可以说大学阶段是个人职业生涯的起步阶段，是决定能否赢在起点的重要阶段。许多走上工作岗位的大学生，在回首自己的大学生活时，无不感慨万千，认为恰恰是这个阶段决定了自己的人生道路和影响着自己今天的生活面貌。人生需要规划，大学阶段更需要进行科学、合理的规划。

大学期间生涯规划是大学生通过对未来大学生活道路的预期设计，并采取相应的措施，谋求在大学生活中取得更大成功的一种新型的大学生活管理活动，是个人对未来发展作出的主动的、自觉的计划和设计。

#### （一）大学期间生涯规划的意义

大学期间生涯规划在促使大学生多方面潜在发展的可能性转化为现实发展的确定性的过程中起着重要作用。大学期间生涯规划可以增进大学生正确认识自身的个性特质、兴趣和能力倾向，了解自己的职业价值观，树立明确的职业发展目标与职业理想。大学期间生涯规划也有利于大学生及早地了解社会对人才培养要求所必备的一些个性品质，从而科学地规划自己的成长与发展，更好地挖掘自己的潜质，把知识的学习、素质的发展、能力的提高协调起来，为未来做好全面的和综合的各项准备。

在当今迅速变化的社会环境中，大学生普遍充满着对未来的困惑：自己能干什么？自己想干什么？自己适合干什么？社会需要什么样的人？怎样才能获得自己喜欢的工作机会？当走出象牙塔的时候，很多想找工作但却找不到工作，想找到一份"好工作"却不能如愿以偿的大学生往往会抱怨大学扩招、学校太次、专业不好、企业太刁、缺乏社会关系，斥责别人有眼无珠，叹息自己英雄无用武之地。他们唯独没有回头看看自己的大学生活是怎么过来的，在大学期间自己的核心竞争力是否形成。而大学期间生涯规划就是要改变这种现象，使大学生在校期间按照职业的要求，根据自己的优势来提升核心竞争力，更快、更好地适应未来社会的需要，可以说大学期间生涯规划是将来个体人生制胜的法宝。从这个意义上来说，了解生涯规划的相关理论，掌握大学期间生涯规划的基本要求和方法，应该成为所有大学生的必修课。

正像西方有一句谚语所说："如果您不知道自己要到哪儿去，那么通常您哪儿也去不了。"现代社会环境为每个人提供了巨大的自主发展空间，同时，发展空间的增大也意味着人生轨道不确定性的增加。人生所面对的情境是无常、变化和富于挑战性的，在这样的背景下，大学生认真制定大学期间生涯规划就显得倍加重要。每一位大学新生面对新的生活，首要的任务就是认真审视自己，清楚人生未来的奋斗目标，明确大学生活的任务，不断促进个性发展和综合素质提升，认清形势，准确定位，合理安排自己的大学生活，规划好宝贵的大学时光。一份行之有效的大学期间生涯规划，可以帮助个体以充分的准备去面对未来，更为重要的是帮助个体真正了解自己，学会估量主客观条件和内外环境的优势和限制，设计出符合自己特点的合理而又可行的生涯发展方向。

### (二) 大学期间生涯规划的心理准备

大学期间生涯规划是个人对自我发展的规划，是通过自我认识，制定自己独特的发展方向和路径，找出自己感兴趣的领域，清楚自己切入社会的合适的起点和方向，诸如确定发展方向和目标，制定途径计划，明确需要加以完善和提升的内容以及需要进行的学习准备等，其中最为重要的前提就是读懂自己。

**1. 关注自己的需要**

人欲求得生存和发展，就必然会要求拥有一定的事物，这些生理的和社会的需求在人的头脑中反映出来，就形成了人的需要。正因为人有需要，所以才引发了人的相应的行为。当指向目标的行为使得原有的需要得以满足之后，又会激发人们产生新的需要。人的需要是推动人们从事活动的内部动力。因此，大学生在制定大学期间生涯规划时应关注自己的需要。

**2. 聚焦自己的兴趣**

除了需要以外,在进行生涯设计时个人的兴趣、爱好也会产生强大的推动作用。兴趣是一个人积极探究事物的认识倾向。它使人对有趣的事物予以优先的注意和积极的探索,并且带有情绪色彩和向往心情。当人的兴趣进一步发展成为从事某种活动的倾向时,就形成了人的爱好。当人们从事自己感兴趣的活动时,可以激发出强烈探索和创造的热情,促使人们全身心地投入其中,在良好的体能、智能、情绪状态下完成活动。兴趣也是大学生在进行生涯设计时必须考虑的重要因素之一。

**3. 明确个人价值观**

从某种意义上说,人生即是选择。在种种选择的背后,价值观是最重要的支配因素。人的价值观属于个性倾向性范畴,它的含义很广,包括从人生的基本价值取向到个人对具体事物的态度。价值观是人们对人生、对客观事物作出的什么是有(无)用、有(无)意义、好(坏)的认识与评价。作为一种内心的尺度,作为一种具有主观性的心理倾向系统,属于认知范畴的价值观充满着情感和意志,渗透在一个人的个性中,对人的行为、态度、观点、信念、理想等都起着支配作用。人们的价值观也支配着人们去认识世界,去认识客观事物对自己的意义,去进行自我了解、自我定向与自我设计。因此,大学生在进行大学期间生涯规划时应明确个人价值观,以更好地发展自己。

**4. 结合自己的情况和社会需要,打造特别的我**

戴尔·卡耐基(D. Carnegie)指出:"每一个人都应该努力根据自己的特长来设计自己、量力而行。根据自己的环境、条件、才能、素质、兴趣等,确定进攻方向。"每个人都是独特的个体,彼此千差万别,彼此的生涯目标、实现路径也各不相同,每个人应承认并尊重自己的独特性。人的气质、性格等个性心理特征也是大学期间生涯规划的依据之一。同时,大学生在做大学期间生涯规划时,必须要考虑社会的需要,以更好地实现个人价值。因此,大学生在制定生涯规划时,要根据自身情况和社会需要,因人而异地进行自我探索,通过多种途径全方位地认识自己、悦纳自己,结合自己的特质富有个性地发展,以达到自己的生涯目标。

**阅读材料 6-2　哈佛毕业生的差别**

有一年,一群意气风发的天之骄子即将从美国的哈佛大学毕业,开始各自的职业发展。他们的智力、学历、成绩、环境条件都相差无几,临出校门,哈佛对他们进行了一项关于人生目标的调查,结果如下:27%的人没有目标;60%的人目标模糊;10%的人有清晰但比较短期的目标;3%的人有清晰而长远的目标。

25年后,哈佛再次对这群学生进行了跟踪调查,得到结果如下:3%的那部分群体,25年间他们朝着各自的目标方向不懈努力,均成为了各领域的成功人士,其中不乏行业领袖和社会的精英;10%的群体,他们的短期目标不断地实现,成为各个领域内的专业人士,大都生活在社会的中上层;60%的群体,他们安稳地生活与工作,但都没有什么特别成绩,几乎都生活在社会的中下层;剩下27%的人,他们的生活没有目标,过得很不如意,并且常常在抱怨他人、抱怨社会、抱怨这个"不肯给他们机会"的世界。

其实,他们之间的差别仅仅在于:25年前,他们中的一些人有着清晰而长远的职业发展目标,而另一些人则目标模糊或没有目标。

## 二、大学期间生涯规划的制定与实施

### (一)树立规划意识,进行自我评估

人一出生来到这个世界,就在不断地进行自我探索。自我是动态发展的,一个人要完全达到自知是一件非常困难的事情,很多人一生都在进行自我探索,也未必能达到完全的自知。人贵有自知之明,自我评估的目的就是正确且全面地认识自我、了解自我。认识自我就是要客观地评价自己,既不高估自己,也不贬低自己;了解自我,就是要了解自己的优势、劣势、自己的与众不同和发展潜力。自我评估包括自己的性格、兴趣、特长、学识、技能、思维、道德水准以及社会中的自我等。

### (二)分析外部环境,了解职业世界

#### 1. 分析外部环境

分析外部环境主要是评估各种环境因素对个人生涯发展的影响。每一个人都处在一定的环境之中,在制定大学期间生涯规划时,要分析环境条件的特点、环境的发展变化情况、自己在这个环境中的地位、环境对自己提出的要求以及环境对自己有利的条件和不利因素等,包括社会环境分析、行业环境分析、学校和家庭环境分析等。

#### 2. 了解职业世界

对一种职业是否有深刻的认识将关系到大学生能否长期坚定职业方向,能否建立明确的职业目标。大学生应了解职业世界,认清选定的职业所需要的知识、技能和人格特征,该职业的特点,该职业在社会环境中的发展过程和目前的社会地位以及社会发展趋势对该职业的影响。

**阅读材料6-3　了解职业世界**

了解职业世界包含的丰富内容：首先要对社会职业状况有一定了解（如行业结构的分类、社会职业的发展趋势及特点、职业流动的特点与规律等）；其次，要清楚地知道不同职业的性质、特点、任务、工作环境、资格要求等方面的内容；再次，个人为了获得适应某种特殊职业要求的职业资格，需要接受哪些教育与培训，怎样对各种教育、培训机构进行评价、选择，怎样对自己的胜任情况进行评估，需要在哪些方面去提升自己等。还有，寻找工作资源，发现职位空缺，也是了解职业世界的内容。

了解职业世界的途径有很多，比如：浏览政府或学校的职业辅导部门提供的网上、网下的资料，各种媒体发布的职业资料信息，劳动服务部门、职业服务机构提供的信息，用人部门直接提供的信息等。除此以外，我们还可以主动运用个人的关系网来扩展信息渠道。每个人都有自己的亲戚、朋友、熟人、同学等，他们构成了个人的关系网。这些人中的每一位都可能为自己提供各个角度、各个方面的有关职业世界的信息资料。信息访谈则是获取更多职业信息的又一种方法。当人们想涉足某一职业领域却又对其缺乏了解时，不妨与已从业的人员进行由自己把握、控制的信息访谈。了解的具体内容包括：招聘员工的学历、经历要求；岗位条件；要做何准备；大学的什么课程对此工作有用；新进员工从何做起；员工通常进行什么培训；证书要求；将来可能发生的变化和需要进行的准备；从事此项工作有何发展机遇；如果有人选择这项职业会给他什么忠告；还有什么人了解此项工作等。

## （三）设定有效目标，进行目标分解

有人说过这样一段非常富有哲理的话："未来不是一个我们要去的地方，而是一个我们要创造的地方。通往那里的道路不是被发现的，而是被走出来的。造路的过程既改变了造路者，也改变了目的地本身。"

目标管理是使工作变被动为主动的一个很好的手段，实施目标管理不但有利于一个人更加明确高效地工作，更为未来制定了目标和评价标准。目标其实就是感官的过滤器，当你有了目标，就会见所未见，而身边的资源也会源源不绝地涌向你。通常，明确的目标可使人们更清楚要做什么、怎么做，从而减少行为的盲目性，提高行为的自我控制水平。

目标确立可以从以下两个方面着手。

### 1. 设定有效的目标

制定目标需要遵守明确而具体、大胆而详细、远大而合理、切实而可行、具有挑战性的原则。一个有效的目标，必须符合五个条件：具体的、可以量化的、能够实现的、注重结果的、有时间期限的。目标对人生有巨大的导向作用。有限的目标会造成有限的人生，所以在设定目标时，要尽量伸展自己。目标要高远但绝不能好高骛远。目标要明确具体，目标越简明、越具体越容易实现，越能促进个人的发展。在设定目标时，切忌目标不明、目标过高、目标过低或目标过多。

**2. 进行目标分解**

实现目标的过程是由现在到将来，由低级到高级，由小目标到大目标，一步步前进的。但是，设定目标最高效的方法则是与实现目标的过程正好相反，制定大学期间生涯规划可运用“剥洋葱法”，由将来到现在，由大目标到小目标，由高级到低级，层层分解，一直分解下去，直到知道现在该去干些什么。目标可以按性质和时间进行层层分解，按性质分解的生涯目标包括能力目标、成果目标、心理素质目标和观念目标等；按时间分解就是给按性质分解的目标作出明确的时间规定，可以分为终极目标、长期目标、中期目标和短期目标。要注意长期目标与短期目标的结合，对于短期和近期的目标，应详细规定实现的时间和明确的方法。目标设定应形成合理结构，促进个人全面发展，如图 6.1 所示。

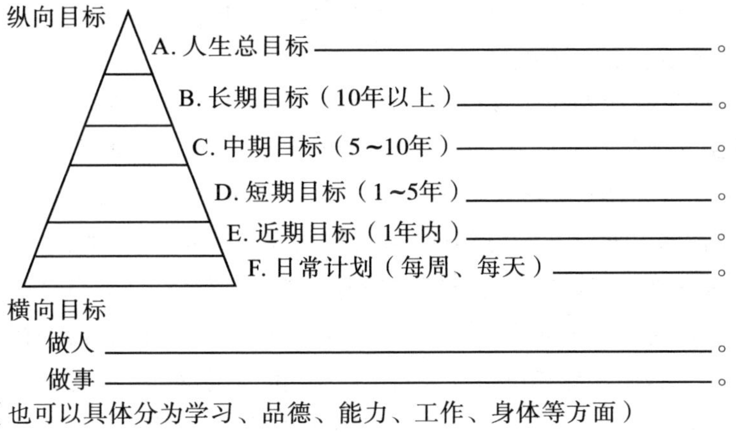


**图 6.1　目标结构图**

## （四）制订实施方案，积极采取行动

“千里之行，始于足下”，“不积跬步，无以至千里”。很多大学生都意识到规划的重要性，也确立了自己在大学期间要实现的目标，但往往被很多无益于目标的活动和行为干扰，容易受到阻力或自身习惯的影响而偏离目标或停止对目标的追求。所以大学生要清楚地认识到：仅有愿望是不够的，只有积极采取行动，一步一个脚印，目标才能一点点地实现。有了清晰的目标后，大学生需要制定切实可行的实施方案，也就是制定好个人在大学期间的生活和学习规划，具体可以包括学业规划、生活规划、综合素质拓展规划等。在大学阶段不同的时期，大学生可以有针对性地制定相应的实施方案和策略，并努力付诸实际行动，一切才会真实而明确地展现在眼前。

具体来说，大学生活一般要经历四个时期：适应期、确定期、冲刺期、毕业期。一年级为适应期，大学生要尽快调整状态适应大学生活，初步了解所学专业，提高人际交往沟通能力。二年级为确定期，大学生应考虑清楚个人未来的发展方向（是否继续深造或就业），同时以提高自身的基本素质为主，积极参加学生会或社团等组织，可以尝试兼职、社会实践活动，并开始有选择地辅修相关专业的知识以充实自己。三年级为冲刺期，大学生临近毕业，目标应锁定在择业、考公务员或考研上。参加和专业有关的暑期社会实践工作，锻炼自己独立解决问题的能力，有意识地培养个人职业发展的核心技能，做好考公务员或考研的心理准备和知识储备。四年级为毕业期（分化期），大学生面临毕业，面临各种各样的选择，如工作、考公务员、考研、出国等。这时，可先对前三年的准备进行总结，对自己有个清楚的认识，明确今后的发展方向，准备就业的同学可以和同学交流求职工作的心得体会，学习写简历、求职信，了解搜集工作信息的渠道，掌握一些求职技巧，积极参加招聘活动，尽快转变角色适应新的环境，投入自己全新的职业生涯。

### （五）评估反馈，调整修正

大学期间生涯规划和发展是一个复杂的、持续的过程，影响生涯规划的因素很多，有的甚至是无法预测的，因此要时刻关注环境的变化，不断对生涯规划进行评估与修订。随着个体对大学生活和自身以及社会的不断认识，需要不断修正和调整自己的目标和方案。其修订的内容包括：生涯机会的重新评估、职业的重新选择、生涯目标的修正、计划与措施的变更等。大学生要经常回顾自己的构想和行动规划，必要时及时调整。如果自己的理想蓝图已经发生变化，自己的构想和行动规划也要相应变动，而目标和策略也应随之改变，保证至少每 3 个月检查一次计划进度，实施过程监督。大学生可积极借助辅导员、同学和父母的督促，通过开展“回头看”或“月盘点”这样的活动帮助自己对大学期间生涯规划进行阶段性总结反思，帮助自己实时调整修正。

## 三、大学期间生涯规划的误区

大学生在制定大学期间生涯规划时要注意避免一些误区，以免影响规划的效果。具体如下。

### （一）目标远大，但不切实际

每个人对生活都有美好的向往。大学生对这种美好生活的向往和追求更为迫切和强烈,但在很多时候,他们的目标显得与客观实际距离太远,不切实际,对于自己是否具有与之相适应的素质,如知识、能力、性格、爱好、气质等,他们却很少考虑。

### (二) 有较强的自我意识,但缺乏把握自我的能力

常言道,知易行难。经过高考洗礼的大学生,带着良好的自我感觉进入大学校园之后,昔日的优越感荡然无存,不少学生心理上会产生一种失落感,在自我认识和自我价值感方面产生困惑,虽然有较强的自我意识,但在面对现实时,往往缺乏把握自我的能力,不能理智地对待现实,缺乏把握自我、驾驭自我的能力,有规划但往往不能一以贯之。

### (三) 目标的不稳定性

大学生接受新生事物较快,容易受到环境条件变化的影响,而且大学生的人生观、价值观、情感、意志、兴趣爱好等也在逐步形成和培养过程中,具有较大的不稳定性,可塑性较强,因而在确立自己的生涯发展目标和方向的时候,容易摇摆不定。因此,大学生在进行大学期间生涯规划时,要尽量减小其影响,对生涯发展目标可以调整、评估和修正,但决不能朝秦暮楚。

### (四) 反馈评估的滞后性

大学期间目标的确立以及生涯策略的制定,要在不断的实践中评估和反馈,从而及时调整其目标方向和行动方案。但由于大学生正处在迅速走向成熟但尚未完全成熟的阶段,多数学生缺少规划意识,同时他们毕竟缺乏工作经历,缺乏一定的社会阅历和判断力,不能及时地从职业实践中获得反馈,其评估带有明显的滞后性。因此大学生在校期间应尽量利用各种条件和机会,参加较多的社会实践锻炼,如家教、志愿者服务、校园社团活动及一些有益的社会活动和交际,从而使自己的发展目标和生涯策略在实践中得到检验和反馈。

# 第四节　学会时间管理

## 一、时间管理的重要性

时间如沙漏,生命似流水。时间就像沙漏里的沙粒那样缓缓地流逝,然而沙漏可以翻转 180°,让沙粒重新从上方缓缓地流下,但是我们的人生却不能倒转。有研究表明,71.3%的大学生在时间管理方面有问题;52%的大学生时间价值感较差,意识不到时间的有效性与宝贵性;49%的大学生时间管理效能感差,无法有效安排

自己的时间;45%以上的大学生无法按照事情的重要性安排自己的时间。

### (一) 时间的概念

《韦氏大辞典》中对时间的定义是这样的:时间是由过去、现在及未来构成的。时间就是过去、现在及未来的连续不断的连续线。如图 6.2 所示。

**图 6.2　时间的过去、现在和未来**

时间是世界上最稀缺的资源,它不能储存也不会停止,不能增加也无法转让。它具有公平性、不可再生性、不可逆转性、不可增减性、不可替代性和不可蓄积性等特点。时间具有无形的价值和有形的价值。时间对每个人都是平等的,但时间在每个人手里的价值却不同。良好的时间管理,是一种习惯的养成。对大学生来说,学习时间管理是尤为重要的。

### (二) 时间管理的概念

时间管理是个体在日常事务中持续并有目标地运用可靠的工作技巧,引导并安排管理自己及个人的生活,合理有效地利用可以支配的时间。时间管理的目的就是将时间投入与你的目标相关的工作达到“三效”,即效果、效率、效能。效果是确定的期待结果;效率是用最小的代价或花费所获得的结果;效能是用最小的代价或花费,获得最佳的期待结果。

失败者总会说:“我没有时间。”而一个成功的人,他一定会说自己能腾出时间来。这就是失败与成功最大的差异。如何安排你的大学生活,怎样去实现你的大学期间生涯规划,关键是合理有效地利用可以支配的时间。赢得时间,才可能赢得一切。

时间管理的核心是人的自我管理。每个人都是自己的时间管理经营大师。能否有效地管理时间,不单单是方法和技巧的掌握,还与个人对时间价值的认识、自身素质及对工作和休闲这些相互联系的事情的看法有关,是与个人的人生观、价值观、个人发展紧密联系的。有效的时间管理行为包括时间管理意识和时间管理策略。时间管理意识包括时间价值感、对时间的自我控制、时间管理的情感动机因素等;时间管理策略包括目标设置、优先级、计划和安排、反馈等。

## 二、时间管理理论的历史演进

毫无疑问,采用有效的方法去管理时间对每个人来说都是极为重要的。近年来时间管理理论发展非常迅速,首先我们来了解一下时间管理理论的历史演进,这对于学习时间管理是非常有帮助的。

### (一) 第一代时间管理:效率

第一代时间管理基本是备忘录型,也被称为效率一代。备忘录管理的特色就是写纸条,这种备忘录可以随身携带,忘了就把它拿出来翻一下。善用出色的辅助工具、正确地记事(在合适的时间又能在正确的位置上找到)、制定和正确使用核检表、有效地计划和准备、正确地制定优先顺序,这一切都在很大程度上帮助我们不过多浪费时间,提高效率。

这种时间管理的优点是:应变力很强,压力比较小。备忘录型的管理便于追踪那些待办事项。但备忘录管理没有严整的组织架构,比较随意,所以往往会漏掉一些事情,忽略了整体性的组织规划。仅仅有效率是不能让我们达到预期效果的。请想象一下:你正以创纪录的速度和极佳的身体状态爬上一架很高的梯子,可是到了顶上才发现,这架梯子正靠在错误的墙上。如果你只注重效率,这种事就很可能会发生在你的身上。

### (二) 第二代时间管理:效能

片面追求效率所带来的消极后果已经让人们清醒地认识到:效能比效率更重要。为了能选择一条正确的途径,你必须首先知道想去哪儿。如果不先考虑制定目标的话,大多数人都会陷入歧途,导致无意义的时间和精力的浪费。新的研究证实,好的目标对于个人发展、个人的主动性、幸福快乐的生活和时间管理来说是非常重要的。

这种管理模式对于通过制定目标和规划完成的事情,达成率比较高,缺点是容易产生凡事都要安排的习惯,找不到思考的空间。

### (三) 第三代时间管理:潜能导向型时间管理

研究发现,得到充分发挥的才能和时间管理之间存在着明显的联系。从长期看,如果个体认识到自己的潜能、设定相应的目标并根据这些目标安排生活,那么这就会给所有参与进来的人带来最大的好处。克服自己的弱点很重要,而意识到自己的长处,利用它们并使之得到不断的发挥则更重要。通过持久训练让自己的缺点或不足变成优点的方法值得赞赏,然而更有希望的方法则是专注于自己的才能并发挥它们。

只有发现和发挥自己的潜能、设定和按照目标行事的人,才能够长时间积极、稳健和健康地生活。第三代时间管理指出人们应该尽可能在优点和自身潜能的基础上确立自己的目标。

### (四) 第四代时间管理:工作—生活—平衡

我们的生活不是一维的,而是多维的和错综复杂的。工作—生活—平衡的理论要求我们为生活的所有方面都制定目标并努力实现它们,必须使有效的工作方式与生活的其他所有方面协调起来，否则就会效率低下。在管理个人的时间时必须考虑到身体上和精神上的需求、对社交活动的需求和对人生意义的追求。这是一种力求实现工作与生活达到平衡的模式。这种平衡意识、生活不同方面的相互作用和在这些方面里进行投入的必要性无疑正受到越来越多的人的重视，保持平衡对于找到自我价值和提高生活品质来说有很大的帮助。当然平衡并不是意味着把自己的时间平均分配到生活的各个方面，而是指把时间适当地用在重要的方面上。

第四代时间管理针对个人独有的使命，帮助个人平衡发展生活中的不同角色，并且全盘规划日常生活。它比前三代时间管理的高明之处就在于它重新唤起了人们追求丰富多彩的生活的意识，防止生活变得单调乏味，提醒我们要发现并积累生活中宝贵的财富。

### (五) 第五代时间管理:分享—生活—平衡

第五代时间管理首先是关系管理，前四代时间管理是(合理地)以自我为中心的，但是时间往往也是与其他人共有的。更好地认识自我，努力通过行动来实现梦想以及增强自己的责任感以获得更大的成就都是很有必要的。但是如果只想到自己，眼里没有其他人的话，就会停滞不前，这也会给生活和时间带来灾难性的影响。长此以往，对个人的发展也是不利的。

在管理自己的时间时要认识到，为他人创造更多的价值也是繁忙的生活和时间管理的一部分。知道自己能让其他人更幸福的人，自己也会生活得更幸福。

从“工作—生活—平衡”转变为“分享—生活—平衡”，有了这种全方位平衡，自我的人生计划就可以实现多赢。有效的时间管理必须重视与他人和谐友好的交往。在未来的几年里，在个人的周围环境、性格、信任和人际沟通上的改善将成为促进过程优化的最重要因素。它们给人们创造了自由发展的余地。第五代时间管理理论改变的是思想而不是行为，它是一种思维方式的变革。

## 三、如何进行时间管理

在现代社会，我们比以往任何时期的人都有更多的选择机会，这也是这个时代的典型特征之一。如果不遵循必要的原则，那我们就会迷失在选择的“海洋”里，因为如果一切都是同等重要的，那么一切也将变得无关紧要。大学生可能会希望有一种通用的时间管理方法，学会以后，无论何人何时何地，都能畅通无阻地运用。可惜的是，并没有通用的时间管理方法，就像买衣服一样，我们得根据自己的特点选择合适的样式和尺码，有时还得量身定做，不同的人需要采用不同的时间管理方法，有时甚至还需自己创造出新方法来。

下面我们将从时间管理的基本原则以及时间管理的技巧方面来谈谈大学生应该如何管理时间。

## (一) 时间管理的基本原则

大学生要想提高时间管理效率，必须坚持以下基本原则。

**1. 积极主动**

积极意味着采取主动，而不是坐等别人先行动，然后消极地回应。与主动相反的是被动，被动的人习惯于对周围的事情作出反应，这使他们耗费掉更多时间。想一想，然后写下一些能使自己采取主动的具体方法，以便能对自己的时间有更多控制权。

积极主动的原则要求大学生把精力集中于重要而不紧急的事情，就能掌握时间的主动权，保持生活的平衡，减少未来可能出现的危机。

依据新一代的时间管理理论，把事件按其紧迫性和重要性分成 ABCD 四类，形成时间管理的优先矩阵，如表 6.1 所示。

**表 6.1　时间管理的优先矩阵**

| | |
|---|---|
| A. 重要<br>紧迫 | B. 重要<br>不紧迫 |
| C　紧迫<br>不重要 | D. 不紧迫<br>不重要 |

紧迫性是指必须立即处理的事情，不能拖延。重要性与目标是息息相关的，有利于实现目标的事物都称为重要事情，越有利于实现核心目标，就越重要。有些事情既紧迫又重要，如有限期压力的计划；有些事情紧迫但不重要，如有不速之客，或者某些电话；有些事重要，但是不紧迫，如学习新技能、建立人际关系、保持身体健康等；当然有很多事情既不重要，又不紧迫，如琐碎的杂事、无聊的谈话等。

不同类的事情要如何去安排，时间上如何加以调整和运用，这些事情让你去做一个什么样的人，有四种类别可以参考，如表 6.2 所示。

**表 6.2　时间管理中的四种人**

| | |
|---|---|
| A. 压力人 | B. 从容人 |
| C. 无用人 | D. 懒人 |

A. 压力人：认为每样事情都很重要、很紧迫。

B. 从容人：有条不紊、从容不迫地处理各项事务。

C. 无用人：总是去做很紧急、但不重要的事情。

D. 懒人：花大量时间做不重要又不紧迫的事。

认清事务的性质，才能有侧重地分配精力，做到事半功倍。注重哪一类事务，自己就成为哪一类人。要成为一名从容不迫的人，成为一名压力很重的人，成为一名无用的人，甚至要成为一名懒人，选择权在于自己，决定权也在于自己。大学生可以把要做的事情列出来，分门别类地划入四个方框，然后决定为它们花费多少时间。高效时间管理的秘密在于第二方框，即重要但不紧迫的事。如果大学生把精力集中于第二方框，就能更好地运筹帷幄，掌握时间的主动权，身心轻松，能够积极地面对生活。

每天留出一点时间处理重要而不紧急的事情，是保持领先的方法。通过这样做，大学生把宝贵的时间储存起来，在以后面临突发事件时，便能动用自己的储蓄，在紧迫的时间压力面前应付自如。像对待知识一样认真地计划、总结时间的使用情况，合理地消费掉一部分，坚持储存一部分，减少浪费的时间，自己会慢慢地变"富裕"，拥有丰富的人生。

**2. 提前准备**

保持主动的要诀是事先计划，例如每月制定一份计划表，在上面标出重要的日期和繁忙的时间，据此来安排其他的事情。计划表非常重要，它使我们能有计划地运用时间，以达到自己最终的目的，实现更高层次的自由。

**3. 通盘考虑**

从自己想达到的目标反推出要做的事情，然后详细计划。写下你的目标，然后从目标出发，逐步写出自己需要做的事情。估计每一步所需的时间，然后列出整体计划。

**4. 按顺序做事**

对任务进行分类，舍弃不需要的任务，然后把剩下的任务进行排序，以便优先处理重要的任务。80%的事情只需要20%的努力。而20%的事情是值得做的，应当享有优先权。

**阅读材料6－4　帕累托原理或80/20法则**

早在19世纪末，意大利著名经济学家维尔弗雷多·帕累托(Viifredo Pareto，1848～1923)在研究英国人的收入分配问题时就发现，社会约80%的财富集中在20%的人手里，而80%的人却只拥有20%的社会财富。这就是后来赫赫有名的"帕累托原理"或"80/20法则"的源头。

颇有意思的是，这一原理除了可以应用在经济商业层面以外，在你我的生活中其实有许多方面也是跟这个原理有着密切关系的，它几乎可以应用到所有的生活领域。例如：

(1) 图书大厦20%的图书的销售量，占全部图书销售量的80%；
(2) 一个城市里80%的交通事故，归咎于20%的冒失司机；
(3) 20%的产品或客户涵盖了约80%的营业额；
(4) 80%的时间里，你所穿的衣服占你所有衣服的20%；
(5) 在一个地区，20%的罪犯犯下了80%的罪行；
(6) 门诊大夫80%的时间，诊治占总数20%的疾病；
(7) 一个工厂80%的停工时间通常由其20%的机器造成。

若把这一原理所蕴涵的理念和规律运用于时间管理活动之中，那么它意味着：你所完成的工作里，80%的成果来自于你所花的20%的时间。换句话说，我们80%的努力，也就是大部分的努力是与成果无关的！因此，我们首先要完成重要的事情。

## (二) 时间管理的技巧

**1. 首先安排固定项目**

首先从工作或上课时间开始。这些时间段通常是事先就固定的，其他的活动必须围绕它们进行。然后安排每天的日常活动，如睡觉和吃饭。把固定的项目安排完以后，自己可以看到还剩哪些时间供自己支配。注意在项目之间安排休息间隔，例如每工作50分钟休息10分钟。

**2. 为每件事情设定明确的起止时间**

大学生应为每件事情设定明确的起止时间。这样可以防止项目之间互相干扰，也可以防止自己把事情拖到最后一分钟才做。

**3. 要善于集中时间**

切忌平均分配时间。要把自己有限的时间集中在处理最重要的事情上，切忌每样工作都抓，要有勇气并机智地拒绝不必要的事、次要的事。

**4. 把较大的任务分割成小块**

当自己面对一个巨大的任务，被它压得喘不过气来的时候，试着把它分成小块，使它易于管理，然后相应地安排自己的时间。这样做明确了完成整个任务的各个步骤，畏难情绪会减轻，可以使自己的进度显得更显著，并能多次体会达到目标的喜悦，较小的任务段也易于估计时间，从而加强对完成时间的控制。

**5. 充分利用零散时间**

从时间表中“剪裁”大块的时间后，剩下的边角余料可不能浪费。把零散时间用来从事零散的工作，可以最大限度地提高效率。

**6. 根据自己的生物钟安排时间**

把重要的任务安排在自己效率高、受干扰少的时间段。把自己的空余时间按自己的效率和外界干扰给予不同分值。然后，把优先度高的任务分配到分值较高的时间段。例如，用大块的时间段学习新知识。

**7. 留出充分的休息和娱乐时间**

在制定时间表时，千万不要"虐待"自己，预留出自己需要的休息和娱乐时间，使自己保持良好的状态和愉快的心情。否则，执行的时候会不断打乱计划，不但没有节省时间，反而使其他事情也脱离预定轨道。

**8. 留出机动时间**

不要把所有的时间都填满，为突发事件预留时间。一个填得满满当当的计划表是没有"防震"性能的，稍有意外，整个计划都会"破碎"，无法执行。

**9. 评估自己使用时间的效率，并不断改善使用时间的方法**

大学生可以找一份记事历，把自己每天划成三个 8 小时区域，在这个星期里，随时把自己所做的事情记录在计划表格中，连续做一个星期。试试看，再回来检查记事历，我们就可以发现，由于拖延，由于管理不当，自己浪费了多少宝贵的光阴，如表 6.3 所示。

**表 6.3　时间记事历**

| 时间 | 事项 | 计划用时 | 实际时间 | 浪费时间 | 原因 |
|---|---|---|---|---|---|
| 0:00～8:00 | | | | | |
| 8:00～16:00 | | | | | |
| 16:00～24:00 | | | | | |

当大学生了解到自己是如何使用时间之后，再重做一次实验。这一次，多用点心来计划自己的时间，把需要做的以及想做的事仔细地安排，改善使用时间的方法，检验自己的效率是否会得到提高。

## 案例分析

一位大四的学生回忆说："4 年前，我如愿以偿地跨入了大学校园。当时，对于我来说，大学已是我'理想的顶点'，满足感油然而生。放松紧张的神经，休整疲惫的身体，上课读小说，下课逛大街，早晨睡懒觉，晚上看电影、打游戏，整天不思学习，无所作为，过着为所欲为、随心所欲和人云亦云的大学生活。这种消极颓废的生活伴我混过了半年光阴。第一学期考试下来，我竟然在全班倒数几名之列。这对于长期名列前茅的我，犹如当头一棒，想要振作起来，但又不知从何下手。”

**【问题】**

你认为该大学生的问题是出在什么地方？你认为他该怎么办？

## 心理训练

### 心理训练1:规划大学第一年的目标

**【目的】**学会规划大学第一年的目标。

**【准备】**纸，笔。

**【操作】**

(1) 选出这一年里对你最重要的4个目标，填在下表中。

**最重要的4个目标**

| 最重要的4个目标 | 实现目标的理由<br>(或者目标的重要性) | 实现目标的把握 |
| --- | --- | --- |
| | | |
| | | |
| | | |
| | | |

(2) 请将目标要形成的结果填在下表中，必须注意5个方面，请核对你的4个目标。

**目标形成的结果**

| 要求/目标 | 目标1 | 目标2 | 目标3 | 目标4 |
| --- | --- | --- | --- | --- |
| 用肯定的语气来预期你的结果 | | | | |
| 结果具体生动，有完成的期限和项目 | | | | |
| 要掌握现实过程中的证据 | | | | |
| 把握主动权，能全盘掌握 | | | | |
| 是否对自己有利，为社会所需 | | | | |

(3) 列出你在实现目标过程中已有的各种有利条件和不利条件，以及你的对

策和措施，填在下表中。

**综合情况分析**

| 对策/目标 | 目标 1 | 目标 2 | 目标 3 | 目标 4 |
|---|---|---|---|---|
| 有利条件 | | | | |
| 不利条件 | | | | |
| 对策或措施 | | | | |

(4) 回顾过去，总结经验，并将其填在下表中。

**总结经验**

| 案例 | 成败原因 | 经验启示 |
|---|---|---|
| 案例 1 | | |
| 案例 2 | | |
| 案例 3 | | |

(5) 为自己找一些值得效仿的模范。

① 在你的目标领域中找出有杰出成就的人，简单地写出他们的成功事迹。

② 闭上眼睛想一想，仿佛他们每个人都会提供给你依稀实现目标的建议，记下他们每一位建议的重点。

③ 记下他们的名字，即使你不认识他们，但通过这个过程，他就好像已成为你追求成功的最佳顾问。

(6) 好好地计划每一天的生活。

每日清晨，仔细思考：

① 我要做什么？

② 我要如何开展这一天？

③ 我要朝哪个方向努力？

④ 我要得到什么结果？

## 心理训练 2：利用树图进行时间规划

**【目的】**利用树图能够很好地进行时间规划。

**【准备】**纸，笔。

**【操作】**请在脑海中想象一棵大树，树根是你的价值观，树干是你的目标，树的主枝是你的主要任务，树的细枝和叶子是你的次要任务。

拿出一张白纸，画出一棵树，具体如下：在树根处写上你认为最重要的价值，在树干处写上你的目标，在几个主枝中写上你的主要任务，在叶子和细枝旁写上各种次要任务，完成这幅图。

你可以按照下面的步骤进行。

(1) 树根。写上你认为最重要的价值。如果你对这一点比较模糊，不能清楚地说出自己最想要的是什么，请试一试这个办法——重新拿一张纸，写下所有想要的东西，如健康、金钱、幸福的家庭、爱情、事业、自由自在、旅行、安定……写完之后，划去你认为最不重要的一项，再在剩下的项目中划去一个最不重要的，一直划下去，直到只剩下一项，它就是你最重视的东西。

(2) 树干。写上你的人生目标。注意，你的人生目标应与你的价值观是一致的，如果不一致，思考一下你写下的树根确实是你最重视的东西吗？或者，你写下的人生目标真的是你最大的希望吗？

(3) 主枝。写上几个主要任务。这些主要任务应是直接为你的目标服务的，实现这些任务有助于达到目标。如果不是这样，请思考是否有必要在这个任务上面投入时间、精力。

(4) 树叶。写上次要任务。有些次要任务是实现主要任务的手段，有些次要任务用来维持现在的生活。次要任务是不可缺少的，没有树叶的树无法生长，但它们不应占据你的主要精力。

进行时间管理时，这幅图是重要的参考。以绘制的树图为参考，开始规划。尽可能详细地描述你当前所处的阶段，写下来，以便随时提醒自己：这个阶段的目标是什么？你需要完成哪几件主要的事情？它们有期限吗？期限分别是什么时候？你现在的感受如何……

明确阶段目标后，进一步将其细化，对未来的一年进行规划。

进行规划并不意味着把未来的365天的日程安排得满满当当，而是明确以下问题的答案。

(1) 我希望在这一年过去以后得到什么？

(2) 除此以外，这一年中还有哪些事情需要我花费时间？

(3) 我必须做哪些事情？

(4) 这些事情必须在什么时候完成？

(5) 这一年中有哪几个关键的任务？

(6) 我将怎样根据这些关键任务分配安排时间？

(7) 预计有哪些事情会干扰我今年计划的执行？

(8) 今年的哪一段时期的时间最充裕、压力最小？我准备怎样充分利用这段时间？

(9) 今年的哪一段时期的时间最紧张、压力最大？我准备怎样应对？

对这些问题做到心中有数以后，你就能自如地安排这一年的时间。

## 课堂活动

### 找出大学最重要的目标

**【目的】**找出大学最重要的目标。

**【准备】**纸，笔。

**【操作】**请每人在纸上写出你大学几年所要完成的五件大事，然后按如下要求做：如果现在有特殊事件发生，你必须在五件大事中抹掉两项，体验一下你现在的心情如何？现在又有特殊事件发生了，请你再抹掉一件，心情如何？还要抹掉一件，心情又如何？现在只剩下一件，这就是你五年内最想做的事，对你来说也是最重要的一件大事，即这就是你当前为之奋斗的最重要的目标。

## 小组讨论

将班级分成三组，分别讨论以下问题：

1. 我有哪些管理时间的好方法？
2. 我有哪些大学期间生涯规划的好方法？
3. 我有哪些发展自己能力的好方法？

# 本 章 小 结

大学生活具有以下特点：学习上的自主性，生活上的相对独立性，人际交往的广泛性，自由的课外时间，较多的社会接触面，充分的个性发展，管理制度的约束性和学生的自律性。

能力是指直接影响个体活动的效率，使活动顺利完成的个性心理特征。大学生能力发展的影响因素主要有：先天素质、环境、实践活动、个性品质。大学生能力可以划分为两大类：一般能力与特殊能力。大学生能力发展的目标有人际交往能力，专业技术能力，独立思考，分析和解决问题的能力，时间管理能力，写作能力，心理调节能力，生活自理能力，创新能力。

生涯规划就是指个人对自己未来发展所作出的主动的、自觉的计划与设计。如果大学生对自己的生涯有所规划，那么就可以按部就班地按照自己预定的计划去行动。大学生要树立大学期间生涯规划意识，要做好大学期间生涯规划的心理准备、要搞好大学期间生涯规划的制定与实施。

大学生要想提高时间管理效率,必须坚持一些基本原则和时间管理的技巧。

## 思考与练习

1. 什么是生涯？什么是生涯规划？
2. 大学生需要发展哪些能力？
3. 试述大学期间生涯规划的制定与实施。
4. 时间管理的技巧有哪些？

# 第七章 大学生学习心理

## 知识框图

- 学习概述
  - 学习的含义
  - 学习的作用
  - 学习的心理机制
  - 大学生的学习特点
- 大学生学习能力的培养及潜能开发
  - 大学生学习能力的培养
  - 大学生学习潜能的开发
- 大学生常见的学习心理障碍及对策
  - 学习动机障碍及其调适
  - 学习中的认知障碍及其调适
  - 学习疲劳及其预防、调适
  - 考试焦虑及其预防、调适

## 导入案例

小莉是个很勤奋的大学生，每天都按时上课，从不缺课、逃课，她把所有的业余时间都用在了学习上，可是成绩却总是不尽如人意。同宿舍的小静每天花在学习上的时间比小莉少多了，还经常去跳舞，和同学出去玩，可是成绩却很好。小莉心里很不平衡，不明白为什么自己比小静多花那么多时间在学习上，可成绩却不如她好。

大学的生活围绕学习而展开，学习是大学生的主要任务和主要活动方式。我国高等学校教育心理工作者们通过大量调查分析表明，大学生存在一定的学习方面的心理问题，如何调适以促使学生顺利完成高校学业，是我们要探讨的内容。

# 第一节 学习概述

## 一、学习的含义

学习是一种既古老又永恒的现象。

我国古代，起初“学”与“习”是分开讲的。《辞源》指出，“学”乃“仿效”也，即获得知识；“习”乃“复习”“练习”也，即复习巩固。最早把“学”与“习”联系起来的是2500年前我国著名的思想家和教育家孔子，《论语》中的“学而时习之，不亦说乎”几乎家喻户晓。后来，《礼记·月令》又曰：“鹰乃学习。”这就是“学习”一词的由来。

心理学上的学习的概念有广义和狭义之分。

广义的学习是指由经验或练习引起的个体在行为或行为潜能方面的持久变化及其获得这种变化的过程。它是动物和人共有的心理现象。在理解此定义的同时必须注意以下四点。

(1) 学习是一个普遍现象，是变化的一种结果，同时也是不断变化的过程。

(2) 学习作为一种结果，它的变化必须是持久的。也就是说，学习产生的变化相对于由适应、疲劳、药物等引起的暂时变化要持久一些。

(3) 变化是由经验或练习引起的，而不是由诸如成熟或衰老等因素引起的。

(4) 学习包括行为潜能的变化。行为的变化并不是学习的唯一特征，美国教育心理学家加涅(R. M. Gagne)更重视隐藏在其背后的内部变化。

狭义的学习是指人类的学习，即个体在社会实践中，以语言为中介，自觉地、主动积极地掌握人类社会历史经验和积累个体经验的过程。

学生的学习是狭义的学习，是指在教师的组织指导下，有目的、有计划、有组织地获得知识，形成技能技巧，发展心智和品德的过程。它有以下特点。

(1) 学生的学习是在有计划、有目的和有组织的情况下进行的，是以掌握一定的、系统的科学知识为任务的。

(2) 学生的学习是一种特殊的认识活动，以掌握间接经验为主。

(3) 学生的学习是在比较短的时间内接受前人的知识经验，学习过程中的实践活动服从于学习目的。

(4) 学生的学习不但要掌握知识经验和技能，而且还要发展智能、培养品德以及促进健康个性的发展，形成科学的世界观，以利于今后的生活、学习和工作。

大学生的学习是指在高校里的学习，是人类学习中的一种特殊形式，属于学生学习范畴。

## 二、学习的作用

### (一) 学习是个体生存的必要手段

动物和人的生活都离不开学习。学习是动物和人与环境保持平衡、维持生存和发展所必需的条件，也是适应环境的手段。据俄罗斯媒体报道，俄罗斯科学院动物分类和生态学研究所专家列兹尼科娃(Reznikova)经过大量调研后发表文章表明，年幼的野兽、鱼类、鸟类甚至昆虫都能从其母亲那里学到基本的生存技能。譬如，从学习一词的最初由来，"鹰乃学习"，鹰若不学习飞行，不学习捕食，就不能适应不断变化的外界环境，也就无法生存下去。

人类婴儿与初生的动物相比，相对来说，独立能力低，天生的适应能力也低。可以说，离开亲人的养育，婴儿根本无法生存下去。但是人类却有动物无可比拟的学习能力，可以迅速而广泛地通过学习适应环境。如种植粮食，获取食物，主要靠学习；战胜猛兽等天敌，对付可怕的瘟疫，靠的也是学习。总之，人和自然界的其他动物如狮子、老虎甚至老鹰相比，很多方面都处于劣势，但人能够成为万物之灵，主要靠学习。国外有句名言，叫作"不学习就灭亡"。1972 年联合国教科文组织国际教育发展委员会发表著名的研究报告，题为《学会生存》，把学习与生存直接联系在一起，可见学习对人类生存的重要性。

### (二) 学习可以促进人的生理、心理成熟

随着年龄的增长，人的生理和心理会逐渐成熟。这主要是因为人不断学习促进个体成熟的结果。关于人类学习对成熟的促进影响，瑞士著名儿童心理学家皮亚杰(J. Piaget)认为，必须通过技能的练习来促进儿童的成熟。

怀特(B. L. White)关于对初生婴儿手眼协调的动作训练的实验报告，说明了学习和训练对成熟的促进作用。怀特发现，经过训练的婴儿，平均在 3～5 月时便能举手抓到面前的物体，其手眼协调的程度相当于未经训练的 5 个月的婴儿水平。这就说明了学习、训练对成熟的促进作用，学习促进了潜能的表现和能力的提高。印度狼孩卡玛拉回到人类社会时虽然已七八岁了，但智力水平只相当于 6 个月的

婴儿；她死时大约16岁，但智力水平可能只相当于三四岁的幼儿。可见，早期的学习、训练，对人的感觉器官和大脑等机体机能的发展有一定影响。因此，对儿童的帮助，要以其成熟程度为依据，结合恰当的学习内容、合理的训练方法和教育方式，促进其生理和心理的成熟。

### (三) 学习可以提高人的综合素质

人类在社会历史发展过程中创造了大量的物质文化与精神文化。特别是精神文化，如文学、艺术、教育、科学等方面的成果，尤其需要我们通过学习去获得，以全面提高自己的综合素养。缺乏一定文化素养的人不能算作真正健全的人，现代社会的新型人才必须是具有较高文化素养的人。

学习可以优化人的心理素质。一个现代社会的新型人才，应该具备诸多方面的良好心理素质，如高雅的气质、良好的性格、坚强的意志等。这些都可以通过学习来达到。正如萨克雷(W. M. Thackeray)所言："读书能够开导灵魂，提高和强化人格，激发人们的美好志向，读书能够增长才智和陶冶心灵。"

### (四) 学习是文明延续和发展的桥梁和纽带

美国著名民族学家、原始社会历史学家摩尔根(L. H. Morgan)认为，人类社会的历史可概括为三个时代，即蒙昧时代、野蛮时代和文明时代。在蒙昧时代，人类世代相沿地生活在热带或亚热带的森林中，以野生果实、植物根茎为食，还有少部分栖居在树上。随着地壳的变化、气候的改变，人类不得不从树上移居到地面，学会了食用鱼类、使用火、打制石器、使用弓箭、磨制石器等生存的本领，世代相袭。到了野蛮时代，人类又学会了制陶术、动物的驯养繁殖和植物的种植。这一时代后期，人类还学会了铁矿的冶炼，并发明了文字，从而使人类历史过渡到文明时代。

由此看来，人类文明的延续和发展，就如同一场规模宏大且旷日持久的接力赛：前人通过劳动和生活获得维持生存和发展的经验，不断总结，不断积累，不断提高，并形成知识和技能，传给后人；后人在学习前人经验的基础上，进一步丰富和提高人类文明的内涵和水平，以适应时代与环境的变迁。如此世代传承，形成了一部人类文明延续发展的历史。

值得注意的是，由于人类文明在一定意义上存在加速发展的趋势，所以学习活动对人类社会的作用更加明显。18世纪的技术革命以蒸汽机的发明为标志；19世纪的技术革命以电力为标志；20世纪以电子计算机、原子能、空间技术为标志的新技术革命，又一次证明了学习的巨大促进力。

## 三、学习的心理机制

受限于篇幅，本部分仅从智力因素和非智力因素的角度来探讨学习的心理机制。学生的学习质量和效率受很多心理因素的影响，不仅受智力因素影响，而且受非智力因素影响。

### （一）智力因素——学习的基础

人的智力是人脑中的各种认识组成的对客观事物的稳固的、综合的反映。它是影响人的反映效率、反映效果的个性心理特性，表现为人对客观事物的反映深度、广度、速度和准确度。观察力、注意力、记忆力、想象力、思维力和创造力等是智力的构成因素，其中思维力是智力的核心，创造力是智力的高级表现。有人形象地把它们之间的关系比喻为：注意力和观察力是智力的窗户，外界的信息只有通过注意和观察才能源源不断地进入大脑；想象力是智力的翅膀，只有展开丰富的想象，智力才能像矫健的雄鹰那样翱翔万里；记忆力是智力的仓库，只有仓库中储备的信息丰富充足，智力这座工厂才能很好地进行加工；思维力是智力的核心，其他因素为它提供加工的信息原料和活动的动力资源，若没有思维力这一加工机器和工作，信息原料和动力资源都将是一堆废物。可见，智力因素具有较强的整体性。

一般说来，智力水平的高低直接影响学习的效率和质量，是成才的必要条件。智力因素发展的水平高，知识才能学得深、学得透、学得活、学得牢。大学生正值智力发展的高峰期，所以要借助大学有利的学习条件，充分发展自己的智力，即发展稳定的注意力、敏锐的观察力、牢固的记忆力、丰富的想象力和富有创造性的思维力，从而提高学习的效率和质量。

### （二）非智力因素——学习的关键

影响学习的非智力因素，包括除智力以外的全部个性心理特征，如学生的学习兴趣、学习动机、情绪、态度、意志、理想抱负、价值观念等。非智力因素虽然不直接参与认识活动，但对于具备一定智商基础的大学生来说，这些非智力因素对学习起着动力、定向、激励、强化和调解等间接影响作用，是学习发展的充分条件。

心理学家通过大量的研究证明，智力因素与非智力因素都对学习产生极大的影响。美国心理学家推孟曾对 1 528 名智力超常的学生进行长达几十年的追踪研究，结果表明：智力水平高的人不一定能成为成功的人士，而成功者大都具备优秀的非智力因素如自信、乐观、坚韧、恒心、毅力等特征。因此，一个人成才的过程离不开智力因素和非智力因素的共同影响，其中非智力因素对人起着决定性的作用。

## 四、大学生的学习特点

大学生的学习是学生学习的一个特殊的阶段，是指在大学校园这个教育情境中，按照教育目标，在高校教师的指导下，有计划、有目的、有组织地系统掌握科学知识和技能，开发智力，培养个性，形成一定世界观和道德品质的过程。

## （一）大学生学习活动上的特点

### 1. 在高校教师的指导下完成，具有组织性、计划性和目的性

大学是向社会培养和输出高级人才的重要基地，高校教师组织大学生进行学习，有目的、有计划地进行教学活动，合理组织和安排大学生的学习活动，提高大学生理论知识和实践操作技能水平。大学生有一定的自主学习能力，但仍离不开教师的指导，在教师的指导下能够迅速有效地掌握知识，获得成长。大学生的学习在高校教师的指导下完成并具有一定的组织性。大学生学习的根本任务在于获取知识，由于大学生自主学习能力的提高和高校对学生培养方案的规范，在获取知识的方式和途径上，大学生能够明确学习目标，根据个体实际情况进行有计划的学习。大学生的学习具有计划性和目的性。

### 2. 以掌握间接经验为主要学习方式，具有间接性

我国高校采用以班级为单位的授课机制，大学生的学习方式仍以掌握间接经验为主，通过掌握书本知识和教师的间接经验，达到学习的目的。书本以文字的形式把人类的宝贵知识经验记载下来，通过教师指导和教材教学，能够更为直接和迅速地使学生获取知识。虽然高校开展了一系列的实践教学活动，提高学生的实践操作技能，但大学生的学习仍以掌握间接经验为主，因而大学生的学习具有间接性。

### 3. 是一个主动建构的过程，具有自主性

大学生在接受新知识的同时，会把新的知识与自己已有的认知结构建立联系，进行建构。在建构的过程中，大学生会积极主动地寻找适合自己学习的方法，培养和激发学习动机，提高自己学习的积极性和主动性。

## （二）大学生学习内容上的特点

### 1. 学习内容的多样性

大学课程门类多，内容复杂，大学生要掌握的知识量大而广。一般而言，大学生在大学期间应了解和掌握三大类知识，即学科知识、文化科学知识和社会知识。

### 2. 学习内容的专业性

大学教育的主要任务是为社会培养各专业的高级人才。大多数学生在报考大学时就选择了自己的专业，进入大学后，分系、分科、分专业，在某一专业领域内进行深入的学习和提高。大学生学习课程的专业性很强，既要对本专业的某一方面进行深入的了解和钻研，又要学习与本专业联系密切的相关学科领域内的知识。

### 3. 学习内容的职业定向性

大学生毕业后大多从事与自己所学专业相同或相近的职业，因此大学生的学习活动实质上是一种学习—职业活动，是为毕业后参加职业活动作准备。在大学学习期间，大学生既要在本专业所涉及的学科领域内博览群书，又要对本专业的某

一方面有深入的了解和钻研。只有这样,大学生才能使自己适应未来生产、科研、教育、管理、服务以及社会生活各个领域的需求。

**4. 学习内容的高层次性**

大学生所学专业知识起点高,所学的内容很多是该专业、该学科的最新知识。因此,大学生在专业学习中,不但要掌握本专业学科的基础知识和基本理论,还要了解专业学科的最新研究成果及其发展趋势。大学生学习内容中包括一些有争议性、没有定论的学术问题,有利于激发大学生学习的积极性和创造性。

#### (三) 大学生学习方式上的特点

**1. 自学方式日益占重要地位**

(1) 大学的课程留有较多的自学时间,使大学生有可能把精力投入到自己认为必要的或感兴趣的方面。

(2) 教师要提供各种参考书目供大学生课后自学。

(3) 大学生撰写学年论文、毕业论文、参加科研工作,都是在教师指导下依靠自己的能力独立完成的。

**2. 学习的独立性、批判性和自觉性不断增强**

大学生能借助自己的力量完成各项学习任务,表现出较强的独立性。他们总是以评判的态度对待学习,不再过分迷信专家、权威,相信自己通过独立思考,能探索出正确结论。大学生能清醒地意识到自己肩负的责任和学习的意义、价值,学习目的明确,学习态度端正。

#### (四) 大学生学习途径上的特点

大学生的学习途径多种多样,具有多元性的特点,课堂学习与课外学习、校外学习相结合。

## 第二节　大学生学习能力的培养及潜能开发

### 一、大学生学习能力的培养

学习能力一般是指个体记忆、理解与灵活运用所学知识与技能的能力。大学生的学习能力是一个能力系统,它包括以下四个方面的能力:获取信息的能力——包括感知能力、阅读能力、搜集信息资料的能力等;加工、应用、创造信息的能力——包括记忆能力、思维能力、表达能力(口头的、书面的)、动手操作能力、创造能力等;学习调控能力——包括确定学习目的、制定和调整学习计划、培养学习兴趣、克服学习困难等;建立与完善自我意识和进行自我超越的能力。

大学生学习能力的培养需要大学生培养上述四个方面的能力，使自己掌握有效的学习策略，学会学习，成为某些领域的高级专业人才。

**1. 要提高阅读能力和信息资料搜集能力，增强自己信息的获取能力**

阅读能力主要包括精读和泛读能力。对专业基础知识与核心知识必须精读、细读，以达到深入理解。而对一般著作、科普、休闲类的图书、文章更多需要采取泛读、浏览的方式，以拓展视野和开阔思路为主。精读与泛读有机结合，将大大提高学习效率和效果。

信息资料搜集能力的增强主要通过学习、利用好网络、图书馆、老师、同学、媒体、资讯等工具得以实现。大学生通过搜集到的可以利用的信息，可以为学习服务，为自己所用。因此，学习一些简便易行的检索方法，能快速、准确地搜集到需要的信息，对于进高学习能力是非常必要的。

**2. 要提高记忆能力、思维能力、表达能力和创造能力，增强自己加工、应用和创造信息的能力**

记忆能力的提高需要集中注意力，掌握记忆和遗忘规律以及有效的记忆方法。例如：运用重复感知、抄写、记录等方法积极地重复一定的材料或注意的关键部分，掌握识记策略；运用各种记忆术（如位置记忆法、联想法、口诀法、谐音法、形象法等）、做笔记、联系实际生活、利用背景知识等方法建立新旧材料之间的联系，掌握精细加工策略；通过列提纲、做示意图、利用表格等方法将要学习的内容组织起来，以更好地进行管理和记忆，掌握编码与组织策略；合理科学地组织复习，要及时复习、集中复习与分散复习相结合、机械记忆与意义记忆相结合、尝试回忆与反复阅读相结合、注意多种感官协同参与复习等。

思维是人脑通过分析、综合、抽象、概括、比较、具体化等活动过程，依照概念、判断、推理等思维形式，揭示客观事物的本质特征及内在联系，从而认识和掌握客观规律的一种高级的、复杂的认识活动。思维是智力的核心，统率着所有的认识活动，并影响人的意志和情感。思维能力既是大学生理解知识、巩固知识的必要心理因素，也是他们运用知识、“活化”知识、学会学习的重要心理条件。如何提高思维能力呢？

(1) 掌握科学的辩证思维方法。这些方法主要有：分析与综合、比较与归类、抽象与具体、归纳与演绎等。

(2) 培养独立思维的习惯。思维活动是从产生或提出问题开始。孔子曾提出：“学而不思则罔，思而不学则殆。”这就强调了学习知识中积极而独立思考的重要性。爱因斯坦也曾说：“发展独立思考和独立判断的一般能力，应当始终放在首位，而不应当将获得专业知识放在首位。”培养独立思考的习惯，要从小事做起，从眼前做起，建立自信。同时也不排除吸取他人之长，补自我之短。

(3) 积累深入思维的经验。独立地提出问题与分析问题或提出假说与验证假说都和人的知识和经验的积累程度息息相关。它可使人产生丰富的联想,使思维灵活而敏捷、迅速而果断。这要求我们将书本知识同实际活动、将理性认识同感性经验结合起来,并养成"凡事问一个为什么"的思维习惯、有条理有依据的思维习惯、一问多思以及求异思维的习惯。

(4) 发展全面思维的品质。思维的基本品质由思维广度、思维深度、思维灵活性和思维独立性组成。它们互相区别,又互相联系,作为一个整体,在大学生思维能力体系中相辅相成地发挥作用。综合这四种品质的全面思维,有利于观察、分析问题,尤其是创造性地解决问题。

表达能力可以影响学习效果。表达能力可以影响自己表达出来的语言,也可以影响自己对于别人的表达意思的理解,从而影响学习效果。如何增强自己的表达能力?一要正确评价自己的表达能力;二要就自己表达能力欠佳之处寻找原因,并提出对策;三要向别人学习增强表达能力的方法;四要在实践中增强自己的表达能力。

创造能力是一种根据已知信息重新组合新系统的统摄与联结的能力。这种组合产生现有观念之间的新的联系,能提供具有独特性、新颖性的有社会意义的产物。如何培养大学生的创造能力?

(1) 要求学校、教师提供给大学生创造的环境与条件。培养大学生的创造力,要求教师本身具有创造力,教师应富有研究的兴趣,注重对学生科研能力的培养,让学生体会到为什么要创造,激起创造的愿望与动机;在布置大学生思考问题的时候,要求教师给他们充分思考的时间,否则难以从多个角度思考问题,这样就难以发挥创造力;知识面影响了大学生的创造力,因此大学生应要求在开设课程的时候尽可能拓宽知识面;为了更好地开展研究,大学生应要求学校提供给他们必要的实验室及其他支持。

(2) 发挥集体的力量。当前科学研究有一种向综合发展的趋势,有些课题不是个人力量所能完成的,很多重要的研究项目需要一个研究集体联合攻关。为了培养这种社会创造力,就必须营造一个共同讨论、共同协作开展研究的集体气氛;大学生应经常向别人学习,与别人讨论、交流问题;为了更好地融入集体、发挥集体的力量,大学生应培养为他人服务和研究的热情。

(3) 要开阔视野,积累多方面的知识经验,建立合理的知识结构。知识经验是创新的基础。完整的知识结构与多方面的生活经验,能启发人的思路,为创造性思维的打开带来意想不到的效果。有些科学家的发明不是来自科学本身,而是来自音乐的启示,就是这个道理。因此,大学生要积累多方面的知识经验,建立合理的知识结构。

(4) 突破常规思维。在问题情境中,每一种物体或工具都有它的固定功能,一种功能解决一种问题。但当问题情境很复杂,物体或工具与解决问题所需要的条件有着新的关系时,大学生必须改变物体或工具固有的用途来适应新的需要。另外,在思考问题的时候,大学生应适当改变刺激物在时间或空间上的排列,以利于解决问题。

**阅读材料 7-1　智力游戏**

有两个房间,一间房里有三盏灯,另一间房里有控制三盏灯的三个开关,这两个房间是分开的,现在要求受训者分别进入这两个房间一次,然后判断出这三盏灯分别是由哪个开关控制的。

解题思路:

先到控制开关的房间,同时打开两个开关,开一分钟,然后关掉一个,到另外一个房间看到亮灯就说明是正在开着的开关控制的,然后用手摸一下另外两个灯,其中有一个肯定有热的感觉,就是被打开两个开关中那个关掉的开关控制的,当然,还剩下一个灯就是未打开的开关控制的。

(5) 培养自己强烈的好奇心与求知欲。创造性强的人对个人已有的认知结构是不满足的,对客观事物的矛盾与变化有着强烈的好奇心和探求欲望,对已知论点或论据要求从新的角度进行分析。因而具有高度创造性的科学家、艺术家和作家,都有丰富而独特的联想力,创作观念非常灵活。否则,科学家就无法想象新的实验设计,音乐家就不能谱写新的乐章,作家就不能描绘新的人物形象。因此,大学生需要培养自己的好奇心与求知欲。这要求大学生在学习和研究时,要搞清楚内在缘由,要敢于质疑现有的观点,要多问几个为什么。

(6) 容许自己犯错误。在创造过程中,大学生如果怕犯错误,那么就不可能取得成绩。有创造力的大学生反复论证,采取行为,同时不怕自己犯错误,并善于从错误中吸取教训。

(7) 树立正确的创造动机。具有创造力的科学家、发明家都从创造中感受到对物质世界的奥秘认识的喜悦与欢乐,把为人类造福看作是自己毕生最大的愿望。如果大学生能够树立正确的创造动机,那么就不会以创造工作为痛苦,反而能够更好地坚持下来,并取得较好的成绩。

**3. 要建立学习目标,制定和调整学习计划,培养学习兴趣和克服学习困难,增强自己的学习调控能力**

大学生的学习调控能力是学习能力的一个重要方面,在加强信息获取和加工能力的同时，提高元认知调控能力，体验学习情境中的各种变量的影响，根据变化情境调整目标、计划和克服阻碍等，有助于增强大学生的学习调节和控制能力。大学生可以通过自我计划策略、自我指导策略、自我监控策略、自我调节策略和自我评价策略等对主体认知活动进行监控管理调节，掌握元认知策略。

大学生的学习方式已发生改变，在强调自主学习的同时，大学生应培养自己在学习过程中制定学习目标和实现目标的责任感，而不应该由他人对其进行计划和监控，这样更有助于大学生成为积极有效的学习者。建立学习目标包括学期目标、学年目标和大学目标；制定和调整学习计划包括通过对学习目标评估、进行时间的合理安排、组织学习材料、制定学习计划安排表，并能够根据环境变化合理地调整学习计划；自我学习兴趣的培养可以通过建立目标、体验学习情境、增强对学习的认知等来进行；在学习困境下，大学生可以通过寻求同伴支持、向老师请教、总结学习经验和方法等克服学习困难。在这个过程中，大学生能够通过思考和组织学习活动，逐步增强自我控制和调节的能力。

**4. 要在学习方面培养自己建立与完善自我意识和进行自我超越的能力**

自我意识是一种多维度、多层次的复杂心理现象，其主要由自我认识、自我体验和自我控制三种成分构成。三种成分相互影响，构成个体的自我意识。

建立与完善自我意识的能力主要包括自我认识、自我体验和自我控制的能力。通过自我感觉、自我观察、自我分析和自我批评等提高在学习方面的自我认识；通过自我感受、自爱、责任感、义务感以及优越感等提高在学习方面的自我体验；通过自主、自立、自制和自律等意志努力提高在学习方面的自我控制。大学生通过各种途径，不断完善自我意识，在学习过程中能够运用有效的学习方法，充分地发挥自我潜能，对自己有正确的认识，能够对自己的学习进行合理地自我评价，实现在学习方面的自我超越。

## 二、大学生学习潜能的开发

21 世纪是以创造和创新为标志的世纪，为了在新世纪激烈竞争的舞台上占有一席之地，不被淘汰，必须注重对人才资源尤其是人的潜能的开发。无数事实和许多国内外专家的研究成果表明，人类贮存在脑内的能量大得惊人，大多数人只发挥了极小部分的脑功能。人类一般只使用了自身脑功能的 4%～10%，即使是科研人员，也没能超过 20%。人的潜能犹如一座金矿，亟待开发。大学生智力水平起点高，学习潜能大，在肩负历史重任、面临知识经济挑战的今天，大学生学习潜能的开发就显得尤为重要。

所谓学习潜能，就是存在于学习者自身内部并在一定条件下（如激励、模仿等）可以外化、转变为现实的生理、心理能力。大学生的学习潜能一旦得到合理开发，就会表现出自觉主动的学习状态，学习能力大大增强，能够由厌学转变为乐学，由苦学转变为会学，能够相信并真正实现“比原来学得更好”。

大学生如何开发自己的学习潜能?

### (一) 培养、激发与强化学习的“自我效能感”

自我效能感是指个体对自己可以在何种水平上成功地完成某种任务的能力的信念。自我效能感对建立学习动机、培养学习兴趣、设立学习目标、潜能开发等都有重要的影响。因此培养大学生的自我效能感对大学生的学习和学习潜能的开发有重要的作用。自我效能感是一种主观的心理感受，具有高自我效能感的学生，倾向于选择具有挑战性的任务，且遇到困难时仍能坚持，较少感到害怕和焦虑。在学习活动中，大学生可以通过设立合理的学习目标、掌握有效的学习策略、在学习过程中培养积极情绪、激发学习兴趣等方面来培养、激发和强化个体的自我效能感。

### (二) 优化学习环境，形成全方位学习潜能开发策略

首先，在学校环境方面，要积极创设优良的学习环境、营造活泼热烈的学习氛围。大学生要提高对教学活动的参与度，建立心理上互相支持的学习集体，切实配合学校加强校风、班风尤其是学风建设。其次，要加强自身的心理素质教育与心理健康教育。大学生身心健康是开发学习潜能的最基本的条件。大学生要积极参加学习指导课、学习讲座、学习经验交流报告会等，自觉预防和矫正学习心理障碍，自觉完善学习心理品质，培养良好的观察力、记忆力、思维力、创造力和想象力。第三，要坚持全方位的、立体的学习潜能开发策略。大学生要获得学校、家庭与社会的支持，广泛参加各种实践活动，实现学习潜能的充分开发。

### (三) 养成良好的学习习惯

在学习活动中，学习习惯会对学习效果、学习能力的培养等产生影响。要养成自学的习惯、总结归纳的习惯、反思的习惯、切磋琢磨的习惯、勤于观察的习惯、适应教师的习惯，这有赖于意志和个性的作用。

学习习惯是依靠培养而形成的。良好的学习习惯是学生依靠自己的意志，通过长期实践，坚持运用良好的学习方法进行学习而巩固下来的一种稳固的学习行为方式，对学习效率的提高起着十分重要的作用。

大学生应坚持中学学习中养成的良好学习习惯，并与自己的不良学习习惯作斗争。为适应大学学习既要养成良好的学习习惯，还必须不断改进自己的学习方法。

**1. 应改进学习方法类型**

将中学学习中跟着老师走的“依赖型”学习方法改为大学学习中在老师指导下的“独立自主型”学习方法。目前，我国中学应试教育和基础教育的特点，是老师将知识点详细传授给学生并布置相应的大量习题进行训练和测试，养成了学生在中

学学习阶段“依赖型”的学习方法。大学学习则是老师将知识要点传授给学生后，要求学生独立思考，大学生通过自己预习、复习、查找课外资料等，对所学知识消化巩固，并在此基础上进行创新。“依赖型”的学习方法不适用了，必须改进为“独立自主型”的学习方法，这要求大学生独立自主地学习知识，独立自主地合理安排自己的时间，以及独立自主地根据主客观情况选择自己的成才目标。

**2. 应改进学习知识的方法**

在思想上，要将单纯为分数而学的方法，改变为以增长知识提高能力为目的、同时考虑分数的方法。在技术上，要将中学对各门功课的知识的“细嚼慢咽法”改变为大学的“粗嚼细嚼结合法”，学会抓各门功课的重点，在了解每一个知识点的同时抓住重点，并把重点串起来带动各知识点的掌握和运用。在技巧上，要更加重视实验、实习和各种实践活动，并力争在实践中巩固知识，提高能力。

**3. 要科学运筹时间**

成功人士大都是管理时间的高手。如何才能做到科学运筹时间？第一，要根据自己的生活习惯和特长，把学习、娱乐、锻炼等活动结合起来，设计出符合自己情况的作息时间表。时间表上要有间歇休息，有机动时间；注意计划的可行性，并督促自己施行。第二，要严格执行自己的作息时间表。第三，要运用科学的时间运筹法。例如：集中运筹法就是把自己能够支配的“自由时间”集中起来，化为较长的“整体时间”加以利用的方法；统计运筹法就是随时记录自己的活动时间，检查是否达到目标，不断提高时效的方法；重点运筹法就是利用精力充沛的时间，去干最重要的事情，取得最佳效果的方法；交线运筹法就是把两件或多件可以同时去做的事情，安排在同一时间段中去做的方法；交错运筹法就是适当地变换学习、锻炼、网游等内容，保持大脑高效活动状态，以求在较短时间内创造出较好的学习成果的方法。

**4. 要遵循成才目标选择的原则**

成才目标的选择应遵循以下四个原则：① 杰出性原则，即目标远大，志存高远，但应从自己的实际出发，量力而行；② 专一性原则，即成才目标专一不二，不要东挑西拣、见异思迁，长久动摇不定，同一时期的目标也不宜定得过多；③ 可调性原则，即成才目标要随各种环境条件及自身素质的变化进行一定的调节，具有一定的灵活性；④ 渐进性原则，即成才目标可分解为一系列小目标作为阶段目标，有利于从大处着眼，从小处着手。

**阅读材料 7-2　习惯的养成——21 天效应**

在心理学中，人们把一个人的新习惯或理念的形成并得以巩固至少需要 21 天的现象，称为 21 天效应。这是说，一个人的动作或想法，如果重复 21 天就会变成一个习惯性的动作或想法。

根据我国成功学专家易发久的研究，习惯的形成大致分为三个阶段。第一阶段：1～7天，此阶段表现为“刻意，不自然”，需要十分刻意地提醒自己。第二阶段：7～21天，此阶段表现为“刻意，自然”，但还需要意识控制。第三阶段：21～90天，此阶段表现为“不经意，自然”，无需意识控制。

### （四）激发大学生的学习动机，积极利用学业情绪

学习动机是指学生个体内部促使他从事学习活动的驱动过程。大学生的学习动机是直接促进大学生自主学习的内在动力，对大学生的学习积极性有重要的影响，还对学习有引发、维持以及导向作用。研究发现，大学生的学习动机非常多，如学习专业领域知识、探究事物、为国家作出贡献、为使家长满意以及实现自我等。但无论是外在的学习动机还是内在的学习动机，对大学生自主学习都是非常重要的，除了外界提供的外在动机，对大学生自我而言，应加强内在动机的培养。第一，学习兴趣的提高有利于激发内在动机。大学生可以通过各种方法培养学习兴趣，如全面了解学习内容，建构积极的期望，并进行积极的心理暗示，不断体验到成功；建立适当的自我奖赏机制等。第二，设置目标是激发学习内在动机的重要方法。大学生可以通过明确自己的目标取向以及思考实现目标的方案和目标实现后的喜悦来培养学习动机。

学业情绪是与学业学习、课堂教学和学业成就有直接关系的各种情绪的总称。学业情绪伴随大学生学习生活的方方面面，对大学生的学习生活起着至关重要的作用，它对大学生的学习效率、学习成绩以及身心的发展都有重要影响。在学习的过程中，大学生会产生各种情绪，如高兴、平静、焦虑、厌倦等。大学生若体验到积极情绪，则有利于激发学生学习的兴趣和动机。大学生要积极利用学业情绪，对学习产生促进作用，如学会察觉到自己体验到的情绪，充分利用积极学业情绪的强化作用；学会转化消极高唤醒学业情绪（如焦虑、愤怒等）为外部学习动机，使其给学业带来正向作用；学会合理宣泄自己的情绪，如向同学倾诉、听音乐、寻求专业帮助等，不断提高自身调控学业情绪的能力。

## 第三节 大学生常见的学习心理障碍及对策

大学生的学习心理健康是高校日常工作应关注的重要内容。广大学校教育工作者们在心理健康教育方面应积极关注大学生的学习心理健康，为高校教育教学

提供有效的保障。调查结果显示，在相当一部分大学生身上不同程度地存在着学习心理障碍。学习心理障碍成为大学生在成才道路上的“绊脚石”。目前大学生学习心理障碍主要表现为学习动机障碍、认知障碍、学习疲劳和考试焦虑等。如果大学生不摆脱这些困扰，就谈不上有意义的学习，也就称不上健康的学习心理。

## 一、学习动机障碍及其调适

所谓学习动机障碍，是指对个体正常学习行为和学习效能产生不利影响的动机因素。在影响大学生学习的各种内在因素中，学习动机是最活跃、最集中体现大学生主观能动性的心理成分，它直接影响到大学生学习的努力程度。常见的学习动机障碍主要是学习动机过低、学习动机过强。

### （一）学习动机过低

#### 1. 学习动机过低的主要表现

（1）没有明确的学习目标。这部分大学生既没有长期目标，也没有近期目标，对自己在大学期间以及每学年、每学期学习上要达到什么要求，内心没有标准，得过且过，浑浑噩噩过四年。

（2）没有学习兴趣。即对所学的专业缺乏兴趣。这部分大学生不能从学习中体验到学习乐趣，对学习感到厌倦、畏缩、乏味、枯燥，觉得学习是一件苦差事，学习中失败的体验大于成功的欢乐，进而导致自信心缺乏和自尊心受到伤害，失去学习动力，意志消沉，逃避学习，把大量时间用于上网聊天等消极娱乐活动上。

（3）学习方法不当。这部分大学生往往以消极的态度对待学习，学习行为表现出从众性与依赖性，缺乏独立性和创造性，对一些应学的知识不能运用有效的学习方法，缺乏正确灵活的学习策略，只是一味死记硬背、应付考试，上课无精打采，甚至经常逃课，作业能拖就拖，能蒙就蒙，或者干脆抄袭，更有甚者直接花钱找人代做。

（4）成就感低。这部分大学生没有理想抱负，缺少求知欲，缺少压力感、紧迫感，缺乏进取心，觉得学习成绩没有用，“60 分万岁”“学得好不如混得好”。

#### 2. 学习动机过低产生的原因

从外因看，首先是社会环境的影响。社会上的不良风气导致部分大学生学习动机过低。目前社会上尊重知识的氛围还远远不够，在竞争激烈的今天，大学生面临较大的就业压力，就业机制还存在许多不完善、不合理、不公平的现象，导致新的“读书无用论”的产生，学生看不到前途，看不到希望，觉得学非所用，产生消极情绪，学习动力不足。

其次是学校影响。专业设置的不合理，在一定程度上脱离了社会需要，导致大学生择业困难、学用脱节、学非所用；教学内容陈旧，教学方法刻板、单一，教学效果不佳；校风、学风、班风不好，教学管理不严，教学条件跟不上等，是造成大学生学习动力不足的直接原因。

再次是家庭的影响。有些家长望子成龙心切，对孩子期望过高。过高的期望与要求和实际能力的差距往往使学生丧失自信心，对学习产生厌烦、抵触情绪。

从内因看，个人原因是大学生学习动机不足的最主要原因。首先是部分大学生没有远大的理想和抱负，没有高层次的需求，学习态度不端正，学习动机不正确，学习毅力不强等。

其次，对专业不感兴趣。部分大学生的专业不是自己的理想和专长，他们在一种迫不得已的状态下学习，很难以较高的热情来对待自己的专业学习。

再次，对自我的学业期望不足，自我效能感低。自我效能感越高，学习的自信心就越高；反之，学习的自信心就低。自我效能感不仅影响着大学生学习活动的选择、学习的努力程度、学习中的情绪，而且影响着学习任务的最终完成。换句话说，自我效能感的高低直接影响着大学生能否以正确的态度面对并努力克服学习中遇到的问题和困难。

第四，大学生的归因偏差。归因是个体寻求导致其行为结果原因的一种心理倾向。如考试失败了，是自己努力不够？还是能力不及？或是老师教学不当？成就动机低的人往往会把成败归因于运气，一旦失败了就怨天尤人，丧失斗志。

**3. 学习动机过低的调适**

(1) 明确大学学习的意义。大学生把自己的学习与社会的需要密切联系起来，看到自己学习的价值，才会有责任心和使命感，学习动机才会强烈。因此大学生可以通过多参加一些社会实践，了解国情民情，了解自己所学专业对社会的作用和贡献，并将所学专业知识服务于社会，由此激发强烈的以社会意义和人生意义为导向的学习动机。

(2) 确立适当的学习目标，重新规划学业与人生。进入大学，每个大学生都面临着学习目标的重新定位。目标不明、目标过高、目标过低、目标过多都容易导致大学生出现学习目标的暂时性迷失。因此，大学生应根据自己的环境、条件、能力、兴趣等设计规划学习进攻的方向，使短期、中期、长期的学习目标相结合，并制定具体的学习计划，使学习活动井井有条、忙而不乱，以便科学合理地利用时间和分配精力，有助于调整学习动机，提高学习效果。

(3) 培养学习兴趣，做到多读、多听、多看、多动手、多参与。多读，就是多读书。多读书不仅能增加信息量，扩大知识面，更重要的是能够养成良好的阅读习惯，培养学习兴趣。多听，就是要多听学术报告，了解学术动态和本学科当前最新研究成果，这样不仅可以加深对已学知识的理解消化，更重要的是可以激发求知欲和探索欲。多看，就是要多参观一些学术成就展览，多看一些科技资料片，这样往往能对大学生起到很大的鼓舞和启示作用。多动手，就是要多参加实验活动，并要坚持亲自动手操作，在实际操作中增长技能，使理论运用于实践。多参与，就是要积极参与学校各种科技文化活动，包括各种小发明、小创造活动，有条件的要参加教师的科研项目，撰写论文。

(4) 调整心态，以积极的心态对待学习。特别是面对学习中遇到的挫折与困难，大学生要用自身的意志战胜惰性。适当重视外部诱因，如对学校制定的各种奖惩措施给予必要的关注，给自己定下争获荣誉和奖学金的目标等，也能起到增强学习动力的作用。

(5) 改进学习方法，提高学习效率与学业自我效能感，提高学业的自我价值与社会价值。

### (二) 学习动机过强

**1. 学习动机过强的主要表现**

(1) 成就动机过强。这部分大学生争强好胜，把精力全部用于学习上，并坚信只要自己勤奋努力，就一定会取得优异的成绩；非常看重自己的分数、名次；希望得到他人的表扬和肯定。为了追求完美，常常给自己定过高的目标，如果目标没有达到，就会产生巨大的落差，心理严重失衡，责备自己，对自己产生怀疑，从而造成心理障碍。

(2) 奖励动机过强。部分大学生过分看重奖励，一心想获得奖励，避免受到惩罚。他们学习被动，以考试为中心，精神极度紧张，注意力总在学习上，兴趣单一，学习方法不够灵活。

(3) 学习强度过大。由于学习兴趣单一，这部分大学生每天用于学习的时间过长，缺乏体育锻炼和休息，常常处于身心疲惫状态。

**2. 学习动机过强产生的原因**

从外因看，学习动机过强与他人不恰当的强化有关。社会文化倾向赞扬发奋者，大多数人更支持学习动机过强者，称赞他们学习刻苦勤奋、有志向等，这使很多大学生看不到学习动机过强的危害，待造成身心困惑时已难以自拔。

从内因看，首先，部分大学生成就动机过强，对自己的能力认识不足。他们过高估计了自己的能力，树立的目标和对自己的期望超出了自己的能力范围。这种不切实际的抱负导致了他们的学习动机过强，致使他们长期处于紧张的情绪状态，从而影响了学习效率的提高。

其次是不恰当的认知模式。部分大学生把努力和勤奋看作成功的唯一条件，这是产生过强动机的基础。事实上，努力是成功的必要条件，但并非唯一条件。

再次是出于一定的补偿心理。部分大学生在应试教育的制度下没有很好地锻炼自己的综合素质，无法投入大学丰富多彩的校园文化生活，因此将主要精力放在学习上，以期弥补自己在其他方面的不足。

最后，动机过强与大学生的性格有关。争强好胜、做事过于认真、追求完美、自尊心过强或性格内向、不善交际的大学生容易将所有的精力放在学习上，而缺乏必要的娱乐休息。

**3. 学习动机过强的调适**

(1) 正确认识自己的潜质，制定恰当的学业目标与学业期望，调整成就动机。与此同时，脚踏实地，循序渐进，不好高骛远。

(2) 转换表面的学习动机为深层的学习动机，淡化名利得失，克服虚荣心理，正确对待荣誉与学业成绩。

(3) 培养广泛的兴趣爱好，积极参与各类文化娱乐活动，注意劳逸结合，重视综合素质提高，培养多种特长。

(4) 端正学习态度，树立远大理想，保持旺盛的学习热情，坚持不懈，便会取得预期的良好效果。

## 二、学习中的认知障碍及其调适

学习中的认知障碍，一般是指个体将智力障碍和行为障碍表现在学习上，不仅基础知识、基本技能较差，更主要的是缺乏良好的科学素质，阻碍了参与学习的积极性，阻碍了新知识的继续获取和各种能力的锻炼提高。学习中的认知障碍主要有记忆障碍和思维障碍。

记忆障碍是指记忆力减退或对容易记住的内容经常遗忘，主要表现为记忆的敏捷性、持久性、精确性和准确性中的一个品质或几个品质较差，从而出现问题。记忆有障碍的人往往记得慢、记性差、忘性大、记忆模糊或记忆提取困难等。

思维障碍是指思维僵化、自学能力和言语表达能力差，在思维联想活动量和速度方面发生异常，主要表现为：听课、读书抓不住要领和重点；不会举一反三、触类旁通；不善于归纳和总结等。

认知障碍的形成原因主要是在学习过程中缺乏合理、适时的指导和严格的要求与训练。

学习中认知障碍的调适有以下几种方法。

### (一) 改善记忆能力，把握记忆规律

按照德国心理学家艾宾浩斯(H. Ebbinghaus)学习遗忘规律，遗忘往往是先快后慢、先多后少。因此，我们要遵循遗忘规律，做到对所学知识应及时复习，复习时

间安排要先密后疏，以减少知识的遗忘。

### （二）学会科学的记忆方法，提高记忆效率

**1. 充分运用意义识记**

当识记内容没有什么意义联系时，我们可以将无意义的材料意义化，从而使机械识记转化为意义识记，这样效果更佳。

**2. 克服识记内容的相互干扰**

即消除前摄抑制和后摄抑制对记忆的影响。我们可以合理安排自己的学习时间，一方面可以将中间的内容多复习几遍或运用分散记忆、轮换记忆，造出更多的头尾来；另一方面，可以充分利用清晨和晚上临睡前的时间来记忆，这时干扰较少。另外不同性质的学科要交叉学习。

**3. 进行尝试回忆**

即通常说的“过电影”。心理学家认为，复习时间的20%最好用于阅读，80%用于背诵。老师讲过课程后，试着将内容回忆一遍，实在想不起再看书，如此循环。

**4. 适当的超额学习**

超额学习又称过度学习，是指在学习过程中，当知识已达到成诵后仍继续学习。心理学研究表明，150%的过度学习效果最好。

**5. 运用多渠道方法学习**

个体都是通过视觉、听觉、触觉、嗅觉、味觉、运动觉等多种通道来获取信息的。但在个体成长和学习的过程中，会出现某个感官获取信息的能力非常强，成为主要信息获取通道，当然也有一个或者多个次要信息获取通道。大学生在学习的过程中应该观察自己处理信息的方式和方法，运用主要信息获取通道去学习，综合多种通道提高信息获取能力，提高学习效果和学习能力。如我们记忆某个知识点的时候，可以通过综合阅读、视频学习和实践模拟等方法实现学习目标。

### （三）学会科学用脑

科学家发现人类的大脑有自己的生物规律，即大脑有自己的“生物钟”。人的智力、情绪、体力等都有一个波动的周期，学习过程也有一个周期。每个人都有自己的智力、情绪和体力的高潮期和低潮期，这就要求大学生在学习过程中遇到高潮期时要善于把握，遇到低潮期时要善于调节。

### （四）调整认知模式

如果有的大学生在学习心理中产生的认知障碍不能自己调节，就需要求助专业的心理辅导员。大学生的学习在健康的心态下进行，才会取得较高的效率。

常用的认知调适方法主要有以下两种。

**1. 认知疗法**

大学生应认知自己的直觉，克服认知的盲点、模糊的直觉和自我欺骗、不正确

的判断，改变自己认知中对现实的直接扭曲或不合逻辑的思考方式。

**2. 自我指导训练法**

大学生通过训练来识别和意识到不恰当的思维，强调个人的适应性和战胜困难的自我陈述、自我强化。

## 三、学习疲劳及其预防、调适

### （一）学习疲劳的表现

学习疲劳是指大学生在学习过程中出现学习效率逐渐降低甚至不能继续学习的生理和心理现象，包括学习错误增多，生理失去平衡等。大学生学习疲劳主要分为生理疲劳和心理疲劳两种。

生理疲劳是指由于身体能量消耗所引起生理、身体上的疲劳，如劳累、打瞌睡、肌肉麻木、僵硬、眼球胀痛、头晕、腰酸背疼等。

心理疲劳是指由于心理原因所引起的疲劳，表现为感觉活动器官机能下降、注意力涣散、记忆力下降、思维迟钝、情绪烦躁、忧郁、易怒等。在学习疲劳中，心理疲劳是主要的。

### （二）学习疲劳的原因

学习疲劳是一种自我保护性机制，是由于在长期枯燥的学习活动中，大脑得不到休息，脑细胞处于抑制状态所引起的反应，提醒学习者应进行适时休息。一般经过适当的休息即可得到恢复，对大学生的身心不会造成什么影响。但若长期处于疲劳状态，勉强让大脑有关部位继续保持兴奋，就会导致大脑兴奋和抑制过程的失调，严重的还会引起神经衰弱。

造成大学生学习疲劳的原因主要有：① 长时间超负荷学习，学习压力大，学习动机过强，用脑过度，不注意劳逸结合；② 学习内容难度大，单调乏味，难以激发学习兴趣，但不得不学，只好强迫学习；③ 学习方法运用不恰当，学习不得其法；④ 在异常的气温、湿度、噪音和光线不足等条件下学习；⑤ 睡眠时间不足等。

### （三）预防和消除学习疲劳的对策

**1. 调整学习动机**

保持适度的学习动机，为自己设定现实、可行的学习目标。不去盲目追求很难甚至根本无法企及的目标。

**2. 善于科学用脑**

现代科学研究揭示人的大脑两半球具有不同的功能：大脑的左半球与逻辑思维有关，主管智力活动的计算、语言、逻辑、书写及其他类似的活动；大脑的右半球与形象思维有关，主管想象、视觉、音乐、韵律、幻想及其他类似的活动。如果一个人长时间地运用一侧大脑半球，则相对地容易产生疲劳。因此，应根据大脑两半球的不同分工交替使用大脑，以延缓疲劳现象的发生。如在从事计算、语言、逻辑、书写等活动时穿插娱乐、体操、绘画等活动，消除疲劳。

**3. 劳逸结合，保证睡眠**

“一张一弛”是文武之道，在持续学习一段时间后，应适当休息。一天之中，应保证一定量的文体活动，放松和调节身心，消除疲劳。每天还要保证充足的睡眠，这样头脑才能清醒，精神振奋，疲劳烟消云散。

**4. 掌握自己的生物钟**

人身体和心理的机能运作都是有一定规律的。根据苏联科学家研究，人在一天中，生物机能上午 7～10 点逐渐上升，10 点左右精力充沛，处于最佳的工作和学习状态，之后逐渐下降；下午 3 点再度上升，到晚上 9 点又达到高峰；11 点过后又急剧下降。

当然，个体是有差异的，学习的最佳时间也因人而异。大学生应该摸清自己的生物钟，在自己的“黄金时间”段安排自己感兴趣或难度较大的课程学习，避免过度疲劳。

**5. 培养学习兴趣**

教育实践证明，学生对学习本身感兴趣，对探求学习内容的本质和规律有强烈欲望，就可以激起他的学习积极性，使大脑功能处于最佳兴奋状态，从而缓解疲劳或推迟疲劳的到来。如果学生对学习厌烦、不感兴趣，依然进行强迫性的学习，大脑皮层的有关区域往往会呈现抑制状态，出现视而不见、听而不闻或像“和尚念经，有口无心”的现象，难以提高学习效率。

**6. 创设并利用良好的学习环境**

在有学习氛围、空气清新、整洁、安静的环境里学习，能使人心情舒畅，防止学习疲劳，增强学习效果。所以尽量不在有刺耳噪音的地方学习，避免心烦意乱，焦躁不安；不在光线过强或过暗的地方学习，避免头晕目眩；不在空气污浊的条件下学习，以免引起胸闷或呼吸困难等症状。

**7. 要注意补充大脑的营养**

生理学研究表明，大脑所消耗的能量几乎占全身能量的 20%，所以，大脑需要大量的营养来补充能量，方能保证大脑的灵敏度和持续能力。

## 四、考试焦虑及其预防、调适

### （一）考试焦虑的含义

考试焦虑是在一定的应试情境下，个体产生以担忧为基本特征，以防御或逃避为行为方式，认知评价能力受到一定侵扰，通过不同程度的紧张、恐惧的情绪性反应所表现出来的一种心理状态。适当的考试焦虑可以转化为学生的学习动力，增加学习效果，有利于发挥正常水平，提高考试成绩；但过度的或较低的焦虑则对学习有不良影响。焦虑过低会使学生不思进取、萎靡不振、灰心丧气；焦虑过度则会使学生感到沮丧、痛苦、失望、内疚。考试中的心理健康问题主要表现为考试过度焦虑。如果以时间为序，可把考试过度焦虑分为三种情况。

（1）考前过度焦虑。临近考试，担心过不了关，担心自己的时间不够用，担心自己复习得不充分，担心自己考不出理想的成绩等，内心忐忑不安。

（2）考中过度焦虑。考试时遇到不会解的难题便冒虚汗，心律加速，思维中断，脑中一片空白，甚至昏厥、晕场等。

（3）考后过度焦虑。担心自己的成绩不理想，想象自己不及格的情景而惶恐、烦躁等。

## （二）考试焦虑的表现及其原因

考试焦虑表现在认知、情绪、行为和生理几个方面。

（1）在认知方面，考试焦虑者注意的焦点不是如何解题，而是过分关注考试结果，思维总是指向考试失败。这种认知上的担忧使考生记忆力减退、注意力分散，对问题不能进行深入地思考，难以正常地答题。不仅如此，考试焦虑者还经常纠缠于过去考试的紧张、失败经历，担心再次考不好，结果更加紧张，造成恶性循环。

（2）在情绪方面，考试焦虑者主要表现出一些应激反应，如紧张恐惧、心烦意乱、无精打采、喜怒无常等。

（3）在行为方面，考试焦虑者表现出一些无目的、无效的动作，如坐立不安、抓耳挠腮、手发颤、牙打颤以及一些不良表现，如拖延、退缩和逃避等。

（4）在生理方面，考试焦虑者的表现如考前失眠、肠胃不适、腹泻、发热、尿频、头痛等；考试过程中心跳加速、呼吸急促、血压升高、肌肉发紧、出虚汗，严重时全身颤抖、四肢发软，甚至昏倒，也就是晕场。

总之，过度的考试焦虑不仅妨碍考试，影响学习，也损害身心健康。

为什么会出现考试焦虑呢？考试焦虑的产生是外因与内因相互作用的结果。外因来自于学校、家庭和社会，内因与个体的个性、抱负、早年经历、认识方式和心理承受力等有关。

就某方面而言，现代的学习生活如同战场。同学之间的激烈竞争，老师家长的殷切厚望，社会就业环境的压力，我国以一张试卷、一次考试定终身，以分数决定一个人的发展前途的应试教育的影响作用还存在，对考生造成的心理负担过重。从根本上说，考试焦虑取决于大学生对考试的态度和对自己能力的评价。具体而言，有以下原因：过分看重分数，求成心切，总希望处于领先地位，害怕失败和落后；过分自尊，把考试成绩看作提高自身形象的唯一砝码，担心考不好会被人瞧不起；以往的失败体验较多，缺乏自信心；考前准备不足或过度用功造成疲劳，使得考试中一遇难题便无从下手，大脑出现空白；考试焦虑也有个体差异，心理脆弱、耐挫折能力差的人容易出现考试焦虑等。

### （三）考试焦虑的预防与调适

**1. 减轻考试的心理压力，正确对待考试**

大学的考试很多，大学生每次考试时不要产生过大的心理压力，不要把考试紧紧地与自己的命运联系在一起。每次考前不要多想这次考试与奖学金、保送生有多少关系，自己安心扎实地复习，考出自己的水平就行。明确考试只是一种手段，考试成绩不能完全反映一个人的知识水平和学习能力，更不能决定一个人的前途和命运。

**2. 分析失败原因**

客观分析以往失败的原因，不因一次失败就自我否定。同时，正确看待亲友的期待，明确自己的长处和不足，扬长避短，确立力所能及的分数目标，不盲目攀比。

**3. 提高自信**

自信是一种动力，也是成功的开端。大学生在考前与考中要充满自信，相信自己能行，暗示自己不要紧张；多给自己积极的心理期待，避免消极的自我暗示，避免情绪大起大落。

**4. 平时认真学习，考前全面复习**

大学生要对考试不抱侥幸心理，做到有备而来。这就要求大学生平时学习做到刻苦勤奋，考试时就会"艺高胆大"，充满信心；要求大学生考前全面复习，尽量熟悉考试题型、时间、地点、要求等，做到心中有数，胸有成竹。而有些大学生基础薄弱，知识掌握不扎实，"平时不烧香，临时抱佛脚"就会引发焦虑。

**5. 注意掌握一些应试技巧**

大学生考前对题型、解题思路、答题要点及评分标准要有全面了解。大学生在考试中要保持冷静。如考试"怯场"，可设法转移注意力，或做几次深呼吸，放松放松，待情绪稳定后再答题。接到考卷，先浏览一遍，先做有把握的题，难题放在后面做。在考场上由于高度紧张，不少大学生会出现"卡壳效应"，即本来会做的题目眼下就是做不出来，本来掌握的自以为很牢固的知识就是提取不出来。这是因为大脑皮层的兴奋点的兴奋强度过大，对其周围区域产生负诱导，使周围区域产生了抑制过程，以致该区域的暂时神经联系无法接通，造成提取困难。这时，不要慌张，最好的办法就是不去管它，先做其他题目。随着时间的转移，兴奋点转移了，受抑制的区域解除了抑制，问题就会迎刃而解。

**6. 劳逸结合**

科学用脑、讲究方法、注意营养、劳逸结合、睡眠充足，维持神经系统的正常机能，保证充沛的精力、清醒的头脑和良好的身心状态，这是防止考试焦虑的有效途径。

**7. 寻求帮助**

对于较严重的考试焦虑症状，大学生可寻求专业心理医生的帮助。在医生的指导下，进行放松训练、“系统脱敏”训练和榜样学习训练等。

从上述分析中可以看出，大学生在学习过程中存在着各种各样的学习心理问题。它们或单独出现，或交叉作用，严重影响着大学生的学习进程和学习结果，进而影响其学习积极性以及对学习能力的自我认可。因此，了解这些问题的表现形态，分析其形成原因，并掌握一些调适方法，对于培养大学生积极的学习态度，提高心理健康水平，有着十分重要的意义。

## 小组讨论

学习的积极归因

(1) 3～5人一组分析讨论学习成败的原因。以最近两次的考试为例，从一些常见的原因(如能力、努力、任务难度、运气等)中选出与自己的学习成绩关系最大的因素，并且评价这些因素所起的作用。

(2) 同学们相互指出自我评定中存在的归因误差，并讨论符合实际的积极归因。

## 案例分析

一位大学生寄给心理咨询师的信：

“我是一位来自山区、家庭经济困难的大学生，学业成绩一直非常优异。上大学后，我忽然感到心中茫然，学习没有动力，生活没有目标。有时候想到辍学在家的妹妹和年迈的父母，我也恨自己不争气。可我的确找不到奋斗的目标与学习的动力，学习上得过且过，生活上马马虎虎，盲无目的，上课打不起精神，我不是因为喜欢上网而荒废了学业，而是因为实在没劲才去上网聊天、打游戏。我如何才能摆脱这种状态?”

**【问题】**

此信中的案例反映了学生什么方面的心理问题？是什么原因造成的？该如何

调适？

## 心理训练

### 考试焦虑放松训练

**【目的】**针对焦虑中的生理成分，进行放松训练、系统脱敏，消除自己生理上的紧张反应。

**【准备】**安静的室内环境，在舒缓的轻音乐中进行。

**【操作】**

1. 进行身体的放松训练

首先，做好准备姿势。松开个人所有的紧身衣物，轻松坐在椅子上，也可以挺立，双臂和手自然平放。

其次，调整呼吸。用鼻子慢慢地吸入一口气，想象气流顺着气管进入肺部，再向下沉入肺部丹田处，你会感到肺部慢慢地鼓起来，继续吸气，直到肺部全部鼓起。将气体在肺部丹田处保持两秒钟。然后，慢慢地将腹中的气体送回肺部，再由气管经口中吐出，继续呼吸，直到吐完腹中所有的气体。

再次，身体放松。放松动作要领是：先使该部位肌肉紧张，保持紧张状态，然后慢慢放松，并注意体验放松时的感觉，如发热、沉重等。放松顺序：脚趾肌肉放松→小腿肌肉放松→大腿肌肉放松→臀部肌肉放松→腹部肌肉放松→胸部肌肉放松→背部肌肉放松→肩部肌肉放松→颈部肌肉放松→头部肌肉放松。

2. 运用系统脱敏法克服焦虑

第一步，列出引起你考试焦虑反应的具体刺激情景。如“明天就要考试了”“我在去考场的路上”“我被一道题难住了”等。

第二步，将上述刺激情景从弱到强地按顺序排列“焦虑等级”。下面是假定的六个刺激情景的合理排列，它们引起的焦虑反应是依次增强的。

(1) 明天就要考试了，我还有很多书没有看。

(2) 我在去考场的路上。

(3) 我收到了试卷。

(4) 我被一道题难住了。

(5) 时间快到了，我根本做不完。

(6) 考试后，我和别人对答案，发现自己的许多答案同他们不一样。

第三步，通过放松训练形成松弛反应。放松训练的方法前已述及。现在你假定已完成了全部放松步骤，机体正处于完全放松的状态。

第四步，按照“焦虑等级”，在大脑想象中循序使松弛反应抑制焦虑反应。

当你完全放松时，开始想象“焦虑等级”中的第一情景——“明天就要考试了，我还有很多书没有看”。围绕这一情景，利用你的想象力在脑海中生动地加以描绘。这种描绘没有固定模式，可以尽情创造。你可以想象你手忙脚乱地翻书，可以想象同学问你问题你都答不出来……在想象中，如果你发现有些部位的肌肉开始紧张，身体开始出现一些焦虑反应，如心跳加快、出汗、呼吸急促等，就需要再次进行放松，直到你的想象结束后，同时感到所有的肌肉完全放松为止。这就说明对“焦虑等级”第一情景的脱敏成功了，松弛反应已经抑制了想象中的焦虑反应。接下来对第二种情景进行脱敏，依此类推。

对所列“焦虑等级”的脱敏，每次数量不宜过多。一般每天进行一次，每次脱敏所包括的“焦虑等级”不宜超过三种。

假如每次这样“想象—放松”之后，焦虑的程度没有减轻，则说明脱敏治疗效果不好，需咨询专业机构。

## 本章小结

广义的学习是指由经验或练习引起的个体在行为或行为潜能方面的持久变化及其获得这种变化的过程。狭义的学习是指人类的学习，即个体在社会实践中，以语言为中介，自觉地、主动积极地掌握人类社会历史经验和积累个体经验的过程。学习有着重要的作用。学生的学习质量和效率不仅受智力因素影响，还受非智力因素影响。

大学生的学习是学生学习的一个特殊的阶段，具有鲜明的特点。大学生要想处理好学习，就必须注重学习能力的培养及潜能开发，针对大学生常见的学习心理障碍来采取对策。

## 思考与练习

1. 结合自己的学习实践，概括当代大学生学习的典型特点。
2. 总结自己在学习过程中使用的有效的学习策略。
3. 你在大学的学习中遇到了哪些学习心理障碍？你是如何调适的？

# 第八章 大学生情绪管理

## 知识框图

- 情绪概述
  - 情绪的内涵及其特点
  - 情绪功能及正常情绪
  - 情绪对大学生的影响
- 大学生不良情绪及调适
  - 大学生的情绪特点
  - 大学生不良情绪的表现
  - 大学生不良情绪产生的原因
  - 大学生不良情绪的调适
- 大学生良好情绪的培养
  - 大学生情绪健康的标准
  - 大学生良好情绪的培养

## 导入案例

小勇是大学本科二年级学生。大一时，他对班级和学校的各种活动都情绪高涨地参加。但没过多久，在一次参加系学生会竞选因为没有充分准备，他公开演讲时表现很差，结果落选了，从此情绪一落千丈。并且他的情绪波动大，情绪好的时候，主动参加各项活动；情绪不好的时候，宿舍同学和他说话他也不理睬，学习上也没法专心，学习效果也不好。其实，在大学中有一些同学出现过和小勇一样的现象，但更多的人感觉自己的行为或多或少地受到情绪的影响。

常言道："人非草木，孰能无情；人若无情，类似铁石。"在日常生活中，人们体验着各种各样的情绪，有时欣喜若狂，有时悲痛欲绝；有时满腔怒火，有时舒适愉快，这些情绪反应在大学生日常生活中也时常出现。情绪是人的心理状态的晴雨表，它反映着每个人内在的心理状态。因此，大学生正确认知、调适、管理好自身的情绪，做情绪的主人，将会对学习、生活、身心健康等产生积极影响。

# 第一节 情绪概述

## 一、情绪的内涵及其特点

### （一）情绪的含义

情绪（emotion）一词根源于拉丁语动词"行动"（motere），加上前缀"e"代表远离，直译就是"远离行动、避免行动"。

《现代汉语词典》中说，情绪是人从事某种活动时产生的兴奋的心理状态，或指不愉快的情感；《牛津英语词典》中说，情绪是心灵、感觉或感情的激动或骚动，泛指任何激越或兴奋的心理状态。美国心理学家利珀（R. W. Leeper）认为，情绪是一种具有动机和知觉的积极力量，它组织、维持和指导行为。著名情绪专家丹尼尔·戈尔曼（D. Goleman）说，情绪是感觉及其特有的思想、心理和生理状态及行动的倾向性。伊扎德（C. E. Lzard）认为，情绪是一种复杂的心理活动，是由独特的主观体验、表情行为和生理唤醒等三种成分组成的。情绪在我们日常生活和认知活动过程中发挥着重要的作用。孟昭兰提出，情绪是多种成分组成、多维量结构、多水平整合，并为有机体生存适应和人际交往而同认知交互作用的心理活动过程和心理动机力量。

彭聃龄对情绪进行了较为全面的概括：情绪和情感是人对客观事物的态度体验及相应的行为反应。情绪主要是指个体需要与情境的相互作用过程，是对客观事物和主体需求之间关系的反应，是以个体的愿望和需要为中介的一种心理活动。这种看法说明，情绪是个体受到某种刺激后所产生的一种身心激动状态，是个体在产生意识、高级心理活动的基础上产生的以主体的愿望、需要、欲望、追求目标等为中介的一种心理活动形式。当客观事物或情境符合主体的需要和愿望时，就能引起积极的、肯定的情绪或情感；当客观事物或情境不符合主体的需要或愿望时，就会产生消极否定的情绪和情感。

## （二）情绪的特点

### 1. 情绪具有自发性、主观差异性

情绪的自发性更像是一种冲动，不经过思考，突然之间就会出现，就好像我们体内已经储存了各种各样的情绪，一旦有情绪诱因触及的时候，相应的情绪就会从我们体内释放出来。例如，我们看一部感人的影视剧时会不自觉地流泪，我们并没有思考要不要流泪，眼泪却流了下来，好像是突然间从体内涌出来似的，这就是情绪的自发性，也叫情绪的无意识性。

情绪的发生常常是个人认知判断的结果，因此带有较强的主观性。同样的外界刺激条件，对于不同的人所产生的情绪影响会具有差异性。情绪的差异性主要是因个体的生理以及所处的社会环境、文化的不同而导致。例如，在性别方面，女性感知细腻、情感脆弱、体验深刻，在性格上依赖性强、敏感，容易受社会看法的影响。这些因素使得女性在担忧、紧张、焦虑、恐惧、孤独等情绪上比男性更为明显。情绪的差异性具体表现在情绪的内涵、强度与表达方式等方面。

### 2. 情绪的发生具有条件性、连动性

情绪是人的自然本能反应，它不会无缘无故地产生，大都是由外界刺激引起的。一般来说，引起情绪反应的刺激可以分为内部刺激与外部刺激。内部刺激又可以分为生理刺激与心理刺激。生理刺激是由身体本身引起的刺激，比如饥肠辘辘状态下，我们可能就会无精打采。心理刺激也可以归于内部刺激，是由于人的思绪引起的。例如，想到一件开心的事自己就会笑起来，如果思考的问题一直没有头绪就会很沮丧。外部刺激则是由人体之外的事物、事件引起的。人体之外的事物、事件是非常多的，可以说万事万物都可以引起人的情绪波动，比如嘈杂的环境会让人烦躁不安，而优美的音乐则会令人心情舒畅。

情绪的连动性是指，当人产生一种情绪后，如果仍然有产生这种情绪的诱因，那么这种情绪就会扩大，甚至会成倍增加，一个人此时会把积压在体内的相关情绪同时释放出来。情绪是人潜意识的外在表现，是不可知、不可控的。所以，当个体莫名其妙情绪大发的时候，可能根本不知道这些情绪是从哪里来的。而当一种情绪产生的时候，能唤醒储存于体内的类似情绪。这就是情绪的连动性。

### 3. 情绪具有共通性、稳定性和可变性

情绪是人类所共通的一种情感表达方式。例如，不同的人会被同一件事感动

得热泪盈眶等。

情绪反应是受个体的性格和气质等因素影响的。性格和气质具有一定时期的稳定性。相应地，个人的情绪反应模式也具有稳定性。但这并不是说情绪是固定不变的，实际上，随着我们身心的成长和发展，对具体情景的知觉能力以及个人的经验与应变行为会发生变化，情绪也会发生相应的变化。实际上，外界刺激和情绪反应之间并没有固定的关系模式，情绪常常受制于我们当时的心情和认知判断的结果。新的信息、知识、环境会扩大我们的知觉、积累我们的经验，从而不断修正我们原有的情绪反应。因此，情绪本身具有一定条件的可变性，可以通过改变个人的认知来达到改善情绪的目的。

### (三) 情绪与情感

除了情绪之外，心理学中还经常使用情感这一概念。情绪和情感被统称为感情，但它们是既有区别又有联系的两个概念。情绪通常是与机体的生理性需要相联系的，而情感通常是与人的社会性需要相联系的；情绪带有情境性、激动性和短暂性的特点，而情感则具有较大的稳定性、深刻性和持久性。

有时情绪与情感也难于区分，融为一体。一方面，情感离不开情绪，稳定情感是在情绪的基础上形成的，同时又通过情绪的反应得以表达；另一方面，情绪也离不开情感，情绪变化往往反映内在的情感。

### (四) 情绪与情感的分类

#### 1. 基本情绪

人类的基本情绪有快乐、愤怒、悲哀和恐惧四种。快乐是指盼望的目标达到时产生的情绪体验；愤怒是指由于其他人或事妨碍目标达到时个体产生的情绪体验；悲哀是指个体在失去自己所爱的人和物或自己的愿望破灭时所产生的情绪体验；恐惧是指个体企图逃避某种危险情景时产生的情绪体验。在此基础上可以派生出许多复杂的情绪，如不满、惊讶、失望等。

#### 2. 情绪状态

根据情绪发生的强度、速度、紧张度和持续性，情绪可分成心境、激情、应激三种情绪状态。

心境是一种比较微弱、持久且具有渲染性的情绪状态。如心情舒畅时，觉得一切都是美好的，天是蓝的，水是清的，鸟的叫声是动听的，所谓“喜者见之则喜”；心情不好时，天是灰的，水是浑的，鸟的叫声是烦心的，正如古人云“感时花溅泪，恨别鸟惊心”。心境对人的身心健康、学习和工作有很大的影响。积极乐观的心境可以提高人的活动效率，有助于身心健康；消极悲观的心境会降低人的活动效率，无益于身心健康。因此，个体要学会调整情绪，保持积极乐观的心境。

激情是一种强烈、短暂且具有爆发性的情绪状态。如亲人突然亡故引起的悲痛欲绝，成功时的欣喜若狂。激情也有积极和消极之分，积极的激情能激励、鼓舞人全身心地投入到实现目标的活动中去，而消极的激情则会冲昏头脑，产生很大的破坏性和危害性。

应激是出乎意料的紧急情况所引起的高度紧张的情绪状态。在遇到出乎意料的紧急情况时，人可能有积极和消极两种反应，积极反应表现为思维清晰、动作机敏、急中生智、行动果断，从而化险为夷，创造平时难以实现的奇迹，从而化险为夷；消极反应表现为思维迟钝、惊慌失措，正常处理事件的能力大大削弱，从而陷入窘境。

**3. 情感**

情感通常分为道德感、理智感和美感。

道德感是个体根据一定的道德标准在评价人的思想和行为时所产生的主观体验，如对祖国的自豪感、对社会的责任感。

理智感是人在认识客观事物、探求真理的过程中所产生的主观体验，如获得新知识的愉悦感。

美感是客观事物是否符合个人的审美标准时个体所产生的主观体验，如游览黄山引发的自然美感，观赏敦煌石窟壁画引发的艺术美感。

## 二、情绪功能及正常情绪

### （一）情绪的功能

**1. 动力功能**

我们经常会有这样的感觉：当情绪高涨时，工作起来会非常投入，效率会有很大的提高；而当情绪低落时，人就会感到缺乏干劲，变得懈怠和木讷。情绪对人的行为活动所产生的增力或减力的作用，就是情绪的动力功能的表现。研究表明，适度的情绪兴奋，可以使人的身心处于最佳活动状态，促进主体积极地行动，从而增进行为的效率；一定情绪紧张度的维持，能促使人积极地思考和解决问题。

**2. 信号功能**

情绪的信号功能是指在人际交往中，人们除了借助言语进行交流之外，还通过情感的流露来传递自己的思想和意图。情绪的这种功能是通过表情来实现的。在社会交往的许多场合，人们之间的思想、愿望、态度、观点仅靠言语无法充分表达，有时甚至不能言传，只能意会，这时表情就起到了信息交流的作用。其中，面部表情和体态表情更能突破一些距离和场合的限制，发挥独特的沟通作用。

**3. 调节功能**

情绪的调节功能是指情绪对人的行为或活动具有指引和维持方向的作用。如某些行为若能引起愉快的情绪体验，就会使人产生积极模仿与反复进行的趋向，而不愉快的情绪则会使人产生改变或避开的趋向。一些研究也表明，适当的情绪对人的认知活动诸如记忆、思维具有积极的组织作用，而不适当的情绪对人的认知活动则会产生消极的瓦解作用。

**4. 感染功能**

情绪的感染功能是指人与人之间的情绪、情感可以相互影响和产生共鸣。人们常说的“动之以情”，指的就是这种功能的体现。在人与人的交往过程中，一个人的情绪、情感会对他人的情绪、情感产生影响作用，而他人的情绪、情感反过来又影响这个人原有的情绪和情感。

### (二) 正常的情绪

根据情绪对人身心健康的影响，可将情绪划分为积极情绪和消极情绪。积极情绪是指有利于人的生理健康、日常生活和工作，能够促进人的心理发展的情绪体验，如高兴、快乐等；消极情绪是指不利于人的身心健康，阻碍工作和生活的情绪体验，如焦虑、紧张等。正常的情绪并不是指某种情绪类型，而是指情绪的“度”和表达方式。判断情绪正常与否可从以下两个角度考虑。

**1. 情绪反应是否有适当的原因**

一定刺激引起相应情绪是情绪健康的标志之一，否则，我们的情绪就是不正常的。情绪的产生是由各种不同的原因引起的，如高兴是因为有喜事，悲伤是因为有不愉快的事情等。

**2. 情绪反应适度**

情绪反应适度是指情绪反应的强度和持续时间与引起情绪的情境相符合，即要适时和适度。小的刺激引起大的情绪反应则不正常；对于情绪反应的时间，一般情况下，当引起情绪的因素消失，人的情绪反应也相应逐渐消失。例如，与同学闹矛盾非常生气，事情过后自己明白过来就会调节好情绪。如果长时间生气，则是情绪不正常的表现。

## 三、情绪对大学生的影响

### (一) 情绪对大学生身心健康的影响

情绪和人的健康有着重要的联系。中医学认为“百病皆生于气”，“喜伤心，怒伤肝，忧伤肺，思伤脾，恐伤肾”，俗话说：“愁啊愁，白了头。”现代医学研究发现，人类疾病中，由心理因素、身心失调引起的心因性疾病占 50%～80%。紧张、悲哀、抑郁等不良情绪，会激活体内有害物质，击溃机体保护机制，破坏人体免疫功能，因此致病。如果不良情绪是暂时的，机体很快就可恢复正常。但是，如果不良情绪过分强烈或持续的时间太长，就可能造成脏腑功能失调，引起疾病，如溃疡病、高血压、神经官能症和一些精神病。

大学生正处在身体的最后成长阶段，情绪的变化对生理功能将产生直接的影响。当大学生的情绪处于良好状态时，他们是轻松的、愉快的，身体内部各器官的功能十分协调，有益于健康；当大学生的情绪处于消极状态时，伴随出现的心理状态则是不安、愤怒、恐惧或痛苦，此时身体内部各器官功能紊乱，引起消化系统、循环系统、内分泌系统和神经系统等各部分器官不协同工作。

积极而正常的情绪体验是大学生保持心理健康的重要条件。良好的情绪可以使大学生对生活充满希望，对自己满怀信心，增强求知欲，激发思维，拓展创造力，增加兴趣爱好，改善人际关系，促进大学生的潜能开发和全方位的发展，必然有助于大学生心理健康水平的提高。相反，大学生中常见的抑郁症、恐怖症、强迫症、神经衰弱、自杀行为等多与持久的消极情绪密切相关。

**阅读材料 8－1　猴子实验**

心理学家曾经做过这样一个实验：把两只猴子同时关在笼子里，一只被捆住了，不能动；另一只可以在笼子里活动。实验者每隔 20 秒对猴子进行一次电击，每次放电前 5 秒，笼子里的红灯就会亮起来。笼子里有一个开关，可以自由活动的猴子在笼子里活动时发现了这个开关，每当红灯亮时，它就会按动开关逃出笼子，而另一猴子不能活动。实验不间断地进行，有一只猴子先死了。

请你判断：你认为哪一只猴子先死？为什么？

专家解答：实验的结果是能够活动的猴子先死去了。因为猴子害怕电击，都希望逃避。被捆住的猴子毫无办法，只好听天由命；可以活动的猴子在整个实验过程中，时刻处于紧张、焦虑、恐惧中，这些都是消极的情绪状态，对生物机体有重大的影响。猴子的死是和不良情绪相联系的。

### （二）情绪对大学生学习的影响

忧愁、焦虑、恐惧、消沉会影响大学生学习的积极性，导致学习成绩的下降；轻松、愉快、热情、振奋能促进学习进步，取得良好的成绩。学习压力引起的紧张情绪对学习的效率有明显的影响。

在一般情况下，焦虑与学习效率的关系，可用倒 U 形曲线表示。无动于衷或过分焦虑都不利于学习效率的提高，而适中的焦虑水平，最有利于取得良好的学习成绩。

此外，研究还表明，个体在某种心境下学习一份材料，然后让他回忆或再认，如果此时的情绪状态与他在学习材料时的情绪状态是一致的，则其回忆或再认的效果最好，因为编码时的情绪状态在回忆时成为信息检索的一个有效线索，这种现象称为“心境状态依赖效应”。

### (三) 情绪对大学生人际交往的影响

情绪在人际关系中起着信号、表达和感染作用，是人际交往的重要手段。情绪智力的高低直接影响人际关系的亲疏程度、深浅程度和稳定程度。对自我情绪的认知、表达和调控，对他人情绪的觉察和把握，有助于大学生处理好人际交往问题，建立和谐的人际关系。

良好人际关系的建立和维持，离不开有效的人际沟通。在沟通过程中，人们只有清楚、准确地了解自己的情绪，才能根据外部环境的要求，有效地调整自己的情绪状态，更好地向他人表达自己的情绪，完成有效的沟通，为良好人际关系的建立、维系和发展奠定基础。

良好的人际交往既需要热情，更需要理智，对自己负责，对他人尊重、宽容、忍让，力图合情合理地解决问题，这就需要很强的情绪调控能力。一个自控能力较差的人，常会不顾场合乱发脾气，很可能把“自我发泄”引向“向他人发泄”，行为充满情境性，喜怒无常，过度情绪化，甚至耿耿于怀，这将直接破坏人际关系。而稳定、良好的情绪有利于人际关系的建立和发展。

人们不仅能够知觉自己的情绪，而且能觉察他人的情绪，理解他人的态度，对他人的情绪作出准确的识别和评价。这种能力有助于超越人与人之间的个体差别，具有一定的人格功能，有助于大学生敏于觉察他人、理解他人，建立起和谐、融洽的人际关系，增强自身的人际交往和社会适应能力。

### (四) 情绪对大学生人格塑造的影响

现代情绪理论认为情绪不是其他心理活动的伴随现象，而是对具有正常功能的个人起作用的一个整合系统。情绪的表达以及情绪体验密切关系到人的功能发挥，心理学家伊扎德(C. E. Izard)把这种人的功能发挥看作是最适合的或是最理想的人格功能。

大学阶段正是人格发展、重组、完善的重要时期，无数的科学研究和生活实例表明，不良情绪的存在正是人格缺陷和人格障碍的重要诱因，对情绪的有效调节和控制能使个体保持良好、积极、稳定的情绪，有助于大学生培养乐观向上、积极进取、百折不挠的良好品质；对自己和他人情绪的认知和理解则会有助于其培养真诚友好、宽厚大度、善解人意等良好性格。如果任由不良情绪泛滥，则个体人格必将出现缺陷和障碍。

**阅读材料 8-2　情商(EQ)对大学生成长的影响**

情商,即"情绪商数",英文表达是 Emotional Quotient,缩写为 EQ。情商又称"情绪智力",是近年来心理学家们提出的与智力、智商相对应的概念。它主要是指人在情绪、情感、意志、耐受挫折等方面的品质。情商是在后天学习中获得的。情商包含五个方面的能力。

(1) 认识和了解自身情绪的能力。

(2) 控制自身情绪的能力。

(3) 对自我激励的能力。

(4) 体察和了解他人情绪的能力。

(5) 维系良好人际关系的能力。

情感智商的说法最早是由美国耶鲁大学心理学家萨洛维(P. Salovey)和新罕布尔什大学梅耶尔(J. Mayer)教授提出的。他们用这一术语来描述人们的情绪评价、表达和情绪调节及运用情绪信息引导思维的能力。随后专门从事人类行为和脑科学研究的美国哈佛大学心理学博士丹尼尔·戈尔曼(Daniel Goleman)进一步提升和拓展,在他的《情感智商》一书中,他提出"情绪智力"(Emotional Intelligence,通常称为"情商"或 EQ)这一理论,在全球教育界掀起了一股强劲的旋风。他认为,人们首先要认识 EQ 的重要性,改变过去只重视智商(IQ)、认为"高 IQ 就等于高成就"的传统观念。他通过科学论证得出结论:"EQ 是人类最重要的生存能力。"人生的成就至多 20%可归诸于 IQ,另外 80%则要受其他因素(尤其是 EQ)的影响。因此必须从重视 IQ 转到重视 EQ 上来,并大力提升年轻一代的 EQ。他总结的成功公式为:人的成功=20%的智商+80%的情商。在情商与智商的比较中,人们总结了以下五种情况。

(1) 如果有人 IQ 和 EQ 都很高,那么他不论在学校或在社会上都是一个备受欢迎者,领导和群众都愿把更多的机遇给他,所以他很可能"青云直上"。

(2) IQ 高于 EQ 的人在学校成绩优异,可是出了校门,由于个性、人际关系等原因,或许终生怀才不遇、无所作为,或许会成为社会的不安定分子。

(3) IQ 和 EQ 均很低的人为平凡人。

(4) EQ 高于 IQ,而 IQ 中等或偏低的人,将是个埋头苦干、人缘好、听指挥的人,由于智力不高,缺少创新,只要有个好领导,就能做个好同志。

(5) EQ 高于 IQ,IQ 中等偏上的人,很可能成为一个卓越的人才。美国著名心理学家韦克斯勒(D. Wechsler)曾考察过 40 余名诺贝尔奖获得者,发现他们在儿童时的智商绝大部分是中等或中等偏上,他们的成长和成就主要是凭借后天的非智力因素(尤其是 EQ)。

# 第二节 大学生不良情绪及调适

## 一、大学生的情绪特点

大学时期是青年人心理成熟的重要时期，也是情绪丰富多变、相对不稳定的时期。随着社会地位、知识素养的提高以及所处特定年龄阶段的影响，大学生的情绪带有鲜明的特点。具体表现在以下几方面。

### （一）丰富性和复杂性

从发展阶段来看，大学生处于青年期，青年的身心发展处于儿童期向成年期过渡的阶段，因而这个阶段的大学生也具有儿童期和成年期的某些特征，能够体验到各种丰富的情绪体验，一方面能够体验到各种人类全部情绪，如兴奋、高兴、平静、伤心、愤怒、失望等，具有丰富性，另一方面体验到的各类情绪强度不一，例如有悲哀、遗憾、失望、难过、悲伤、哀痛、绝望之分，具有一定的复杂性；从自我意识的发展来看，大学生的自我意识呈现出丰富性和复杂性，表现出较多的自我体验，自我尊重的需要强烈，易产生自信、自卑、自负等情绪体验；从社交方面来看，大学生的交际范围日益扩大，与同学、朋友及师长之间的交往更细腻、更复杂，有的大学生还开始体验一种更突出的情感——恋爱，而恋爱活动往往又伴随着深刻的情绪体验，这种情绪体验也是非常复杂的，有兴奋、愉悦，也会产生伤心、哀伤等情绪；在情绪体验的内容上，大学生的情绪呈现出丰富性和复杂性，以惧怕这一情绪来说，大学生所怕的事物，主要与社会的、文化的、想象的、抽象复杂的事物和情势有关，诸如怕考试、怕陌生人、怕惩罚、怕孤独寂寞、怕上台演讲等，这种不同的惧怕带来的体验程度也是不一样的。

### （二）波动性和两极性

大学时期是人生面临多种选择的时期，学习、交友、恋爱等人生大事基本在这一阶段完成。社会、家庭、学校及生活事件，都会对大学生的情绪产生影响。尽管大学生在一定程度上提高了自己的认识水平，对自己的情绪已有了一定的控制能力，情绪亦趋于稳定，但同成年人相比，大学生相对敏感，情绪带有明显的波动性，一句善意的话语，一个感人的故事，一支动听的歌曲，一首情理交融的诗歌，都可以使大学生的情绪发生骤然变化。特别是在社会转型过程中，社会的变迁、体制的变革、新旧价值观的更替，种种复杂的社会现象更容易使大学生产生困惑和迷茫，产生情绪的困扰与波动。

同时,由于大学生正处于情绪表现的“动荡”时期,自我认知、生涯发展及心理发展还未成熟,他们的情绪起伏较大,带有明显的两极化特征:胜利时得意忘形,挫折时垂头丧气,情绪的反应摇摆不定、跌宕起伏。有人对大学生进行调查,发现70%的人情绪都是经常两极波动的,也就是像“波动曲线一样,忽高忽低,忽愉快忽愁闷”。

### (三) 冲动性和爆发性

由于知识水平和认知能力的提高,大学生对自己的情绪能够有所控制,但由于他们兴趣广泛,对外界事物较为敏感,加之年轻气盛和从众心理,因而在许多情况下,其情绪易被激发,犹如疾风暴雨不计后果,带有很大的冲动性。他们往往对符合自己信念、观点和理想的事件或行为迅速发生热烈的情绪;对于不符合自己信念、观点和理想的事件或行为,则迅速出现否定情绪。个别的大学生有时甚至会盲目地狂热,而一旦遇到挫折或失败又会垂头丧气,情绪来得快,平息也快。

大学生情绪的冲动性常常与爆发性相连。大学生的自制力较弱,一旦出现某种外部强烈的刺激,情绪便会突然爆发,借助于冲动的力量驱使,以至于在语言、神态及动作等方面失去理智的控制,忘却了其他任何事物的存在,极易产生破坏性的行为和后果。

### (四) 阶段性和层次性

由于不同年级培养目标和培养重点不同,大学阶段教育方式和课程设置有所区别,各个年级面临的问题不同,大学生的情绪特点也不同,呈现出阶段性和层次性特点。大学新生所面临的是环境适应、学习方法的改变、熟悉新的交往对象、了解以及确立新的目标等问题。新生自豪感和自卑感混杂,放松感和压力感并存,新鲜感和恋旧感交替,情绪波动大。二三年级大学生经过了一年级的适应过程,能够融于校园生活中,情绪较为稳定。毕业班学生面临毕业论文(毕业设计)及择业等多方面的重大问题,压力大,情绪波动大,消极情绪多。另外,由于社会、家庭及自身要求、期望不同,能力、心理素质的差别,大学生也会表现出不同的情绪状态。

### (五) 外显性和内隐性

大学生对外界刺激反应迅速敏感,喜、怒、哀、乐常形于色,相对成年人而言比较外露和直接;但比起中小学生,大学生会掩饰、隐藏或抑制自己的真实情感,表现出内隐、含蓄的特点。一般而言,大学生的很多情绪是一眼就能看出的,如考试获得第一名或赢得一场球赛,马上就能喜形于色。但由于自制力的逐渐增强,以及思维的独立性和自尊心的发展,他们情绪的外在表现和内心体验并不总是一致的,在某些场合和特定问题上,有些大学生会隐藏或抑制自己的真实情感,有时会表现出内隐、含蓄的特点。例如对学习、交友、恋爱和择业等具体问题，他们往往深藏不露，具有很大的内隐性。另外，随着大学生社会化的逐渐完成与心理的逐渐成熟，他们能够根据特有条件、规范或目标来表达自己的情绪，使得自己的外部表情与内部体验不一致。例如有的学生对异性萌生了爱慕之情，却往往留给对方的印象是贬低、冷落对方。

## 二、大学生不良情绪的表现

### （一）焦虑

焦虑是一种紧张、害怕、担忧、焦急混合交织的情绪体验。当人们在面临威胁或预料到某种不良后果时，便会产生这种情绪体验。被焦虑困扰的大学生内心感到紧张、惶恐、心烦意乱、注意力难以集中、思维迟钝、记忆力减弱，同时常伴有头痛、心律不齐、失眠、食欲不振及胃肠不适等生理反应。许多人难以说清自己焦虑的原因，但研究已经表明，事情的不确定性是产生焦虑的根源。

常见的引起大学生焦虑的原因有以下四个方面。

**1. 因生活适应困难而产生焦虑**

由于生活环境和生活方式的转变，造成对新环境难以很快适应，因而引起各种焦虑反应。一些学生入大学以前生活上的事都由父母包办，衣食住行都有人给自己安排。入学后一切都要自己来做，但却不知如何去做，因此感到焦虑不安。

针对此问题，大学生该如何采取措施？首先，大学生应建立合理的自我认知，能够正确地认识自己、评价自己，逐渐适应由中学生到大学生的角色转换。大学生要认识到自己已经是大学生，是成年人，需要摆脱对父母生活和学习上的依赖，为自己树立信心和目标，而非一味地沉浸在这种不适应带来的焦虑体验中，而应该主动地去面对。其次，大学生应积极参与团体活动，积极向同学学习，感受集体带来的温暖。最后，大学生还可以在面临无法解决的难题的时候，主动寻求老师和同学的帮助，不断克服这种不适应而带来的焦虑。

**2. 因学习上的不适应而产生焦虑**

不少大学生习惯了高中时那种被动的灌输式的学习方式，上大学后对大学的自主学习方式不能很快适应，到了图书馆、自习室，他们不知如何学起，显得无所适从。由于学习方法不得要领，学习成绩下降，因此，一些大学生对以后的学习生活和前途感到忧虑不安，极个别的大学生担心自己会完不成学业，陷入焦虑状态之中。

大学生面临这种学习上的不适应，不应该自己沉浸在这种焦虑的情绪中，而应该主动地向同学和老师请教，从而掌握新的学习方法，适应新的学习方式，从而培养自己的自主学习能力，不断提高自己的学习效率；还应该不断增强自信心的训练，在遭遇学习挫折的时候，可以建构合理自我认知，可以正视失败，并能在不断失败中汲取教训。

**3. 因考试而产生焦虑**

考试焦虑是大学生因担心考试失败或期望获得更好的分数而产生的一种忧虑、紧张的心理状态。考试焦虑一般在考试前几天就表现出来，随着考试日期的临近而日益严重。研究表明，一些能力不如其他人或对自己能力的主观评价不如别人的大学生，以及一些对获得好成绩有强烈愿望的大学生容易产生较高的考试焦虑。

大学生克服考试焦虑，可以通过很多方法来实现。首先，大学生要建构对考试的正确认知，正确地看待考试，消除对考试的一些顾虑，认识到考试只是教学过程的一个部分。其次，大学生在不断提高自己学习能力的同时，为考试作好材料和心理准备，对自己进行正确的评价，增强自信心，并确定适中的考试目标，因为自我评价过高或者过低、考试目标过高等都是焦虑产生的原因。再次，大学生应培养正确的考试态度，认真地对待考试，因为考试并不能完全反映一个人的能力。此外，大学生应不断地提高自我的心理素质，掌握一些放松方法，都有助于克服考试焦虑。

**4. 因过分关注身体健康状况而产生焦虑**

大学生因学习比较紧张，脑力劳动任务比较繁重，存在着一些可能使健康水平下降的因素，如失眠、疲倦等。当这些因素作用于那些过分关注自己健康状况的大学生时，便有可能导致焦虑的产生。

大学生要克服这种因关注身体健康而产生的焦虑，首先应学习一些日常的生理知识，可以借助图书馆的资料以及网络进行学习，正确地认识一些常见的生理现象，避免这些现象给自己带来困扰而造成焦虑。其次，应该增强体育锻炼，积极参加学校组织的有意义的活动，加强锻炼身体，不断地提高自己的身体素质。再次，合理地安排自己的作息时间，劳逸结合。此外，还要保持积极乐观的心态，这样有利于身心健康发展。

大学生的焦虑大多是正常的，即客观的、现实的焦虑。这种焦虑是一种比较普遍的情绪表现，并非所有的焦虑都是病理性的，有些比较轻微的焦虑往往会时过境迁，随时间推移而自动消失。适度的焦虑具有积极的作用，它能使大学生在各种活动和学业上表现出色，中等程度的焦虑最有利于考生水平和能力的发挥；不适当或过度的焦虑，则使人心情过度紧张，情绪不稳定，不能正确地推理、判断，记忆力减退，以致影响考试成绩和人际关系。那些自己感到无法控制的、比较严重和持久的焦虑表现或有焦虑性神经症表现的大学生应及时寻求专业的帮助和治疗，可以主动地去学校心理咨询机构寻求帮助，还可以去医院就诊。

### （二）抑郁

2007年上海某大学调查公布的大学生口头语频率最高的是“郁闷”，可见“抑郁”在大学生的消极情绪问题中占据了很大的空间。而最近的流行病调查统计结果显示，罹患抑郁症的大学生达到在校大学生总人数的21%，抑郁症越来越“偏爱”高学历人群。

抑郁是大学生中常见的情绪困扰，是一种感到无力应付外界压力而产生的消极情绪，常常伴有厌恶、羞愧、自卑等情绪体验。抑郁就像其他情绪反应一样，人人都曾体验过。对大多数人来说，抑郁只是偶尔出现的情绪，时过境迁很快会消失。但也有少数人长期处于抑郁状态，导致抑郁症。

大学生抑郁情绪的主要表现是：情绪低落、兴趣丧失、思维迟缓、郁郁寡欢、闷闷不乐、注意力涣散、反应迟钝、缺乏活力，干什么都打不起精神；不愿参加社交，故意回避熟人，对生活缺乏信心，体验不到生活的快乐，并伴有食欲减退、失眠等。性格内向孤僻、多疑多虑、不爱交际、生活中遭遇意外挫折的人更容易陷入抑郁状态。长期的抑郁会使人的身心受到严重伤害，会使大学生的学习效率下降、生活质量降低。

抑郁情绪是大学生群体中一种比较普遍的不良情绪表现。在大多数情况下，大学生的抑郁情绪都可找到较为明显的影响因素，主要涉及学习成绩落后、失恋、人际关系不和谐以及其他有关的负面生活事件的影响。然而，失恋或学习上的失败是大多数学生都可能遇到的情况，并不是每个人都会产生如此强烈的抑郁情绪反应。一些大学生抑郁情绪的产生是由于对一些负面事件的不正确认识，以及因此而对自我价值的不合理评价。他们过分概括化的评价，追求完美，希望自己在大学期间能在各方面都十分出色，这是很难做到的。因此，改变不合理观念，对出现的负面生活事件和自我价值建立正确认识、评价的态度是克服和消除抑郁的关键。

如果大学生进行自我调适但效果不明显，则应及时求助于心理医生，通过专业的心理咨询或治疗，则会控制和消除抑郁情绪状态。

### （三）恐惧

恐惧是指对一般人眼中的平常事感到担心和害怕，或者恐惧体验的强度和持续时间远远超出常人的反应范围。它是对某一类特定的物体、活动或情境产生持续紧张的、难以克服的消极情绪，并伴随着各种焦虑反应如担忧、紧张、不安以及逃避行为。恐惧症是一种常见的情绪性病症，它包括社交恐惧、动物恐惧、旷野恐惧、高空恐惧等多种类型。

常见的大学生恐惧情绪主要表现在社交方面。其主要表现为：在大学生人际交往，特别是与老师或陌生人交往时，会不自觉地感到紧张、害怕以致手足无措、语无伦次，有些大学生甚至发展到害怕见人的地步。患有社交恐惧症的大学生当意识到将要接触到其恐惧的交往情境时，会产生紧张不安、心慌、胸闷等焦虑症状。有些大学生的社交恐惧常常是以同异性交往的情境为恐惧对象，随着症状的加重，恐惧对象还会从某一具体的异性或情境泛化到其他异性，甚至其他无关的人或情境。

产生恐惧症的原因比较复杂，但一般都与成长中的不良经历有关，或者是通过条件反射作用而建立的一种不适应的行为。

大学生都会对某种事物感到害怕不敢面对，如怕蛇。这种一般意义的害怕，大学生可以通过培养自己的勇气和自信心等进行自我调节。但对某种物体、活动或情境感到毫无理由的害怕，虽然知道自己的反应不合理和没有必要，但是因无法控制仍然会出现回避反应，出现这种情况，大学生就需要主动地寻求专业的帮助，求助心理医生。社交恐惧是大学生中常见的恐惧，有这种恐惧的大学生一般对自己评价较低。首先，大学生应该培养自信，正确地评价自己，消除自卑。其次，大学生应学习一些心理调节方法，如运用系统脱敏技术逐渐克服这种恐惧，先和亲近的人交往，再和距离较远的同学，然后和异性进行交流。再次，大学生应不断克服自己个性中的弱点。畏惧人际交往的大学生大多内向、胆小，要不断鼓励自己与他人交往，给自己树立榜样，增加勇气。还可以通过不断增加自己参加集体活动的次数来适应人际交往，以克服这种恐惧。

### (四) 愤怒

愤怒是个体遇到与愿望相违背的事情，或愿望不能实现并一再受到挫折，致使紧张状态逐渐累积而产生的敌意情绪。

大学生正处在热情高涨、激情澎湃的青年时期，有时候情绪情感难以控制。愤怒是大学生中常见的消极情绪。有的大学生因一句不顺耳的话、一件不顺心的事，就激动得暴跳如雷，或出口伤人，或拳脚相加，盛怒过后，却后悔不迭，正如古希腊学者毕达哥拉斯(Pythagoras)所言："愤怒以愚蠢开始，以后悔告终。"

愤怒对一个人的身心健康有明显的不良影响：通常与人发怒时，会出现心跳加速、心律紊乱，严重时可导致心脏停搏甚至猝死。由于愤怒而导致心悸、失眠、高血压、胃溃疡以致心脏病的人也不在少数。此外，愤怒会使人丧失理智、阻塞思维，导致损物、伤人，甚至犯罪等许多失去理智的行为。大学生中一些违法乱纪的事件，大多是在愤怒的情绪下发生的。

易怒的大学生一是由于性格因素所致，二是由于许多错误认知所致，如认为发怒可以威慑他人，发怒可以推卸责任，发怒可以换回面子，发怒可以满足愿望等。

然而事实上，易怒者总是事与愿违，所得到的不是尊严、威信，而是他人的厌恶，更严重的后果是自己心绪更加不宁。

愤怒会影响大学生的身心健康，怎样调节这种情绪呢？首先，大学生可以运用注意力转移的方法，如做自己喜欢做的事情，跑步、听音乐等。其次，正确疏导自己的情绪。当遇到愤怒的情境时，运用放松方法，调整呼吸，然后进行自我暗示，如告诉自己“愤怒对自己的身体不好”等进行自我调节；可以进行换位思考。当大学生沿着愤怒情绪的思路想下去，会越来越愤怒，可以尝试转换思路，从对方角度出发，看是否可以理解，这样给自己也有一定的思考和平复自己情绪的时间。大学生还可以通过倾诉的方式来宣泄自己的情绪，可以向自己的同学、朋友或亲人倾诉，也可以寻求专业的心理咨询帮助。

### （五）嫉妒

嫉妒是大学生中具有一定普遍性的不良情绪。它是个体感到别人在某些方面优于自己而产生的一种痛苦、不满、忧虑、自责和怨恨的情绪体验。心理学家分析得出，嫉妒是人类的一种本能，是一种企图缩小和消除差距，实现原有关系平衡、维持自身生存与发展的一种心理防御反应；其特征是把别人的优势看作是对自己的威胁，通过诋毁对方、故意拆台、制造障碍、打击中伤等手段来达到心理上的暂时平衡。嫉妒的实质是自信心或能力缺乏的表现。嫉妒发生的原因是人们往往通过与他人比较来确定自身的价值。如果别人的价值增加，便会觉得自己的价值在下降，产生痛苦的体验，尤其是当比较对象原来与自己不分上下甚至不如自己时，更觉得难以忍受。这种情绪很容易转化成为对所比较对象的不满和怨恨，进而产生种种嫉妒行为。有的人即使控制自己不表现出过激行为，但出于防御心理的需要，往往在对方面前表现出一种傲慢的、难以接近的面孔，用以维护自己的“自尊”，其实自己内心非常自卑。

轻微的嫉妒会使人意识到压力的存在，促使人去拼搏奋进，成为赶上被嫉妒者的动力。但严重的嫉妒所导致的更多的是焦虑和敌意，不是努力进取、奋起直追，而是不相信自己的能力；不是反省自己，而是觉得别人会使自己难堪。

容易引起大学生嫉妒的因素主要有突出的外表、优异的成绩、超常的智力、优越的物质条件等。通常状况下，那些自尊心过强、虚荣心过盛、自信心不足、心胸狭窄、以自我为中心的大学生更容易产生嫉妒。嫉妒心重的人，从不去赞美别人，有的只是怨恨与傲慢，很难让人接近，人际关系往往紧张，自己也非常痛苦，既不利已又伤害别人。

这种严重的嫉妒不仅给他人带来伤害，还让自己痛苦。如何克服这种嫉妒心理呢？一方面要努力地消除别人对自己的嫉妒，主动关心那些遇到挫折和困难的同学，在自己获得成功的时候也不过分张扬。另一方面更要努力地克服自己对别人的嫉妒，首先要客观分析自己的优缺点和其他人获得成功的原因；其次培养自己良好的心态，用积极乐观的方法对待，如看到别人的成功时，分析自己的差距，让其成为自己奋斗的动力；再者，自我分析产生这种嫉妒心理的原因，是自己的虚荣心作怪还是因为不够自信等，找到原因后朝着这个方向努力地完善自己。

## 三、大学生不良情绪产生的原因

造成大学生情绪问题的原因有许多方面，归纳起来主要有如下几个方面。

### （一）学业的压力

大学生们刚刚脱离了高中阶段的“魔鬼”训练，便又投入到更为紧张的学习中去。当今社会越来越严峻的就业现状，也使大学生们压力倍增。

### （二）情感的困惑

大学生正值青年时代，加上周边环境对于生活中各个方面的逐渐开放，甚至媒体对于情爱的大肆渲染，使得很多大学生过早坠入情网。而现实的复杂性远远超出他们的想象。原本在心里勾画出的美好蓝图，认为大学的恋爱可以像电视剧、电影里的主人公一样甜美浪漫，在现实中被逐渐击碎，心中的困惑难以言表而堆积在心里，造成过度压抑的消极情绪。

### （三）人际关系的矛盾

进入大学以前，学生们生活在家庭的氛围里或是在班集体中，由于学习紧张而没有过多的时间进行人际交往。而大学校园属人群密集型场所，呈现出小型社会的模式。大学生们来自不同地区，文化背景、价值观、个性都不相同，在狭小空间里的近距离相处使许多大学生对于角色的转换很不适应，不能与同学很好地相处。一些大学生甚至因缺乏交往的经验技巧和方法，对于一些较复杂的情况不能恰当地处理，造成人际关系紧张，从而影响到情绪。

### （四）家庭的影响

许多研究表明，家庭社会化及其生活经历极大地影响着大学生情绪的发展。在温馨和谐的家庭中，个体易养成良好的情绪反应模式；家庭成员关系紧张、过于苛求或放纵的养育模式则会影响大学生的情绪唤起方式、程度和持续时间。虽然“问题家庭”的大学生并非都会出现情绪障碍，但有情绪障碍的大学生，大多可以找到家庭问题影响的痕迹。

### （五）环境的改变

诱发个体情绪反应的刺激物来自环境，但个体与环境之间相互作用的关系非常复杂。环境中存在着多种刺激，但如果一些刺激及其威胁不为主体所知觉，便不构成心理压力;一些刺激及其威胁被主体所察觉,但其能力和经验足以应付,威胁亦随之消失,也构不成心理压力;而一些刺激为个体所意识到,且个体的能力和经验不足以克服困境,这种刺激便成了个体的心理压力,威胁情绪的稳定与身心健康。可见生活事件是否对情绪健康造成影响,关键在于个体对生活事件的认知和觉察到的威胁与压力。

### (六) 遗传因素

遗传因子影响情绪反应模式,但不是简单的对应关系,即某种特定的情绪反应或障碍找不到特定的遗传基础。有关双生子的研究证明,遗传背景在精神疾病的发病中具有一定的作用,如具有某类遗传基因的个体对环境中的刺激较为敏感,容易诱发出较强的精神反应。

## 四、大学生不良情绪的调适

大学生面对不良情绪时,有许多调适方法,主要有以下几种。

### (一) 宣泄情绪

#### 1. 眼泪宣泄法

哭是人的本能,是人的不愉快情绪的直接外在流露。从医学角度讲,人在情绪激动时流出的眼泪会产生高浓度的蛋白质,它可以减轻乃至消除人的压抑情绪,同时眼泪能把机体在应激反应过程中产生的某些毒素排泄出去。因此,短时间内的痛哭是释放不良情绪的最好方法,是心理保健的有效措施。可是在日常生活中人们常把"哭"当成是懦弱的表现,有"男儿有泪不轻弹"的说法。其实,这种观念是不可取的。美国精神病学家曾对 30 名 18～75 岁的人进行调查,结果表明女性每月平均哭 3～5 次,男性每月平均哭 1.4 次,他们都感到哭过以后心情明显变好了,对恢复心理平衡有帮助。不过,眼泪宣泄要把握好"时"和"度",大学生只有在内心受到委屈和不幸达到极大程度时才哭,如果不分轻重、遇事就哭,反而会加重不良情绪。

#### 2. 活动发泄法

较为剧烈的劳动或体育活动能在一定程度上起到发泄愤怒的作用。运动是抑郁症的天敌。有关研究表明:体育运动能使不良情绪得到合理的宣泄,可以使人的注意力发生转移,紧张程度得到松弛,情绪趋向稳定,可以为郁积的各种消极情绪提供一个合理的发泄口,从而消除情绪障碍,达到心理平衡。所以,大学生参加有趣的、自己喜爱的体育活动是调节情绪的良好方法。

大学生还可以把导致不良情绪的人和事写在纸上,毫不掩饰地写,淋漓痛快地写,写完之后一撕了之。在这一过程中,情绪就得到了宣泄。当大学生情绪不好时,也可以选择一个相对安全适宜的场所(比如空旷的田野、密林的大山、一望无际的大海边)大声叫喊,喊出内心压抑的事情来,这对调控不良情绪也能起到较好的效果。摔打东西有时也可看作是消减不良情绪的有效方法。大学生在利用活动发泄法时,应注意时间、地点、方式方法,以不影响别人和不危害自己为基本原则。

**3. 他助宣泄**

他助宣泄就是借助于社会支持系统来疏导情绪。所谓社会支持系统就是能对自己的许多方面,尤其是精神方面,给予支持和帮助的人际关系网络,主要由亲人、朋友以及其他能够提供帮助的人员(如心理咨询医生)等组成。培根(Bacon)说过,如果你把快乐告诉一个朋友,你将得到两个快乐;如果你把忧愁向一个朋友倾诉,你将被分掉一半忧愁。快乐有人分享就会加倍,痛苦有人分担就会减半。人们都有这样的体会:遇到烦恼和痛苦时,如果有一个自己信任的人在身边认真倾听自己的诉说,尽管他没有提供有价值的建议,但诉说之后总会感到心中的烦恼烟消云散。他助宣泄就是利用这种心理作用达到疏导情绪的效果的。

### (二) 注意转移法

每个大学生都会有一些自己比较感兴趣的事,当情绪不好时,做自己感兴趣的事以转移注意力,从而起到平静情绪的作用。比如找一本自己喜欢的书来看,找点该做的事情来做,外出散步,旅游,听音乐,参加社会活动。

### (三) 文饰法

文饰又叫合理化,是用合理的理由和事实来解释所遭受的挫折,以减轻或消除心理困扰的方式。它表现为“找借口”“酸葡萄效应”“甜柠檬效应”等。

当一个人无法达到自己追求的目标或遭遇挫折失败时,常常会“吃不到葡萄就说葡萄是酸的”,找一些原谅自己的理由,以冲淡内心的欲望,减少沮丧的情绪。如有的人考试不理想,会以近来身体欠佳或社会活动太多为借口,以避免挫折感;有的人工作失误受到指责,则以同事不配合、设备不齐全等理由来为自己开脱。找借口的人,总是企图以冠冕堂皇的理由来解释行为,在众多动机中选择一些最动听、最高尚的动机加以强调,试图掩盖内心所不愿接受的那些原因,从而获得精神上的安慰。与此同时,这些人又以“甜柠檬心理”来肯定自己的成绩和价值,认为凡是自己所拥有的东西都是最好的、最重要的,以减轻内心“求而未果”的痛苦。

文饰法虽然是人们面临不良情绪时自觉或不自觉地采用的一种心理防御机制,但它除了暂时缓解内心冲突,保持心理平衡之外,对心理发展更多的是起到消极作用。因为文饰自我的理由往往是不真实或次要的理由,起着自我欺骗和自我麻痹的作用。大学生若长期过分地使用这种方式,会使自己放弃对自我的认识和改造,以致降低积极适应环境的能力。

### (四) 自我暗示

自我暗示是大学生运用内部言语或书面言语的形式，自己向自己发出刺激，使不良情绪得到调整和缓解。如在房间、床头贴上“制怒”“小不忍则乱大谋”“三思而后行”等条幅，就是针对自己的弱点，提醒自己，激励自己，是提高心理素质、加强自我修养的有益方法。

### (五) 自我安慰

大学生在遇到挫折困难时，适当进行自我安慰、自我调节、自我解脱，可以缓解心里的矛盾冲突，解除焦虑、忧郁、失望等不良情绪，憧憬于希望、未来，有助于保持心理上的稳定与平衡，如“失败乃成功之母”“塞翁失马，焉知祸福”“比上不足，比下有余”及适度的精神胜利法。

### (六) 幽默法

情绪困扰常由于自己过于严肃，以至于对生活失去了广阔的视野和幽默感。幽默是一种心理行为，高尚的幽默可以减轻心理上的挫折感，进行自我保护，增强抗病能力。大学生在日常学习生活中，应把幽默当作一种必须具备的素质，运用幽默对抗沮丧、失意，摆脱窘境，缓解不良情绪。

### (七) 情绪升华法

情绪升华是改变不为社会所接受的动机、欲望而使之符合社会规范和时代要求，是对消极情绪的一种高水平的宣泄，是将消极情感引导到对人、对己、对社会都有利的方向去。例如，一同学因失恋而痛苦万分，但他没有因此而消沉，而是把注意力转移到学习中，立志做生活的强者，证明自己的能力。

# 第三节 大学生良好情绪的培养

## 一、大学生情绪健康的标准

情绪是心理健康的窗口，它在很大程度上反映了心理健康的状况。大学生的情绪健康有以下三个基本标准。

### (一) 情绪的目的性明确，表达方式恰当

情绪健康的人能通过语言、神态、行为准确地传达自己的情绪，并能够采用自己和社会都可以接受的方式去释放、表达或宣泄情绪。

### (二) 情绪反应适时、适度

情绪健康的人的情绪反应，无论是积极的还是消极的，都是由一定的原因引起的。情绪反应的强度与引起该情绪的情境相符合，情绪反应发生和持续的时间与

反应的强度相适应。

### (三) 积极情绪多于消极情绪

情绪健康并不否认消极情绪存在的价值和合理性，但情绪健康者必须是积极情绪多于消极情绪的，而且消极情绪持续的时间较短，反应程度较轻，不涉及与产生消极情绪无关的人和事，情绪反应的对象和指向明确。

## 二、大学生良好情绪的培养

科学家法拉第(M. Faraday)在年轻时由于工作紧张，神经失调，身体虚弱，浑身难受，已经到了无法工作的程度。有一次他找一位名医进行检查治疗，结果名医只留下一句话："一个小丑进城，胜过一打医生。"法拉第仔细琢磨，觉得有道理。从此以后，他经常抽空去看滑稽戏、马戏和喜剧等，并到野外和海边度假，增加生活情趣，以保持愉快的心情。结果，这不但减轻了病痛，而且加快了他康复的进程，为高效的工作奠定了基础。这个故事告诉大学生要善于培养良好的情绪，以利于自己心理健康水平的提高和个体和谐的发展。

### (一) 提高情绪的认识水平

情绪认知是培养良好情绪的基础、前提，也可以说是第一步。

**1. 提高对自己情绪的觉察能力**

(1) 应能及时觉察自己所处的情绪状态，是高兴还是生气，是舒服还是不舒服等。只有当大学生认清自己的情绪，知道自己的感受，才有机会掌握情绪，而不会被情绪左右。

(2) 应分化、识别表面情绪背后的真实感受。由于情绪本身的复杂多变，大学生所直接感受或表现出来的可能是已经包装或伪装的情绪，所以大学生要学习识别自己真正感受到的情绪，而不被表面情绪局限。

(3) 还要通过分析法认清引发情绪的原因。艾里斯(Ellis)的情绪 ABC 理论认为，情绪并非直接源自外在诱发事件，而应该归因于个体对于这件事的观念和想法。因此，正确地进行归因，找到问题的症结所在，才能了解自己情绪发生的来龙去脉，真正觉察自己的情绪。

**2. 提高对他人情绪的识别能力**

提高对他人情绪的识别能力，有助于清晰地认知自己的情绪，更好地管理自己的情绪，建立良好的人际关系，促进身心健康。因此，大学生应学会观察他人的外部表情(包括面部表情、姿态表情和言语表情等)，同时还要设身处地地理解他人的喜怒哀乐，将心比心，建立良好融洽的人际关系。

### （二）充实自己的精神生活

**1. 树立人生理想**

有理想的人精神自然有寄托，工作有动力，生活充实，而且为了实现理想会自觉地调整情绪，情绪自然就处于积极稳定、乐观向上的状态。

**2. 努力学习，提高思想文化修养**

有思想文化修养的人胸襟开阔，少猜疑，不嫉妒，情绪自然保持在健康的状态。

**3. 培养广泛的兴趣爱好**

良好的兴趣爱好能带来快乐，帮助大学生放松心情，放松身体，同时有利于转移注意力，把自己从不良情绪中解脱出来，对于优化情绪十分必要。

### （三）调控期望值

情绪是人们对自身需要满足与否的一种反应。在现实环境中，如果对他人、对自己或者对周围事物的期望值太高，在需求难以满足时，不免会产生失望、不满、绝望等消极不良情绪。因此，大学生要学会知足常乐，把期望值调整到适当水平，在一定范围内懂得知足；对人对事不苛求十全十美，对自己拥有的一切心怀感激，这样就可以减少烦恼，保持良好心境。

### （四）学习他人良好的情绪反应

大学生要常常把情绪稳定、积极乐观的人作为自己的学习榜样，学习他（她）为何情绪稳定、积极乐观，并把他（她）们的经验运用于实践中，以培养自己良好的情绪。

### （五）情绪紧张适度，促进身心和谐

大学生情绪过于紧张，产生干扰，不利于任务的完成，也不利于身心健康；情绪过于放松，没有压力，难以保证学业的完成。大学生只有保持情绪紧张适度，才能使他们的生活富有节奏和情趣，而且能发挥潜能使身心达到最高效率状态。

### （六）塑造良好的个性

对于同样的事物，不同个性的人会产生不同的态度体验，拥有良好个性的个体在认识事物、处理事情上都会以积极乐观的心态去应对，有助于适应社会生活和自己的身心健康发展。虽说“江山易改，本性难移”，一个人的个性很难改变，但经过后天环境的塑造还是会发生变化的。在生活中，大学生要不断提醒自己克服缺点，要积极地面对生活，遇事不骄不躁，乐观从容地应对，经常保持这种积极的心态，每天都对自己微笑，不仅能培养良好的情绪，还对自己的身心健康有益。

### （七）正确对待挫折，提高适应能力

我们每个人在学习生活中都会遇到各种各样的挫折，然而任何事物都有两面性，“塞翁失马，焉知非福”。挫折虽然会让人产生困苦，但只要不被这种痛苦情绪

左右，同样也会磨炼个体的意志力，成为个体前行的动力。因此，大学生在遭遇挫折的时候能够坦然地接受，及时总结经验教训，不自我放弃，不断勉励自己坚持下去，磨炼自己的毅力，提升自己的适应能力，才可以更好地培养自己良好的情绪。

## 情景表演

### 情绪反应

**【目的】**让学生理解情绪是受认知影响的，面对相同的情景每个人的情绪反应会有所不同。

**【准备】**每人一张纸。

**【操作】**指导者说出以下预设情景，让学生在纸上写出对设定情景的情绪反应，并进行表演。

1. 有人弄坏了你的自行车。
2. 有个同学告诉你，放学后他要找几个人揍你一顿。
3. 当你在看你喜欢的电视节目时，有人把它调成了别的节目。
4. 同学们喊你的绰号。
5. 在某次竞赛或考试中你获得了第一名。
6. 在公共汽车上你被人踩了一脚。
7. 你中了100万元的彩票。

**【引导】**让学生对以上各情景作出情绪反应并进行表演，重点讨论为什么面对同样的情景不同的学生会有不同的情绪反应。突出认知的作用，并引导学生在遇到问题时合理调整认知，尽量避免消极情绪。

## 案例分析

小张，女，20岁，2007年8月以优异的成绩考入某高校。为了很好地适应大学活动，她主动关心班集体，积极参加各种活动，学习认真刻苦，而且还希望能在班级选举中当选班长并获得奖学金。可让她失望的是，班干部竞选没有成功，学习成绩也没有预料的好，奖学金自然就泡汤了。她的情绪从此一落千丈，变得郁郁寡欢，无心学习，也无法处理好与同学之间的人际关系，还整夜失眠。2008年11月她不得不去医院精神科检查。

**【问题】**

小张出现了什么问题？她该如何应对？

## 团体训练

**【目的】**了解动作对情绪的影响。

**【操作】**

1. 请同学们集体起立、坐下。然后再请同学们以比先前快10倍的速度起立、坐下。第三次又以比第二次快10倍的速度进行。让同学们体会一下这时的情绪状态。

2. 请同学们抬头看着天花板，张开嘴巴大笑几声，然后保持这个状态，头脑中想着人生中最悲痛的事，用时15秒。再回到自然状态，请同学们体会这时的情绪状态。

3. 请同学们低头看着地板，然后想着人生中最高兴的事情，体会这时的情绪状态。

4. 大家相互交流，谈谈体会，说出在以上情况下自己的心理状态情况，并分析原因。大家了解到动作对情绪的影响后，进一步展开讨论，谈谈如何在日常生活中合理地应用动作对情绪的影响。

# 本 章 小 结

情绪和情感是人对客观事物的态度体验及相应的行为反应。情绪的特点有：情绪具有自发性、主观差异性，情绪的发生具有条件性、连动性，情绪具有共通性、稳定性和可变性。

情绪和情感被统称为感情，但它们是既有区别又有联系的两个概念。人类的基本情绪有快乐、愤怒、悲哀和恐惧四种。根据情绪发生的强度、速度、紧张度和持续性，情绪可分成心境、激情、应激三种情绪状态。情感通常分为道德感、理智感和美感。

情绪具有动力功能、信号功能、调节功能、感染功能。判断情绪正常与否可从以下两个角度考虑：情绪反应是否有适当的原因、情绪反应适度。大学生情绪健康有三个基本标准：情绪的目的性明确，表达方式恰当；情绪反应适时、适度；积极情绪多于消极情绪。

情绪会对大学生产生一些影响，使得大学生的情绪具有一些鲜明的特点。大学生会产生一些不良情绪，根据原因，可采取措施进行调适。

大学生培养良好的情绪，可以采取以下措施：提高情绪的认识水平；充实自己的精神生活；调控期望值；学习他人良好的情绪反应；情绪紧张适度，促进身心和谐;塑造良好的个性;正确对待挫折,提高适应能力。

## 思考与练习

1. 什么叫情绪?情绪有哪些特点?
2. 情绪对大学生有什么影响?
3. 试析自己常有的不良情绪,并找出科学的调控方法。
4. 如何培养大学生良好的情绪?

# 第九章 大学生人际交往

## 知识框图

- 人际关系概述
  - 人际关系的含义
  - 人际关系的形成和发展
- 大学生人际交往的特点及其影响因素
  - 人际交往的含义与意义
  - 人际交往的心理效应
  - 大学生人际交往的特点
  - 影响大学生人际交往的因素
- 大学生人际交往的原则与技巧
  - 大学生人际交往的原则
  - 大学生人际交往的技巧
- 大学生人际交往中的障碍及调适
  - 大学生常见的人际交往障碍
  - 大学生人际交往障碍的调适

## 导入案例

大学生活是丰富多彩的，每一个新生都对其充满幻想和憧憬。然而新生军训后，某系男生小王却陷入苦恼，爸妈给他新买的手机在一次充电时被同宿舍同学不小心摔了一下，从此手机发生了故障，给小王带来了极大的不便。为此，他和同学闹得不可开交，甚至有言语冲撞，老师调解也无效，两人最后甚至要求调换宿舍。初来乍到，新鲜劲还未过就发生这么不愉快的事，以后的四年如何相处呢？小王十分苦恼。类似的案例在不少同学身上发生，本章将探讨大学生人际交往的有关知识，以便让大学生更好地处理人际关系。

人是社会性动物，进入大学之后，大学生们面临着新的环境、新的群体，重新整合各种关系，处理好与交往对象的关系便成为他们新的生活内容。良好的人际关系不仅是大学生心理健康水平、社会适应能力的重要指标，也是其今后事业发展与人生幸福的基石。

# 第一节　人际关系概述

## 一、人际关系的含义

首先，我们要明确什么是人际关系。从广义看，人际关系是指人与人之间的关系，包括社会中所有的人与人之间的关系，以及人与人之间关系的一切方面。显然，此种定义没有揭示出人际关系的特殊性。从狭义看，人际关系是人与人之间通过交往与相互作用而形成的直接的心理关系。它反映了个人或群体满足其社会需要的心理状态，它的发展变化决定于双方社会需要满足的程度。从历史上考察，人际关系是同人类起源同步发生的一种极其古老的社会现象，其外延很广，包括朋友关系、夫妻关系、亲子关系、同伴关系、师生关系、同事关系等。人际关系受生产关系和政治关系的制约，是社会关系中较低层次的关系；同时，它又渗透在社会关系的各个方面，是社会关系的“横断面”，因而又对社会关系具有反作用力。它直接影响着人们的心理环境和社会环境。每个个体都生活在各种各样现实的、具体的人际关系之中。

一言以蔽之，人际关系是指人与人在相互交往过程中所形成的心理关系。这里包含以下几层含义。

(1) 人际关系主要注意人与人在相互交往过程中心理关系的亲密性、融洽性和协调性的程度。因此，人际关系属于社会心理学的范畴，主要指的是人与人之间的心理关系。

(2) 人际关系是由一系列心理成分构成的。它既有认知成分、情感成分，也有行为成分。认知成分反映个体对人际关系状况的认知和理解，是人际知觉的结果，是理性条件；情感成分是对交往的评价态度，是关系双方在情感上满意的程度和亲疏关系，是人际关系的主要成分；行为成分是双方实际交往的外在表现和结果，即能表现个性的一切外在行为。

(3) 人际关系是在彼此交往的过程中建立和发展起来的。纷繁复杂的人类社会，是人际关系耦合的网络系统，而交往正是联结社会之网中个人与个人、个人与群体、群体与群体的桥梁，没有人际交往，也就无所谓人际关系。不仅如此，人际关系建立之后，还需要通过不断的交往加以巩固和发展。所以，积极地进行交往，是建立、巩固和发展良好人际关系的重要条件。

## 二、人际关系的形成和发展

### （一）良好人际关系的发展过程

一般地，良好人际关系的形成和发展，经历了一个从表层接触到亲密融合等发展阶段。交往刚开始时，双方彼此并无意识到对方的存在，双方关系处于零接触状态。只有当一方开始注意到另一方或双方相互注意时，交往关系才开始确立，交往活动才开始全面展开。此时，如果彼此的情感不断卷入和融合，共同的心理领域就会不断扩大，那么，一段时间后，良好的人际关系就是水到渠成的事了。

莱文格和斯诺克(G. Levinger&G. Snoek)以图解的方式，对人际关系相互作用水平随时间的递增关系进行了直观的描述，如表 9.1 所示。这个图解比较形象地说明了人际关系形成与发展的整个过程。

**表 9.1　人际关系状态及其相互作用水平**

| 图解 | 人际关系状态 | 相互作用水平 |
|---|---|---|
|  | 零接触 | 弱<br>↓<br>强 |
| <br> | 单向注意<br>双向注意 | |
|  | 表层接触 | |
|  | 轻度卷入 | |
|  | 中度卷入 | |
|  | 深度卷入 | |

注：“”符号代表交往者。

奥尔曼和泰勒(I. Altman&D. A. Taylor)经过对人际关系的系统研究后认为，良好人际关系的形成和发展，一般需要经过定向、情感探索、感情交流和稳定交往阶段。这和莱文格等人的研究结论是基本一致的，说明人与人之间的关系从开始时的无关,到最后形成良好的人际关系,确实需要经过不断的演化。彼此相互作用的水平由低级向高级发展,由弱逐渐变强。

从人际交往由浅入深的发展历程来考察,一般可以把良好人际关系的建立和发展划分为三个阶段。当然,这三个阶段并不是截然分开的,有时候是相互交叉和重叠的。

**1. 注意阶段**

即由零接触过渡到单向注意或双向注意的定向阶段。在这个阶段中,由开始时的彼此无关,即零接触状态,逐渐实现选择性注意。这种选择本身反映着交往者的某种需要倾向、兴趣特征和个性心理特征。只有当双方的某些特质能引起自己情感上的共鸣,才会引起个体的注意,从而把对方纳入自己的知觉对象或交往对象的范围。如果当交往双方互相注意时,这种状态更为良好,说明双方进行了互相选择,处于一致性互动状态中,这就为人际关系的建立准备了更好的心理基础。但是,我们必须认识到,这种作为初步沟通的注意,仅仅可能是良好人际关系的开端,是一种尝试,目的是对别人获得一个初步的印象,使自己明确是否有必要与对方作更进一步的交往,只有在价值观念等方面具有共识时,才可能成为进一步交往的对象。因此,在注意阶段,交往的双方都希望给对方留下一个良好的第一印象,试图为彼此的人际关系的发展获得一个良好的定向。当然,有时这个阶段是非常短暂的,且引起注意的原因也可能是偶然的,但它是形成人际关系的一个必经阶段。同时,由于个体差异,其时间跨度也有所不同。总的说来,这是人际关系的准备阶段、起步阶段。

**2. 接触阶段**

即由注意逐渐向情感探索、情感沟通的轻度心理卷入阶段转向,此时开始建立初步的心理联系。在这个阶段,交往双方开始了角色性接触,如打招呼、聊天、工作上的联系、学习上的帮助和生活上的相互照顾等,这种一般性的人际接触,目的是为了探索彼此的共同情感领域,并经过一定的情感探索、情感沟通,双方自我暴露的深度和广度有所增加,但仍未进入对方的私密性领域或隐秘敏感区,双方都遵守交往法则,而不越雷池半步,即不涉及对方牢牢守护的根本方面。此时,双方在一起能友好相处,离开对方也无关紧要,彼此没有强烈的吸引力。因而,这个阶段也是普通的人际关系阶段。一旦情感卷入的程度有所加强,交往的频率和深度有了新的进展,人际关系也就进入到第三阶段。

**3. 融合阶段**

即由接触而导致情感联系不断加强,心理卷入程度不断扩大,进入稳定交往阶段。随着交往双方接触频率的增加,彼此间了解不断加深,情感联系越来越密切,心理距离越来越小，在心理上逐渐有了依恋和融合，这标志着人际关系性质已经发生了实质性的变化。此时，交往双方的安全感已经确立，并有中度或深度的情感卷入，自我呈现的广度和深度大大扩展，心理相容性也有进一步增加，对事物的看法、评价逐渐趋于一致，并引起情感上的高度共鸣，各种信息的输入、输出不再“失真”，彼此已成为知己好友，一旦分离或产生冲突，会出现某种焦虑、牵挂和烦躁的情绪，仿佛“一日不见，如隔三秋”。当然，人际关系的融合阶段仍然有一个逐渐深化的过程，在其低水平的层次上，主要表现为交往双方的适应与合作，即求同存异；在其高水平上，才是知交和融合，即心心相印、唇齿相依，恋人关系即属此例。

### （二）人际关系恶化的过程

如前所述，人际关系的发展过程同样包含着负向发展，即人际关系的恶化。从日常生活中我们发现，人有一见如故成知己者，也有瞬间反目成仇人者。大千世界，芸芸众生，纷繁复杂。人际关系的恶化只是其中的一幕。

皮尔逊(Judy Pearson)在《如何交际》一书中，就提出了人际关系的恶化过程，如表 9.2 所示，这对我们更好地理解人际关系的负向发展有所启示。

**表 9.2　人际关系的恶化过程**

| 图解 | 人际关系状态 | 相互作用水平 |
|---|---|---|
|  | 漠视 | 弱 |
|  | 冷淡 | ↓ |
|  | 疏远 | |
|  | 分离 | 强 |

注：“○”符号代表交往者。

一般说来，可以把人际关系的恶化过程划分为冷漠、疏远和终止三个阶段。

**1. 冷漠阶段**

即指交往的一方把交往视为一种负担，在心理上形成一种压力，并伴随交往活动而产生一种痛苦情绪体验。人际关系的恶化始于冷漠，不但对交往者持漠不关心的消极态度，严重者甚至表现为一种否定性的评价和行为。如对交往者注意力的转移，不断故意地扩大与其的心理距离，不愿意与对方进行交往、沟通，更谈不上情感联系了；在公共社交场合，千方百计避免与对方的接触，迫不得已时的交往也是出于纯粹的客套和应酬，或者是心不在焉，一副与己无关、高高挂起的旁观者姿态。实际上，在其内心深处，已不再愿意交往了。

**2. 疏远阶段**

交往者在痛苦情绪体验的基础上，进而产生一种对交往双方人际关系的厌恶、反感情绪。人际关系的恶化从冷漠开始，以疏远的形式具体表现出来，并渗透到彼此人际交往的各个角落。在这个阶段，双方又回到了原来的交往位置，形成了一种远离的状态，或零接触状态。所不同的是，这时并不是双方互不认识，而是一方故意不予理睬另一方。在双方均出现的交际场合，彼此避免接触，即使不得不寒暄，也是以嘲弄、讽刺、挖苦对方为能事，并在非言语行为上也有所表现，如表情的不自然、脸部肌肉的呆板、身体姿势的不自然、交际距离的扩大以及举止的生硬等等。出现这种现象，表明双方的人际关系已经很难再维持下去了。

**3. 终止阶段**

交往双方冷漠、疏远的必然产物和符合逻辑的推论便是结束这种人际关系，双方处于完全失去联系的状态。在这个阶段，交往者不仅把相互间的接触视为一种强加给他的额外负担，感到烦恼、不安、焦虑、痛苦，而且把这种对交往的厌恶情绪用来指导自己的行动——终止人际关系。人际关系的恶化，一般均是从冷漠开始，经过疏远阶段的恶性发展，进而出现终止这种人际关系的动机和行为。人际关系的终止，可能是自然地形成的，但更多的情形是人为造成的。必须指出，某种人际关系的结束，并非都是有害的或不道德的，对此要具体情况具体分析。

## 第二节　大学生人际交往的特点及其影响因素

### 一、人际交往的含义与意义

#### （一）人际交往的含义

人际交往是指个体与周围人之间的一种心理和行为的沟通过程。人际交往是个体通过沟通行为，实现信息交流、情感表达、行为协调、需要满足，因此它也是心理的沟通过程。人际即人与人之间，人际交往就是人与人之间最基本的交往，每个人本身就是其父母相互交往的产物，一来到世间就投入到人际交往之中，与他人发生千丝万缕的联系。不论你愿意与否、自觉与否，都得与人交往，不与他人交往的人是不存在的。即使一个人独自关在书房、实验室里写作或研究，似乎没有和人们产生直接的交往与联系，但他无时无刻不在利用着别人提供的资料与成果，同时他也会期望得到他人的评价与反应，承认他作出的努力和成绩。这就自然需要以各种方式与他人沟通、交流。

**阅读材料 9-1 感觉剥夺实验**

> 实验者把一些志愿受试者的眼睛蒙住，用套子把手套住，送进隔音实验室。实验室很小，刚能放一张小床，但有空调和一些控制装置。受试者除了进食和排泄外，还可以自由地躺在床上。受试者进入实验室后，眼看不见，耳听不到，手也摸不到，一切感觉基本上都被剥夺。实验要求受试者在这样的条件下待的时间尽可能地长。开始，受试者觉得十分惬意；时间长了，惬意感慢慢消失，难受感逐步增强；最后产生痛苦，甚至无法忍受，几乎没有一个人能忍受一周以上。对从实验室“释放”出来的被试者进行心理测验的结果表明：他们的注意力不能集中，记忆力部分丧失，智力下降，不能正确地做精细动作等。总之，各种心理功能都受到不同程度的损失，必须经过一段时间才能恢复正常。

### （二）人际交往的意义

有不少大学生对人际交往的意义不甚明了。有调查发现，大学生中有三分之一的人认为独处最好，这其中大部分是人际交往障碍者。所以，有必要阐明人际交往的意义，使我们从总体上对人际交往有充分的认识，在观念上、思想上消除模糊看法，为解决形形色色的交往障碍奠定基础，铺平道路。

**1. 人际交往是身心健康的需要**

有一位大学三年级的学生，因病休学一年，整天在家躺着，无所事事，家里人也各忙各的，几个月后，在给同学的信中他说他觉得太无聊、太孤独了。这种孤独感的产生是因为缺少人际交往，喜、怒、哀、乐等情感无处充分交流，彼此间缺少感情的共鸣，导致心理上缺乏安全感与归属感。所以，一般说来，人际交往的时间与空间范围越大，精神生活往往就越丰富、越愉快。而孤独、不合群的人常常有更多的烦恼和难以排除的苦闷。

研究表明，长期生活在孤儿院的儿童与一般家庭儿童比较，缺少爱抚，缺少良好的交往条件，生活单调、孤寂，因而表现出除了智力和语言发展水平较低外，还有社交能力较差、缺乏社交愿望、对人冷淡等特点。

所以，一个人从小到大，都不能缺少人际交往。在青年期，通过与同伴的来往，表露各自的喜、怒、哀、乐，促进情感交流，使自己能为别人所接受、理解、关心、喜爱，尤其是亲密的交往，使人感到自己有朋友、有可以依恋的人，由此而产生发自内心的慰藉，免于内心孤独感、失落感的产生。如果情感上的孤寂、惆怅、空虚经常出现，会带来一系列消极的情感体验，成为各种疾病的催化剂，削弱人的抗病能力，使正常生理机能减退，并且削弱神经系统的正常功能，导致精神障碍。我们常可以见到刚从工作岗位退下来的老人，生活内容骤变，交往频度大大减少，缺乏信息刺激，容易患各种疾病，智慧、能力也迅速下降。因此，人际交往是身心两方面健康的基本保证。

**2. 人际交往是个人社会化的必经之路**

每个人的社会化进程自出生以来就开始了。一出生就落入人际交往中，首先依赖父母的照顾，提供他生长所需要的食物、衣着、爱抚、关怀等。在这同时，儿童也接受父母及周围人的影响，使自己的行为适合周围环境的需要，所以人际交往是个人社会化的起点。

对青少年来说，更重要的是与同伴交往，它对人产生的影响更大。因为这种交往关系是一种平等地位的关系。在与同伴接触中，个体发现某些举动是他们喜欢的，受到这种奖励而增强了这些举动出现的频率；而另一些举动是同伴们所不喜欢的，就会减少这类行为，由此逐渐学会调整自己的行为。在青春期，个体常顺着同伴的意见行事，同伴的影响可能超过父母和老师的影响。如果说家庭是使人社会化的第一个场所，那么可以说与同伴相处的环境则是第二个场所。在与家人、同伴的交往中，积累深化了社会生活经验，学到了社会生活所必需的知识、技能、态度、伦理道德规范等，逐步摆脱了以自我为中心的倾向，了解了集体和社会的存在，意识到了自我在社会中的地位和责任，学会与人平等相处和竞争，养成了遵守法律及道德规范的习惯，从而自立于社会，取得社会认可，成为一个成熟的、社会化的人。

**3. 人际交往是个体自我认识的途径**

人们常问自己："我究竟是怎样的一个人?"这在人际交往中可求得解答。人对自己的认识总是以他人为镜，需要通过与别人的比较，把自己的形象反射出来，并加以认识。别人尊重、喜爱、赞扬你，还是轻蔑、讨厌、疏远你，这常常成为认识自我的尺度。从他人对自己的反应、态度和评价中，发现自己的长处和短处，找到自己恰当的社会位置，从中得到丰富的教育意义，为自我的设计、发展、完善创造有利条件，离开一定的人际交往，就无法弄清这一点。因此，个体有必要多方位、多层次与更多的人交往，与他人有更密切的接触了解，来吸收更多可靠的信息，使自己能更清楚地回答"我是谁"，更清楚地确定自己的形象，更清楚地知道怎样的行为最符合自身情况，最有利于自身发展。

此外，恰当的自我认识，使人避免"夜郎自大"，又能摆脱自卑感。进入高等院校的大学生，在中学时代常常是佼佼者，那时候交往对象大都是学习上落后于自己的同学，导致过高估计自己的能力而自大；进入大学后，尖子荟萃，立刻觉得自己不过如此，以至于过低估计自己的能力而自卑。因此，大学生有待于在各种人际交往过程中形成、发展和提高自我评价水平。

**4. 人际交往是培养良好个性的需要**

一个人的个性除了受先天遗传因素影响之外，更重要的是受后天环境的影响。

如果长期生活在互助、互爱、充满热情、友好和睦的人际关系气氛中，一个人的个性会变得乐观、开朗、积极、主动。这在父母的教养方式对子女性格形成的影响中表现得最为明显。相反，一个人如果长期生活在人际关系充满冲突的环境中，则性格压抑、内向或者性格暴躁、疑心猜忌，这反过来又会促使人际关系更加不和谐。

**5. 人际交往是获得知识的手段**

在与他人的广泛交往中，个体能够随时吸取对自己的工作、学习和生活有意义、有价值的知识经验；以别人的长处填补自己的短处，借鉴别人的优势，改变自己的劣势；学习他人成功的经验，吸取他人失败的教训，以此扩充自己的知识积累，发展已有的知识体系，更新思想观念，追踪新鲜信息。

**6. 人际交往是获得事业成功的重要条件**

人类得以生存、发展的一个主要条件是人与人之间能够通过交往，建立各种关系，相互分工协作，协调一致以达到目的。同样，在我们为某一事业奋斗的过程中，也需要努力与他人交流合作。一个人的能力是有限的，且各有其擅长的一面，也有其短缺的一面，这就需要把各人的知识、专长和经验融合在一起，才有获得成功的希望。为此，只有通过人们的相互交往才能实现。同时在这一过程中，一个人的能力、才华、品格得以充分表现，从而得到社会的承认、人们的肯定，也获得尊重、友谊、爱情和自信，从而达到在社会和群体中自我实现的境界。

**7. 人际交往是社会联系的桥梁**

社会是一个有机整体，它的存在与发展，离不开信息的传播与反馈，以保证管理者与执行者以及各自内部之间的沟通和联络。这一功能除了正式的传播媒介之外，大部分由人际交往来实现。另外，人际交往通过个人间的相互联系、相互影响，形成各种集体，以实现社会的系统功能。因此，人际交往不但对交往者个人有着重要作用，而且对整个社会都有积极意义。

## 二、人际交往的心理效应

### (一) 首因效应与近因效应

首因效应是个体在首次交往时最初获得的信息比后来获得的信息影响更大的现象。与首因效应相比，在总的印象形成上，新近获得的信息比原来获得的信息影响更大的现象，被称为近因效应或称为最近效应。

首因效应一经建立，它便对于后来获得信息的理解和组织有着强烈的定向作用。由于人的认知平衡和心理平衡的作用，人们必须使后来获得信息的意义与已经建立起来的观念保持一致。例如：一位大学生刚入大学出色的自我介绍在同学的头脑中留下强有力的第一印象，即使以后他的表现不如以前，同学仍认为不是能力问题，而是不够尽力；相反，有的同学在寻求职业时给单位留下很不称职的第一印象，那么要转变这种印象需要很长时间。

最初获得的信息及由此信息形成的第一印象在总的印象形成过程中作用更大，因为我们在最初接触陌生人的时候，注意的投入完全而充分，此时印象最为鲜明、强烈，而后继信息输入时，我们的注意会游离，从而使其对我们的影响在下降。人们已习惯于用先入为主的最初印象解释一些心理问题。

近因效应不如首因效应突出，它的产生往往是由于在形成印象过程中不断有足够引人注意的新信息提供，或者是原来的印象已经随时间推移而淡忘。近因效应还与个性有关，一个心理上开放、灵活的人倾向于产生近因效应，而一个高度一致、稳定倾向的人，他的自我一致和自我肯定会产生首因效应。

建立良好第一印象的方法是善于表现自己，给别人留下良好、深刻的印象。社会心理学家伊根(G. Egan)1977 年根据研究得出：同陌生人相遇时，按照 SOLER 模式表现自己，可以明显地增加别人对我们的接纳性。其中，S 表示坐或站要面对别人，O 表示姿势要自然放开，L 表示身体微微前倾，E 表示目光接触，R 表示放松。

从描述中我们可以得出“我很尊重你，对你很有兴趣，我内心是接纳你的”这一轻松良好的第一印象。

卡内基(D. Carnegie)在其《怎样赢得朋友，怎样影响别人》一书中，总结了给人留下良好第一印象的六条途径，即：① 真诚地对别人感兴趣；② 微笑；③ 提别人的名字；④ 做一个耐心的听者，鼓励别人谈自己；⑤ 谈符合别人兴趣的话题；⑥ 以真诚的方式让别人感到自己很重要。

### (二) 晕轮效应

人们将从已知的特征推知其他特征的普遍倾向概化为晕轮效应。其正面效应是通过某一方面建立有关别人的印象，最迅速、最经济地帮助人们尽快适应多变的外部世界；其消极的一面在于以偏概全，使人们对别人的印象与本来面目相去甚远。人们习惯于按照自己对一个人的一种品质的知觉推断出他还具有另一些品质，这是一种普遍的倾向，如知道某人是正直的，则容易把这人想象成刚直不阿、真诚可信、办事认真、可信赖等。外表的吸引力有着明显的晕轮效应，当一个人的外表充满魅力时，其与外表无关的特征，也会得到更好的评价。

晕轮效应既是快速认识他人的一种策略、方式，但有时也可能会产生有害的结果。

### (三) 刻板效应

有些人习惯于机械地将交往对象归于某一类人，不管他是否表现出该类人的特征，都将对该类人的评价强加于他，从而影响正确认知，特别是当这类评价带有偏见时，会损害人际关系。如有的大学生认为南方人小气、自私；家庭社会地位高的学生傲气、不好相处等，这种刻板印象容易形成先入为主的定势效应，妨碍大学生正常人际关系的形成。

刻板印象的形成途径主要有两类：亲身经验和社会学习。当人们第一次与一个群体接触时，他们与其成员的互动就成了刻板印象形成的基础。一个群体中特殊的成员对刻板印象的形成有着重要作用；一个群体的行为对我们的知觉起着很大作用，群体的社会角色往往限制了我们所看到的行为，即一个群体所承担的社会角色、所要完成的工作往往决定了他们如何做。刻板印象还从父母、老师、同学、书本及大众媒体习得而来，如西方影视作品中仆人都是黑人形成的刻板印象便是明显的例证。

刻板印象的好处是能让个体快速地了解一个陌生或不太熟悉的人或群体的特征，但刻板印象也有其弊端：一是它夸大了群体内成员间的相似性，从而对个体的知觉产生先入为主、以偏概全的偏差；二是夸大了群体间的差异性，容易产生偏见与歧视。

### (四) 定势效应

定势效应是指人们头脑中存在的某种固定化的意识，影响着人们对人和事物的认知和评价。当我们与他人接触时，常常会不自觉地产生一种有准备的心理状态，依据一种固定了的观念或倾向进行评判。如成语“邻人偷斧”就是定势效应的例子。再如大学里对学生的评价：好学生与差学生，这些评价往往仅是对学业成绩的评价而非对学生全面的评价。同样，我们与陌生人人际交往的开始，往往要借助于定势效应，将我们准备的心理状态用于对待人与事上。

### (五) 投射效应

人际关系中的投射效应，即“以小人之心，度君子之腹”，指与人交往时把自己具有的某些不讨人喜欢、不为人接受的观念、性格、态度或欲望转移到别人身上，认为别人也是如此，以掩盖自己不受人欢迎的特征。如自私的人总认为别人也很自私，而那些慷慨大方的人认为别人对自己也应不小气。由于投射作用的影响，人际交往很容易产生误解。

## 三、大学生人际交往的特点

### (一) 迫切性

大学生正处于青春期，精力充沛，思想活跃，不甘寂寞，随着生理和心理的日趋成熟，迫切需要通过人际交往，广交朋友，满足自己多方面的需要，渴望在交往中被承认和接纳，从而实现自我价值。

### (二) 平等性

大学生具有相对一致的身心发展特点和相似的知识结构，因此，大学生的交往就有明显的人格平等、角色相同等特征。在这种人际关系中，大学生不必承担与父母、师长交往中所感受到的那种心理负荷和不平等感，也感受不到由于观念不同而找不到共同语言的困惑。大学生追求交往的平等，要求交往双方真诚、坦率、彼此尊重。

### (三) 纯洁性

大学生所承担的社会角色决定了他们的主要任务是学习，不存在工资待遇等经济问题，因而排除了因经济关系所带来的一系列复杂的利害冲突。大学生更珍视友谊，重视情感，把友谊作为重要的追求目标，而且极富有浪漫性，交往中很少出现那些互相利用的功利色彩。

### (四) 独立性

无论是活泼好动的大学生，还是孤僻好静的大学生，在交往中都表现出一种自主性。首先，大学生的交往是积极主动的，他们是互为主体、互相影响的交往伙伴，因此，在心理上存在着较强的独立感；其次，大学生的交往大多是兴趣所致、意愿所使，因此，与个人的兴奋点相吻合；再次，大学生交往的外在约束力不强，绝大多数社会活动的参加与否可由个人选择，强迫或被动的成分较少。

### (五) 开放性

首先，大学生的交往意识较强，一般不会拒绝交往；其次，大学生的交往范围较宽，无论是班级、年级还是专业、性别等，都不会成为大学生交往的障碍，而且他们也正在努力地把自己的交际领域扩大到校外乃至社会；再次，与大学生交往需求的多层次、多侧面相对应的，是他们的交往方式的丰富多彩。近年来高校各类社团的兴起正说明了这一点。

## 四、影响大学生人际交往的因素

### (一) 客观因素

#### 1. 时空接近性因素

俗话说"远亲不如近邻""近水楼台先得月，向阳花木早逢春"，这说明交往时空的远近是影响人际关系的因素。

美国的心理学家费斯廷格(L. Festinger)等人以麻省理工学院宿舍的已婚大学生为实验对象，研究他们之间的友谊与住处远近的关系。在学年开始时，他们让各户搬到新的住宅，互不相识。经过一段时间以后，研究者调查每户新结交的三位最好朋友，结果证明，各户的新朋友多是住得很近的邻居，而距离越远，选作朋友的机会就越少。有人发现，对密切人际关系感兴趣的人，一般倾向于结构小些、更封闭一些的空间，认为这样才可以建立起必要的邻近性。这些都说明，空间上的距离越小，接触的次数就越多，就越容易建立起密切的人际关系。另外，时间上的接近，如同龄、同期入学、同期毕业等，也易于在感情上相互接近，产生相互吸引。比如大学新生入学，交往最多的是同班级同学，尤其是同寝室同学，他们也最容易建立起最初的友谊。

时空接近性是密切人际关系的重要条件，但也不是绝对的。有的时候，时空过于接近，交往过于频繁，反而容易造成摩擦和冲突，影响人际关系的巩固和发展，比如大学生中的同寝室关系。

**2. 相似性因素**

“物以类聚，人以群分”，形象地说出了相似性在人际交往中的作用。研究表明，交往双方越具有相似之处，就越能够相互吸引，产生亲密感。相似主要有这么几方面：一是兴趣爱好相似；二是地位、经历相似；三是观点、志向相似。

有人用现场实验法，对态度相似程度与吸引力的关系进行了研究。以 17 个互不相识的大学生为实验对象，向他们提供免费住宿 16 周。在住进宿舍前，研究者先对这 17 个实验对象进行态度、价值观和个性特征等测验，将态度、价值观和个性特征相似或不相似的大学生安排在同一间房子里居住。然后，定期测验他们对一些事情的态度、看法以及他们对室友的喜欢评定。结果发现，住宿初期，空间接近性是决定彼此交往较多的主要因素；但到了后期，彼此间态度、价值观和个性特征的相似性超过了空间距离的重要性而成为密切人际关系的基础。在研究的最后阶段，实验者让这些实验对象自由选择住宿房间，结果，意见和态度相同者喜欢选择同一房间。

为什么观点、态度、个性相似的人容易相互吸引呢？费斯廷格的社会比较理论解释为：人人都具有自我评价的倾向，而他人的认同是支持自己评价的有力依据，具有很高的酬偿和强化力量，因而产生很强的吸引和凝聚力。

**3. 互补性因素**

大学生的需求、气质、性格等各有千秋，互补性成为个体交往的动机，也是个体相处的保障。需求相同，可以形成大学生协同活动的人际关系，但同时也存在竞争成分；需求互补，则使个体形成合作的人际关系。有人对不同气质大学生的合作效果进行了比较和研究。结果发现，两个强气质的学生在一起常常因为对一些问题各执己见而影响团结；两个弱气质的学生常常因缺乏主见而面对问题无可奈何；只有气质不同的两个学生，团结搞得最好，学习效果也最显著。

因此，大学生之间良好的人际关系往往是由互补维持的。但是，值得指出的是，互补也是有条件、有范围的。一个办事风风火火、果断利索的人，如果不欣赏办事小心谨慎、犹豫不决的人，尽管后者能成为前者性格的一种补充，但仍难以使之喜欢，同样不能形成有助于人际关系的互补因素。

**4. 外表相悦性因素**

人际吸引的最初动力就是外表相悦性。无论男生还是女生，开始都非常喜欢长相优秀的人。相貌不凡的大学生，更容易得到异性的赞扬和追求，但听到赞赏性的话过多，不易形成正确的自我意象，表现为看不起一般同学，人际关系不好。相貌丑陋的大学生，经常被大家忽视，易自卑，对人际关系过于敏感。

戴恩(K. Dion)在1972年曾做过这样的实验：让一些女大学生分别去看容貌美丑不同的2个7岁女童的照片，照片下面写有完全相同的一段文字，说明照片上的女童曾有某些过失行为，然后要求大学生们评价女童平时行为是否越轨。结果发现：对容貌美的女童的评语偏向于有礼貌、肯合作，行为纵有过失，也是偶然的，可以原谅的；而对容貌丑的女童的评语，多推断她是一个相当严重的"问题儿童"。

尽管人们都知道"人不可貌相，海水不可斗量"的道理，但在日常交往中却难以完全摆脱"以貌取人"的倾向。一个人如果经常衣冠不整，蓬头垢面，委靡不振，在人际交往初期就很难引起好感，必然有损于双方下一步的愉悦交往；如果一个人长相俊美，衣着整洁，言行举止文明得体，在人际交往初期一定能给对方以良好的第一印象，有利于进一步交往。

大学生在人际交往中，固然不能以貌取人，但适当注意自己的仪表形象是很有必要的。

### （二）主观因素

**1. 人际安全因素**

大学生在人际交往中能否适应，关键在于他们感受到的人际安全的程度。所谓人际安全是指个体在人际相处和人际交往中对自身状况保持有利地位的肯定性体验。那些诉说人际关系不好的大学生往往是人际安全得不到保证的，他们或者感到自己被别人欺负、愚弄或嘲笑，或者担心自己的弱点或劣势会暴露出来。因此，他们在特定的人际交往中条件性地局促不安，担心别人询问自己。这也意味着大学生在感觉不到人际安全的情境中，就会自我防御性地退缩或回避交往。

**2. 人际期望因素**

它是个体对人际双方在一定条件下心理、行为的预期和愿望。这些预期纯粹是个体的主观意愿，实际上是一种投射心理。

人际情境制约人际期望的内容。大学生对教师的期望和对同学的期望是不一样的。人际距离决定人际期望的价值。人际距离越近，个体的人际期望价值越高。大学生在不同的人际关系中有着不同内容、不同价值的期望。人际期望与个体的人际关系密切相关，甚至可以这样说，几乎所有人际关系不良都是个体人际期望造成的。

**3. 人际张力因素**

它是指个体在特定人际关系中所体验到的一种心理紧张状态。只要处于这种人际情境之中，个体就强迫性地感觉到紧张、压抑、无奈、无能为力或表现为冲动、偏激、难以克制。人际张力越大，个体越难适应人际关系。一旦脱离某种人际情境，相应的人际张力就自然解除了。然而，大学生的同学关系、师生关系是不可避免和脱离的，所以有些个体不得不深受人际张力之苦。

**4. 人际报复因素**

所谓人际报复是指如果某一个体无论有意还是无意地贬损了另一个体，不管被贬损的个体当时反应如何，该个体必然会在以后的某一时候遭到被贬损个体的报复。虽然这种报复可能是无意识的，并且不一定是激烈的暴力行为。人际报复直接增大人际张力，影响人际关系。

## 第三节　大学生人际交往的原则及技巧

人际关系问题确实无处不在，我们每个人从小就开始学着处理人际关系问题。我们能一步一步走到现在，每个人都有自己对人际关系问题独特的理解、各自成功的经验以及教训。我们需要的是挖掘、发扬自己在人际交往方面的成功之处，找出并弥补自己的不足，进一步提高我们人际交往的能力。

### 一、大学生人际交往的原则

#### （一）平等交往

平等主要指交往双方态度上的平等，我们每个人都有自己独立的人格、做人的尊严和法律上的权利与义务，人与人之间的关系是平等的关系。在交往过程中，如果一方居高临下、盛气凌人、发号施令、颐指气使，那么他很快便会遭到孤立。大学生往往个性很强，互不服输，这种精神是值得提倡的，但绝不能高人一等，因同学之间在出身、家庭、经历、长相等方面的客观差异而对他人另眼相看。

坚持平等的交往原则，就要求大学生能正确估价自己，不要光看自己的优点而盛气凌人，也不要只见自身弱点而盲目自卑，要尊重他人的自尊心和感情，更不能

“看人下菜碟”。

### (二) 尊重他人

每个人都有自己的人格尊严,并期望在各种场合中得到尊重。尊重能够引发人的信任、坦诚等情感,缩短交往的心理距离。一般来说,大学生的自尊心都较强,因此,大学生在人际交往中尤其要注意尊重的原则,不损伤他人的名誉和人格,要承认或肯定他人的能力与成绩,否则,易导致人际关系的紧张和冲突。

坚持尊重的原则,就要求大学生必须注意在态度上和人格上尊重同学,平等待人,讲究语言文明、礼貌待人,不开恶作剧式的玩笑,不乱给同学取绰号,尊重同学的生活习惯。

### (三) 真诚待人

真诚是人与人之间沟通的桥梁,只有以诚相待,才能使交往双方建立信任感,并结成深厚的友谊。

坚持真诚的原则,就要求大学生必须做到热情关心、真心帮助他人而不求回报,对朋友的不足和缺陷能诚恳批评;对人对事实事求是,对不同的观点能直陈己见而不是口是心非,既不当面奉承人,也不在背后诽谤人,做到肝胆相照、赤诚待人、襟怀坦白。

**阅读材料 9-2　安德森研究**

心理学家安德森(N. H. Anderson)在 1968 年所进行的一项研究中,将 555 个描绘个性品质的形容词列成表格,让大学生被试按照喜欢程度由高到低排成序列。在这一序列中,有代表性的个性品质有三类:排在序列前面的高度受人喜欢的个性品质,位于中间介于积极和消极的中性品质,排在末尾的高度令人讨厌的品质。通过研究我们会发现排在序列最前面、受喜欢程度最高的六个个性品质包括:真诚、诚实、理解、忠诚、真实、可信,都或多或少同真诚有关。而排在序列后面,受喜欢水平最低的个性品质,如说谎、假装、不真诚、不真实,也都同真诚有关。结论是,真诚令人欢迎,不真诚令人讨厌。毫无疑问,一个人要想吸引别人,与别人保持良好的关系,真诚是必需的品质和交往方式。这是人际交往的一个基本原则。

### (四) 互助互利

人际关系以能否满足交往双方的需要为基础。如果交往双方的心理需要都能获得满足,其关系才会继续发展。因此,交往双方要本着互助互利原则。互助,就是当一方需要帮助时,另一方要力所能及地给对方提供帮助。这种帮助可以是物质方面的，也可以是精神方面的；可以是脑力的，也可以是体力的。

坚持互助互利原则，就要求大学生破除极端个人主义，与人为善，乐于帮助别人，同时又要善于求助别人。别人帮助你克服了困难，他也会感到愉快，这也可以进一步沟通双方的情感交流。

### （五）讲究信用

信用是成功的伙伴，是无形的资本，是中华民族古老的传统。信用原则要求大学生在人际交往中要说真话，言必行，行必果。答应做到的事情不管有多难，也要千方百计、不遗余力地办到。如果大学生经再三努力而没有实现，则应诚恳说明原因，不能有"凑合""对付"的思想。守信用者能交真朋友、好朋友；不守信用者只能交一时的朋友或终将被抛弃。

坚持信用原则，就要求大学生做到有约按时到，借物按时还，不乱猜疑，不轻易许诺、信口开河，让人家空欢喜。

### （六）宽容大度

人际交往中往往会产生误解和矛盾。大学生个性较强，相处时，不可避免地会产生矛盾。这就要求大学生在交往中不要斤斤计较，而要谦让大度、克制忍让，不计较对方的态度，不计较对方的言辞，并勇于承担自己的行为责任，做到"宰相肚里能撑船"。他吵，你不吵；他凶，你不凶；他骂，你不骂。只要我们胸怀宽广，发火的人一定也会自觉无趣。宽容、克制并不是软弱、怯懦的表现。相反，这是有度量的表现，是建立良好人际关系的润滑剂，能"化干戈为玉帛"，能赢得更多的朋友。

## 二、大学生人际交往的技巧

### （一）主动与同学打招呼，主动关心帮助他人，富有同情心和正义感

大学里，来自五湖四海的同学聚在一起，如果不想在这样的生活环境中被孤立，就应该先试着主动与同学打招呼。一声主动的问候、一个灿烂的笑容会给别人留下好印象，有助于建立良好的同学关系。在平时集体生活中，切忌以自我为中心，应主动关心、帮助别人。此外，有能力的大学生还可以做些公益工作，以增加同学们对自己的好感。一个不愿意帮助别人的人，很难要求别人帮助他。大学生应主动在别人需要的时候去帮助他，当他人遭到困难、挫折时，伸出援助之手，给他人出头露脸或获益的机会。若大学生能时时给别人关心、帮助和支持，那么在自己需要的时候才能更好地得到他人的帮助和支持。

### （二）学会真诚地赞美别人，不吝啬自己肯定和赞扬的话语

大学生若看到其他人身上的优点或者美丽的外在变化时，应大胆地给予赞美或认可，这样会给对方带来欢乐。这种欢乐和谐的氛围会影响到其中的人，使人与

人之间的关系变得轻松融洽，因为每个人都希望得到他人的赞美和赏识。赞扬能让人身心愉悦，精力充沛，还能激发自豪感，增强其自信，有助于更好地了解自己的优点和长处，认识自身的生存价值。但赞美要有的放矢，要真诚和有感而发；赞美绝不等同于恭维，既不是拍马屁，也不是阿谀奉承。赞美时切忌夸大其词、不着边际和虚伪做作，否则，赞美会失去其作用。另外，不能人前一套，人后一套，当面说人好话，背后说人坏话，或传递其他人之间相互指责、诋毁的话，这势必引发他人之间的矛盾。

### （三）学会倾听并恰当地给予反馈

人际关系学者认为"倾听"是维持人际关系的有效法宝，所以，大学生要学会有效地聆听。倾听表示尊重、理解和接纳，是连接心灵的桥梁。在沟通时，作为听者要少讲多听，不要打断对方的谈话，最好不要插话，要等别人讲完之后再发表自己的见解；在别人漫无目的地谈话时，要礼貌地转换话题或结束话题；要尽量表现出聆听的兴趣，听别人讲话时要正视对方，切忌小动作，以免对方认为你不耐烦；力求在对方的角色上设身处地地考虑问题，对对方表示关心、理解和同情；不要轻易地与对方争论或妄加评论；在与人交谈时，要专注、积极倾听他的谈话，不时地给予适当的反馈和提问；在表达自己的不同看法时，首先要认可当事人的想法，再礼貌地提出自己的看法，这样就会在表明观点的同时避免了冲突，不伤及彼此的关系。

### （四）适当地替他人着想，切忌自我中心、损人利己

人首先是一种自私的动物。哪个孩子会把自己好吃的东西主动让给别人？因此，一定程度上说，自私是人的本能。在人际交往中，我们都会站在自己的角度思考问题，首先维护自己的利益，但同时我们又会非常讨厌那些为了自己利益而不惜牺牲他人利益的人。因此，大学生在争取自己利益的同时，也要不断兼顾到他人的利益，才能在人际交往中受人欢迎。切忌做那些损人利己甚至损人不利己的事，"己所不欲，勿施于人"。大学生应学会换位思考，常想如果自己处在他人的位置上会怎样，就能理解他人的反应，也就不会出现强求别人做连自己也做不到的事情。

### （五）正确运用非语言表达方式

非语言表达方式是游离于语言之外的一些表达方式和手段，一般包括眼神、手势、面部表情、姿态、位置、距离等。掌握和运用好非语言表达方式，对大学生处理好人际交往是必不可少的。"眼睛是心灵的窗户"，"眼睛像嘴一样会说话"。面部表情是内心情绪的外在表现，它们均能表达人的态度和情感，如眉飞色舞表示内心高兴，怒目圆睁表示愤怒。大学生在交往中还可用人体动作来表达情感。总之，大学生在人际交往中根据谈话的内容和场合，正确运用非语言表达方式，巧妙地表达自己的思想感情，有时能起到"此时无声胜有声"的作用。但非语言表达方式要运

用得恰到好处，不可过于频繁和夸张，以免给人手舞足蹈之感。

### （六）称呼得体

称呼反映出人们之间心理关系的密切程度。恰当得体的称呼，使人能获得一种心理满足，使对方感到亲切，交往便有了良好的心理气氛；称呼不得体，往往会引起对方的不快甚至愤怒，使交往受阻或中断。所以，在交往过程中，大学生要根据对方的年龄、身份、职业等具体情况及交往的场合、双方关系的亲疏远近来决定对方的称呼。对长辈的称呼要尊敬，对同辈的称呼要亲切、友好，对关系密切的人可直呼其名，对不熟悉的人要用全称。

### （七）遵守所在群体的基本规则

遵守群体规则，即意味着尊重、关注他人的需要。大学生不要因为自己影响到其他人，如不分时间早晚地带异性在宿舍；要承担自己应尽的责任和义务，主动打扫卫生、整理内务、打开水等。

### （八）保持独立自主与谦虚的品质

大学生与人交往时要有自己的主见，不要人云亦云、趋炎附势，更不要骄傲自满、目空一切，不要总是与人抬杠。无论是否有理，总要找出依据说明自己如何有理、对方如何无理，处处、事事、时时要显示自己高明、自己是胜利者，长此以往，则会很难让人容忍，埋下隔阂与不满。

### （九）保持微笑和愉快的心情

微笑和些许幽默有助于增进交流、拉近距离和缓解紧张冲突的气氛。日常交往中，学会带着热情、微笑与人打招呼，让人体会到与你交往时的那种轻松与快乐，你才能成为一个在社交场所受欢迎的人。巧妙地运用幽默，因为幽默是语言的调味品，它可使交谈变得生动有趣。但幽默的对象应该指向自我，而非他人，否则幽默不成反会引发矛盾。

### （十）保持积极乐观的心态

现代社会是由形形色色的人组成的，每个人的性格、爱好、习惯和信仰会迥然不同，各有各的魅力。每个人都会有自己的喜恶，会有自己对人、对事的看法，因此，不能用自己的标准去衡量要求别人。大学生需要避免在没有深入交往的情况下，单凭第一印象或断章取义的某句话就对一个人“横挑鼻子竖挑眼”，妄下断语或猜测。另外，大学生很容易看到一件事情或一个情形的阴暗面，但重要的是挖掘其积极面，实事求是、一分为二地看待问题，才能找到贴近现实的解决办法。

# 第四节　大学生人际交往中的障碍及调适

## 一、大学生常见的人际交往障碍

人际交往是指人运用语言或非语言符号交换意见、交流思想、表达情感和需要的过程。一般来说，大学生在人际交往过程中，出现一些困难或不适应是难免的，但如果个体的人际关系严重失调，人际交往时常受阻，就说明存在着交往障碍。大学生常见的交往障碍主要表现在以下几个方面。

### （一）自卑

自卑是由一种过低的自我评价而造成的消极心理体验。自卑的浅层感受是别人看不起自己，而深层的体验是自己看不起自己。有自卑心理的大学生大多性格比较内向，感情脆弱，多愁善感，常感自惭形秽，觉得自己这也不如人，那也不如人，总认为别人瞧不起自己，担心在交往中受到伤害。因而这种人在社交场合，不是积极主动地参与交流，而是过于警觉、被动防守。大学生产生社交自卑感的原因，主要有错误的自我认识、社交经验不足、缺乏特长、畏惧挫折、生理条件相对不足等。严重的自卑心理不仅会影响自己与他人的人际关系，而且会导致自己出现沮丧和悲观的消极心态，最终影响个体身心的健康发展。

### （二）嫉妒

嫉妒是别人在某些方面比自己优越时，产生的羞愧、怨恨、敌意等复杂的情绪。具有严重嫉妒心理的人总怕别人超过自己，一旦发现有人在某些方面强过自己，而自己又感觉无竞争的能力或竞争的勇气时，就会采取讽刺、挖苦、挑拨、中伤等不正当的行为，对他人造成种种心理的甚至身体的伤害。有些严重嫉妒心理的人，在“妒火中烧”的情况下还会失去正常的思维，铤而走险，造成严重的后果。嫉妒之心人皆有之，只不过有轻重之分而已。但从本质上来看，嫉妒是一种不健康的心理状态，严重时会影响人与人之间的正常交往。

### （三）自负

自负是一种过高地评价自己，不信任他人的心理。自负的人在人际交往中表现出目中无人、自高自大、争强好胜、固执己见等特点。在大学共同的学习和生活环境中，自负的学生一般都片面强调自我需求的合理性，不顾及他人的需求和感受，让别人围着他转，在同学中显得十分霸道，表现极端自私和自以为是。人们都讨厌同这种类型的人交往，因此，自负的人最终在人际交往中会成为“孤家寡人”的失败者。

### （四）孤独

孤独的主要特点是寡言少语，在人际交往中不主动，缺乏热情。从心理学的角度讲，人际交往中的孤独是一种封闭的心理障碍，更多的是由于个体偏于内向的性格造成的。这样的人往往把自己真实的思想、情感、欲望掩盖起来，过分强调自我克制。从孤独者的内心来说，他们对人际交往缺乏兴趣，不知如何去找知音或根本就不想找，这是一种心灵上的孤寂。对于他人来说，这样的人难以接近，与之交往不是无效就是很累，久而久之，便与之保持心理距离，其结果就是孤独者更加孤独。

### （五）羞怯

羞怯主要来源于两个方面的原因：一是害羞，二是胆怯。羞怯心理主要表现为以下四种。

**1. 自卑性羞怯**

这种人往往对自己的现状比较悲观，认为自己在许多方面不如别人，因而害怕与人交往，尤其害怕与那些自认为比自己强的人交往，怕他们瞧不起自己。

**2. 敏感性羞怯**

有的同学在交往中总觉得别人在注意自己，常担心自己被别人否定，因而觉得紧张、不自在，以致手足无措，有时甚至语无伦次，无法安下心来做事。

**3. 挫折性羞怯**

挫折性羞怯有两种表现：一种是反射性羞怯，比如在大庭广众面前受到冷遇，以后遇到类似情况就会有羞怯感；另一种是演化性羞怯，比如和陌生人交往中曾碰到过尴尬情况，而后和所有陌生人打交道时都会紧张。

**4. 习惯性羞怯**

一般是由孩提时代的羞怯形成的习惯。

### （六）猜疑

猜疑心理是一种由主观推测而产生的不信任的复杂情感体验。怀有猜疑心理的人总是从某一假想目标出发，脱离实际调查，进行封闭式思维，最后又回到假想的目标上来。中国古代“疑邻偷斧”的故事，形象地描绘出猜疑者的心理特征。大学生在人际交往中也带有类似的猜疑心理。比如，宿舍里丢了东西，有的大学生往往凭着对某人的主观认识乱猜疑；由于迟到旷课被老师批评了，有的大学生就怀疑是某某班干部打的小报告等。人际交往中如果出现猜疑心理过重，就容易造成人与人之间的隔阂、矛盾和冲突。因此，大学生在人际交往时要学会正确的人际认知方法，加强沟通，多做调查研究，学会识别信息等方法努力消除猜疑心理。

## 二、大学生人际交往障碍的调适

每个人的人际关系都或多或少地出现这样或那样的障碍。改善人际关系，加强人际交往，对大学生的学习、生活和心理健康都有重大意义。

### （一）正确认识自己

正确认识自己，才能以良好的心态同别人交往。一个人自卑、缺乏自信以及自傲甚至孤芳自赏往往与不能正确地认识自己有紧密的关系。毫无疑问，在社会生活中，我们要经常把自己与他人进行比较，检查自己的言行是否妥当。但在与他人比较时，应注意标准，要客观地比较，既不能以己之长去比他人之短，也不能以己之短去比他人之长。另外，也不能以偏概全，自己某些方面不如人就认为自己什么都不行，自己某方面突出就认为自己什么都行。

如果对自己的认识与评价不符合实际，夸大了自己的缺点、短处，看不到自己的优点和长处，则只会使自己在别人面前丧失信心，增强自卑感。相反，夸大了自己的优点、长处，看不到自己的缺点和短处，也会使自己觉得高人一等，产生目中无人的感觉。“金无足赤，人无完人”，大学生在交往中，要善于发现自己的优点和长处，肯定自己的成绩，懂得欣赏自己；“尺有所短，寸有所长”，大学生在交往中同样也要善于看到自己的短处和不足，明确自己的差距，学会解剖自己。大学生只有学会客观公正地认识自己、评价自己，才能既增强自己的信心，克服自卑感，又避免狂妄自大，以正确的心态与别人交往。

### （二）主动大胆地与人交往

大学生人际交往是交往双方积极互动的过程，一方主动而另一方被动势必造成交往难以正常进行或不能持久。主动大胆地与人交往有利于消除自卑、性格内向所带来的心理问题。因为主动大胆地与人进行交往，能够锻炼自己的胆量。客观地说，一个人的胆量是在后天的实践活动中形成和发展起来的，大学生要大胆地、主动地与人交往，锻炼自己的胆量。

俗话说：“一回生，二回熟。”大学生第一次主动地与人交往后，要大胆地进行第二次、第三次尝试，并进行总结，积累经验，找出不足，在以后交往中发挥优点，克服不足，使自己在交往中做得越来越好，给自己信心和胆量。大学生只有大胆地尝试，主动地参与社交活动，慢慢地才不会害怕见陌生人，从而让社交恐惧症和孤独感慢慢地消除。

### （三）培养良好的交往品质

**1. 真诚**

虚情假意是交往的大敌，而以诚待人、宽以待人则是交往成功的基础。“人之相知，贵在知心。”只有真诚才能打动人，也只有真诚才会让人以真诚相报。真诚的心能使交往双方心心相印，彼此肝胆相照，真诚的人能和所交往者的友谊地久天长。

**2. 信任**

信任是与人交往的前提，而猜疑则是交往的拦路虎。美国诗人爱默生(R. W. Emerson)说过，你信任别人，别人才对你重视。以伟大的风度待人，人才表现出伟大的风度。信任本身就是一个巨大的磁场，能把人吸引到你的身边。在人际交往中，信任就是要相信他人，从积极的角度去理解他人的动机和言行，而不是胡乱猜疑，相互设防。信任他人必须真心实意，而不是口是心非。

**3. 克制**

与人相处，难免发生摩擦冲突，克制往往会起到“化干戈为玉帛”的效果。克制要求个体以团结为本，以大局为重，即使是在自己的自尊与利益受到损害时也是如此。但克制并不是无条件的，应有理、有利、有节。如果克制是为一时苟安，忍气吞声地任凭他人的无端攻击、指责，则是怯懦的表现，而不是正确的交往态度。

**4. 自信**

俗话说：“自爱才有他爱，自尊而后有他尊。”自信也是如此。在人际交往中，自信是获得他人信任和尊敬的前提。自信的人总是不卑不亢、落落大方、谈吐从容的，容易取得别人信任与尊重，从而有利于实现正常交往。但自信决非孤芳自赏、盲目清高。自信的人对自己的不足有所认识，并善于听从别人的劝告与帮助，勇于改正自己的错误。培养自信要善于“解剖自己”，发扬优点，改正缺点，在社会实践中磨炼、摔打自己，使自己尽快成熟起来。

**5. 热情**

热情是交往的促进剂，可以立刻缩短人与人之间的距离。在人际交往中，热情能给人以温暖，能促进人的相互理解，能融化冷漠的心灵。因此，待人热情是沟通人的情感、促进人际交往的重要心理品质。

**6. 容忍**

容忍是能够谅解和宽恕别人缺点或错误的一种品质。人非圣贤，难免有缺点和错误，“金无足赤，人无完人”讲的就是这个道理。与人交往，不能要求别人尽善尽美，当别人有缺点或错误时，要给予理解和宽容。有容乃大，大海正是有包容一切的胸怀才积蓄起万顷波涛。如果一个人不善容忍，难有众多朋友。

### (四) 掌握必要的交往技巧

**1. 注意仪表、举止、言谈、风度、气质和行为规范，给对方留下良好的第一印象**

第一印象在人际交往中的作用非常大，具有认识效应、即时效应和长久效应。

它往往是根据对方的仪表、举止、言谈、风度、气质等形成的。因此,大学生加强自身修养,以良好的精神风貌出现在交往对象面前是十分重要的。

**2. 要肯定对方、尊重对方**

人类普遍存在着自尊的需要,只有在自尊心高度满足的情况下,个体才会产生最大程度的愉悦,才会对人际交往中对方的态度、观点易于接受。特别是处于青春期的大学生,自尊心极强,因而在交往中首先就必须肯定对方、尊重对方,这是成功交往的重要条件。

**3. 讲究语言的艺术性**

讲究语言的艺术性,要做到会用清楚、准确、简练、生动的语言表达思想和感情;谈话内容不枯燥,能吸引对方;尊重他人意见,避免评论和争论;即使批评他人,也要在肯定之后提出,而且以不伤害他人的自尊心为前提。

**阅读材料 9-3　批评的智慧**

人皆有过,被批评、批评别人在所难免。但若方法不当,既达不到目的,又伤害感情。批评的智慧体现在:

(1) 从称赞和诚恳入手。先诚恳地称赞别人的长处,再指出不足,比一针见血的批评更有效。

(2) 间接提醒别人的错误。用间接方式提醒会使人因保留面子而乐于接受意见,比直截了当好。

(3) 先提到自己的错误。当与别人发生误会而又都有责任时,最好先责己,然后再指出别人的错误。

(4) 提问而不是下命令。态度要诚恳,方式要委婉,比如问“你觉得这样做,行吗?”

(5) 勇于接受批评。当别人善意批评自己时,勇于接受才能进步。

**4. 保持适当距离**

人的生理特点和心理特点决定人与人之间有一种无形的距离,而且此距离有它适当的限度,距离过近或过远,都会造成人际关系的不和谐。所以,古人指出:“久往令人贱,频来亲也疏。”这也是所谓的“距离产生美”。这是因为每个人既需要交往,又要有独处的空间,如果你三天两头去打扰别人,一聊就是半天,则会使人产生受“骚扰”的感觉。

### (五) 加强自身修养,提高自身素质

人的素质是多方面的,除了生理素质具有一定的遗传因素外,其他大部分素质

都是可以在后天的努力中加以改变和塑造的。理智的人总是设法在实践中不断提高修养，丰富知识，提高自身的综合素质。这是增强自身人格魅力、实现成功交往的基础。因此，大学生不能老是为那些自己不能改变的因素而忧虑、悲伤，而应去努力改变那些自己可以改变的，创造那些自己可以创造的东西。事实证明，在人际交往中，后天培养的内在素质的魅力比天赋美貌的魅力作用更具持久性和感染力。

## 案例分析

来访者：小 Q，女，20 岁，大一学生。

来访者自述："刚进大学，与同寝室一名同学以及隔壁寝室的两名同学成为一个关系亲密的小团体。四人又是同班，平时大部分时间在一起活动，曾被同班同学戏称为"四人帮"。相处之初，大家还是比较愉快的。但随着时间的推移，与同寝室这名同学之间的关系开始有些紧张，两人性格、处事方式和生活习惯的不同，逐渐显露出来。彼此都有看法，在生活交往中开始疏远。这个室友对我也有敌意，说话、做事有时显得十分尖刻，好像总想抓机会揭我的短。曾经为缓解彼此的关系做过努力，不但没有效果反而更恶化。其他两人还不清楚我和室友闹到这种地步，但感觉她们和室友的关系好像比跟我要更亲近些，所以没有也没想到合适的方式向她们讲明。因此表面上四个人还是与往常一样在一起学习、娱乐，上课时我们俩不得不在一个小组讨论问题，在一起时两人比较尴尬，想避又避不开。这种状况经常影响到我自己的情绪，以至于不能安心的学习。为了不影响自己正常的学习和生活，我萌发了从四人小团体中脱离出来的念头，想一个人独立地安排自己的学习和生活。但是又担心其他人会误会我，以为我对她们不满意。我想对其他人说明和室友的关系，但因为她们和室友的关系好像比自己更近，又担心她们不信任我，所以很为难。就这样要经常和一个自己不喜欢的人在一起，觉得日子很难熬。"

小 Q 是在另一名女同学的陪同下来咨询室咨询的。由于陷入了进退两难的人际交往困境，她显得有些焦虑和悲观。

**【问题】**

你认为小 Q 和这个室友的关系应该怎么处理？

## 情景表演

### 人际沟通表演

**【目的】**通过人际沟通训练，提高人际沟通能力，增进对别人的了解。

**【方法】**采用空椅子技术。

**【操作】**

1. 在一个空旷无人的地方放两把椅子，一个人同时扮演两种角色。当角色改变时，更换坐的位置。比如，你和同桌关系不是很融洽，对方经常误会你。那么，你不妨扮演一下同桌的角色，按照通常发生的情况排演几出“戏”。

2. 另外请一个好友在一旁观看，若这个好友在人际沟通中富有经验，就再好不过了。

3. 对话结束后，可让好友就你的问题进行评判。

4. 请旁观的好友，就你所扮演的各种角色，提出具体的改进意见。然后，你再按他的意见试演几次。

### 团体训练

#### 互助训练

**【目的】**帮助成员面对困扰和处理当前困惑的问题。

**【准备】**纸，笔。

**【操作】**7～10 人为一组，指导者请该组每一位组员想一想在人际交往中感到最困惑的问题和事件有哪些，最想解决的问题是什么，然后写在纸上，不署名。写完折叠好，放在团体中央。全体写完后，指导者随机抽出一张，大声念纸上的内容，请组员共同思考，帮助提问题的人解决问题。因为匿名，可使组员减少担忧，大胆提出问题。全体组员共同出主意、想办法，既帮助了别人也帮助了自己；必要时可以通过角色扮演的方法表现情景；讨论完一张，再讨论另一张，直到所有的问题都得到解决。指导者引导组员思考怎样从他人经验中联想自己所遇到的事情，并从中得到启发。不同问题、不同对象都可以采用这种训练方法，并达到互相沟通了解、真诚友爱相处的效果。

## 本章小结

人际关系是人与人之间通过交往与相互作用而形成的直接的心理关系。人际关系的形成和发展分为良好人际关系的发展过程和人际关系恶化的过程。人际交往是指个体与周围人之间的一种心理和行为的沟通过程。人际交往具有重要的意义。人际交往的心理效应有首因效应、近因效应、晕轮效应、刻板效应、定势效应、投射效应。

大学生人际交往的特点有迫切性、平等性、纯洁性、独立性、开放性。影响大学生人际交往的因素有客观因素和主观因素。大学生要想处理好人际交往，就必须坚持人际交往的原则，掌握人际交往的技巧，面对人际交往中的障碍要采取适当的行为进行调适。

## 思考与练习

1. 什么是人际关系和人际交往？
2. 大学生人际交往的原则主要有哪些？
3. 大学生应该从哪些方面对人际交往障碍进行调适？

# 第十章 大学生恋爱心理及性心理

## 知识框图

- 大学生恋爱心理
  - 大学生恋爱心理概述
  - 大学生恋爱中常见心理问题的调适
  - 培养健康的恋爱观和择偶观
- 大学生性心理
  - 大学生性心理概述
  - 大学生性心理问题及其调适

## 导入案例

陶丽就读于西南某学院，读书的时候和昆明某大学的薛某恋爱了。经历了最初的心动之后，两个人常常发生争吵。陶丽提出了分手。如果故事到此为止，一切看起来都很普通。相恋、冲突、分手，一段普通的男生和女生的恋爱经历。

然而时隔一个月之后，在2010年春节的前夕，薛某再度找到陶丽，说想要见上一面，把某些话说清楚。当陶丽携同自己的姐姐见到前男友薛某的时候，两个人又一次激烈地争吵，愤怒之中的薛某掏出水果刀，一顿乱捅，年轻的陶丽失去了自己的生命，陪同的姐姐也身受重伤。

爱情，当我们想起这个字眼儿的时候，大多数脑海中浮现的都是幸福、浪漫之类的关联词，然而人们常常忽略了阳光总是伴随着阴影。人们可以享受爱的甜蜜，可惜的是爱也常常伴随着嫉妒、怀疑、愤怒，当我们无法去解决这些伴随着的冲突时,蜜糖就变成了毒药。

案例中的这对年轻的大学生,恋爱了却不知道该怎样解决彼此之间的矛盾,遇到了问题各不相让,诉诸暴力,最终用生命作为了爱的代价。当然,恋爱不成就要杀人或者自杀,是一种极端的形式。更多的人表现得没这么激烈,却依然深深地受到想爱却不能、相爱却不会相处的困扰。我们感到迷茫、痛苦,却找不到方向。

在这章内容里,我们着重对什么是爱情、恋爱中常常会遇到的问题和应对方法以及大学生性心理的特点、规律及常见的问题应对进行探讨。

# 第一节 大学生恋爱心理

## 一、大学生恋爱心理概述

### (一) 什么是爱情

爱情,出现在我们生活的每一个角落。每一个人都在谈论它、感受它,并且都会有自己的理解。但是,如果现在要对爱情作一个清晰的描述,或者给一个科学的定义,你就会发现这很难。为了方便我们更好地谈论它,现在我们从以下四个方面进行尝试性的描述。

**1. 爱情是一种经验**

或许,我们无法明确地给爱情一个清晰的定义,但是如果说起来的话,关于什么是爱情,每个人的内心却都会有一个明确或者相对含糊的脚本。

这个脚本可能是梁祝历经艰辛化身为蝶的浪漫,也可能是《泰坦尼克号》中杰克和露丝激情迸发的生离死别,或者《红楼梦》中的贾宝玉和林黛玉之间的委婉缠绵,抑或是《廊桥遗梦》中的短短相遇却用一生来回忆,甚至是父母、亲人之间的亲疏离合。不同的人会选择不同的符号来作为自己爱情的脚本,就像戏剧舞台中的人物一样,我们常常努力按照我们对爱情的理解来扮演我们各自在爱情中的角色。

那么,这个爱情脚本是怎么来的呢?这个脚本通常来自于个人的经验。如果做一个区分的话,这个经验来自于三个部分。

第一部分来自于个人的早期经历。我们每个人能成为今天的自己,是经验的产物。“依恋类型”的研究是其中最好的一个例子。

发展心理学家鲍尔比(J. Bowlby)早在多年以前就已经发现婴儿对其主要的抚

养者表现出不同的依赖方式。普遍接受的假设是某些婴儿在饥饿、尿床、或者恐惧的时候,他们会发现很快有人关心和保护他们。一个有爱心的抚育者总是在婴儿们需要的时候出现。这些婴儿就很舒适地享受他人的关心和爱护,他们会逐渐地形成一种印象,觉得这个世界是安全的、可靠的,并且觉得他人是安全和亲切感的可靠来源。结果,这些婴儿就会发展出安全型的依恋方式。他们喜欢与人交往,很容易与人发展出信任的关系。

其他儿童可能会遭遇不同的情形。有些儿童会发现他们的关照者是不可预测的,而且其行为表现经常不一致。他们的养护人有时候非常热情地关注他们,有时候又心不在焉的,甚至还会看不到他们。这些儿童就会产生很复杂的情感:在他们的眼里这个世界变得复杂而且难以捉摸,他们不知道什么时候会被爱,什么时候又会被拒绝。这些儿童就会逐渐变得紧张和过分依赖,表现出对他人的过分需求。这种依恋类型叫作焦虑矛盾性。

第三组儿童发现他们的养育者可能心不在焉,勉为其职。这种儿童就认识到可能其他人是靠不住的,因而在和他人的关系中表现出退缩不前,表现出回避型的依恋。回避型的儿童容易猜忌生疑,不容易形成信任和亲密的关系。

由此可见,我们早期的经历,会影响到以后的人际关系。鉴于依恋类型的研究,人们进一步证实了依恋类型对成人之后的亲密关系的预测作用。依恋研究专家巴塞罗谬(Bartholomew)把依恋类型进一步划分为四种类型。

其一,安全型。举例描述为:我感情上容易和人亲近,依赖他人或者别人依赖我,我都会感觉舒适,如果独自一人或者别人不接受我时,我也不会有太多的担心。

其二,多虑型。常见的举例描述为:我想和别人在感情上是完全亲密的,但我常发现别人不情愿如我所想的那样变得亲近;没有亲密的关系我会不舒服,但我又担心别人不像我珍惜他们那样地珍惜我。

其三,恐惧型。恐惧型的人因为担心遭到抛弃而避免和他人建立联系。尽管想让别人喜欢自己,但是担心陷入依赖他人的奉献中。举例描述为:与别人亲近,我会不自在,我想要感情亲近的关系,但是完全相信别人对我来讲很为难;我担心如果我和别人太亲近会受到伤害。

其四,超脱型。超脱型的人感觉与别人的亲密并不值得忧虑。超脱型的人会自我满足,拒绝与别人相互依赖。举例描述:没有亲近的感情关系我也很自在,对我来说独立和自给自足很重要,我宁愿不依赖别人或别人不依赖我。

但是还好我们不完全是早期经历的奴隶。早期的依恋类型尽管和成年之后仍然有高度的相关性,但是在成长的过程中,我们的生活经验仍然会修正我们对亲密关系的看法。比如一个多虑型依恋的人,在成年之后遭遇了安全型的亲密关系,在这段关系中，自己所爱的人是稳定的、可预测的，那么个体也会逐渐发展出安全的依恋类型模式。

第二部分来自于个人成长中学习到的经验。我们对于爱情的感受一方面和依恋有关系，另一方面来自学习。

这其中第一个重要的学习对象来自于自己的亲身经历。在个体成长过程中恋爱乃至和异性相处的经验，都会影响到个体对于两性关系的看法。个体在和异性相处的过程中，不断地修正自己内心对于异性的认识。个体在有些关系中学会了信任，而在另外一些关系中则学会了怀疑。无论是积极的还是消极的经验，个体都在这样的经验中逐渐地让自己原有的对于两性关系的看法，变得更稳定或者有所松动。

第二个重要的学习对象就是自己的父母。当我们和父母相处，一方面我们向父母学习生活和生存的技巧，同时也学习如何发展爱情与亲密关系。所以父母的爱情和亲密关系是怎样的，往往影响着个人未来对于爱情的预期。当然这个观察不仅仅是父母，邻居、其他的亲戚或者朋友的婚姻关系，也会对个体产生重要的影响。一个生活在对两性关系比较随意的群体中的个体，和相对保守的群体关系中的个体对于爱情的看法显然是不一样的。

所以，我们根据经历的或者观察到的各种各样关于爱情的故事，来修正我们的爱情脚本。

第三部分来源于文化的影响。东西方文化都对于爱情具有自己独特的描述。在西方的神话和童话故事里，美女与英雄是一个常见的主题。无论是古希腊神话中的海伦，还是现代好莱坞电影中的各式美女，他们的爱情总是和野性、充满征服力量的英雄形象联系在一起。而东方文化中尤其是中国文化中，才子佳人则是一个常见的主题。

这些神话、童话、民间传说结合了现在的电影电视手法，成为了一个很强大的文化符号，影响着我们对于爱情的解读。它们会成为我们爱情脚本的一个重要组成部分，影响着我们陷入爱河的时候所作出的判断和选择。

**2. 爱情具有生物基础**

爱情作为人类的一种高级情感，在大学生的眼中往往是纯洁和美好的象征。我们常常认为，爱情是精神性的，和生物性没有关系，甚至于有人认为没有性的爱情才是真正的爱情。

然而精神从来不能够脱离于物质而存在。爱情的产生也同样和人类的生物性特点密切相关。梅耶斯等人(Meyers)认为性吸引不是爱情的充分条件，但它是必要条件。一项对大学生进行的调查也支持了这个说法(Regan)。也就是说，我们可以没有爱情，但是有性的吸引。但是没有性的吸引则常常不会有爱，所以性的吸引往往是爱情的基础部分。

爱情的生物基础还意味着大脑的神经生化反应和激素的分泌。纽约爱因斯坦医学院神经学家比安卡・阿塞韦多(Bianca Acevedo)研究团队发现，在大脑中有一个人脑中的腹侧被盖区、伏隔核、腹侧苍白球和中缝核这四小块区域形成"爱情环"，控制爱情。

这是一个奖励区域，当爱情来临时，这个区域受到刺激就会释放大量的多巴胺。多巴胺是一种快感物质，能让人产生心醉神迷的感觉。我们在热恋中的那种激情迸发的感觉往往和多巴胺密切相关。并且当多巴胺大量分泌的时候，大脑中那些与批评有关的神经单元被抑制了，这也可以解释，为什么恋爱中我们更加地宽容。

当然，催产素也是重要的角色，它是一种可以帮助人们建立"信任"，促成男女承诺的物质。

这些说法可以解释当爱情产生的时候，我们的大脑发生了什么，我们大脑中的这些神经生化变化又对我们的情绪产生怎样的影响。不过，我们还不能说爱情就是这些神经生化活动本身，它们更像是爱情的载体。

总之，爱情不仅仅是经验的产物，还具有生物性的特征。生物性是爱情的重要基础。

**3. 爱情满足了人的心理需求**

对于人类来讲，我们需要经常地、愉快地与亲密的伙伴在长期的和充满爱心的关系中进行互动。亲密关系满足了我们人类的基本需要——归属需要，而爱情则是亲密关系中最强烈的一种表现形式。

有研究表明，良好的亲密关系对于个体的身心健康具有重要的价值，而亲密关系的丧失则会给个体带来更多的麻烦。这些麻烦包括抑郁、退缩等消极情绪，同时也可能意味着更糟糕的生理健康状况。美国俄亥俄州立大学的研究显示，孤独与免疫力降低有很高的相关性。同样作为病毒的潜在携带者，孤独和社交退缩的个体，病毒发作的几率显著高于那些有良好的亲密关系的个体。

进化心理学家解释了人为什么有如此强烈的建立亲密关系的需求。在人类进化的过程中，远古时代人类生活在比较原始的环境中，个人的力量是渺小的。在那种环境下，那些能够与群体和睦相处的人就更有可能生存与繁衍后代。渐渐地，那些能够与人建立起稳定与亲密关系的倾向性就会演变成适应性。结果，我们人类就主要由那些能够建立起良好的亲密关系的人群组成。

**4. 爱情与现实相联系**

古往今来，人们大多数认为爱情是很个人化的事情，无数的人为了追求自己的爱情和幸福而穿越了现实的重重束缚。在童话故事中和言情小说里，爱情往往是王子轻轻的一吻，公主从沉睡中醒来，从此两个人过上了幸福的生活。不过所有的童话都没有描述王子和公主婚后的生活。

而事实上爱情或许滥觞于精神世界，但是即使爱得如火如荼的两个人同样也需要穿衣吃饭，遭遇现实。这个现实也包括物质的现实（金钱）。“贫贱夫妻百事哀”，如果没有足够好的物质基础，爱情中的两个人最终会被对未来的忧虑打垮。这个现实还包括生活的现实（琐事）。即使是王子和公主，他们也需要做家务的。对于刷锅洗碗、打扫卫生等琐事，如果双方达不成一致，渐渐地就会发生冲突。

这个现实包括人际的现实（生活圈子）。每个人都会有自己的人际环境，如果两个人的人际环境不同，必然会带来生活习惯和文化的差异。差异往往是冲突的来源。

如果个体对于现实没有清晰的认识，那么再坚贞的爱情最终也会被碰得头破血流。大学生的爱情常常不能成功，很多情况下往往是因为无法通过现实的考验。

从上面的讨论中，我们可以粗略地对爱情产生一个认识，即爱情就是以性吸引为基础，能够满足人的基本心理需求并且与客观现实、主观经验相结合的一种亲密人际关系。

## （二）爱情的类型

### 1. 斯腾伯格的爱情类型理论

美国耶鲁大学的斯腾伯格（R. J. Sternberg）提出了爱情三角理论（triangular theory of love），如图 10.1 所示，认为人类的爱情由激情、亲密和承诺三种基本元素构成。

**图 10.1 爱情的三种基本元素**

(1) 亲密：以亲近和接纳为基础。它包括热情、理解、交流、支持和分享等特点。

(2) 激情：以身体的欲望激起为特征。激情的形式以性的渴望为特征。不过任何从伴侣处得到的强烈的情感体验都属于激情的范畴。

(3) 承诺：包括将自己投身于一份感情的决定和维持这份感情的努力。

在这个基础上排列组合可把爱情分成八个类型如下。

(1) 无爱,即激情、亲密与承诺俱无,如陌生人或者单纯的熟人。

(2) 喜欢,即彼此之间只有亲密,却没有激情和承诺,如朋友。

(3) 迷恋,即彼此之间只有激情,却没有亲密和承诺,如一夜情、婚外恋。

(4) 空爱,即彼此之间只有承诺,缺乏亲密和激情。当爱情经历过一段时间,激情渐渐消退,又缺乏亲密的支撑,就只剩下空洞的承诺了。

(5) 浪漫之爱,即彼此之间有激情和亲密,但没有承诺。在大众的心里很多浪漫的爱情大抵是"不在乎天长地久,只在乎曾经拥有"。

(6) 友谊式爱情,即彼此之间有亲密和承诺,但没有激情,如日久生情。

(7) 愚蠢之爱,即彼此之间有激情和承诺,但没有亲密,如目前的闪婚族。

(8) 完美之爱,即既有激情、亲密,又有承诺。完美之爱与种族、贫富、地位无关。它作为爱情的最高境界,往往能激发出人的巨大生命潜能,同时使人获得归属感、安全感和自信感。

即使在完美之爱里,亲密、激情和承诺在不同的时期所扮演的角色也是不同的。在亲密关系的早期,或许激情有更强烈的影响。当进入婚姻后,随着时间的推移,亲密和承诺在关系中的比重逐渐地增加。

不过,在现实生活中,我们的爱情可能没有这么泾渭分明。有时候很难说得清,在关系里是什么占的比重更大些。但是斯腾伯格的理论还是为我们理解爱情提供了有力的工具。

**阅读材料 10-1　爱情天梯**

刘国江在 6 岁的时候遇到了 16 岁的新娘子徐朝清。在那个时候尚未长大的刘国江就一见钟情于16 岁的新娘子。在渐渐长大的日子,刘国江的心里总是有着那个姑娘的影子。后来徐朝清的丈夫因病去世了,她带着四个孩子艰难度日。命运让这对有情人走到了一起。为了躲避世人的流言,他们携手私奔至海拔 1 500 米的深山老林,自力更生,靠野菜和双手养大七个孩子。为让徐朝清出行安全,刘国江一辈子都忙着在悬崖峭壁上凿石梯通向外界,几十年如一日,凿出了6 000多级石梯,被称为"爱情天梯"。二老的爱情故事被媒体曝光后,在全国范围内引起了强烈的反响,他们被评为 2006 年首届感动重庆十大人物,同年又被评为"中国十大经典爱情故事"。

在这段故事里,激情、亲密、承诺深深地交织在一起。几十年风雨同舟,真正印证了古人诗篇里提到的"执子之手,与子偕老",也见证了一段斯腾伯格的三元结构理论中所阐释的完美爱情。

**2. 伯斯切德区分的四种爱情类型**

伯斯切德(Ellen Berscheid)对爱情类型的划分自20世纪以来就被广泛关注着。下面具体介绍一下这四类爱情。

(1) 依恋的爱:婴儿时期的依恋可以与成年期的许多现象联系起来,此类型个体会向比个体年龄更大、更强壮、更聪明的人表示亲近,就像婴儿为了生存的需要而寻找自己的保护者。

(2) 怜悯的爱:个体愿意把别人的幸福放在第一位,很少考虑到自己的幸福。因此,这类型爱情的个体常常具有较强的移情能力。

(3) 友谊的爱:它符合奖励—惩罚原则。即个体喜欢对自己好的人,不喜欢对自己不好的人。个体相信自己在对方眼中的价值,并会在一次次的交往中收到来自对方的信号:我愿意与你交往。

(4) 浪漫的爱:这一类爱情常常出现在很多心理学家的分类当中,说明浪漫的爱在爱情中占有重要位置。浪漫的爱带有性的色彩。这一点不论是从爱情的感性经验还是从理性认识上来说似乎都是显而易见的。

这四种爱情类型几乎可以囊括古往今来大部分的爱情,它们与遗传有关,与生殖系统有关,与反应机制有关,与本能有关。这四种类型的爱情也是出现在各个心理学家爱情分类当中频率最高的类型,这也许说明这四种爱情的确存在,是人们爱情中最普遍出现的爱情类型。

### (三) 爱情的特征

**1. 选择性**

这是爱情的基本特征,因为人是具有思维辨别和意识功能的高级动物。动物的“爱情”从本质上说,只是动物生殖繁衍的需要,是动物的生物性本能。而人的爱情除了性和繁衍的需要之外还要满足心理需要与社会需要。所以爱情不是单纯地寻找一个对象,而是考虑到性别、性格、兴趣爱好等各种特征的一种综合体验。比如我们大多数人都很难接受同性。而且无论是同性恋还是异性恋我们都很难做到来者不拒,总是有一些特定的人或者类型对我们更有吸引力。

**2. 相互性**

相互性是指男女双方既是爱者又是被爱者,既是爱情的主体,又是爱情的客体。爱情不是私欲,也不等同于同情或怜悯。任何牵强和欺瞒的感情付出都不会带来真正的爱情。只有一方对另一方的爱恋只是单相思,不能与真正的爱情混为一谈。所以爱情应该是双方共同的体验。

**3. 排他性**

这是爱情区别于其他情感的独有特征。所谓爱情的排他性实际就是爱情关系中的男女对爱情的忠贞、专一。这就提示我们，当一段关系里不是只有两个人亲密，而是经常有第三方参与的时候，就需要去考虑两者之间是否是真的爱情。需要注意的是，排他性只是在爱情关系中不允许第三个人出现，并不意味着对别人漠不关心。

**4. 利他性**

利他性是衡量真爱的重要指标。爱情不仅仅是得到，真正的爱情更多意味着奉献，即愿意让自己爱的人更加的幸福和快乐，“如果我爱一个人，我愿意为他更多地付出”。

**5. 平等性**

平等性是爱情能够持久存在的基础。爱情是一种自发的情感，在恋爱中的两个人只有具有平等的人格，才能够互相理解，互相尊重。双方失去了平等，爱就会受到污染。

爱情中的平等不是财富和地位的平等，更多的是人格的平等。对于这点在我们后面讨论爱情的影响因素的时候会更详细地解释。

### （四）大学生恋爱心理发展的规律特点

**1. 一般恋爱心理发展的阶段**

（1）异性敏感期。青春期的青少年正经受着身心陡变所带来的生理、心理及社会等多个层面的影响，在诸多影响中，以第二性特征的出现、性意识的觉醒及自我意识的高涨最为显著。这一系列变化在男女两性交往方面有着鲜明的体现，即对男女两性之间的性别差异非常敏感，在异性面前时常会感到羞怯和不安。在这一阶段，男女学生彼此疏远，相互回避。

（2）异性向往期。在性生理发育成熟及性心理发展的促动下，青少年男女情窦初开，爱意萌动，对异性心存向往，并产生彼此希望接触的意愿。他们由此开始特别注意自己的衣着装扮、容貌风度，以求能够引起异性的注意和兴趣，进而博取他（她）们的好感和青睐。除此之外，他们还积极主动地通过阅读文艺作品、欣赏影视佳作、浏览网络资源、参与同辈谈论等方式，尽可能去了解有关爱情的知识或信息，甚至利用包括发信息、网络聊天等各种机会与异性接触交往。总的来看，由于生理的发育与自我意识的发展尚未完全成熟，他们对异性的向往还只是泛化的、不稳定的、缺乏专一性的。有人又称此阶段为泛爱期。

（3）恋爱择偶期。随着性生理与心理以及自我意识的逐步成熟，社会阅历的不断丰富，处在这一发展阶段的青年男女开始树立自己的爱情观，确立自己的择偶标准，并付诸实践，寻求和选择自己合意的配偶对象，共同建立和培育双方的爱情。就目前来看，高校大学生的年龄多在18～22岁，正处于由“异性向往期”向“恋爱择偶期”过渡的时期，这也正是一个人的恋爱心理开始形成，并逐步走向成熟的重要时期。

**2. 大学生恋爱发展五部曲**

(1) 好感期。人们在人际交往中所产生的一种彼此欣赏的情感体验，是爱情产生的必要前提。没有好感，就不可能产生进一步交往的意愿，爱情就无从产生。当然，男女之间的好感，不仅仅是性爱，而是涵盖了所有的人际吸引。

(2) 晕轮期。这个词汇源于心理学研究，表明对象身上的某种闪光之处异常灿烂，就像日月的光辉在云雾的作用下扩大到四周，形成一种光环，会让人产生一种错觉，把对方的整体形象美化，也就是产生了一种光环效应。这大多在两个人爱情的初期出现，在此期间的爱情是最甜蜜的，对方的缺点也是自己眼里的优点，属于典型的“情人眼里出西施”的阶段。

(3) 磨合期。交往几个月、半年、一年后，随着彼此的了解越来越全面、深入，双方的热情慢慢下降，于是看到对方越来越多的缺点，甚至突然觉得对方的一些缺点自己简直难以忍受，后悔当初的选择。这个时候我们的爱情已经步入了认知与磨合的阶段。在这个阶段，很多人会感觉一切都变得没那么美好，因为对方的缺点开始越来越多的争吵，情绪时好时坏，起伏较大，感到后悔、烦恼，甚至一方或双方会想到分手或是直接提出分手，思考我的幸福到底是不是他(她)? 这是一个比较艰难、需要双方坚持和努力的阶段，也是恋爱过程中的一大考验。

(4) 理性与平淡期。在理性平淡期间，彼此都比较知根知底，也有了一定的默契。感情也逐渐成熟和稳定，初期的那些过于理想化、不理性的想法及期望，已被平和与温情代替。彼此终于相信幸福其实就是简单的油盐酱醋。

(5) 共存期。两个自我通过前面的“拉锯战”，找到最适合的距离位置，像刺猬找到不扎到彼此又能取暖的距离。一直到最后的相濡以沫，白头到老。

在这五个时期里，任何一个时期出现问题，都无法能够相守终生。对于大多数校园恋情来说，会在磨合期走到尽头。而另有一部分恋人则可以成功地度过磨合期，进入下一个阶段。而只有成功地度过这五个阶段，才能最终收获爱情的甜蜜。

**3. 大学生恋爱的特点**

(1) 单纯性。大学生恋爱所考虑的问题往往比较单一。

大学生是一个很特殊的群体。一群来自于不同地区、不同家庭背景的个体，因为高考，他们获得了同一个身份——大学生。他们上同样的课程，享受同样的校园服务，在同一个平台上进行合作与竞争。这样的情形之下，家庭的优势、生活环境的优越性随之而降低。所以大学生的爱情相对比较纯粹，通常他们在考虑爱或者拒绝一个人的时候，更多地来源于所爱的人自身的特质，而比较少地受到外在因素的影响。

(2) 盲目性。大学生刚刚成年，并且在传统的教育模式下，缺少有爱的教育。独立性、自主性和对爱的理解都还停留在非常感性的阶段。

进入大学，大学生要经历从孩子到成人、从被管理到自我管理这样一个重要的人生转折。很多大学生会感到茫然无措，再加上远离父母、远离家乡的孤独和寂寞，以及恋爱成风的校园文化的催化作用，很多大学生会轻易地陷入爱河。

只不过，有的大学生是因为害怕寂寞而恋爱，有的则是为了满足虚荣心而恋爱，有的甚至只是屈服于校园中恋爱成风的压力。

(3) 易变性。很多大学生的爱情往往无法经历时间的考验，所谓“爱得快，散得也快”。2010 年在焦作地区高校中进行的一次校园调查显示，50%以上的大学毕业生在学校期间具有一次以上的恋爱经历。

大学生自身的不成熟性和恋爱的盲目性是大学生恋爱失败的重要原因。同时大学校园里大量适龄的男生和女生也让恋人们承受更多的诱惑。

### (五) 影响大学生恋爱的因素

关于人际关系的一个基本假设是，我们更容易被那些对自己具有高回报性的个体吸引。而恋爱正是一个逐渐地建立起亲密关系，并体验到高回报的一个美妙幸福的过程。影响大学生恋爱的因素，有着自己的特点，同时和普通的成人爱情一样，受到距离、性格、外表和家庭背景等的影响。

#### 1. 距离

距离是影响爱情的最基础的因素。简单点说，或许看到一个人，不意味着我们会爱上他，但是我们爱上的人一定是我们可以看得到的。试想一下，在大学生心理健康教育的课堂上，你最先认识的人是谁？谁又是你的新朋友？很有可能你所认识的人和喜欢的人就坐在你的附近。

一项研究显示，一些陌生人坐在教室里，大学生们更可能和他附近的人成为朋友，而不是教室边缘的人，尽管这个教室并不大。类似的现象包括你住宿和就餐的地方，那附近也常常是你和你最要好的朋友和恋人相遇的地点。亲密关系专家认为，我们常常在生活半径五千米以内遇到我们合适的伴侣。

产生这个现象的原因在于，距离是有成本的，而对于在我们身边的人，我们更容易得到他们提供的回报。当其他条件相同时，近在身边的人就比远在他方的人更有优势。俗话所说的“近水楼台先得月”大概就是这个意思。总的来讲，当个体心情烦闷需要倾诉，或者身体不适需要关照，甚至于激情飞扬需要分享的时候，一个随时可以得到的安慰、照顾和鼓励，会让我们更容易感到幸福。而距离较远其花费和付出的成本——电话费、网络费或者长途车费往往更高，并且信件、电话和视频中的爱的表达，通常也不会比一个真实的拥抱更加动人。

另外一个证据是，距离较远的恋爱常常会导致分离。在著名的问卷调查网站(www. sojump. com)针对大学生所进行的一项调查显示，有 25%以上的人的恋爱因异地而分手，有近 70%的人拒绝遥远的网恋。

**2. 性格**

性格在大学生恋爱的影响因素中占有很高的比重。京华网提供的一项针对大学生的调查数据显示，有五成以上的大学生在恋爱时首先考虑的是对方的性格。关于性格的要求通常包含了两个部分。

(1) 核心特质。比如在关于受欢迎的性格特征的调查中，真诚、有责任感、幽默往往排名比较靠前，而自私、任性、斤斤计较则在最不受欢迎的行列。不难理解，前几个特质无论对于朋友还是恋人来讲都是容易建立信任感和感到安全、放松的首要特质，而自私、任性则常常是建立良好关系的“杀手”。

(2) 要求性格的相似性。通俗的话说就是合得来。我们发现相似的人往往会更加相互吸引，慷慨的人喜欢和慷慨的人在一起，乐观的人则容易和乐观的人相遇。同理，那些心情不好的人常常也会有一个心情容易不好的男(女)朋友。一个简单的解释是，具有相似特征的人则更容易取得回报。比如：你是外向的，显然如果你有个同样外向的恋人，就会让你们能更顺利地走出家门享受与人交往的乐趣。

其中的一个特例是互补，我们不少人认为相反的性格更有吸引力，因为这样可以互补。事实上相反的性格只是在最初相遇的时候会让人感到很新奇，但是如果两个人长期相处，一个喜欢说话的人和一个比较沉闷的人，很难会感到幸福。当然这里面也有例外，一个喜欢控制的人和喜欢服从的人可能会有比较好的配合。

**3. 外貌**

外表吸引力对第一印象形成起着至关重要的作用。对于某些“外貌协会”(明确以外表作为择偶主要标准的群体)成员来说，外表吸引力就是决定性因素了。

尽管大学生在选择恋爱对象的时候，主观上认为性格是第一位的。但是现实的情况是，一个人的性格往往不能够在短时期内被清晰地觉察。所以更多的时候，外表吸引力在大学生最初选择和谁交往的时候起到决定性作用。而这最初选择时所带来的感受可能会影响以后相当长一段时间对于恋人的看法。

这种现象的原因在于，个体身上的某个比较闪光的地方，会让人产生错觉，对对方的整体进行美化，产生心理学上所谓的“光环效应”，美貌显然是一个容易产生“光环效应”的重要特质了。

我们通常会假设外貌具有吸引力的人比不具有吸引力的人更加的善良、坚强、外向、有教养、性格好、好相处。同样我们会进一步判断，外貌好看的人未来更可能会取得成功，婚姻更幸福，生活更充实。

对于美貌的偏见，甚至会导致人们对于个人的才智产生偏见。在工作中，外形比较好的人，更容易应聘成功，并得到比较高的薪水。有研究显示，如果把匹兹堡大学 MBA 毕业生的长相分至一到五级水平，长相每升高一级，男性的年薪就会平均增加 2 600 美元，女性的年薪就会平均增加 2 150 美元(Frieze，Olson&Russell)。

不过，尽管男女都会比较注意外貌的吸引力，但是男女之间还是存在性别差异的，和女性相比，通常男性更注意自己恋爱对象的外貌。

但是，是不是意味着在大学生恋爱的过程中，大家一窝蜂地都去选择美女和帅哥呢？如果你注意观察校园的话，你就会发现，走在校园中的这些情侣们，他们的外表吸引力基本是相似的，也就是我们通常所说的般配。在偶然的情况下，两个外表差异比较明显的人，可能会随意地约会。但是这种关系往往不容易持久，或者不会轻易给出对方什么样的承诺，因为双方不是一类人。

所以，如果我们主观上认为，某个人的外表吸引力过高的话，我们也不容易主动去追求。也就是说在大学校园里，并不是每个人都会去追求校花、系花。因为大多数人不会去冒险追求那些觉得根本不会喜欢上自己的人，那样比较伤害自尊。

**4. 能力**

对于大学生来讲，在选择恋爱对象的时候，能力也是一个重要的影响因素。这个能力包括学业成绩、智商以及个人在学校所展现出来的综合性素质。

和社会上的偶像崇拜一样，那些在学校各种文体活动中崭露头角的男生和女生往往更受欢迎，成为所谓的“校园明星”。在大学校园里，剥离了身份、地位、财富的外衣，个人的素质高低就成了人们判断一个人未来发展潜力的重要指标。

能力和外表吸引力经常会互为补充，互相促进。也就是说如果一个人外表吸引力很好，通常可能会让我们假设他(她)很有能力。同样，如果一个人能力很好，也会增加他(她)的外表吸引力。

和外表吸引力还有一个相似的地方在于，在择偶的时候，对能力的重视也存在性别差异。不同之处是，和男性相比，女性更在乎自己所喜欢的男孩子的能力。传说中的“郎才女貌”，应该就是这样的意思。这对于那些对自己外表吸引力不够有信心的男大学生应该是个好消息。

**5. 家庭**

家庭在大学生恋爱的时候，更多是作为一种潜在因素起作用。大学生的爱情，更强调其纯洁性，强调对于所爱的人本身的关注，所以不太考虑恋人的家庭背景。但是家庭因素仍然在恋爱中起作用。

家庭通过四种方式对于大学生的恋爱产生影响。

（1）经济基础。大学生的爱情尽管金钱的味道比较淡，但是爱情也并不能真的只靠精神来支撑。当表达爱情的时候，送礼物、请吃饭，甚至一起去唱歌、看电影等种种浪漫的二人世界都需要金钱来作支持。所以，家庭条件比较差的大学生在投入爱情的时候往往有更多的疑虑，也需要付出更大的代价。他们更缺乏主动去追求的勇气，恋爱的时候遇到挫折的可能性也更高。

（2）家庭教育。在成长过程中，父母不断对于个体关于理想爱情模式的教育，常常会成为个人经验的一部分，影响个人的价值观、爱情观。

（3）榜样作用。父母是我们人生的第一任老师。父母的婚姻经验常常对于我们成人之后的择偶也会有重要的影响。如果生活在一个幸福的家庭里，父母婚姻和谐幸福，个人就会对爱情有更多美好的向往，并且在择偶的时候，我们常常会以自己的异性父母为榜样。

如果父母本身婚姻就冲突不断，家庭气氛比较紧张，或者父母已经离异，同样会深刻影响个体对爱情和婚姻的态度。在恋爱的时候个体可能会更加地缺乏安全感，有更强的嫉妒心，所以恋爱关系常常会比较紧张或者沉闷。当然，在择偶的时候个体会希望尽可能避开自己异性父母的类型。

（4）关系互动。深度心理学认为，个体生命早期的经验，对其一生有重要的影响。这个影响更清晰地显示在个体的亲密关系里。在上文中提到的依恋理论显示，我们早期的亲密关系状况和成人之后的亲密关系呈正相关。也就是说在早期的母婴关系里，如果是安全的，那么成人之后更容易发展出安全的亲密关系——信任、稳定，否则就会让关系显示出比较复杂的特征。

**6. 校园文化**

校园文化是大学生恋爱的一个催化剂。我们每个人都是文化的产物。对于大学校园里的爱情而言，除了受到社会的大文化的影响之外，校园亚文化对于大学生恋爱也有重要影响。

如果一个学校的文化氛围积极向上，那么大学生们更容易把学业和爱情有效地结合起来，在恋爱的时候会更加的谨慎和冷静。如果一个学校的文化氛围是混乱、颓废，那么就会导致大学生爱情至上、学业其次，并且在恋爱的时候，更加的盲目和浮躁。

**阅读材料 10－2　什么是好的开场白**

你去买食品时，不时地碰到一个以前在校园中见到过的人，挺有吸引力，当你们目光相遇时，他（她）向你投以热情的微笑。想象一下你与他（她）会面，你会说些什么？你很多时候不会只说一声“嗨”，然后等待对方反应，也许还会说一些与食品有关的小幽默，如“你爸爸是面包师吗？你买的这些面包真不错。”

普遍认为这些幽默的尝试是很好的开场白。的确，很多书建议你引用一些有趣的只言片语来增加你认识男女朋友的机会。不过要谨慎使用幽默，否则会事与愿违。一项研究仔细比较了各种不同的开场白的效果，发现一句幽默的话语可能会是最糟的表达。

让我们区分一下幽默的开场白、中性的开场白（如“嗨”或“最近不错吧”）和直接表明你兴趣的话语（如“嗨，真不好意思，我很想认识你”）。当女性观看录像带中男性的表达时，她们最不喜欢的就是幽默的开场白。更为重要的是，在一个单身酒吧里，如果男性使用中性或者直白的表达，他们得到积极回应的可能性有70%，而幽默式的开场白成功率只有24%。显然简单说声“你好”比幽默更为聪明。

那么人们为什么还写充满无理语句的书呢？因为他们是男性。当女性在单身酒吧中向男性说出一句幽默的话时，90%会得到积极的反应。实际上，女性任何主动的开场白对男性的效果都很好。其实真相是男性根本不在乎女性会使用什么开场白，这也让男性高估了“女性会喜欢幽默开场白”的可能性。

## 二、大学生恋爱中常见心理问题的调适

爱情在每一个向往爱情的人心中都是甜蜜而又美好的。然而真实的爱情并不总是一帆风顺的，爱情的道路上会有不少危机和挫折。

### （一）单相思

单相思分为两种形态：单恋和爱情错觉。单恋是一方的倾慕情感苦于不被对方知晓和接受而造成的一厢情愿或对恋爱的渴望。它仅仅停留在个体单方面爱恋而无法发展成双方相恋的状态。它是一种深沉而无望的爱情，充满了毁灭性的激情和疯狂，在幻觉中自愿奉献一切，具有痴迷而深刻的悲哀。爱情错觉则是指在异性间的接触往来关系中，一方错误地认为对方对自己“有意”，或者把双方正常的交往和友谊误认为是爱情的来临。爱情错觉是单相思的另一种形式，它常会使当事人想入非非，自作多情，给当事人带来很多苦恼。

**1. 单相思的原因分析**

单相思出现的常见原因有三种：

(1) 交往技巧缺乏。对于某些大学生而言，由于性格内向加上缺乏和异性交往的经验，比较害羞。所以在面临自己喜爱的异性时，不知道该怎样去表达，只能默默地藏在心里。当这种爱的感觉日益加深，却没有合适的办法让对方接收到爱

的信息,逐渐地就会形成所谓的单相思。

(2) 自我保护过强。除了技巧的问题之外,更多的大学生任由自己陷入到单相思的状态而无法自拔,还源于过高的自我防御。表白意味着最终的审判,面临着被对方拒绝的风险。有些大学生无法接受被拒绝的局面,宁愿把自己的感情藏在心里,抱有一丝幻想。为了这点幻想,他们选择了默默忍受。

(3) 认知错误。单相思的直接原因在于对相思双方的形势作出错误判断。当我们爱上一个人,由于晕轮效应的存在,我们会无限地放大这个人的优点。对于单相思者来讲,他们爱上的人就是自己心目中的王子或女神。恋人是如此的高高在上,而自己又是如此的卑微,没有任何值得骄傲和自豪的地方。常见的错误有以下几种。

① 他太完美了,他的一举一动都好像充满了魔力,优雅而神秘(我太平凡了,我的一举一动都无法引起他的注意)。

② 如果能和他在一起,我一定是这个世界上最幸福的人(如果做不到,我一定是这个世界上最痛苦的人)。

③ 为了他,我可以做任何事(他主宰我的生命,只要他愿意,我可以做他的奴隶)。

在这样的背景下,我们当然不敢向对方表白,而只能默默地忍受了。

**2. 单相思的调适**

其实并非所有的单相思都意味着悲剧。爱情可以开始于两情相悦,也可以开始于单相思。如果单相思的一厢情愿可以被对方感受到并且接受,那么一厢情愿就变成了两情相悦,单相思就不存在了。而悲剧的是,很多时候事情没有这么简单。这个时候就需要更系统的方法来帮助自己。

(1) 学会接受。对于大学生来说,可能会为无法改变单相思的状态达到两情相悦而苦恼。事实上改变单相思的状态不是必然的。如果你真的爱上了一个永远不可能会爱上你的人,接受现实往往是更好的选择。

其实这个世界上有无数个人对某个人曾经单相思,最后又悄然而去。他们的人生并没有变得暗淡无光、无比悲惨。这种单相思就像人生中很多我们渴望拥有,但是却无法得到的美好事物一样,一旦我们接受了这是无法改变的现实,那么我们的内心就更容易获得平静。这时候你会发现,偷偷地爱着一个人,远远地欣赏着自己爱的人,也是一种美好的体验。

(2) 寻求支持。如果你被单相思折磨甚深,无法自拔,那么最简单和有效的选择就是告诉你的朋友。你会发现你的朋友可能也会和你分享他单相思的经历,这会让你觉得你并不是最糟糕的。或者他会帮你出谋划策,解脱困境。虽然他们提供的策略并不总是有效，但是这种努力着的感觉，会有效地缓解你的焦虑。最后，当你把秘密分享给身边的朋友时，就不再是你独自承担秘密带来的痛苦，朋友的陪伴和鼓励会让你的感情之路更加生动灵活。

(3) 勇敢表白。如果你能够积累起足够的勇气，向自己的意中人表白，当然是最理想的选择。你会发现表白并不会意味着世界末日的来临，往往会有意想不到的收获。如果你很幸运，你所喜欢的人正好接受了你的爱意（这种可能性往往很高），那么你的单相思生涯可以结束了，从此开始享受爱的欢乐。

如果对方拒绝了你，那么也常常有两种方式。一是拒绝了你，但是很理解地对你进行安慰和鼓励。情缘未至，但是至少多了一个朋友，也解除了相思之苦。二是粗暴地拒绝并且嘲弄你的感情或者漠视你的存在（这种可能性也存在）。那么设想一下，这样一个无知、粗鲁、不懂得尊重别人的人真是你朝思暮想的王子或者公主吗？你难道不该对这个人另有感受？

当然了，如果受到严词拒绝、肆意侮辱，你仍然痴心不改，那么就要考虑，你真的爱的是这个人吗？还是你本来爱的也不是这个人，你根本只是在和自己玩游戏而已？

(4) 调整认知。解除单相思，鼓足表白的勇气，最重要的是改变自己内心那些错误的信念。首先要认识到，不是两个人之间真的有不可逾越的鸿沟，而是自己错误的信念拉远了两者之间的距离。

然后要针对自己内心的那些不合理的信念逐条进行修正。

① “他很优秀，对我有魔法般的吸引力，而我太平凡了”可以改为“他很优秀，但是我也不错，如果有差距，我要努力赶上他”。

② “如果能和他在一起，一定是世界上最幸福的事情，不能在一起一定是世界上最痛苦的事情”可以改为“如果能够在一起一定会非常幸福，如果不能，我也有可能会找到比他更合适我的人”。

③ “为了他，我愿意做任何事情”可以改为“为了他，我可以尽己所能地付出，但我是一个独立的人，没有必要为不爱我的人受过多的折磨”。

**阅读材料 10-3　一种也许你不想经历的爱——单恋**

你是否曾爱过一个人，而他或她并不爱你？也许有过。由于取样不同，80%～90%的年轻人承认他们曾经经历过单恋：浪漫地、强烈地被人吸引，而对方并不爱自己。这是一种普遍的经历，在一个人 20 岁之前的几年里，似乎会经常发生。不过并不是每个人都有这种经历，与女性相比，单恋更可能发生在男性身上，更可能发生在焦虑型和矛盾型依恋风格的人身上，而不是安全型或者逃避型的人身上。

> 为什么我们会经历这样的爱？这可能涉及几个因素，首先恋人们会被得不到的目标强烈吸引，他们认为这样的对象关系才值得努力和期待。其次他们乐观地高估了自己会被对方喜欢的程度。第三也是最为重要的一点，即尽管很痛苦，单恋也是有着回报性的。伴随着挫折，可能成为恋人的人们也经历着真正身在恋爱中的人所能感受到的激动、振奋和兴奋。
>
> 事实上成为单恋的目标会感觉更糟糕。确实，被别人追求很好，但是单恋的接收方常常会发现追求者的坚持不懈具有侵入性，令人烦恼，而拒绝对方的时候常常会感到负疚。他们通常是好人，没有恶意，却发现自己陷入另外一个人的感情漩涡中，常会因此而感觉到痛苦。当逐渐意识到情感的目标不能够成为自己稳定的伴侣时，尽管自己会苦恼，可是对方的感觉会更不好。

## （二）多角恋

所谓多角恋是一个人同时被两个或两个以上的异性所追求或自己同时追求两个或两个以上的异性并建立了爱情关系。

多角恋是爱情纠纷的主要原因之一，实质上是比单恋更为复杂、更为严重的异常现象。由于性爱具有排他性、冲动性，因此任何一种多角恋都潜伏着极大的危险性，一旦理智失控，就会给对方及社会带来不良的后果。

**1. 多角恋的原因**

（1）择偶标准不明确。由于大学生个性不成熟和生活经验不足，择偶前没有一个较为明确的标准，不知如何才能断定与自己关系密切的异性中哪一位与自己更合适，因此只好颇费心思地多方应付，多方追逐，从而出现了选择性多角恋。

（2）择偶动机不良。有的大学生一开始和异性交往就出现了动机冲突，一会儿认为张三英俊、潇洒，一会儿又觉得李四深沉、稳重；今天认为王某开朗、可爱，明天又觉得赵某妩媚、艳丽。各人的长处他都想兼得。为了不同欲求的满足，有的大学生只好在不同角色中周旋以寻求快乐。有的大学生甚至发展到玩弄异性的程度。

（3）虚荣心强。许多大学生总以为追求者越多，身份就越高，若退出竞争，就是承认失败，承认自己比别人差，这是导致恋爱上的自私自利，对别人和自己感情不负责任的多角恋的重要原因。

（4）盲目崇拜。有的大学生在明知对方已有对象的情况下，但由于盲目崇拜才华和容貌，加上嫉妒好强、固执任性，从而导致冲动性、竞争性的多角恋。

（5）不懂拒绝。有的大学生个性摇摆不定，不善于拒绝他人。所以在已经恋爱的情况之下，如果被人追求，他们却无法坚定地拒绝，从而暧昧不清，最终会陷入到多角恋的泥沼之中。

**2. 多角恋的调适**

(1) 了解爱情。首先要想清楚爱上一个人应该是怎样的,自己到底要和什么样的人在一起。

根据爱情的特征,有几种方式可以帮助大学生确定其是否真的爱上了这个人。

① 和他(她)在一起,总是感觉很开心、很快乐,而这种开心和快乐是别人所不能带给你的,并且你不愿意和其他同性一起分享对方所带来的这种幸福(激情被点燃,并且具有排他性)。

② 和他(她)在一起,你总是在事实上或者在感觉上好像有很多话想对他(她)说,你们可以很自然地交流自己内心的琐事,而且觉得对方的开心和快乐很重要(有亲密,并且利他)。

③ 有一种想要长期和他(她)在一起的冲动,甚至想要海誓山盟(承诺)。

(2) 端正态度。健康的态度对于收获一份美好的爱情也很重要。或许有些流行的错误观念告诉你,你的追求者越多,显得你越有魅力。而我们现有的研究显示,能够和单一伴侣维持稳定而又持久的关系,才是高智商的特征。在关系方面的泛滥程度和智商其实成反比。所以,大学生要改变自己对于魅力的错误认识,用积极的方式真正满足自己内心的优越和虚荣。

(3) 接受现实。或许我们每个人都想要一个完美的伴侣。但是我们知道,这个世界上没有真正完美的人。每当我们爱上一个人,都意味着我们爱上了属于这个人的一切,而失去了得到一个别的特质恋人的可能。人们说,爱一个人就是接受这个人的全部。

或许有的人想通过数量来弥补质量上的差异,但是爱情不是物质产品,爱情发生在两个活生生的人中间,而且由于排他性的存在总是和嫉妒联系在一起,当一个人想要左右逢源的时候,往往是悲剧的开始。

综合以上,接受现实是更理想的选择。

(4) 学会拒绝。拒绝别人也是一种能力。我们只是一个人,我们无法满足所有人的愿望。当我们很轻易地接受了别人的追求,那么最终不仅仅会伤害自己也会伤害别人。所以,我们因为害怕伤害对方而不敢拒绝,最终往往会伤得更重。对于一个理性的人来讲,拒绝也是重要的能力。

### (三) 失恋

失恋是指一方否认或中止恋爱关系后给另一方造成的一种严重的心理挫折,即恋爱的一方已无情意而提出与对方分手,而另一方却仍情意绵绵,沉湎于对恋情的怀念之中。

从心理学角度来看，失恋可以说是大学生受到的较为严重的挫折之一，会引起一系列的心理反应，如难堪、羞辱、失落、悲伤、孤独、虚无、绝望和报复等。如果这些不良情绪得不到及时的排除、转移，容易导致失恋者忧郁、自卑的情怀，严重者甚至采取报复乃至自杀等极端方式。

**1. 失恋者常见的不良心理问题**

(1) 自卑心理。感到羞愧难当，陷入自卑、心灰意冷之中。有的人甚至因此而走上绝路。其实，失恋是恋爱生活中的正常现象，并不是一种错误。因此，它不存在什么丢面子的问题，如“我与女友从相识到相爱已三年，可是最近为了一些小事而争吵，之后女友提出分手。我无地自容，怎么向亲戚、朋友、同事交代?”

(2) 报复心理。有的失恋者失去理智，产生报复心理，结果可能造成毁灭性的结局。特别是由于一方不道德而导致失恋，更容易出现报复心理。其实如果对方人格低下，你应该为分别而庆幸，切不可降低自己的人格，以图一时的泄愤。

(3) 渺茫心理。有的人把恋爱看得至高无上，一旦失恋了，事业、前途也不顾了，出现渺茫、焦虑心理，这不但于事无补，反而可能使你们在恋爱问题上更草率。

**2. 失恋的原因**

(1) 嫉妒。嫉妒是一种消极的情感体验，源于自己所珍视的物品或关系被现实中的或想象中的竞争对手获得。当人们感受到嫉妒时，常常会有三种情绪表现：伤害、愤怒、恐惧。

恋爱的时候，经过最初的追逐，一旦关系建立之后，嫉妒就会逐渐地冒头了。尽管有些人认为嫉妒是爱情的象征，正是因为有爱所以才会嫉妒，但是由于嫉妒所表现出的强烈的负面情绪体验特征，其往往被认为是关系杀手。人们嫉妒时常常会变得偏执，失去理性，甚至产生对自己所爱之人的攻击性。

心理学家发现，那些安全感差的人，对自己的魅力没有信心或者觉得自己所爱之人是自己唯一的人，更容易产生嫉妒。很不幸的是，恰恰是这样，失恋也更容易发生。

(2) 冲突。冲突是由于双方的差异而引发的争执和敌意。这常常发生在恋爱时间比较久的恋人当中。在爱情中度过了最初的晕轮期，那段光环效应逐渐地消失的时候，人们开始面对一个更真实的恋人。

这个时候我们会发现双方不可避免地会有很多的差异。我们来自于不同的家庭背景，拥有不同的文化素养，甚至带着不同的性别倾向性，在生活细节、在对问题的看法上不可避免地会有很多的差异。

大部分人倾向于接受这种差异，寻找相容。而总有一些人更希望改变对方，认为自己才代表着正确。如果双方不能有效地解决这些差异，那么关系就会破裂，带来失恋。

（3）误解。误解是沟通不畅的结果，也是著名的关系杀手。尽管会有嫉妒和冲突，但是如果我们能够很好地沟通，其实问题也没有那么糟糕。而大部分情况下，人和人的沟通没有那么容易。这主要是因为以下两点。

第一，沟通的过程。从传递信息到接收信息本身就存在有相当多的不确定性，存在对信息的漏读和误读，导致对对方的信息存在错误的理解。

第二，“读心术”的存在。很多人，尤其是恋爱中的人倾向于认为自己对对方无比了解。对方随便一个什么眼神自己都可以知道对方的意思是什么，从而在沟通的过程中，不去认真求证，反而肆意地猜测，最终造成很多的误会。如果是正向解读，还可以称为美丽的误会。可惜的是，一旦关系有嫌隙，负面解读就会成为主导，关系就可能受到失败的威胁。

（4）背叛。背叛是关系破裂导致失恋的最激烈的方式。

有两个因素会影响到背叛的产生。一是双方关系的亲密度，二是来自于外界的诱惑。如果关系够亲密，而外界诱惑比较小，那么关系就比较稳定。反之，关系就容易破裂。

对于今天的大学校园的爱情来讲，面临的诱惑很多。成千上万适龄的男生和女生在一起，以及提供无数交流机会的校园社团活动和学习活动，都让大学生们有更多的机会面临诱惑。如果再加上两个人的关系的亲密度不够，那么出现背叛的几率就大大地提升了。

**3. 失恋心理调适**

失恋是人生中的重大丧失，会给大学生带来很多痛苦的体验。因此，大学生要正确应对失恋，以下几点需要特别注意。

（1）沟通。准确来说，沟通应该是在失恋还没有变成现实之前的一个选择，是应对关系破裂的时候的一种重要的修复方法。

前面讲过，造成关系破裂的重要原因在于冲突和嫉妒。化解冲突和嫉妒的最好方式就是良好的沟通。在这里重点强调学会表达和学会倾听。学会表达意味着，当一个人表达的时候一定要清晰明确，要多表达自己的真实感受而不是对对方的抱怨。学会倾听意味着，当一个人在听人说话的时候，要认真仔细，如果有含糊的地方尤其是可能涉及攻击的内容时，要多加澄清，而不是主观猜测。

（2）接受。或许每个大学生都希望这个世界按照自己的意愿去发展，但事实却不是这样的。总有一些事情它发生了，自己无法改变。比如年龄，比如亲人的丧失，比如失恋。在这样的情况下，大学生的任何努力都显得那样的微不足道，或者只能让自己陷入到更糟糕的境地中去。所以，一旦事情真的发生，无可挽回，那么大学生首先要学会的是接受现实，而不是执著地去改变。

(3) 宣泄。失恋总是会淤积很多负面的情感。如果大学生感到痛苦,可以适时进行宣泄,表达自己的哀伤。

常用的宣泄方法有以下几种。

① 痛哭。眼泪可以带走自己的悲伤,甚至包括体内淤积的毒素。

② 运动。适当的运动,比如散步和游泳能够有效地激发体内的正向情绪,让人心情愉悦,对抗失恋的痛苦。

③ 倾诉。如果有朋友可以倾听自己的烦恼,并且为自己提供支持和鼓励常常是渡过难关的好方法。

④ 转移。"化悲痛为力量",把精力转移到自己感兴趣的事情上,在这段不愉快的时光里,正好可抽出时间做自己喜欢但是以前由于要陪伴恋人不能全身心投入的事情,说不定会有意外收获。

(4) 拓展。失恋之所以让大学生痛苦,常常是因为失恋严重打击了他们的自尊,让他们觉得一无是处。而应对失恋,大学生需要学会拓展对自己的感受。

要了解到,每个人都是有很多个侧面的。那个恋人眼前的自己,只是自己很多个侧面中的一个。或许作为恋人自己是失败的,但是自己还可以是个好儿子或好女儿,是一个好朋友,是个优秀的大学生。人生的舞台上,大学生扮演的角色很多,一个角色的失败无法掩盖自己其他角色的发展。所以,大学生应学会拓展自己的看法,用发展的眼睛看自己,会是应对失恋的一个好选择。

(5) 变化。生命是一个过程,在这个过程中我们总是在得到和失去。前文说的拓展,是说横向的变化,其实,纵向的人生也在不断地变化。

恋爱或者失恋,也是自己生命中的一个过程。最初没有爱情,到有了爱情,到失去或者重新获得爱情,恋爱并没有伴随我们生命的始终。有发生就会有消亡,这是一个自然的交替。有的大学生执着于失去的痛苦,是因为他们没有看到生命的、自然的流动。所以应对失恋,大学生要学会认知变化,认识到和幸福一样,痛苦也不会伴随生命的始终。

## 三、培养健康的恋爱观和择偶观

"工欲善其事,必先利其器",对于大学生来讲,爱情是大学生活的一个重要组成部分,然而是否能够收获一份健康的爱情,还跟很多因素有关。恋爱观和择偶观就是其中的一个重要环节。

### (一) 大学生常见的错误的恋爱观

对于恋爱,大学生的理解也是千姿百态。总结以下大学生恋情中常见的非理性的恋爱观常常以下面几点为主要特征。

**1. 填补内心的空虚**

大学生在高中紧张的学习之后，进入了一个全新的环境，进入了自己梦寐以求的高等学府。在新的理想尚未建立起来的时候，有些大学生出现了理想的真空地带，表现出混日子、得过且过的状态。有些大学生进入大学以后，思想很消极，什么目的都没有，终日无精打采，人生仿佛没有了一点意义，头脑一片空白，失去奋斗目标和前进动力。这些大学生于是将心理转到谈情说爱上，以消磨时光、寻求快乐，但在恋爱观上表现出不当的动机，出现错误的心态。

**2. 功利主义**

有些大学生在选择对象的时候，爱情不再是第一位的，而更多考虑的是他（她）能不能给自己在学习上、生活上、将来的就业和发展上带来帮助。如果发现他（她）有利用价值，就会采取一切措施，为达目的不择手段。同时，有的大学生也利用自己家庭和社会的地位去寻找爱情，而且有的大学生同时与多个异性进行交往，不建立关系。

**3. 游戏心态**

大学生处于青春期后期。有些大学生对异性的渴望使之在心理上产生了好奇，想探究异性之间的秘密，在恋爱观上表现出不负责任的态度，仅仅停留在爱情表层的好奇与渴望，没有想到恋爱之后的后果和将来的发展。

“不在乎天长地久，只在乎曾经拥有”的观念一度在校园中流行。两个人在一起想的是如何浪漫地度过每一天；在毕业之前，很坦然地提出分手，理由也自然是相当的简单——“我对你已经没有感觉了”“我们俩不合适”等。以上都体现了当代大学生对爱情的游戏心态。

**4. 道德观念淡化**

长期以来，中国的传统道德对大学生产生了深远的影响，但随着西方思想的传入，大学生接受新思想的速度极快，开放的思想对大学生的“性”及婚姻观念产生了影响。在这种新思想的影响下，大学生的性观念逐渐开放起来，未婚同居、婚前性行为出现的频率提高，而对于由此带来的后果及相应的责任却缺乏清晰的认识。

**5. 爱情至上主义**

当代大学生在面对爱情和学业的时候，往往是把爱情放在首位，认为只要有爱情，一切都是没有问题的。爱情至上主义的结果就是荒废了学业。对于某些大学生来说，大学生活除了恋爱就什么都没有了。所以，这些大学生一旦失恋就会难以承受。事实上，爱情和学业并不是互相排斥，而是互相支持。

### （二）大学生恋爱观常见成因分析

**1. 文化**

20 世纪末期以来，我们的文化呈现出空前的繁荣趋势。东西方的文化碰撞交融，带来了很多新的理念。相应地，人们的价值观也呈现出多元化的趋势。这其中有积极的成分，比如对于个体化的尊重和支持，承认弱势群体的存在价值。同时，功利主义、享乐主义的糟粕也蜂拥而入。价值观的变化必然影响到恋爱观。新时代的大学生思想很活跃，学习能力很强，不可避免地受到这些思潮的影响，恋爱观和择偶观呈现出相应的特征。

**2. 年龄**

大学生正值青春期到青年期的转型过程中。在这个年龄段，理性尚未成为个人行为的主导特征，而好奇心、探索欲望都比较重。爱情对于这个年龄的青年男女来说正是非常感兴趣的一个重要领域，所以他们不可避免地在恋爱的时候会显得比较草率，缺乏足够的责任感和严肃性。

**3. 教育**

长期以来，我们的教育中缺乏爱的教育，尤其缺乏婚姻与恋爱方面的教育。在从小学到高中的整个学习过程中，知识教育是整个教育体系的主导。在进入青春期的时候，从家庭到学校都没有对孩子们进行足够的性和恋爱的教育。在这样的背景下，大学生们对于爱情并没有一个清晰的认识。当他们进入大学开始个人爱情生活的时候，内心充满了迷茫和不确定性，渴望得到指导。而如果大学不能适时地开展爱的教育，他们自然容易受到错误的恋爱观的影响。

### （三）培养健康的恋爱观和择偶观

大学生要培养健康的恋爱观和择偶观，首要是改变自己对于爱情的一些错误看法，可以从以下几个方面入手。

**1. 爱情与现实相联系，但现实不能代替爱情**

在前面探讨爱情的过程中，我们说到爱情是与现实相联系的。恋爱深深受到双方之间的经济、地位、文化、家庭背景的影响。现实是爱情得以延续的重要基础。

但是现实不等于爱情，如果因为对方的经济地位、家庭背景而选择和对方在一起，那么爱情就成了满足自身欲望的幌子，成了获得利益的工具。事实上在这个过程中爱情已经被异化或者消失了。如果按照这样的标准去追求爱情，其实是缘木而求鱼，最终会一无所有。

**2. 爱情很重要，但不是生命的全部**

大多数人都熟悉匈牙利诗人裴多菲的一句诗“生命诚可贵，爱情价更高”。这两句诗充分说明了爱情在诗人心目中具有高贵的地位。但是这首诗还有后面的“若为自由故，两者皆可抛”。可见在生命中，除了爱情也还有自由、尊严等更宝贵的东西。

对于大学生来讲，爱情和学业正是大学生活的两大重要任务。学业至上、抛弃爱情固然是违背人性,但是爱情至上、抛弃学业也不是明智的选择。因为爱情永远要依赖于现实而生存。如果学业一塌糊涂,大学生就失去了未来在社会上更好的生存优势。并且,人活在世界上除了爱情和事业之外,亲情、友情、尊严、荣誉都是生命中重要的组成部分。大学生不能沉迷于爱情而不见其他。

**3. 爱情可能没有结果,但并非结果不重要**

爱情和这个世界上很多其他事情一样,并非一定就有完美的结局。在今天这个社会上,由于面临的诱惑增多,生活环境的变迁加快,再加上大学生恋爱的能力并没有增加,导致大学生爱情的成功率在降低。我们当然不能因此拒绝爱情,但是如果变成只在乎过程不在乎结果,也是一种不严肃的态度。这种游戏的心态,会让两个人不能真正地投入到这段感情中,或者一方深爱,另一方游离,最终会伤了别人,也伤了自己。因噎废食当然愚蠢,如果怕噎着而只吃流质食物也会失去生命的很多乐趣。所以,健康的恋爱观要求大学生如果恋爱了就要认真地投入爱情,努力地追求结果。

**4. 爱情很伟大,但是并不超越道德**

爱情是一种很强大的情感,给人带来很多幸福和美好的体验。但是这并不意味着,以爱情的名义就可以为所欲为。恋爱中的人仍然是社会中的人,仍需要遵守社会基本的规则和伦理道德。

对于校园的大学生恋情而言,遵守道德意味着:端正爱情的态度,不以玩弄对方感情为目的;不出卖爱情,不寻求包养,不做第三者;言谈文雅,行为文明,将私密性行为放在私人空间,学会不打扰别人。

# 第二节　大学生性心理

## 一、大学生性心理概述

大学生正处于性激素分泌比较旺盛的时期。他们对异性有所渴求,性意识十分活跃,性冲动和性需求较为强烈,同时又受到家庭、学校、社会行为规范的限制,对自己的性问题不知所措,从而会影响到正常的学习和生活。

大学生性生理的成熟和性心理尚未完全成熟之间的矛盾,性的生理需求和性的社会规范之间的矛盾,是大学生心理健康的重要问题之一,也是我们在本章要重点探讨的内容。

### (一) 如何理解性

英文中的性(sex)源于拉丁文切断、分割(secus),古罗马人认为天地之初存在一个雌雄同体的神，后来割裂开来才有了性别之分，苍天为父，大地为母。性包含了天性、性质、性别等多种含义，不过谈到性，更主要的还是指性行为和性活动。

**1. 性的多面性**

性在我们传统文化中是一个神秘而又充满禁忌的字眼儿，甚至于不少人谈性色变。因为性让人产生过于丰富的联想。

如果现在让你闭上眼睛，想象一下，当你看到这个词，你会想到什么？

或许不同的人感受会不一样。但是归结一下，我们的感受大致会有以下三个方面：

正面：幸福、快乐、温存、美妙、缠绵、震撼……

中性：怀孕、性心理、性器官、性别、性交……

负面：暴力、肮脏、妓女、嫖娼、丑恶……

从上面的这些词汇中，大学生可以感受到性的多面性，性既可以给人带来欢乐，也可以是一个中性的术语，同样又会给人带来痛苦。性由于人类的存在被赋予了太多的意义。

**2. 性的三角结构**

要深入地解读性的内涵，我们常常从生理、心理、社会三个角度来进行描述。

从生理的角度来说，性是人类基本的生物学特征之一。性的需要，就如人需要呼吸、饮食一样，都是人的一种自然本能。本能性意味着性感受和性行为会在合适的情景中被自然激活，同时也意味着，性随着个体先天的成熟而发展。

生理角度的性还意味着生殖行为。生殖行为是性的根本动力和目的。在马斯洛的需要层次理论里，它被认为是最本能的需要，而弗洛伊德则认为它是心理发展的最根本驱动力量。

从心理角度说，性的基本意思是指与“性”有关的一切心理现象，它不仅包括性交、性爱抚等所有直接的性活动，还包括人们对于性的情感、态度、价值观和性方面的喜好等心理方面的表现，也包括由于性别差异带来的男女在性格、气质、情感等方面的差异性。从心理的角度讲，性还意味着能够满足人类的安全感、归属感和爱的需要等。

从社会角度来说，人是社会的人，性活动则是人类社会生活的基本内容之一。无论何时何地，人类的性观念和性行为都受制于一定的社会意识形态和道德规范，而不是“两个人的私事”。至今，世界各国不同的民族，因其社会制度和文化背景不同而造成各自的性观念迥异。

由此可以看出，我们的性实际是生物、心理和社会共同作用的结果。性来源于人体性激素的作用，性活动如同饥饿、口渴一样是人的基本正常生理需要，同时受个体的经验、教育以及社会文化的制约。

## (二) 性心理的发展过程

性心理发展是一个动态的过程，我国学者董金平将青少年的性心理发展划分为以下四个阶段。

### 1. 疏远和排斥异性期

此阶段主要是伴随第二性特征的出现而引起的。随着第二性特征的隐隐出现，两小无猜的男女开始意识到与异性的差异，不像以前那样毫无顾忌地玩耍。女性因为自己身体的变化而害羞，甚至自卑，从而有意无意地躲避异性；而男性则因为自己第二性特征的出现而感到骄傲，好像一夜之间变成了男子汉，他们看不起女性的胆小、羞怯，与她们一起玩耍会遭到同性的嘲笑与讥讽。

### 2. 好奇与迷惘时期

青少年对异性的好奇及自身性意识的迷惘相互交错，相互影响。伴随青春期性特征发育的成熟，女性的阴柔之美与男性的阳刚之魄开始相互吸引，既想吸引异性又被异性所吸引。

首先，情感上相互吸引，想与异性接触但又羞于启齿，借助于要求给对方以帮助或要求对方帮助自己为借口；行为上相互显示，女性开始注重穿着打扮，男性则表现自己的风度与气质，引起异性的好感。并且，这种吸引并不单单只对某一特定异性，女性希望所有的男性都被她的美丽吸引，男性希望所有的女性都承认他的潇洒。

另外，此时期的男女不同程度地被自己的体像意识、内心性萌动困扰，不知道如何与异性交往，想与异性接触却又羞于与异性接触的矛盾心理，即好奇和迷惘同存于此时期。

### 3. 向往成熟长者时期

此时期的男女，尤其是女性，觉得与自己同龄的异性太幼稚、太单纯，而把爱慕对象转向成熟的、自己敬佩的长者，如中学时代的学生单恋或暗恋有风度、有能力的老师。当然，随着青少年性心理发展趋向成熟，此一阶段持续时间不长。

### 4. 浪漫恋爱期

此时期是建立在前两个阶段的基础上，少年逐步走向成人，性心理发展也逐步稳定，恋爱和选择伴侣为其主要性意识。与前两阶段的区别是：此时的对象是单一的、稳定的，内心经过考虑的，此时期的男女开始脱离集体，喜欢独处，单独约会，但又不完全等同于成年人现实、成熟的择偶，带有浪漫性质。这一阶段的青少年男女对恋爱持有不同的观点：有的认为一旦喜欢上她（或他），就非她不娶（或非他不嫁），于是穷追猛求，他们相信“锲而不舍，金石为开”；有的认为爱情是缘分，相聚是缘，相离是分；有的只在乎曾经拥有，而不在乎天长地久。不同的恋爱观给青少年性心理不同的影响，恋爱不可能都一帆风顺，受到挫折的男女有的可能重新开始，不断进取；也有的从此一蹶不振，冷漠看世；还有的甚至走上犯罪的道路。

处在恋爱期的青少年，把恋爱看作一种奇妙的美好的感觉，有的以此为动力，共同努力；而有的沉迷于谈情说爱的梦幻世界里，不理学业与事业，一旦恋爱失败，追悔莫及。所以，此时期的青少年，需要正确的引导以形成健康向上的恋爱观。

由此，青少年性心理发展的过程的特点是：由多变走向稳定，由幼稚走向成熟。

## （三）影响大学生性心理的因素

性的影响因素是多元的，从生理特征到家庭教育、社会文化都会对性心理产生影响。常见的因素有以下几类。

**1. 性别特征**

进入青春期之后，男女两性性激素分泌的差异带来了两性性生理方面一系列的差异性。男性通常更容易被视觉刺激引发性唤醒，而女性则更容易被听觉和触觉刺激引发性唤醒。雄性激素也让男性更具有进攻性。这导致男性在两性关系中通常会更容易处于主动的地位。

同样的情形也反映在大学生的性心理中。男大学生对于性往往具有更强烈的渴望。他们常常主动去追求异性，并且在追求中会目标更明确地指向和性有关的活动。而女大学生则相应地显得被动，虽然她们对于异性具有同样的向往，但是对于女大学生来讲，和异性相处更期望有情感的交流，享受那种被爱和被重视的感觉。而且在两性关系中，男大学生常常会因为女大学生良好的身材、暴露的衣着而产生性的冲动，并且经常把是否满足自己的性需要当作是否爱自己的指标。而女大学生则更渴望听到异性的甜言蜜语，强调“爱我就要说出来”。

**2. 家庭教育**

家庭是个人发展的重要环境。家庭对于个人的发展具有无可替代的影响。性心理的发展和家庭同样关系密切。

性心理受到家庭的影响，通常体现在几个方面：一是家长的教育。每一个家庭在孩子成长的过程中都不可避免地会涉及性或者和性有关的问题。家长会向孩子传递相应的信息，如关于性是怎样的一种存在，个人应该怎样去对待性。在这个过程中，有的家长能够科学地传递性的知识，能够让个体理解到性存在的价值、性的隐私特征和对待性的正确态度。而有的家长则对性采取了忽视、拒绝甚至排斥的态度，从而会让个体对性产生恐惧，从而影响性心理的正常发育。二是潜移默化的影响。事实上，不仅仅是家长展现出来的言语、行为会影响个体的性心理发育，而且家长本身在不经意间透露出来有关性的态度和信息也会影响到个体的性心理发展。

### 3. 社会文化

有人说人类是文化的产物。我们生活在文化环境之中，受文化的影响，并且被文化塑造，文化影响着我们对这个世界的基本认识。文化同样影响着性心理的发展。

在不同的文化背景下，对待性和性活动的态度是不同的，标准也不一。在中国传统社会中，性是一个强大的禁忌。谈论性是被视为不恰当的，性是一个不能够被正视和被讨论的内容。婚前性行为是被禁止和被敌视的，所以人们的性态度也相应地保守，并且在性心理上也有更多的禁忌。这让人们无法去正确地对待性和性行为，因此引发了很多问题。

20世纪末期到现在，随着改革开放的进一步发展，人们逐渐地认识和接受了性作为一种存在的价值，并且对性和性行为也采取了更为宽容的态度。这也影响了当代的大学生，让很多大学生产生了一种错觉，认为性是很随便的一件事情。但是这不是事实。即使在今天，性可以被接纳和被认识，但是性仍然具有严肃性和责任性等特征，性行为和婚姻与生殖相联系，并且是两性关系中最深入的一种形式。

**阅读材料 10－4　婚前性行为发生的原因及影响因素**

有人对青少年的婚前性行为进行研究，试图探讨青少年发生婚前性行为的原因有哪些？我们首先要了解是什么阻止了青少年的性行为。

常见的因素是对于怀孕、性病和艾滋病的恐惧。另一些人则是因为童贞的道德观念阻止了他们发生性行为。有一些人因为觉得和伴侣之间的爱情还没有到某种程度而拒绝发生性行为。女性常常比男性更多地使用上述理由来保持童贞。男性常常报告是因为对于性关系的不安全和不适宜感而拒绝发生性行为。

青少年发生性关系的理由多种多样。有些人因为想表达对同伴的爱和情感才发生性关系，而另一些人则是好奇，想体会性的快乐，还有一些人是屈服于同伴压力或者想取悦伴侣。

那么什么能够预测婚前性行为呢？研究表明，婚前性行为更多地发生在认为约会很重要或对于拥有伴侣具有强烈愿望的青少年当中。自己的父母拥有较低的社会经济地位、学习成绩不好、在同伴中受欢迎的人成为未婚父母的可能性会增加。当然，对于少女来说缺乏自制力常常是过早发生性行为的因素之一。还有的年轻人渴望比同龄人更早地过渡到成年人的生活状态，也会过早地发生性行为。

家庭因素也会产生影响。在没有父亲的家庭中长大的女孩或者从有父亲到父母离异缺乏管教的男孩发生婚前性行为的概率都比较大。

### （三）大学生性心理的特点

大学生作为一个特殊的年龄群体，除了具有普遍的性心理特征之外，还会有一些特别的性心理行为，主要表现为以下几方面。

**1. 性生理的成熟性与性心理的幼稚性共存**

我国在校大学生的年龄一般在18～22岁，在这一阶段，性的成熟与整个身体的发育已基本完成，但是性心理的发展并未达到成熟。尤其是低年级大学生的性心理，尚缺乏深刻的社会内容。这一时期的大学生好像一台马力十足、但方向盘和制动器并不灵敏的汽车。他们因为生理成熟带来的本能作用，情不自禁地对异性产生兴趣、好感和爱慕，但是却对性、爱情以及相应的社会责任缺乏足够的了解。

**2. 性意识的强烈性与表现上的文饰性**

大学生对性的关心程度明显强于中学生。他们十分重视自己在异性心目中的形象，十分看重来自异性的评价，并常按照异性的要求和希望来进行自我评价和塑造自己的形象，表现出明显的对性的强烈渴求性。但是，也有一些大学生，尽管他们内心对异性很向往，但是在行为上却表现得很拘谨、羞涩甚至冷漠。有的大学生明明对某一异性很感兴趣，但是偏偏又装作很酷的样子，也有的大学生会做出很讨厌男女间亲昵的样子，但内心可能很渴望自己也有类似的体验。

**3. 性心理的道德性与冲动性**

大学生由于年龄的原因，性需求更加强烈、迫切，时常伴有性梦、性幻想、手淫等行为。而大学生对各种性现象、性行为的认知评价体系还不完善，再加上性的社会性、道德性要求的约束，使得有些大学生在道德和冲动之间苦苦地挣扎，体会到强烈的焦虑和压抑，从而使性心理的健康发展出现了偏差。

**4. 性心理的性别差异性**

大学生的性心理存在着明显的性别差异性。在对于异性感情的流露上，男生显得较为外显和热烈，女生往往表现得含蓄而温存；在内心体验上，男生更多的是新奇、神秘和喜悦，女生则常是羞涩、敏感和不知所措；在表达方式上，男生比较主动和直接，女生更喜欢采取暗示的方式。不过，这种差异近年来有缩小的趋势，如在表达方式上，女生变得较为主动的情况也越来越常见。

## 二、大学生性心理问题及其调适

大学生在发展过程中遇到的问题很多，但是通常会通过各种途径得到帮助和解决。而性的问题则因为文化特点往往使不少大学生难以启齿，这严重地影响到这些大学生的生活。

## (一) 大学生常见的性心理问题

**1. 性自卑和性嫉妒**

几乎所有的大学生都关注与自己性别相关的体形特征。大学生都希望自己美丽或者潇洒。如果认为自己长相平凡,大学生就会感到苦恼。比如有的女大学生对自己乳房大小十分关注和担忧。个别大学生过于在意自己的外形特征,若遇到被拒绝、被歧视或恋爱挫折,再加上自身的自卑心理,很容易引起性心理严重适应不良,极个别甚至会走上轻生之路。

性嫉妒是对现实或想象的优于自己的性爱竞争者所持怨恨的情感。当同性别的人出现,而自己的性爱对象有被占有或被夺取的可能时,就会产生各种复杂的情感体验和行为。一般先是注视、疑虑、担心或跟踪,继而转为憎恨、敌视,甚至采取暴力或自虐、自残行为。女大学生的性嫉妒心理比男大学生强烈得多。

**2. 性幻想的困扰**

性幻想是指在某种特定因素的诱导下,自编、自导、自演与性交往内容有关的心理活动过程,又称爱欲性白日梦。这是青春期常见的一种自慰行为,是一种正常的、普遍的性心理反应。一般来说,青春期是性幻想的活跃时期。在这个时期,大学生随着性生理的成熟,对心仪的异性产生强烈的爱慕和渴望,但有时迫于种种原因,却又没有勇气表露自己的感情。于是,大学生便把自己在影视、小说里面看到的性爱情节重新组合,变成自己是主角的性活动过程,以此来满足自己的性欲需求。

大学生对性的幻想是丰富的,内容因人而异,与自己的经历、爱好、思想意识或近期看到的性爱情节有关。这种幻想充满了虚构的特点,不受时间和空间的限制。性幻想常常会给很多大学生带来困扰,尤其是在传统家庭中长大的孩子,对自己出现性幻想可能会感到恐惧,女大学生担心自己太“风骚”,男大学生担心自己太“淫秽”,由此背上沉重的心理负担,这对他们的成长是极为不利的。

**3. 异性交往困难**

与异性交往的心理从刚进入青春期时就开始萌发,这是一个人人必然经历的生理、心理和社会行为的发展变化过程。“少男钟情,少女怀春”,这是青春期性心理的正常表现。大学生们渴望与异性交往的愿望非常强烈。但是由于传统的“男女授受不亲”传统性观念的影响以及缺乏与异性交往的方法,许多人羞于与异性交往,常常拒异性于千里之外,在异性面前表现得非常紧张。

**4. 性骚扰的恐惧**

常见的性骚扰有故意擦撞异性身体的某个部位、故意贴近别人、故意谈性的问题、用色情语言进行挑逗、用暧昧目光打量别人或强行要求发生性行为等。由于缺乏自卫心理，一些大学生面对性骚扰时常常惊慌失措，恐惧万分，甚至长时间地自责，认为自己“不干净”，导致自己长时间处于心理困扰。

**5. 处女情结的困扰**

尽管时间已经进入到21世纪，但是由于传统观念的影响，“处女情结”仍然给不少大学生带来困扰。

男大学生通常会疑虑自己的女朋友是不是处女。有些男大学生还会因为自己的女朋友不是处女而感到失落甚至愤怒，以至于选择和女朋友分手。

而女大学生则在发生性行为后，担心自己变得不再纯洁，从而觉得自己不配再得到美好的爱情，认为不会再有人真的爱上自己，进而对此充满深深的焦虑，甚至会影响个体在两性关系中的表现。

**6. 自慰焦虑**

进入青春期，男生和女生都会因为受到各种各样的刺激引发性冲动，并且会出现自慰行为。海蒂性学报告称94%以上的男性和70%以上的女性都曾经出现过自慰行为。现代医学早已经证明自慰行为是一种正常的获得性满足和释放性冲动的方式和途径。

但是在中国，由于中医对于性行为的不恰当认识，认为自慰行为对身体具有严重的伤害，尤其是男性自慰会严重地损害性功能甚至身体健康，这引发了不少男大学生的焦虑感，甚至引发了心理问题。

而对于女大学生来讲，主要是由于自慰带来的不洁感，为自己通过自慰获得的快感感到羞耻，甚至因为自慰引发对于处女膜是否受伤的焦虑感，从而影响到学习和生活。

**7. 常见的性倒错**

性倒错即人们平时所说的性变态。性变态是指有性行为异常的性心理障碍，其共同特征是对常人不易引起性兴奋的某些物体或情境有强烈的性兴奋作用，或者采用与常人不同的异常性行为方法满足性欲或有变换自身性别的强烈欲望，以及其他与性有关的常人不能理解的性行为和性欲、性心理异常。在大学生中，性变态的比例并不高，但这不意味着对这一问题可以忽视和回避。

性倒错的表现形式多种多样，有恋物癖、异装恋、虐待狂、露阴癖、窥阴癖等。

恋物癖是以异性的内衣裤或者身体的局部作为引发自己性兴奋与性满足对象的一种性倒错形式。异装癖是指喜欢穿异性的服装来获得性兴奋的一种性倒错形式。虐待狂或者受虐狂是指在虐待和受虐的过程中通过侮辱或者被侮辱来获得性兴奋得到性满足的一种性倒错形式。露阴癖是裸露自己的生殖器官给异性看，从而在异性的惊慌失措中获得性满足的一种性倒错形式。窥阴癖是通过偷窥异性的生殖器官来获得性兴奋和性满足的一种性倒错形式。以上性倒错形态除施虐狂与受虐狂外均多见于男性。

### （二）大学生性心理问题的调适

**1. 通过合理渠道掌握正确的性知识，改变错误认识**

在大学生的性问题中，性知识的缺乏仍然是一个重要特征。由于对性产生了错误的认识，对相关的知识缺乏必要的了解，大学生不能运用正确的方法对待性和处理性，从而出现性心理问题。

大学生应通过合理的渠道掌握正确的性知识，主要有：

（1）大学生应该选择阅读一些正规出版发行的性生理、性心理方面的科普书籍和一些性社会学、性伦理学、性法律学等专门论著，构建自己合理的性知识结构。

（2）大学生应该请教已具备了性知识、性经验的父母，性教育工作者或有关医生。这有助于自己消除误解，解除心理负担，进而避免自卑、自责的不良情绪。

大学生在掌握正确的性知识的同时，还需要不断改变性错误认识。大学生主要需改变以下几个方面的错误认识。

（1）只有完美的人才能够享受生活和爱情。拥有这个观念首先有两个基本假设：① 完美是有标准的；② 只有完美的人才有价值。

首先说标准问题。有人觉得一个人个子要有多高，皮肤要有多白，身材要有多好，好像有一个统一的标准，符合这个标准就是美的，不符合这个标准就是糟糕的。但是我们知道这不是事实，人类的美尽管有一些基本的共同特征，但是对于每一个人而言，又显示出了多元化的倾向性。有的人喜欢高的，有的人喜欢矮的；有的人喜欢胖的，有的人喜欢瘦的；有的人喜欢皮肤白皙的，有的人则会对黑皮肤的人充满了兴趣。如果你周围的人觉得你不够美，只是你还没有遇到欣赏你的那个人而已。这个世界上任何一个人的样子都会在某些人的眼里是很美的。所以，完美没有一个必然的标准，它在不同的人眼里标准是不同的。如果因为不符合某些人的审美眼光就感到自卑，甚至试图去改变自己，这通常并不是一个好选择。

其次，“只有完美的人才能够得到别人的爱”。大家知道在这个世界上，即使承认完美是有一个统一标准的，那也注定了这个世界上绝大多数人是不完美的。如果只有完美的人才能够享受爱和生活，那么我们绝大多数人就只能生活在糟糕的状态里。但是这也不是事实，虽然我们不完美，但是我们能够彼此接纳对方的不完美，爱一个人不仅仅是爱一个人的优点，还要爱一个人的缺点。我们接纳自己是不完美的，同样也接纳我们爱的人是不完美的。所以，长相平凡、不够完美并不是自卑的理由，平凡的我们同样可以享受平凡的幸福。

（2）纯洁的女人才是好女人，不纯洁的女人不配拥有爱情（当然也可以是男人,不过女性受害更深)。这句话听起来很有道理,也符合我们一贯的看待两性关系的方式。在两性关系中,人们比较多看到贞洁的重要性,尤其比较看重女性贞洁的重要性,甚至因此衍生出了"处女情结"。这也是很多女大学生会因为自慰、非处女而产生焦虑感的重要原因。

但是要真正地理解这句话,需要确定两个问题。第一个问题是要理解什么是纯洁,纯洁和处女膜是否有必然的联系。首先,性行为是一个广泛的概念,不仅仅意味着生殖器的接触。有的女大学生虽然处女膜保留但并不意味着其没有发生性行为。其次,处女膜也常常会因为运动、自慰等非性的方式而破裂,所以处女膜不是证明贞操和纯洁的必要条件。第二个问题在于纯洁不仅仅是生理上的,更应该是心理上的。有些人虽然没有过生理上的接触,但是心理上却很轻浮,而且对爱情和婚姻持不负责任的态度;还有一些人虽然因为种种原因,曾经有过性行为,但是一旦投入一段新的感情,仍然会认真而且专一。所以,是否有过性行为不是纯洁的指标,同样也不是是否能够拥有爱情的基本标准。

(3) 喜欢性和喜欢享受性快乐是可耻的。由于受传统文化的影响,人们把对性的压抑当成了自然现象,甚至把性压抑当成了道德的重要指标,认为远离性是道德的,接近性是道德败坏的。所以,人们觉得享受性的乐趣是可耻的行为。

事实上,性是一种自然的生理现象。除了在人类生殖中扮演着重要角色以外,其在维护人类心理健康、维系夫妻关系方面都起着重要作用。享受性和性带来的乐趣既是一种自然需求又是合乎人性的。所以,喜欢性本身并不可耻,而在性的方面很随便,不遵守性道德和性法律才是可耻的。

**2. 行为调整**

性的需要和冲动是人类的本能。性本身不肮脏也不会带来麻烦。所以当性遇到了问题,其实不是性本身出现了问题,而是性能量获得满足的方式和方法出现了问题。以下几种方式有助于调整性行为失调带来的不良表现。

(1) 转移。当大学生过多地关注性本身而失去对外部世界的关注时,就会夸大性在个人生活中的影响,从而让性问题被放大。大学生应适当地转移自己的视线,把自己的注意力投入到现实生活中,会有助于拓展自己的注意范围。大学生参加社团活动,积极进行体育锻炼,会有助于个人跳出对性无尽的忧虑和痛苦的陷阱。

(2) 升华。性能量是大学生行为的重要驱动力。当它指向消极的事情的时候具有强大的破坏力,而如果这种力量选择了积极的行为(如忘我的学习)作为自己宣泄的通道,同样也具有强大的建设性力量。所以,大学生如果能把性能量升华为获得成功的愿望、竞争的动力、创造的源泉,那么大学生的人生发展将会有更积极的意义。

(3) 选择合适的行为满足自我。建立符合社会规范的恋爱关系是通过正当的途径获得性满足的一种有效方式。同时适当的自慰也有助于性心理健康。

**3. 寻求专业的帮助**

掌握正确的性知识、改变错误认识以及自我的行为调整都有助于调适性心理问题。但是如果遇到了自己难以解决的问题,并且周围的同学和朋友也没有办法很好地帮助自己的时候,寻求专业心理咨询师的帮助也就显得很有必要了。去学校的心理咨询中心接受心理辅导会是一个比较不错的选择。如果大学生感觉求助于学校的心理咨询中心不太方便,也可以向执业心理咨询机构求助。

## 小组讨论

全班同学分成两组,分别讨论:

1. 男生和女生之间存在真正的友谊吗?
2. 恋爱对于大学生来讲是必修课还是选修课?

## 案例分析

李某是一个大学二年级的学生,读中学的时候和一个女同学相恋了。

高考之后,两个人分别上了不同的大学。刚开始的时候,两个人通过短信、QQ保持着联系,倒也安然。可是后来,李某逐渐地觉得自己的女朋友和自己联系的频率越来越低了,有时候电话也不接,短信也不好好回。

李某想她可能是变心了,就跑去女朋友的学校去找她。见面之后,女朋友对李某说,她觉得两个人不太合适,想要分手了。

李某非常难过,坚决不同意。但是女朋友态度很坚决。李某在女朋友的学校里待了两天,一直试图让女朋友回心转意,但是失败了。

李某感觉非常受伤,回去之后心情烦躁,情绪低落,无法正常上课。现在他满脑子都想着自己的女朋友,对女朋友的绝情感到难以理解。一方面仍然深深地思念对方,另一方面又充满了仇恨,觉得都是她让自己的生活陷入了这么糟糕的境地,甚至有时候想杀了女朋友的全家。

**【问题】**

1. 李某在失恋之后的表现正常吗?
2. 你觉得李某为什么会陷入这么糟糕的状态?
3. 如果是你,你会怎样应对这种局面?

## 心理训练

### 原生家庭对你爱情观的影响

**【目的】**了解原生家庭对你爱情观的影响。

**【准备】**白纸，笔。

**【操作】**

(1) 安静半分钟，让自己慢慢回到自己的内心。

(2) 在纸上写下父母最让你满意的十个优点。

(3) 在纸上写下父母与你的关系中最让你感觉不好的五个方面。

(4) 写下你男(女)朋友的名字或者设定一个你想象中的恋人的形象。

(5) 写下现实中你男(女)朋友或想象中的恋人让你最满意和最不满意的地方。

(6) 探讨你与父母的关系和与男(女)朋友或想象中的恋人的关系之间的相似和区别。

**【讨论】**

我们爱上的人和父母之间是否存在着某种联系?

## 本章小结

爱情是以性吸引为基础，能够满足人的基本心理需求并且与客观现实、主观经验相结合的一种亲密人际关系。爱情可以分为多种类型。爱情的特征有选择性、相互性、排他性、利他性、平等性。

大学生的恋爱心理发展有一定的规律，具有一定的特点。影响大学生恋爱的因素有距离、性格、外貌、能力、家庭、校园文化等。针对恋爱中常见的心理问题，大学生可采取相关行为进行调适。大学生要培养健康的恋爱观和择偶观。

性是生物、心理和社会共同作用的结果。青少年的性心理发展划分为以下四个阶段:疏远和排斥异性期、好奇与迷惘时期、向往成熟长者时期、浪漫恋爱期。

影响大学生性心理的因素有性别特征、家庭教育、社会文化等。大学生性心理具有一定的特点。大学生可通过合理渠道掌握正确的性知识，改变性错误认识，通过行为调整以及寻求专业帮助来对性心理问题进行调适。

## 思考与练习

1. 大学生恋爱的一般心理特点是什么？
2. 大学生恋爱观的影响因素有哪些？
3. 简述斯滕伯格的爱情三元结构理论。
4. 如何应对单相思？
5. 简述应对失恋的常见策略。
6. 大学生常见的性心理问题有哪些？

# 第十一章 大学生网络心理健康

## 知识框图

- 网络与心理健康
  - 网络的特点
  - 大学生网络心理特点
  - 网络对大学生心理健康的影响
- 大学生不良的网络心理
  - 大学生网络心理障碍的类型
  - 网络性心理障碍的特点
- 大学生健康网络心理的培养
  - 改善网络环境
  - 正确地认识网络
  - 自律与自我管理
  - 建立现实的、健康的人际关系
  - 丰富业余生活，培养广泛的兴趣爱好
  - 养成良好的上网习惯
  - 塑造高尚的网络道德和优雅的网络情调

## 导入案例

一个大二学生一年前因学习需要购买了电脑，由于同学们经常讨论网上游戏的精彩，他产生了好奇，遂上网玩游戏，但未想到他网络成瘾，导致上课时身心疲惫，精力难以集中，学习成绩下降明显。父母、老师进行多次教育，其本人也能认识到网瘾的危害，也为此烦躁焦虑，但是他不能控制自己。由于家中管控严格，他便到网吧上网，每天上网至少5小时，甚至连续两天通宵上网。这种现象引起我们越来越多的思考。到底什么是网络？它具有何魅力？它又会给我们带来什么样的烦恼？就让我们一同走进这神秘的网络世界吧！

# 第一节　网络与心理健康

网络，即国际信息互联网络(Internet)的简称，是一个集通信网络、计算机、数据库以及日用电子产品于一体所构成的电子信息交换系统。通俗地讲，就是将若干计算机连接起来，通过卫星信号，把信息发送到各地，从而形成一个模拟的空间。它能使每个人随时随地将文本、声音、图像等信息传递给设有终端设备的任何地方、任何人。互联网被称为继报刊、广播、电视等大众传媒之后新兴的“第四媒体”，也被某些学者称为除自然界、现实社会之外的“第三自然”。

似乎是在一夜之间，网络便席卷了整个地球。今天，全世界已有近200多个国家和地区连入互联网，整个地球成为名副其实的地球村。互联网不仅为用户之间的沟通架起了桥梁，而且为我们提供了无所不包的信息资源和五彩缤纷的网络世界。网络在当今社会生活中已无处不在。它独有的个性与魅力吸引着越来越多的人进驻。

## 一、网络的特点

### (一) 超强的时效性

网络的时效性可以使人们在第一时间获得各方面的信息，在最短的时间内互通有无。刚刚发生的新闻事件几小时后就在网上被人们评说；通过电子邮件或在线交流，几分钟之内就可以与对方达成一项交易。网络这种超强的时效性，为我们开辟了一条信息高速路，自然要受到生活在“资讯时代”的人们的青睐。

### （二）资源的丰富性和共享性

网络所容纳的信息可以说是包罗万象，任何人在任何时间都可以在网络中获取想要的知识和信息，只要在某个搜索引擎中输入关键字，几百条甚至上万条的相关信息便呈现出来，轻点鼠标，就可以遨游在信息的海洋中。一网在手，尽知天下，网络让生活变得触手可及，有求必应。

### （三）网络的交互性

当世界上第一次把两台电脑用一根电线连接起来的时候，交互的魅力就已经显露无遗。我们可以通过网络和世界各地的朋友谈天说地，甚至是“亲密接触”。

### （四）网络的开放性

由于没有现实世界的种种限制，没有等级的悬殊，任何人可以将信息渗透到世界的各个角落。网络以博大的胸怀包容任何声音，让我们一吐为快。

### （五）网络的虚拟性和匿名性

网络是现实信息内容构筑的一个虚拟空间，通过虚拟现实技术生成各种虚拟现实环境，给人一种身临其境的感觉。网络游戏就是这个虚拟世界的代表，我们可以在其中扮演任何一种想扮演的角色，体验在现实生活中无法体验的经历。网络还可以掩蔽人们的真实身份，性别、年龄、职业由自己任意设置，没有人知道对方的真实身份。

## 二、大学生网络心理特点

大学生是互联网的忠实追随者。那么，大学生上网都做些什么呢？

研究显示，青年大学生上网主要有以下几种情况。

(1) 信息查询。互联网的开放性，使得互联网如同一个信息的聚宝盆，应有尽有。这些取之不尽、用之不竭的信息赋予了网络无穷魅力，很多大学生正是把互联网看作一个庞大的信息库而经常上网来寻奇觅宝的。这也正是大学生们上网最主要的目的。

(2) 收发邮件。随着学习生活节奏的加快和电子信箱的普及，电子邮件作为一种能传递信息迅速及时、费用低廉的通讯方式，正在逐渐取代传统的书信而成为大学生人际交往的重要手段。每天打开邮箱收发邮件已逐步成为当代大多数大学生日常生活的一部分。

(3) 网上聊天。“白天带书上课，晚上带钱上网”，在网络上聊天交友，是大学生在网上的主要活动内容之一。各式各样的聊天室是大学生漫游网络的第一个驻足之所，也是他们随后经常光顾的地方。聊天、交友、网友见面成了一些大学生日常生活的组成部分，有的乐此不疲，甚至深陷其中不能自拔。

(4) 网上游戏。和游戏机或游戏光盘相比,在线游戏因其具有交互性,更加魅力难挡,因此,游戏网站也是大学生们经常光顾的地方。有的大学生在游戏网站一待就是七八个小时,甚至为此逃课逃学,严重影响了学业。

大学生在上网时做各种各样的事。那么,大学生网络心理特点主要有哪些呢?

### (一) 工具性求助心理

大多数大学生使用互联网是用来获取知识、搜集资料、查询信息等。互联网是获取最大量、最快捷信息的首选渠道。网络的及时性、迅捷性、开放性,不仅缩短了求知的路径和时间,而且降低了获取知识的成本,使大学生基本上可获取自己所需要的各种知识和信息。大三学生G说:“我正在准备考研,我经常上网关注报考学校的招生情况,浏览一些考研方面的信息,搜集一些专业课资料和参考书,特别方便。”大四学生H提到:“到了大四,我们面临的最大问题就是找工作,我们经常上网了解专业的就业前景和发展动态,关注招聘信息。”可见,网络信息的方便和快捷让很多大学生通过它来浏览新闻、下载软件、检索资料等。

### (二) 娱乐休闲心理

网络具有传播速度快、彻底打破地域、拉近人与人之间的距离等优势。它的方便与快捷以及不受地域性限制的特点,越来越受到大学生的青睐。网络以其丰富的文字、悦耳的音乐、精美的图像对大学生具有极大的吸引力。大一学生C说:“刚到大学,很迷茫,不知道该干些什么,课也不是很多,没意思的时候就上网、聊天、看电影。”有些学生认为每天教室、寝室、食堂“三点一线”的生活太单调了,因此,他们选择上网来进行娱乐和消遣,比如玩网络游戏、看电影、听音乐、看小说等。网络为人们提供了崭新的娱乐工具,上网也就成了同学们课余时间最好的消遣方式。把上网当作学习之余的调节、放松活动已成为时下大学生的一种时尚,但不少同学沉溺其中,不能自拔,严重影响了正常的学习和身心健康。

### (三) 交往心理

大学生网上交往包括两个方面:一是亲友同学之间的交往,二是匿名社交。前者比较普遍,很多大学生都会通过微信、E-mail、QQ、MSN等方式与自己的亲友、同学进行沟通联络,方便快捷。有的大学生因成长过程中的交往需要常常受挫而不愿交往;有的大学生因缺乏经验、技巧而不善交往;有的大学生担心他人轻视而不愿交往;有的大学生性格内向孤僻而不会交往。这些都造成一些大学生与他人难以沟通,感到孤独压抑。而网络具有的匿名、有限的感官接触等特殊性质,使他们在网上社交中更易获得成功。在网上他们可以虚拟交往角色,自由选择交往对象,可以“相识不相见”,这为大学生在更大的范围内交友、择友提供了前所未有的便利。这种隐蔽性,增强了大学生交往的热情。在网上,大学生可以毫无保留地宣泄自己内心真实的快乐、烦恼、孤独，这正是大学生内心渴望的交往方式，也是容易接受的交往方式，具有很强的吸引力。

### (四)逃避归属心理

大一学生A说："从中学进入大学，来到了一个陌生的环境，一下子全变了，我很不适应，特别想家，父母不在身边，有很多事情要自己去做，有时候想找别人帮忙，但我和他们不熟悉，不好意思开口，有时候我感觉很孤独。上网时我可以和网上的朋友畅所欲言，说错了也没有人笑话我。"

大部分大学生在大学生活中都会遇到各种各样的困难和挫折。按照马斯洛的需要层次理论，个体在满足了生理与安全的需要后，归属感成为他们最迫切追求的需要，这种强烈的归于某一群体的需要使他们在网上四处寻找知己。由于互联网不是一个现实的物理空间，而是一个"虚拟世界"，可以超越时间和空间的有形障碍，进行思想交流，因此，有的大学生在现实中受挫时，不是努力寻求解决问题的方法，而是躲到虚拟的网络空间里回避挫折。在网上的种种倾诉其实是一种逃避解脱困境的自我幻想。

## 三、网络对大学生心理健康的影响

### (一)网络对大学生心理健康产生的积极影响

#### 1. 实现了大学生的自我价值

根据马斯洛的需要层次理论，"人的基本需要满足以后，就会产生一个更高级的需要即自我实现的需要"，自我实现的需要就是"人对于自我发挥和完成的欲望，也是一种使他的潜力得以实现的倾向"。大学生通过在各电子网站、校园网站上制作个性化的主页、建立个人网站的方式，为自身提供了一个认识自我、施展才华的新空间，锻炼独立思考、分析、解决问题的能力，从而提高自信心，实现个人的价值。

#### 2. 扩展了大学生交友的范围

大学生渴望真情可又怕受到伤害，渴望交往，却往往内心闭锁。网络具有虚拟、安全、广泛的特点，这种新型的交往形式，恰恰迎合了大学生这种矛盾的心理。他们在网络中结识朋友，同他们敞开心扉，尽情交流，获得了现实生活中无法得到的畅快、尊重和满足，缓解了现实中交往的矛盾、焦虑心理。

#### 3. 宣泄了学习生活中的不良情绪

同几年前相比，当代大学生面临着更大的压力。学习任务繁重、毕业生急剧增加、就业率下降等诸多问题是他们无法逃避的。另外，经济的拮据、爱情的脆弱、诸多社会现象的不公等，让心理承受能力不是很强的大学生感到困惑、恐惧，甚至产生抑郁的情绪，其心理健康受到严重的影响。网络的虚拟性、隐匿性、自由性的特点为大学生提供了一个表达情感和宣泄不良情绪的新途径。他们通过网上论坛，发表自己的观点，抨击不公正的社会现象，或是通过浏览一些娱乐信息，松弛紧张的神经，达到一定的心理自疗效果。

### （二）网络对大学生心理健康的负面影响

互联网极大地开拓了学生的视野，给大学生的学习、生活带来了巨大的便利和乐趣，同时，隐藏在互联网中的某些不良因素也在悄然增长，对大学生的思想观念、生活方式和心理健康都带来了潜在的深远的影响。

与此同时，由于大学生的心智尚未完全成熟，缺乏社会经验，对于事物的鉴别能力较差，不能很好地驾驭网络资源，使其对大学生的心理健康产生了不良影响。

**1. 易导致情感的缺乏**

大学生处在情感发育的黄金时期，渴望情感、向往友爱是正常的。网络无疑能给大学生，特别是那些不善言辞的大学生提供一种很好的人际交往方式。当他们有问题时，就可以借助网络向“教师”请教。但是，这种网络交往方式也可以成为大学生们躲避人际交往的帮凶，网络使他们失去了许多直面他人的机会，从而也使大学生克服不善交往的缺点变得更加困难。“教育的一个特定目标就是要培养感情方面的品质，特别是和人的关系中的感情训练。”而网络媒体的介入使人与人之间的交往变得间接化、数字化了。网络一方面使交往变得即时即地、更方便，而另一方面因为网上传来的信息是符号化了的，不存在面对面交往时那种眼神、手势、身姿、体态的传达情境，因此使交往缺乏情感，使人与人之间变得冷漠。这种“冷酷无情”将有害于大学生的心理健康，甚至还会导致大学生在以后的交往中缺乏真诚和责任心，给交往的双方造成伤害。

**2. 易导致人格障碍**

网络对于自控能力差、极富好奇心和冒险精神的大学生来说具有极大的诱惑力，重则会导致“网络成瘾症”。过分迷恋上网会严重地损害身心健康，甚至会造成心理变态，其危害程度不亚于酗酒和吸毒；轻则因信息选择不当而枉费时间，浪费精力，荒废学业。总之，大学生上网时间过长，会因长期淹没在五光十色的数字化空间，易导致交往角色混淆，不能实现客观现实和虚拟现实之间的角色转换，形成心理错位或行动失调，不利于大学生形成良好的个性品质，如合作精神、关心他人、自信心等，容易导致心理异常、人格障碍、情绪低落、冷漠不合群、缺乏责任感。

**3. 易导致社会交往失衡**

长期上网的大学生很容易形成对网络的依赖心理，并自觉不自觉地“异化”了两种交往方式。一方面他们是网络上的高手，喜欢在网上用各种浪漫又幽默的方式与各种陌生的人打交道；另一方面他们在现实生活中却变得沉默寡言，不善言谈，甚至懒得与活生生的人进行感情交流。他们在网上是交流的高手，在生活中却变成交流的蹩脚者。网络就如一把无形的“锁”，锁住了他们面对现实情感世界的心灵之门，他们不再为人世间的情感所动，却对虚拟的网络空间“一网情深”，最后导致人际情感疏远。

**4. 易导致价值观念偏移**

网络环境是一个没有边界的世界，各种不同的思想价值观在这里汇集交织。网络虽然提供了大量的信息，但也存在着大量的信息垃圾。一些境外敌对势力利用其在网络上的种种优势，企图建立“网络霸主”，垄断信息的制造和传播，将自己的思想意识、价值观念凌驾于世界之上；另有一些人利用建立网站，散布污秽、色情、暴力、凶杀等不健康信息侵蚀大学生的思想。在这些杂乱信息中，一些是非判断能力差的大学生，易被信息的奇、新、异所吸引，久而久之使其产生亲近感、信任感，最后认同、依赖。在他们对马克思主义正确科学的世界观、人生观、价值观产生动摇时，西方的价值观念、个人主义、拜金主义、享乐主义和企求奢侈的生活方式以及注重感官刺激的低级情趣乘虚而入，严重地影响着大学生的价值观和心理健康。

# 第二节　大学生不良的网络心理

## 一、大学生网络心理障碍的类型

网络心理障碍是指因无节制地上网导致行为异常、人格障碍、交感神经功能失调。其表现症状为：开始是精神上的依赖，渴望上网；随后发展为身体上的依赖，不上网则情绪低落、疲乏无力、外表憔悴、茫然失措，只有上网后精神才能恢复正常。大学生网络心理障碍大多数表现为感情上迷失自我、角色上混淆自我、道德上失去自我、心理上自我脆弱、交往上自我失落。大学生网络心理障碍主要包括五类：网络恐惧、网络迷恋、网络孤独、网络自我迷失与自我认同混乱、网络成瘾综合症。

### （一）网络恐惧

大学新生特别是来自经济落后地区的农村学生，几乎没有接触过互联网或接触很少。当他们进入大学面对色彩斑斓的网络界面，看到层出不穷的各种网络书籍、电脑软件，看着周围的同学熟练地使用电脑，自由地浏览、聊天时，一部分大学生感到害怕和迷茫。“害怕”是怕自己学不会或学不好计算机操作，以至于不能有效利用网络来学习和生活，甚至可能会成为“网盲”；怕自己学不好计算机而被他人嘲笑为无能或赶不上他人而落伍，“无能感”油然而生。“迷茫”则是因为五花八门的电脑书籍和软件使得他们眼花缭乱，不知道学什么，由此产生对网络的畏惧感。

大学新生常产生这种网络心理畏惧。另外，一些对网络比较熟悉的大学生也有这样的障碍，他们对网络的畏惧主要是害怕跟不上网络的快速发展，怕掌握不了新的网络技术而被淘汰。这种恐惧会伴着大学生走过人生的四季。

### （二）网络迷恋

大学生长时间的沉溺于网络游戏、上网聊天、网络技术（安装各种软件，下载使用文件，制作网页）以及醉心于网上信息、网上猎奇，导致对网络的过度依赖和依恋，致使个人生理受损，正常学习、工作、生活及社会交往受到严重影响。网络迷恋心理障碍包括这样几种类型：网络色情迷恋——迷恋网上的色情音乐、图片以及影像；网络交际迷恋——利用各种聊天软件以及网络聊天室长时间聊天；网络游戏迷恋——沉迷于网络设计的各种游戏中，他们或与计算机对打，或通过互联网与网友联机进行游戏对抗；网络恋情迷恋——沉醉在网络所创造的虚幻的罗曼蒂克的网恋中；网络信息收集成瘾——强迫性从网上收集无关紧要的或者不迫切需要的信息，堆积和传播这些信息；网络制作迷恋——下载使用各种软件，追求网页制作的完美性和编制多种程序为嗜好。在这六种类型中，网络交际迷恋者、网络游戏迷恋者、网络恋情迷恋者及网络信息收集成瘾者占大学生网络迷恋群体中的多数。

### （三）网络孤独

主要指个体希望通过上网获取大量信息、网上娱乐、网上人际交往来提高或改变自己，但上网未能解除孤独（甚至加重了原有的孤独），或反而因为触网而引发孤独感这样一类不良心理状况。一些大学生（女生居多）由于性格内向、自卑，惯于自己承受心理负荷，心思敏锐，不愿意或不善于与他人交往，厌恶社会上那种虚情假意的人情来往。当互联网走进他们的生活时，他们青睐于网上交往这种匿名、隐匿性别和身份的形式，常上网向网友发泄自己的不良情绪，排解忧虑，讲自己的“心情故事”。当时他们觉得心情得到一定的放松，从网友那里得到了一定的心理支持。可下网后他们发现自己面对的依然是四壁空空的孤独。并且，在人与人之间的交往中，80%的信息是通过非语言的方式（身体语言）如眼神、姿势、手势等传达的，当那些善于通过这些身体语言来解读对方心理的性格内向者，试图借助网络来排泄自身的孤独时，网络所能给的只能是键盘、鼠标和显示器所造就的书面语言，这使得他们感到网络对孤独抑郁的排解只是“隔靴搔痒”。

### （四）网络自我迷失和自我认同混乱

网络是一个交往的平台，也是一个交往的屏障，它为人类展示自我提供了一个自由开放、没有约束的空间，同时又掩盖了“网络人”的真实身份。在现实生活情境中，大学生一般都始终如一地扮演着自己真实的角色，但在网络交往中则不然。一些上网者借着计算机网络所提供的方便性和隐蔽性不断地更换自己的网上身份，企图完全摆脱现实世界对个人的规范和要求。网络所提供的各种虚拟情境,使不少大学生感到身份迷失,角色混乱,无所适从。

有人认为,网络时代大学生的自我体系中至少存在三种自我,即"真实的自我""现实的自我""网络的自我"。这三个自我的含义有时互相交织,有时互相冲突。大学生上网者在表现个人自我时,把社会自我抛得越来越远,甚至企图借助网络在现实社会中凸显自我,将自我凌驾于社会之上,网络黑客、网络犯罪就是这方面的典型例子。网络为性格内向的学生提供了展示自我的平台,但也可能使他们在网下变得更加内向和自我封闭。网上、网下的性格错位,可能会导致多重人格问题的产生。网络在整合世界的同时,也有可能分裂和肢解大学生网民的自我性格结构,潜移默化地影响到他们对自我的认知,导致自我角色的迷失。

### (五) 网络成瘾综合症

网络成瘾是当前大学生最突出的一种网络行为,也称"网络依赖""病态性网络使用"等。网络成瘾是指上网者反复使用互联网,其认知功能、情绪情感功能以及行为活动甚至生理活动,已偏离现实生活,受到严重伤害,但仍不能减少或停止使用互联网;它是重复对网络的使用所导致的一种慢性或周期性的着迷状态,并带来难以抗拒的、再使用的欲望,对于上网所带来的快感有一种心理及生理的依赖。

大学生作为网络使用的主要人群之一,已成为网络成瘾的易患人群。大学生网瘾的表现形式和类型是多样的。网瘾带来人格异化、情感扭曲和网络心理障碍,危害较大。

**1. 网络成瘾的症状**

网络成瘾的症状如下。

(1) 网络成瘾耐受性,是指随着网络使用经验的增加,必须通过更多的网络内容或更长久的上网才能得到与原来相当程度的满足。

(2) 强迫性上网症状,有一种难以自拔的上网渴望与冲动,明知不应该,却无法控制自己的上网行为。

(3) 网络戒断症状,指如果突然被迫离开计算机,容易出现低落、焦虑、沮丧、空虚等情绪症状,或产生注意力不集中、心神不宁、坐立不安等行为反应,网络成了"精神鸦片"。

(4) 生理不适症状,如眼睛疲劳、视力减退、紧张性头痛、肩膀酸痛、失眠以及植物性神经紊乱。

**2. 网络成瘾的种类**

网络成瘾的种类如下。

(1) 网络游戏成瘾。他们沉迷于网络设计的各种游戏中,将大量时间、精力和金钱花费在网络游戏上，并且以学业荒废、疏远实际人际关系为代价。

**阅读材料 11－1　网络游戏成瘾**

自从李丹第一次接触网络游戏，他便被这个神奇的虚拟世界吸引了。他几乎把所有的空闲时间都用来玩游戏。同学、朋友请他聚会，他都一概拒绝。在传奇里由于他级别高、资格老，常常是一边玩游戏一边有新手玩家跟他搭话，这使李丹这个老师、同学眼里的“差生”、整天挨批的“捣蛋鬼”颇有几分得意。可惜好景不长，几个月后，全身心投入游戏的他，开始感到头晕眼花两手发抖，思维跟不上生活的节奏，脑子里想的都是游戏的事，遇到事情不由自主地用游戏中的规则来考虑，升了级恨不得通杀天下，输了郁闷得连觉都睡不着。从游戏厅走出，他脑子里仍是在江湖中呼风唤雨，降妖除怪。李丹陷入了深深的焦虑之中。

（2）网络交往成瘾。他们沉迷于长时间无节制地与网友聊天，网络交友成为生活的唯一内容，走上与现实生活自我隔离的地步。网友成为比现实生活中的家人、同学和朋友更为重要的伙伴。

（3）网络恋情成瘾。他们沉醉在网络所创造的虚幻浪漫的网恋中，不断认识新朋友并发展恋爱关系，走马观灯似的频繁更新网恋朋友，或痴迷于虚拟的爱情不能自拔。

（4）网络信息搜集成瘾。他们热衷于强迫性地从网上收集无关紧要或不迫切需要的信息，并堆积和传播这些信息。

**阅读材料 11－2　网络信息搜集成瘾**

学习计算机的林海每天大部分的时间都对着电脑。从网上下载东西是他的爱好。他的电脑桌上铺满了各种软件的图标，文档里的文件也是林林总总。每天一上网，林海就到各大门户网站逛一遍，凡是感兴趣的信息一律下载并塞进文档，这些信息其实和他的专业知识无关。中间他还忘不了每隔几分钟检查一遍自己所有的邮箱。由于电脑硬盘和内存有限，而他储存的信息太多，电脑经常死机。林海明知自己的行为很无趣，却欲罢不能。如果某天无法上网，不能下载信息，林海整天都烦躁不安。

（5）网络色情成瘾。他们迷恋网上的色情图片以及影像，沉迷于观看、下载和交换色情作品。

**3. 大学生网络成瘾的心理原因**

（1）尝试心理。网络的平等、开放、互动，网络交流的匿名式以及网络游戏的快乐体验，都大大激励了当代大学生的尝试心理。在网络中，大学生能够充分体会到主人的自豪感，而不受任何时空的约束，不受各种清规戒律的束缚，因此大学生产生这样的尝试心理是正常的。

(2) 猎奇心理。喜新猎奇是青年大学生鲜明的个性特点，而且网络超乎想象的丰富的资源是其他媒介所不具备的，这便大大催化了大学生的猎奇心理。大学生正处于精力旺盛、求知欲强、想象力丰富的人生阶段，网络上丰富的信息资源足以满足他们的猎奇心。

(3) 满足心理。马斯洛需要层次理论指出，在人的某种需要得到满足以后，人们将追求更高一级的心理需要。自我实现就是需要层次中最高级的需要。而对于大学生而言，“自我实现”在大学校园显然是难以实现的，特别是那些经历过挫折感的大学生。于是，他们便在网络中寻求满足。这一点在网络游戏中表现得淋漓尽致，他们在网络对抗互动游戏中，每升一级或过一关都会产生一种愉悦感和高峰体验。而这种体验要比现实生活来得更容易，这能让他们体验到自己的成功，而这种感觉反过来又强化了他们的上网行为。

(4) 减压心理。随着社会竞争的日趋激烈，大学生对自己的要求越来越高，这使他们承受了巨大的压力，进而引起一系列的不良后果，诸如莫名的情绪低落、学习成绩下滑等。他们寻求感情释放、心理减压的渠道，网络自然成了首选。精神分析学派认为，人的行为“心理驱动系统”有两种心理倾向：一是寻求满足、进取的心理倾向；二是避免伤害的、防卫的心理倾向。大学生在巨大的心理压力面前则不免会选择后者，上网可以解决各方面带来的心理压力，这表现在有些大学生到网络聊天室中无休止地聊天，或到网络对抗游戏中冲杀一番。

(5) 娱乐心理。网络被称为继报刊、广播、电视之后的“第四媒体”，它具有使用的快捷性、信息的无限包容性、无界限性等特征，促使网络形成一种文化，并在某种程度上改变了目前的文化形态。尤其针对大学生而言，网络文化正深刻地影响着他们的精神生活。

(6) 自我价值心理。社会心理学认为，为了使自己的人生具有价值，获得明确的自我价值感，大学生需要了解别人，需要通过别人来了解自己，需要爱与被爱，需要归属和依赖，需要展示自己。而所有这些都是因为他们需要和别人交往，以建立并保持一定的人际关系，而且随着大学生阅历的增加，他们同别人交往的愿望也越来越迫切。然而，现实中，人际关系的复杂以及大学生思想的单纯使得他们不断承受到人际关系的烦恼。这使他们的自我价值感得不到满足。于是，他们便寻求网络关系的支持，如结交网友、设置个人网页、建立自己的博客等。当然这些都符合大学生自由、平等、多向交流、开放、超时空的现代要求。

(7) 情感表达心理。对处于人生青年期的大学生来说,情感表达是他们重要的内在的心理需要。而现实中,许多大学生往往因自己性格或其他的社会因素总是与周围的人保持一定的距离,这种情感表达的需求便无法得到正常渠道的满足。于是,他们便通过上网来满足需求,反过来说,这种情感表达的心理便成为上网的一种潜藏的心理内部动机。这种需求表现在行为上有网上聊天、网上撰写博文、建立个人主页、在BBS发表自己的观点,甚至发生网恋。

实际上,根据以上所分析的大学生网络成瘾的心理原因不难看出,这一系列原因是递层升级的,也就是说越是排位靠前的原因越可能成为大学生上网的原因,而靠后的原因不仅是大学生上网时间增多的原因,也是上网成瘾的原因。同时,我们也可以理解为,越是靠前的原因形成网络依恋或导致网瘾的情况,其戒除网瘾越容易。当然,我们也可以根据大学的校园生活推测出,当大一新生刚由高中生转换为大学生时,由于对大学生角色的定位不清及脱离高中紧张生活束缚时的放松,便不免产生一种尝试大学生生活的心理,因此涉及网络不足为怪。而当尝试心理进一步发展,他们又在网络中接受新奇事物,这一点恰好迎合了这一阶段大学生的好奇心强的心理,便自然产生了猎奇的心理而进一步迷恋网络。随着对大学生活的厌倦及学习成绩的下降,他们产生了对现实生活的不满,这又加强了他们对网络的追求。之后,即将毕业带来的压力使他们进一步到网络中去寻求满足。

**4. 网络成瘾者的对策**

程度较轻的网络成瘾者可以通过自我调适摆脱网络成瘾的困扰,主要采用以下方法。

(1) 科学安排上网时间,合理利用互联网。首先,要明确上网的目标,上网之前应把具体要完成的工作列在纸上,有针对性地浏览信息,避免漫无目的地上网。其次,要控制上网操作时间。每天操作累积时间不应超过一个小时,连续操作一小时后休息30分钟左右。再次,应设定强制关机时间,准时下网。

(2) 用转移和替代的方式摆脱网络成瘾。用每个人所特有的其他爱好和休闲娱乐方式转移注意力,使其暂时忘记网络的诱惑。例如,喜欢体育运动的人可以通过打球、下棋等方法有效地转移注意力,以减少对网络的依赖。

(3) 培养健康、成熟的心理防御机制。研究表明,网络成瘾与人格因素(个性因素)有关,一定人格倾向的个体易于成瘾,网络只是造成成瘾的外界刺激之一。因此,要不断完善自己的个性,培养广泛的兴趣爱好和较强的个人适应能力,学会合理宣泄,正确面对挫折,只有这样才会形成成熟的心理防御机制,不会一味地躲在虚拟世界中逃避失败与挫折。

程度较重的网络成瘾者可以通过以下方法达到治愈的目的。

(1) 直接隔断与网络的联系。成瘾程度较重的人往往是在下意识的状态下上网的,对于那些明知过度上网只会加重症状而不能自制的成瘾者,可以在他们的亲戚、朋友的帮助下将其与电脑完全隔离一段时间,让他们在这段时间里培养其他的兴趣爱好或者重新安排紧张有序的生活,待到他们能够完全摆脱网络成瘾的困扰后,再有针对性地帮助他们科学地安排上网时间。

(2) 寻求心理医生的帮助。通过心理咨询,让心理医生与网络成瘾者之间建立良好的医患关系,这样心理医生可以从精神上给成瘾者理解和支持,调动他们的积极性,树立治愈的信心。同时心理医生还会根据成瘾者的痴迷程度,用准确、生动、专业、亲切的语言分析"电子海洛因"的危害、网络成瘾形成的原因、过程及咨询或治疗措施,逐步帮助患者摆脱网络成瘾综合症。

## 二、网络性心理障碍的特点

### (一) 病症发现的隐蔽性

网络性心理障碍是人类进入以互联网为标志的信息时代后高科技环境下的产物,是伴随着计算机科学的发展和网络的普及而出现的新疾病,是网络用户在现实环境和网络的虚拟环境的巨大反差下形成的特殊心理状态。因此,对于网络性心理障碍的认定本身就存在诸多的困难。患者自身也很难意识到自己已经患有此种病症,其周围人员也无法在患者患病初期进行确认。一般网络心理疾病患者的发现都是在中后期,而网络性心理障碍一旦发展到一定的程度,患者的心理就已发生严重的扭曲,极易做出对自身健康和社会安全构成危害的行为。

### (二) 生理疾病的并发性

网络性心理障碍是由于患者长期处于网络的虚拟环境中而形成的心理疾病,是以长时间上网为基础的。上网持续时间过长,就会使大脑神经中枢持续处于高度兴奋状态,引起肾上腺素水平异常增高,交感神经过度兴奋,血压升高。这些改变可引起一系列复杂的生理和生物化学变化,尤其是自主神经紊乱、体内激素水平失衡,会使免疫功能降低,诱发多种生理的并发疾患,如心血管疾患病、胃肠神经官能症、紧张性头痛等。同时,由于眼睛长时间注视电脑显示屏,视网膜上的感光物质视紫红质消耗过多,未能及时补充其合成物质维生素 A 和相关蛋白质,就会导致视力下降、眼痛、怕光、暗适应能力降低等。

### (三) 治疗手段的模糊性

网络性心理障碍产生的根源在于人脑的潜意识发生了病变,其特征已突破了传统心理疾病的特点,因而现代医学的各种医疗手段和心理学的理论并不能彻底地治疗此种病症。同时,网络性心理障碍涉及计算机科学、医学、心理学和思想政治学的范畴，所以，很难单纯依靠医务人员或心理专家对此类疾病进行治疗，而医学界和心理学界对此种疾病的认识也只是处于起步阶段，尚需深入地研究和探讨。许多教育工作者由于没有受到系统的计算机和心理学教育，面对飞速发展的计算机和网络科技往往不知所措，加上繁忙的工作和家庭负担，不少人很难抽出时间进行系统的学习，对此也就无能为力。

### （四）预防和治疗的紧迫性

许多心理障碍（包括网络性心理障碍）都是文化抑制的结果，也就是说一个人受教育程度越高，所受的文化禁忌越深，内心的冲突也就越强烈。因此，大学生上网过多，就很容易形成网络心理障碍。随着网络在高等院校的普及，网络心理障碍的患者将出现快速增长的趋势，如采取的措施不及时，效果不理想，就会导致网络心理障碍的蔓延。

## 第三节　大学生健康网络心理的培养

大学生网络心理问题已成为当前大学生心理健康中的突出问题，这就要求大学生、家庭、学校和社会力量有意识地培养大学生健康的网络心理，以便大学生充分合理地利用互联网，健康地享受网络所带来的方便和乐趣，预防网络不良心理的发生。大学生健康网络心理的培养主要体现在以下方面。

### 一、改善网络环境

随着计算机网络技术的不断发展更新，网络环境将会成为人们生存和发展的一个重要组成部分，人们将越来越离不开网络。为了保障大学生网络心理的健康发展，社会、学校等需要共同关注他们的成长，优化网络环境，为他们提供一个良好的发展平台。首先，要加快网络信息控制技术研究，净化网络信息。通过对网络及网络信息进行有效的管理，保证大学生免受网上非法信息的侵害，为网络心理健康的发展提供技术保证。其次，提供优秀传统文化和先进文化，这是优化网络环境的基础。随着网络的发展，东西方文化将会受到全方位的巨大碰撞和冲突，多元文化的交流和融合对大学生原有的价值观带来许多影响。只有用进步的思想和文化教育学生，才有可能塑造出健康的一代。再次，适应网络时代的特点，改进高校教育和管理，让大学生自身装备“网络心理健康防火墙”，自觉地维护自己的心理健康。

### 二、正确地认识网络

互联网的出现，宣告着人类信息时代的真正到来。它消除了人类跨地域沟通的“时滞”，拓展了人类的交往空间，深刻地改变着人与人、人与社会的关系，给人类带来了一个全新的时代，“在家办公”、网上学校、电子商场、电子银行等新生事物的出现，使人类的生活方式发生着深刻的变革。但是，互联网是一把双刃剑，网络世界既是一个充满自由、开放、平等的世界，也是一个充满着诱惑与陷阱的危险之地。对于大学生而言，应该看到网络只是一个工具，网络资源是人类社会不可缺少的财富，对网络的破坏与滥用就是对社会正常秩序的极大破坏，会危及我们每一个人；应该认清网络社会并非真实的社会，网上暂时的成功并非是真实的成功，虚拟的情感的宣泄与满足也并非能得到真正的快乐，应该认清网络带来的并非是鲜花与美酒，也会给自己带来苦涩的恶果——那些迷恋上网而不能自拔的大学生，随着上网时间的不断延长，他们的记忆力下降，对学习也逐渐产生厌烦感，并进而出现逃课上网、对各种活动漠不关心、进取意识减弱、与周围同学关系紧张等现象。

夸大网络的功能并进而认为网络是解决一切问题的灵丹妙药，或认为网络是带来人的自我迷失、人与人之间的相互欺骗、社会秩序紊乱的症结从而否定网络的作用都是错误的。大学生只有对网络树立正确的认识，才有可能正确地面对网络，合理地使用网络资源，准确把握自我，认清自己的真实需要，处理好现实社会与虚拟社会的关系，避免网络心理问题的产生。

## 三、自律与自我管理

自律有两层含义：其一，自律总是与自由和理性联系在一起的，即要体现出人格尊严和道德觉悟，而不是被内在本能和外在必然性决定；其二，自律是指自做主宰、自我约束、自我控制。对于一个人来说，只有自律才能既充分体现其自尊、自主与自由，又充分培养其自我控制力，养成良好的“慎独”习惯。一方面，在网络社会里，由于信息含量十分巨大，各种文化与价值理念交织纷纭，各种论断莫衷一是，各色诱惑比比皆是；另一方面，网络社会又是一个充满自由的社会，缺乏非常强大的外在约束。面对这一虚实难辨、是非难断却又无明确而强力约束的多彩世界，大学生会因认知偏差或侥幸心理而产生心理困惑与矛盾，以致产生各种各样的网络心理问题。

但是，过多地沉迷于网络是对现实的一种逃避、一种退缩，也是一种社会责任感的淡化，它不仅不能真正地解决大学生正在面临的现实问题，反而会更多地产生自我迷失、生活重心丧失、人际沟能障碍，产生非理性的甚至是反社会的行为，如大学生中流行的“网恋”与“网婚”现象。由于网上情缘不需要任何承诺，也没有任何约束，大学生的风花雪月通过网络就能实现。然而，大学生从网络世界的虚拟婚姻得到的快感又迫切希望回到现实中来，现实生活中，这样的理想容易破灭。于是，大学生又不得不回到网络世界，造成空虚的心理更加空虚，以至于导致大学生在现实情感交往中出现冷漠与抑郁，在交往上自我失落，造成心理上自我脆弱。

在缺乏较强他律或几乎难以感受到较为直接的他律影响力的网络社会，自律的重要性与意义显得尤为突出。一个缺乏自律的人不可能是一个自尊自重的人，而很有可能是一个不能获得自由与自我价值实现的人。大学生应合理安排好自己的日常生活，保持正常的生活、工作、学习规律，控制上网时间。同时，要勇于直面现实、直面人生，积极面对现实，应多参加有益的社会活动，从网络的迷恋中解脱出来。

## 四、建立现实的、健康的人际关系

网络交往虽然是当代大学生交往方式的一次革命性变革，但大学生也要清楚看到，网络人际沟通行为只是社会沟通的一种方式，是传统交往方式的一种延伸和补充，它是无法完全代替现实中的人际交往的。在热衷网络交往的同时，大学生也应时刻提醒自己不要忽略了与朋友相处的时间，要区分虚拟社会和真实社会的不同，丢掉幻想，积极地投入到学习、生活中去。过多地沉迷于网络交往是对现实的一种逃避，一种退缩，也是一种社会责任感淡化的体现。它不仅不能真正解决面临的现实问题，反而会更多地产生自我迷失、生活重心丧失、人际沟通障碍等问题。大学生要勇于面对现实，直面人生，积极参加有益的社会活动，学习人际沟通的技巧，培养自信，形成健全的人际关系，多方面拓展自身的人际关系圈。大学生要重新调整自己，学会在现实中寻找社会心理支持，构建和谐的人际关系网络。

## 五、丰富业余生活，培养广泛的兴趣爱好

大学生要多参加实践活动，用爱好和休闲娱乐方式转移注意力，冲淡网络的诱惑。大学生还要特别注意体育锻炼，这不仅有利于身体健康，也有利于心理健康及预防纠治网络成瘾。

## 六、养成良好的上网习惯

大学生要养成良好的上网习惯。首先，要制定详尽、个性化的上网计划，合理安排时间。其次，要明确上网的目标，有针对性地浏览信息，学会有选择、有取舍地利用信息，避免做信息爆炸的奴隶。再次，要合理控制上网操作时间，不应过长，连续操作一小时后休息 10 分钟左右，保护身体健康。最后，应设定强制关机时间，准时下网，有效地控制自己的上网时间，不断培养自制力，必要时可请同学和老师监督自己。

## 七、塑造高尚的网络道德和优雅的网络情调

网络信息的开放、快捷、隐秘、广泛、虚拟等特征，使网络信息污染、信息欺诈、对个人隐私和知识产权等的威胁成为不可避免的一个严重问题。作为新时期的大学生，面对网络道德伦理的考验，要学会自尊、自爱、自律、自省，提高网络道德意识和水平；同时大学生要加强自我修养教育，树立自己远大的人生目标，健全人格，提高自我心理调适能力，矫正不良的上网习惯，继承中国传统文化中“真、善、美”的标准，启发爱美之心，提高审美能力，塑造优雅的网络情调，从而实现文明上网。

## 心理测试

### 网络成瘾的自我判定标准

1. 你是否经常上网？
2. 你是否觉得要花更多的时间上网才能得到满足？
3. 你是否多次尝试控制、减少或停止上网但未成功？
4. 当你停止使用互联网的时候，你是否感觉烦躁不安？
5. 每次上网的时间是否比自己打算的要长？
6. 你的人际关系、工作(教育或者职业)机会是否因互联网受到影响？
7. 你是否对家庭成员、治疗医生或者其他人说谎以隐瞒你上网的状况？
8. 你是否把互联网当成了一种逃避问题或释放焦虑不安情绪的方式？

若回答“是”的问题超过 5 个，则可视为网络成瘾。

## 案例分析

某大学大四学生王某沉迷网络游戏数年。2004 年，该生以优异成绩考入大学。进校后由于自制能力差，他逐渐迷恋上了网游，最长的一次玩了一个月没去上课，导致大一时两门功课不及格、大二读了两年、大三又休学一年。其间，他母亲在校外租房陪读，对他进行监督但效果甚微。大四的情人节，与王某相恋多年的女友也难以忍受其网瘾与其分手。王某深受打击，性情大变，稍有不顺，便摔东西、砸电脑，还经常把自己关在屋里绝食，并且要求其母亲买老鼠药，还扬言要打开煤气自杀。

**【问题】**

该生出现了什么心理问题？为何会出现该问题？他该如何应对此问题？

## 心理训练

### 戒除网络成瘾的心理训练

**【目的】**通过训练，戒除网络成瘾。

**【操作】**

(1) 系统脱敏法：网络成瘾者与家人或是朋友制订总体计划，由家人或是朋友监督实施，在两个月内逐步减少上网时间，最终达到偶尔上网或不上网的效果。如原来每天沉迷网络 12 小时以上，则第一周减为 10 小时，第二周 8 小时，第三周 6 小时，第四周 4 小时。自己若能按计划执行，则由家人、朋友或是自己给予奖励，做不到时则予以惩罚。

(2) 放松训练法：网络成瘾者在运用系统脱敏法的过程中，为应对戒除网瘾过程中出现的紧张、焦虑、不安、气愤等不良情绪，采用肌肉放松法、想象放松法、深呼吸放松法以稳定情绪，振作精神。

(3) 转移注意法：网络成瘾者在其他活动中寻找快乐，比如听一些优美抒情的音乐，去运动场跑步、打球，做些除上网以外的业余活动。

(4) 厌恶疗法：网络成瘾者在左手腕带上粗的橡皮筋，当自己有上网念头时立即用右手拉弹橡皮筋，橡皮筋回弹便会产生疼痛感，转移并压制上网的念头。拉弹的同时，还要提醒自己“网瘾有危害”。

(5) 想象满灌法：网络成瘾者想象自己上网成瘾后的种种极端后果，如被大家看不起、被别人羞辱、对不起自己的父母等，想象自己长时间上网后萎靡不振的颓废样子，使自己厌恶“现实自我”的形象，并用“理想自我”激励自己。

(6) 自我暗示法：如果又有了沉迷网络的念头时，网络成瘾者要反复自我暗示，如“不行，现在应该学习(工作)，等周末再说”“网络成瘾对我很不好”“我一定能行”“我一定能戒除”。每当抵制住了诱惑，认真学习(工作)，度过了充实的一天后，就进行自我鼓励，如“今天我又赢得了一次胜利，继续坚持，加油”。这样不断强化，形成良性刺激，加强自己的意志，使上网的欲望得到抑制。语言暗示既可通过自言自语，也可将提示语写在日记本上，或贴在墙壁上、床头上，以便经常看到、想到，鞭策自己专心去做。

## 本章小结

网络对大学生的学习、生活、人际关系等方面产生了深远的影响。网络的特点主要有：超强的时效性、资源的丰富性和共享性、网络的交互性、网络的开放性、网络的虚拟性和匿名性。大学生网络心理特点主要有：工具性求助心理、娱乐休闲心理、交往心理、逃避归属心理。网络对大学生心理健康既有积极影响，也有消极影响。

大学生网络心理障碍主要包括五类：网络恐惧、网络迷恋、网络孤独、网络自我迷失和自我认同混乱、网络成瘾综合症。网络性心理障碍的特点有：病症发现的隐蔽性、生理疾病的并发性、治疗手段的模糊性、预防和治疗的紧迫性。大学生网络心理问题已成为当前大学生心理健康中的突出问题，这就要求大学生、家庭、学校和社会力量有意识地采取措施来培养大学生健康的网络心理。

## 思考与练习

1. 网络的特点有哪些？
2. 网络对大学生心理健康的影响有哪些？
3. 如何培养大学生健康的网络心理？

# 第十二章 大学生压力管理与挫折应对

## 知识框图

- 压力和挫折概述
  - 压力的定义与反应
  - 挫折的含义
  - 挫折承受力
- 大学生压力和挫折的产生与特点
  - 大学生压力的产生与特点
  - 大学生挫折的产生与特点
- 压力和挫折对大学生心理的影响
  - 压力对大学生心理的影响
  - 挫折对大学生心理的影响
- 压力管理与挫折应对
  - 压力的自我管理
  - 挫折应对方法

## 导入案例

草地上有一个蛹，被一个小孩发现并带回了家。过了几天，蛹上出现了一道小裂缝，里面的蝴蝶挣扎了好长时间，身子似乎被卡住了，一直出不来。天真的小孩看到蛹中的蝴蝶痛苦挣扎的样子十分不忍，于是就拿起小剪刀把蛹壳剪开，帮助蝴蝶脱蛹而出，但蝴蝶过了不久就死去了。蝴蝶为什么会过早死去？这是因为蝴蝶的成长必须在蛹中经过痛苦的挣扎，直到它的翅膀强壮了，才会破蛹而出。否则，它很快就会被环境吞噬。这个故事也暗示我们，人正是因为有了压力和挫折，才会因经历磨炼而变得坚强起来。

# 第一节　压力和挫折概述

压力和挫折在人的生活中不可避免地存在着，大学生的日常生活亦如此。在社会转型和竞争日趋激烈的今天，大学生承受着来自各方面的压力，也可能碰到各种各样的挫折，这就需要大学生正确认识压力和挫折，以更好地采取措施应对生活。

## 一、压力的定义与反应

### (一) 压力的定义

压力通常有三种解释：第一种是指个体对刺激的紧张性反应；第二种是指环境中存在的导致个体产生紧张反应的刺激；第三种是指由于个体与环境之间的失衡而产生的一种身心紧张状态。现在大多数的心理学学者赞成第三种观点。

### (二) 压力的反应

压力反应通常表现在生理反应、心理反应、行为反应三个方面。

**1. 生理反应**

在压力状态下，机体必然伴有不同程度的生理反应，主要表现在免疫系统和中枢神经内分泌系统等方面。比如导致心肌收缩力增强、心率加快、呼吸急促、血压升高、各种激素分泌增加、消化道蠕动和分泌减少、出汗等。这些生理反应调动了机体的潜在能量，提高了机体对外界环境的适应能力。但过度的压力会使人口干、呕吐、腹泻、口吃、头痛等。

**2. 心理反应**

压力引起的心理反应有警觉、注意力集中、情绪的适度唤起、思维敏捷等。这是适度的反应，有助于个体应对外界环境。但过度的心理反应如过分烦躁、焦虑、沮丧、愤怒、抑郁、激动不安，会使人自我评价降低，自信心减弱，表现出消极被动的状态，形成无所适从或“习得性无助”。

**3. 行为反应**

压力状态下的行为反应可分为间接反应与直接反应。间接的行为反应是指为了减少或暂时消除与压力体验有关的苦恼而作出的反应，如借抽烟、喝酒、吸毒等使自己暂时缓解紧张状态;直接的行为反应是指直接面临紧张刺激时为了消除刺激源而作出的反应,如大学生害怕考试不能通过而努力复习。

## 二、挫折的含义

挫折是指人们在有目的的活动中,遇到无法克服或自以为无法克服的障碍或干扰,使其需要或动机不能得到满足时而产生的消极反应。对挫折含义的理解需要特别注意:行动的目标是不可更改的,行动的障碍是不可回避、不可克服的,反之没有构成真实的挫折情境,不能算挫折。

挫折这一概念包括三方面的含义。一是挫折情境,指需要不能获得满足的内外障碍或干扰等情境因素。这些都是客观因素,如考试未通过、比赛未获奖、受到同学的讽刺和挖苦、失恋等。二是挫折反应,即对自己的需要不能满足时产生的情绪和行为的反应。这属于主观体验,常见的有愤怒、焦虑、紧张、躲避、攻击等。三是挫折认知,即对挫折情境的知觉、认识和评价。这是主观反映,如对某次考试失败的消极认识和评价。

在这三方面含义中,挫折认知是最重要的。对于同样的挫折情境,不同的认知会产生不同的反应、体验。如参加活动失败了,有的大学生认为这正好暴露了自己存在的问题,明确了努力的方向,反而是好事,就没有挫折感;有的大学生则把它看成是自己活动能力极差的表现,感到难过、伤心,认为自己什么都不行,甚至对自己完全丧失信心,挫折反应很强烈。即便是没有挫折情境或事件发生,而仅仅由于挫折认知的作用,也可能产生挫折反应。例如,人际交往中并没有成为众矢之的,可总认为同学们在背后说自己坏话;学习成绩本来已很好,可总害怕考试不能及格。这些受到挫折的事尽管没有发生,却依然体验到了担忧、焦虑、恐惧,甚至敌对、攻击等挫折的情绪反应,产生挫折感。

综上所述,当挫折情境、挫折反应和挫折认知三者同时存在时,便构成典型的心理挫折。但如果个体认知不当,即使缺少挫折情境,只要有挫折认知和挫折反应这两个因素,也可能形成心理挫折。因此,挫折作为一种社会心理现象,是客观性和主观性的统一。

## 三、挫折承受力

挫折承受力是指个体遭受挫折时免于心理失常的能力,是个体对挫折的可忍耐、可接受程度。挫折承受力的大小,往往直接决定个体能否经得起挫折打击。每个人由于主客观条件的不同,对挫折的承受力有差异,对挫折的感受程度也不同。

影响挫折承受力的因素主要有以下几种。

**1. 生理条件**

身体强壮的人比体弱多病的人更能抵抗挫折。

**2. 个性**

一个胸有大志、意志坚定、乐观主义的人要比胸无大志、意志薄弱、悲观主义的人有更强的挫折承受力。

**3. 过去的知识经验**

生活阅历丰富，有过苦乐、成败、顺逆等各种体验的人，经常把困难与失败视为生活中的一部分，其挫折承受力必然会高。而生活阅历很少的人，难有应对挫折的经验，其挫折承受力必然会低。

**4. 对自己挫折的认知**

对自己挫折情境有正确认识、对挫折的原因有正确分析、对挫折损失作客观评价的人，一般比对自己挫折有错误认识的人更能心平气和地接受、应对、承受挫折。

**5. 社会支持**

社会支持是指朋友、同事、伴侣和家庭成员在物质上和精神上对个体的支撑和帮助。它是应对挫折和压力的一种缓冲。社会支持者提供的情感支持可以增强受挫者对自己能力的认识，增强受挫者的自信心；社会支持者提供给受挫者一些信息，改进受挫者对挫折事件的认识和应对策略。

从影响挫折承受力的因素可以看出，若想提高挫折承受力，就必须通过训练或实践提高身体素质、塑造良好的个性、积累知识经验、正确认识自己的挫折、取得较好的社会支持。

# 第二节 大学生压力和挫折的产生与特点

## 一、大学生压力的产生与特点

### （一）大学生面临的压力

大学生面临的压力，主要有以下几方面。

**1. 学习压力**

大学生如何提高自己？学习是一个重要的途径。因此，大部分大学生努力学习。成绩较好的同学忙于争取奖学金、考研、出国、公务员考试、英语四六级考试、计算机等级考试以及双学位课程学习，这些让他们陡增压力。成绩较差的同学要为课程考试通过而努力。总之，大部分大学生在学习上压力很大。

**2. 就业压力**

就业问题随着年级的增长而日益严峻。不少大学生为毕业能否找到工作、能否找到理想的工作而忧愁。这使得他们拼命考研、考公务员、考各种证书、参加各种实践活动,等等。

**3. 人际交往压力**

人际关系的好坏对大学生的成长和发展影响较大,对提高大学生的综合素质,为大学生目前更好地融入校园生活和将来走向社会奠定基础。然而,由于各种原因,不少大学生不积极地进行人际交往,人际交往问题较多,影响正常学习和生活。因此,大学生们要想更好地面对现实,必然面临较大的人际交往压力。

**4. 经济压力**

上大学,不仅要交学费,还要承担各项日常生活费用。因此,对不少大学生而言,尤其是贫困家庭的大学生,这些消费给他们心理上带来很大的压力。

**阅读材料 12-1　经济压力大,忙得透不过气来怎么办**

我是来自一个革命老区的学生,现在老区依旧很贫穷,"一个高中生拖累全家,一个大学生可以拖垮全家"。学费全部靠当地政府的贷款。这是有合同的,毕业之后五年要偿还。生活费每月不到 200 元,特别是在就餐时要躲起来吃"免费汤",觉得不自在,低人一等,自尊心受到了极大的伤害。幸运的是,学校里有一个实践部,主要是联系学生与社会上各公司、各厂矿以及家庭的"大学生劳务输出"。通过学校实践部的努力,有些大学生利用双休日去做钟点工,晚上去饭店端盘子,还有到茶楼去服务的,有做家教的。虽然能够挣一点钱,但杯水车薪,还是感到生活压力大,有些难以忍受的感觉。

**5. 生活适应压力**

目前不少大学生是独生子女,从小娇生惯养,还有些大学生长期以学习为中心,都忽视了生活自理能力的培养。而大学的生活环境和先前生活环境大不一样,导致不少大学生生活适应压力大。

**6. 恋爱压力**

大学生对异性有着强烈的兴趣和好感。不少大学生在追求异性的过程中面临着追求失败的压力;也有大学生面临着如何保持和发展这段感情、如何处理恋人和同学之间的关系、如何处理爱情与学业之间的关系、如何面对失恋等问题。

### (二) 大学生压力的产生原因

大学生压力的产生原因主要有以下几方面。

**1. 不少大学生自身素质不高**

如果大学生能够很容易地迎接各方面挑战,他就没有压力的体验。正是由于大学生想取得成功，但是又没有足够的知识和能力，观念不能与时俱进，心理素质不过硬，所以他们压力巨大。

**2. 不少学校教育和培养不够到位**

不少学校教育和培养不到位，主要表现在以下两方面。

第一，学校重视“教”，但重视“学”不足，对学生要求不严，影响教学质量。

第二，不少学校过于强调让学生“做学问”，而忽视了对学生的“做人”教育。一位哲人曾说过：“一切彻底的成功都是做人的成功，一切彻底的失败都是做人的失败。”在现代社会，一个人能够取得多大的成功，取决于他能在多大程度上聚集人才、与他人合作。而聚集人才、与他人合作的关键就是要学会关心别人。但不少大学生往往缺乏这种“学会关心”的精神。而不少学校在这些方面的教育还需要进一步加强，总之，由于一些学校教育和培养不够到位，使得一些大学生综合素质不高，他们在思考将来的出路时，思想压力很大。

**3. 社会和家庭的期望值较高**

社会希望大学生能够一毕业就能顺利承担工作任务，然而不少大学生还达不到此要求，试图在各方面提高自己，造成自己压力较大。

在过去计划经济体制下，大学毕业生意味着一个美好的前程。然而，随着高校的扩招，大学生不再是香饽饽，他们在就业时面临着激烈的竞争。但不少家长还是认为子女毕业后肯定能有一份舒适的工作。为了不辜负家长的期望，他们不得不努力打拼，这给了大学生很大的压力。

**4. 大学生对自身的要求日益提高**

为了更好地发展自己，大学生对自身的要求日益提高，但不少大学生由于发展不是太理想而陷入深深的自责之中，因而压力陡增。

**5. 经济与消费状况不容乐观**

不少大学生的经济状况不容乐观，而大学生日常花费又是必需的。还有一些学生过度消费，这些都造成他们的经济压力过大。

### (三) 大学生压力的特点

**1. 丰富性**

大学生的压力多种多样，有人际交往压力、学习压力、就业压力、生活适应压力、恋爱压力等。在大学期间，一个大学生可能同时面临多种压力。这要求大学生不要把压力问题简单化，要看到大学生的压力的丰富性。

**2. 差异性**

不同的大学生在某个时间段具有的压力是不全相同的；同一个大学生在不同时间段，面临的压力也可能是不同的。

**3. 情境性**

大学生在面临相同情境时，大多具有相同的压力。然而时过境迁，压力也大多消失。

**4. 普遍性**

大学生压力还具有普遍性。例如：大一时，大多数大学生具有人际交往压力、学习压力、生活适应压力；大四时，大多数大学生具有就业压力。

## 二、大学生挫折的产生与特点

### （一）大学生的挫折

大学生遇到的挫折主要有以下几种。

**1. 学业挫折**

大学生由于学习生活环境的变迁，在学习上面临新的竞争和考验。大学课程任务的深度和广度明显比中学高，若运用高中的学习方法则难以应对，这让不少大学生适应困难，易导致挫折感觉的产生。还有的大学生在高中时是佼佼者，到了大学后不再像中学时那样“拔尖”，“才子”“能人”比比皆是，“众星捧月”的感觉没有了，心理落差和压力随之而来，易形成挫折感。

**2. 经济消费挫折**

随着人们物质文化生活水平的提高，大学生的经济消费水平也在逐年提高，这使一些家庭经济条件较差的大学生在学习、生活上的某些需要受阻，容易产生自卑感和挫折感。还有些大学生消费观念、生活方式不合理，而家庭不愿满足其不合理需要，也容易导致挫折感的产生。

**3. 情感挫折**

大学生正处于青春发育后期，性生理发育已经基本成熟，心理上已经产生了对异性的浓厚兴趣，开始关注、寻找异性朋友。但由于在恋爱观、道德观和自制力等方面还不完善，经验不足，容易陷入感情漩涡。同时，恋爱不是单纯的个人事情，在恋爱过程中经常会因恋爱动机、个性特征、兴趣爱好不一致等原因而终止恋爱关系，给一方或双方造成心理伤害，形成情感上的挫折。

**4. 生活挫折**

很多大学生在进入大学之前，从来没有经历过集体生活，生活自理能力较差。在高中阶段，他们的主要任务就是学习，真正是“两耳不闻窗外事，一心苦读圣贤书”，什么事情都是父母做好的，衣来伸手饭来张口。进入大学后，生活上的事主要靠自己来解决，许多大学生由于自理能力相对较差而不适应这种生活，产生生活上的不适应感，从而造成挫折。

**5. 人际交往挫折**

大学生活是集体生活，注重人际交往，同时大学生只有在人际交往中才能得到更好的发展。然而，同学们来自五湖四海，个性、习惯大多不同；大多数大学生生活阅历浅，缺乏人际交往技巧。所以，不少大学生会较多地遭遇到人际交往中的挫折。

**6. 人生发展挫折**

大学生具有较强烈的自我价值实现的需要，也有较明确的发展目标，但在现实社会中却难以事事如愿。近年来严峻的就业形势使有的大学生在求职过程中面临较多挫折；有的大学生在大学有关活动中屡屡失败，体验到较强的挫折感，这使得部分大学生对大学教育、自身的能力以及自己的发展路径产生怀疑。有的大学生在入学时就想象着就业时的困境，感受着想象中的挫折情境。

### （二）大学生挫折产生的原因

**1. 客观因素**

(1) 自然环境因素。自然环境因素是指各种非人为力量所造成的时空限制、自然灾害、各种事故以及人世间的生老病死等。如地震、洪水、疾病、死亡等。

每个大学生随时都可能遇到自然因素造成的挫折，如因交通事故致残、亲人去世等；一个大学生收到一个自己颇为看重的工作单位的面试通知，积极准备面试时，一场突如其来的大病却使他不能参加面试，从而产生了严重的挫折失落感；有些学生刚入学时不习惯集体住宿、对当地的气候不适应都有可能让他们产生挫折感。

(2) 社会环境因素。社会环境因素是指个人在社会生活实践中受到限制与阻碍的各种人为因素的限制与阻碍，包括政治、经济、法律、道德、宗教、风俗习惯、管理方式、教育方法以及人际关系等方面的因素。如有的大学生因为学校管理落后，不能施展自己的才能，从而长期郁闷，形成挫折。

**2. 主观因素**

挫折的主观因素，是指使人的需要和目标不能满足和实现而产生挫折的个人内在原因，包括个人在生理、知识、能力等方面的阻碍和限制以及需要、动机冲突等。例如，对篮球有强烈兴趣的学生因为较差的身体素质很难成为优秀的篮球运动员；有的学生毕业时既想报考硕士研究生，又想早日步入社会去工作以养家糊口。

### （三）大学生挫折的特点

**1. 内容上的特点**

大学生的一般性挫折较多，严重性挫折较少。

**2. 心态迥异性**

大学生面对挫折的心态有着明显差异性。因为每个人的生活经历、人生境遇和心理状态，往往影响他们对挫折的感受程度和心态。

**3. 频率强度差别性**

大一学生的挫折强度最强。大四学生在挫折频率、强度方面也明显高于大二、大三学生。大二、大三学生受到的挫折频率、强度基本相同。

**4. 影响的差异性**

在遭受挫折后，不同的大学生的行为表现是不一样的。有的大学生遇到挫折时闷闷不乐，无精打采；有的大学生遇到挫折时哭天喊地，怨天尤人，甚至自杀；有的大学生遇到挫折时能够及时调节自己的心情，达到心理平衡。

## 第三节　压力和挫折对大学生心理的影响

### 一、压力对大学生心理的影响

压力对大学生心理的影响既有积极的，也有消极的。当压力超过个体承受力时，压力就会对个体起消极作用；当压力适度，个体能够承受时，压力就会对个体产生积极作用。

#### （一）压力对大学生心理的积极影响

**1. 注意力集中**

在适度压力的状态下，大学生认识到当前任务的重要性，因此大学生注意力高度集中，指向于当前任务。

**2. 知觉迅速**

在适度压力的状态下，大学生改变了平时做事慢条斯理的方式、方法，知觉迅速，效率提高。

**3. 思维敏捷**

大学生在适度压力的状态下，情绪高度唤醒，有利于思维活动的展开，能够敏捷地思考问题。

**4. 提高了承受力**

大学生在经历了适度压力的事件后，适应了压力刺激，各种心理品质都得到了锻炼，因而心理承受力大为增强。

**5. 增强了自我意识**

大学生通过适度压力事件能够更好地评估自己，知道自己哪些可以做好，哪些还需要进一步改善，由此自我意识能够进一步增强。

**阅读材料 12-2　船长的压力效应**

有一位经验丰富的老船长，当他的货轮卸货后在浩瀚的大海上返航时，突然遭遇到了可怕的风暴。水手们惊慌失措，老船长果断地命令水手们立刻打开货仓，往里面灌水。“船长是不是疯了？往船舱里灌水只会增加船的压力，使船下沉，这不是自寻死路吗？”一个年轻的水手嘟囔。看着船长严厉的脸色，水手们还是照做了。随着货仓里的水位越升越高，随着船一寸一寸地下沉，依旧猛烈的狂风巨浪对船的威胁却一点一点地减少，货轮渐渐平稳了。

船长望着松了一口气的水手们说：“百万吨的巨轮很少有被打翻的，被打翻的常常是根基轻的小船。船在负重的时候，是最安全的；空船时，则是最危险的。当然这种负重是要根据船的承载能力界定的。适当的压力可以抵挡暴风骤雨的侵袭，但是如果是船不能承受之重，它就会如你们担心的那样，消失在海面。”

这就是“压力效应”。那些得过且过、没有一点压力、不努力不奋斗的人，就像风暴中没有载货的船，往往一场人生的狂风巨浪便会把他们打翻。

### （二）压力对大学生心理的消极影响

**1. 过度压力会影响大学生的认知功能**

过度压力易对大学生产生干扰，让他们难以进入投入状态，易使大学生的认知功能失调，经常遗忘正在思考和谈论的事情，影响学习、活动效率。

**2. 过度压力会影响大学生的情绪和人格**

长期的过度压力易使大学生萎靡不振、焦虑、抑郁等，也会影响对自我的评价，从而影响自己人格特点的形成。

**3. 过度压力会使人产生挫折感**

大学生在压力之下，一般都会本能地产生抵抗力。如果大学生面临适度压力，大多能够抵抗和适应，能够化压力为动力；如果大学生面临过度压力，常常因为无法有效抵抗压力和任务失败而产生挫折感，并产生一系列消极行为。

## 二、挫折对大学生心理的影响

世事难预料。由于各种原因，大学生若想不断取得进步，在实际生活中就难免有些挫折。然而，正如巴尔扎克(Balzac)所说的：“世界上的事情永远不是绝对的，结果完全因人而异。苦难对于人才是一块垫脚石……对于能干的人是一笔财富，对于弱者是一个万丈深渊。”成功者无不是从挫折中成长起来。这就要求大学生能够辩证地看待挫折对大学生心理的积极影响和消极影响,并从行动中战胜挫折。

### (一) 挫折对大学生心理的积极影响

**1. 挫折能提高大学生的认识水平**

“吃一堑,长一智。”大学生在经历挫折后,会不断总结经验和教训,提高认识,以更好地克服挫折和成长、进步。

**2. 挫折能够提高大学生的适应能力**

生活阅历丰富的人有着较强的适应能力。挫折让大学生丰富了知识经验,提高了耐挫折的能力,必然也增强了适应能力。

**3. 挫折能增强大学生的情绪反应**

挫折是一种内驱力,它能激发大学生的情绪反应,推动大学生为实现目标而作出更大的努力,花费更多的精力。所谓“屡败屡战”说的就是这种情况。在现实生活中,不少大学生不畏挫折和失败,勇敢面对问题,积极地解决问题。

**4. 挫折有利于磨炼大学生的性格和意志**

坚强的性格和意志,往往是长期磨炼的结果。挫折能给人压力,大学生所经历的挫折越多,他们承受挫折的能力就越强,其性格也就变得愈坚强。

**阅读材料 12-3　木结**

初中毕业后,儿子跟着父亲做起了木匠。由于没有考上高中,儿子的情绪十分低落,感到前途渺茫。一天,儿子学刨木板,刨子在一个木结处被卡住,无论怎么使劲也刨不动它。“这木结怎么这么硬?”儿子不由地自言自语。“因为它受过伤。”在一旁的父亲插了一句。“受过伤?”儿子不明白父亲话里的含义。“这些木结,都曾是树受过伤的部位,结疤之后,它们往往变得最硬。”父亲说,“人也一样,只有受过伤后,才会变得坚强起来。”父亲的话让儿子心头一亮。第二天,儿子放下了刨子,要求回学校读书。

为什么? 父亲的话给了儿子什么样的启发?

因为他想去迎接人生的又一次挑战。儿子已经开始懂得,挫折练就人生一副坚强的翅膀。儿子已经明白:人生正是因为有了伤痛,才会在伤痛的刺激下变得清醒起来;人生正是因为有了苦难,才会在苦难的磨炼下变得坚强起来。

### (二) 挫折对大学生心理的消极影响

一般认为,挫折对大学生心理的消极影响远远多于积极影响。

**1. 易使大学生产生消极不满情绪**

大学生的目标和愿望一旦受挫后,一般会产生不满与对立情绪。他们或对自己不满,或对环境不满,或对学校不满等。

**2. 造成心理退缩、导致自卑感**

成功的体验激发大学生继续创造的兴趣、激情，增强人的自信心。相反，长期的挫折则会减弱大学生的兴趣，使他们产生严重的自卑感，不愿积极承担有关任务。

**3. 降低大学生的创造性思维活动的水平**

大学生在遭遇挫折后，通常会出现紧张、焦虑、抑郁、悲伤等消极情绪，如果不能很好地调解这些情绪，则会影响大脑功能的发挥，降低大学生的创造性思维活动的水平。现代生理心理学研究表明：在不良的情绪状态下，大脑会释放一种使人身心疲劳的有害物质，从而影响个体对问题的分析和解决；在不良的情绪状态下，这种物质会引起大脑神经元联系的精确度的变化，引起主体心理状态的改变，从而影响思维的敏捷性。

**4. 减弱了自我控制能力**

大学生由于挫折而产生情绪上的波动，导致控制力差，不能约束自己的行为，不能估计到自己行动的后果。

# 第四节　压力管理与挫折应对

## 一、压力的自我管理

### (一) 树立正确的认识

第一，大学生对压力要有明确的认识和态度，要充分认识压力及其可能导致的后果。当我们认识到压力既有消极作用，也有积极作用，就能对压力的反应不会过于惶恐，消极应付；当我们认识到现实生活中充满压力时，就会对压力有一定的心理准备，并采取一定的措施。

第二，大学生还应当清楚，认识环境的方式比环境本身重要得多。人们的不同反应正是应对压力的关键所在。因此，大学生要认识到，压力是不可避免的，抛弃“我不行”“我能力差”等消极观念和信念，勇敢地面对压力；要调整对自我的认识，欣赏自己、悦纳自我，努力使自己形成一种积极向上的精神状态，并将这种精神状态转化为行为动力。

### (二) 确立合适的目标

目标树立过高，心理压力就会太大，易对大学生的行为产生干扰和分心作用；目标树立过低，毫无心理压力，不利于大学生的发展。因此，大学生应树立合适的目标，产生适度的压力，促进自己的成长。

### (三) 评估自己的压力,积极进行问题处理

大学生应清楚自己生活中究竟哪一部分失控,也要知道哪一部分处理得很好,并评估压力对自己的影响情况,并采取相应措施来应对。大学生可以通过以下步骤进行压力评估与处理。

(1) 记录每时每刻的压力种类和大小。

(2) 记录自己为什么会感觉到压力,如何感觉到的,什么时候感觉到的。

(3) 认清压力事件的性质,理性分析及思考压力来源,初级评估压力事件是否正向有益、无关紧要,或是可能会耗费心神、感到压迫,并且会进一步次级评估自己和压力事件的关系,考虑到自己能力是否足够、是否有相关资源、是否会失去控制等方面。

(4) 应采取合适措施将压力事件处理好,优先处理好自己当前面临的最大压力。如果积极进行问题处理,仍不能在短时间内解决,则表示难度很高,这时既可以长期努力,也可以考虑放弃。如此,大学生才能全面把握自己的压力,并据此更好地调适压力。

### (四) 保持快乐的心情

保持快乐的心情,有利于大学生压力的缓解。因此,大学生要有意识地调节自己的心情,保持快乐的心情。这需要做到三个方面:一要生活丰富化;二要学业能达到自己的目标;三要有良好的人际关系。

### (五) 有效管理时间

有巨大压力的人通常感觉时间不够用。因此,大学生要想减轻压力就必须有效地管理时间。有效管理时间的技能主要有两个方面:一是有效利用每一天的时间;二是长远打算,有效地利用自己的时间。

### (六) 学会放松自己

放松是指身体或精神由紧张状态朝向松弛状态的过程。当压力事件不断出现时,持续数分钟的放松,往往比一小时睡眠的效果还好。比较常见的放松方法有做操、游泳、听音乐、散步等。此外,还可以学习放松训练的应付压力的技术,它是机体主动放松用以增强自我控制能力的方法。

### (七) 坚持体育锻炼

体育锻炼可以有效地缓解压力。这是因为体育锻炼使身体健壮,精力充沛,应付能力增强;同时体育锻炼减少了暴露于压力情境的时间,还有某些锻炼如散步、慢跑等也提供了一个“空闲”调整的机会,可以对问题充分地思考。

值得一提的是,体育锻炼应以适量和娱乐性为原则。过量的运动不但不能减轻压力,本身也会成为新的压力源;体育锻炼如果不能做到娱乐性,就难以让大学

生减轻压力，并坚持下来。

### （八）积极寻求社会支持

社会支持的重要性在于对处于压力情境下的大学生给予一定的心理保护和援助，降低压力感，提供应对的策略。这就要求大学生要善于和老师、同学、父母、朋友建立良好的关系，同时如果压力太大又无法调节时，要主动寻求心理咨询师的帮助。

## 二、挫折应对方法

大学生在出现挫折后，应该积极应对，否则挫折就会让人消沉，无法取得进步。大学生要想有所作为，就必须积极对待挫折，把握机会，才有可能变挫折为机遇。

### （一）正确归因

正确归因就是找到导致挫折的真正原因，它是成功应对挫折情境的前提。一般情况下，造成挫折的原因有内部主观因素和外在客观因素两类。对挫折进行内部归因的人，认为行为的结果是受到自身因素的影响，如努力程度和能力等内部力量。对挫折进行内部归因的人，把成败结果统统归结于自身，过多自责，同样影响问题解决。对挫折进行外部归因的人们，常常认为自己的行为结果是受外部力量，如他人的影响、机会、运气等无法预料和控制的因素。对挫折进行外部归因的人面对挫折时，常感到束手无策、无能为力，从而不能尽自己最大努力克服困难。因此，大学生在面对挫折时，应该客观地分析遭受挫折的各种原因，以更好地采取切实的行动战胜挫折。

### （二）调节抱负水平

大学生的抱负水平若过高，难以完成自己确定的目标，易因失败形成挫折感；大学生的抱负水平若过低，不能发挥自己应有的水平，易产生由于落寞、空虚和不满足感所造成的挫折感。因此，恰当的抱负水平能使大学生看到成功的希望，保持旺盛的进取热情，达到目标的可能性较大。另外，大学生设置恰当的抱负水平时，一定要综合考虑自己的主客观条件、社会利益等。

### （三）全面地看待挫折

"塞翁失马，焉知非福"，挫折也具有两面性。现实生活证明，顺境可以转化为逆境，逆境也可以转化为顺境。因此，碰到挫折时不要沮丧，要有重新前进的勇气。

"人情反复，世路崎岖，行不去，须知退一步之法；行得去，务加让三分之功。"因此，面对挫折时，接受它，但不要自我放弃，分析原因，如不能克服，调整目标；如能克服，振作精神，提升能力，采取措施，重新出发。

**阅读材料 12－4　只要一招**

在一次车祸中，有一个小男孩不幸失去了左臂，但是他没有对人生失去希望，而是想通过自身的努力来实现自己的价值。

小男孩很想学柔道，他以自己的诚意感动了一位柔道大师。他悟性很高，非常刻苦，学得很不错。但是练了三个月，大师还是只教了他一招。小男孩很不理解，师傅却说："你只会一招就够了，以后你会明白这一招的厉害，但是，你必须把它练好。"小男孩心想大师的话总不会有错，于是继续认真地练下去。

几个月后，大师带他去参加比赛，没想到得了冠军。小男孩不解地问大师："为什么我只学了一招，就能够获胜？"大师回答："首先，你完全掌握了柔道中最难的一招；其次，对付这一招唯一的办法，就是对手只能去抓你的左臂。"

这个故事告诉我们：一个人的劣势不能成为自己一蹶不振的理由。在某种情况下，劣势有可能成为优势。有的时候，不幸也可以成为一种幸运。当我们身处逆境和不幸时，最关键的是自己的志气和努力。

### （四）取得良好的社会支持

要克服挫折，增强对挫折的适应能力，良好的社会支持是一个重要的方面。因为挫折实际上是不可避免的，因此，每一个正常的人，总要有几个思想上、学习上或生活上志同道合的挚友，经常能从他们那里获得鼓励、信任、支持和安慰等。如果大学生在遇到挫折时，能够得到他人的理解和安慰，那么，大学生的挫折感必然能有效地缓解或消除。反之，大学生的挫折感必然加重。

### （五）合理地调整情绪

面对挫折，大学生应合理地调整情绪，恢复心理平衡，以更好地采取行为应对挫折。面对挫折，大学生可以通过以下方法调整情绪。

**1. 宣泄**

它是当个体心理异常时，个体把心中的苦闷或思想矛盾以科学的方法宣泄出来，以减轻或消除个体的心理压力的方法。大学生在受到挫折后，可以采取和别人聊天、写作、运动、痛哭、喊叫等方式宣泄自己的情绪。宣泄时，大学生要注意合适的时间、地点、方式，且不能对他人造成负面影响。

**2. 转移**

它是当个体心理异常时，个体通过转移注意力达到心理平衡的方法。大学生在受到挫折后，可以通过忘我的学习或从事其他自己感兴趣的活动，来转移自己的视线，缓解自己的情绪。

**3. 幽默**

一个人格成熟的大学生，能够在尴尬的场合，使用合适的幽默，渡过难关，促进人际关系的和谐，也有利于情绪的好转。

**4. 想象**

大学生在遭遇挫折后，通过想象自己过去的成功和自己目标的即将实现，有效克服挫折后的消极情绪。大学生也可以通过想象令人放松的意境，缓解自己的情绪。

**5. 否认**

经常自怜自卑的大学生，对于自身的不幸和挫折，可以采取“听而不闻、视而不见”的态度，绝不承认自己是不幸的人或是弱者，以此保护自己的自尊心和稳定自己的情绪。

**6. 压抑**

大学生对自己的不良动机和情绪，应将它压在心中，不加思考和注意。但此方法不宜过度使用，否则影响身心健康。

**7. 正确认识**

根据理性情绪疗法，认识影响个体的情绪及其相关行为。因此，大学生应正确地对挫折本身以及导致挫折的原因等方面进行认识。

**8. 自我安慰**

大学生通过积极的自我评价，对己施行过度的宽容，从而达到情绪正常、心态平衡。

### (六) 积极作为

大学生在面对挫折时，可以通过积极作为，一方面有利于转移自己的注意力，缓解情绪，另一方面有利于发展自己的综合能力。大学生在面对挫折时，可通过以下方式来积极作为。

**1. 升华**

大学生在遭受挫折时将愤怒、痛苦等消极情绪转化为激励自己发奋图强的积极动力，为了实现追求目标继续努力。如有的大学生失恋后，更加努力学习，最后考上了知名学府的硕士。

**2. 更加努力**

大学生在找到受挫折的原因后，针对原因采取措施，进一步努力。如有的大学生在英语四级失败后，寻找失败原因，继续努力。

**3. 调整目标**

在受挫折后，大学生通过调整行为方向来回避或绕过原来的障碍，确立新的追求以达到目标。

**4. 补偿**

大学生在某一目标受挫后以另一种成功来取代，以补偿原来的挫折。如有的大学生在理论学习时与优秀学生有不少差距，就选择在实践动手能力方面突破，以补偿自己的不足。

**阅读材料 12-5　承受挫折训练**

面对同样的挫折情境时，挫折承受力大的人，产生挫折感弱，挫折反应也小，消极影响少，不气馁不动摇，百折不挠；挫折承受力差的人，其挫折感强，常表现为情绪消沉，不同程度上出现心理和行为异常，甚至产生严重的身心疾病。因而，我们需要在日常生活中提高承受挫折的能力。主要有以下方法。

**1. 有意识地创设一定的挫折情境**

不断地让自己经受磨难、自找苦吃、自寻烦恼，对自己进行加强意志、魄力和挫折排解力的训练，最终使自己能经受住任何残酷的打击。如有些学校通过野外远足、马拉松赛等体育活动，有意识地培养学生的意志力；在日常学习和生活中，让学生经受失败、批评和责难，进行受挫实践磨炼，但要注意程度要适宜。

**2. 做好应对挫折的准备**

既然挫折是不可避免的，我们就应该做好随时应付挫折的心理准备。挫折适应力和对挫折的心理准备有很大的关系。有的人喜欢把未来设想得很容易，对困难却不愿多想。当生活顺利时，他感到很舒适，而一旦遭到艰难困苦，他就会感受到很大的挫折和压力，这就是因为他缺少应对挫折的心理准备。而另一些人在憧憬未来时，尽量考虑到各种可能出现的困难，做好和困难搏斗的思想准备。这样，若后来并没有碰到那样的困难时，他会感到出乎意料的轻松；即使真的碰到了那样的困难，他也会因为早就有心理准备而并不会感到有很大的压力和挫折感。

**3. 寻找自己美好的一面**

逆境可以向顺境转化，顺境同样也可以转化为逆境。挫折可以使人沉沦，也可以使人清醒和奋起。关键在于受到挫折的时候，能否从失败中吸取经验，能否发现自己好的一面、自己的优点和长处，从而振作精神，重新站立起来。找出自己美好的一面，这里有几项具体方法可供参考。

(1) 发现自己的优点。发掘自己的优点，然后逐点用笔记下来。优点可分类，如个人专长所在、已做过的有益有建设性的事、家人朋友对自己的关怀、受过的教育等。你一定会发现自己有许多优点，从而知道自己原来并不差。

(2) 找出榜样人物。在认识或不认识的人中，找一个你最羡慕、最敬仰，希望自己可以成为他(她)那样的人作为你的人生楷模。这个人是司马迁，可以是居里夫人，也可以是老师。不管是谁，他们一定有过人之处，他们也一定用过功，受过挫折，付出过代价，那么目前自己的一时失败，又算得了什么呢？

(3) 肯定自己的能力。每天找出3件自己做成功的事。不要把"成功"看成是登上月球那么大的事，成功可以是顺利跟医生约了治疗时间、上班交通一路畅顺、处理的文件档案没出一次错等，日常生活、工作都可以有"成功"与"挫折"之分，一天至少顺利地做了3件事，又怎能说"一事无成""一无是处"呢？知道能把事情做好，等于对自己能力的肯定，这样你可振作精神。

(4) 计算已做妥的事。计算自己做妥的事而不是检讨自己还有多少件事没有做。人还没做的事永远多过已做妥的事，如果老想着这个没做，那个没做，便会愈想愈沮丧，真的会觉得自己能力低、无效率，大为失意。但把已做妥的工作列出来，那是长长的一张单子，这样会发现自己的能力其实还挺强，从而立刻自信心大增，不会萎靡。

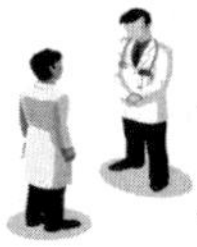

## 心理测试

### 大学生应对方式问卷

此问卷是黄希庭等人制定的，要求根据入大学以来的感觉进行回答。58个项目反映大学生经历校园内危机生活事件后所采用的应对方式。填写时，要仔细阅读每一条，把意思弄明白，然后根据自己的实际感觉，在适当的空格内以"√"表示。

| | 基本上都采用 | 较多采用 | 有时采用 | 很少采用 | 没有采用 |
|---|---|---|---|---|---|
| 1. 冷静思考好好对待 | | | | | |
| 2. 找知心朋友倾诉 | | | | | |
| 3. 尽量和与此问题有关的人讨论解决 | | | | | |
| 4. 一个人默默地忍受着心中的烦恼 | | | | | |
| 5. 努力寻找解决问题的办法 | | | | | |
| 6. 相信失败只是暂时的 | | | | | |
| 7. 想些高兴的事自我安慰 | | | | | |
| 8. 常想"这是真的就好了" | | | | | |
| 9. 向亲友求教解决问题的方法 | | | | | |

续表

| | 基本上都采用 | 较多采用 | 有时采用 | 很少采用 | 没有采用 |
|---|---|---|---|---|---|
| 10. 敢于承担自己的责任 | | | | | |
| 11. 爱幻想一些不现实的事来消除烦恼 | | | | | |
| 12. 吸取经验去应付困难 | | | | | |
| 13. 自我虐待 | | | | | |
| 14. 以理智的方式解决问题 | | | | | |
| 15. 善于从失败中吸取教训 | | | | | |
| 16. 以无所谓的态度掩饰内心的感受 | | | | | |
| 17. 用平常心态去面对解决 | | | | | |
| 18. 压抑内心的愤怒与不满 | | | | | |
| 19. 把挫折视为磨炼自己的良师 | | | | | |
| 20. 责备自己 | | | | | |
| 21. 常想到顺其自然 | | | | | |
| 22. 从不向别人说,自己压抑在心中 | | | | | |
| 23. 仔细分析问题,以便更好地认识它 | | | | | |
| 24. 向引起困难的人和事发脾气 | | | | | |
| 25. 勤奋学习会使我感觉好些 | | | | | |
| 26. 请求他人帮助自己克服困难 | | | | | |
| 27. 得过且过,拖一天算一天 | | | | | |
| 28. 反省自己的不足并努力改正 | | | | | |
| 29. 埋怨命运不好 | | | | | |
| 30. 从有相同经历的人那里寻求安慰 | | | | | |
| 31. 把注意力转移到其他方面 | | | | | |
| 32. 感到运气不好 | | | | | |
| 33. 与朋友一起讨论解决问题的办法 | | | | | |
| 34. 不相信那些对自己不利的事 | | | | | |
| 35. 不愿让人知道自己的遭遇 | | | | | |
| 36. 责怪他人做得不好 | | | | | |
| 37. 做另一件有意义的事来忘掉它 | | | | | |

续表

| | 基本上都采用 | 较多采用 | 有时采用 | 很少采用 | 没有采用 |
|---|---|---|---|---|---|
| 38. 常想某个方面的失败并不等于人生的失败 | | | | | |
| 39. 找他人征询意见 | | | | | |
| 40. 蜷缩在床上睡大觉 | | | | | |
| 41. 根本就不想它 | | | | | |
| 42. 自我惩罚 | | | | | |
| 43. 向有经验的师长求教解决问题的办法 | | | | | |
| 44. 认为这是生活对自己不公平的表现 | | | | | |
| 45. 幻想自己已经解决了面临的困难 | | | | | |
| 46. 采取切实可行的办法努力改变现状 | | | | | |
| 47. 做另一些自己喜欢做的事 | | | | | |
| 48. 自己会尽量忍一时之气 | | | | | |
| 49. 常想听天由命 | | | | | |
| 50. 一蹶不振 | | | | | |
| 51. 只有接受，自己加以调节 | | | | | |
| 52. 抱怨外部环境不好 | | | | | |
| 53. 投身其他活动寻找新寄托 | | | | | |
| 54. 自我封闭 | | | | | |
| 55. 会从长远打算，暂时忍耐一下 | | | | | |
| 56. 想一些不切实际的想法 | | | | | |
| 57. 破罐子破摔 | | | | | |
| 58. 想象自己有克服困难的超人本领 | | | | | |

**【记分与解释】**

8、20、24、29、32、36、44、52为抱怨应对方式，指对自己、他人、命运和环境的埋怨的应对形式；

7、25、31、37、47、53为转移应对方式，指为摆脱困境和窘境，而采取转移注意力，从事其他有意义活动的应对形式；

2、3、9、26、30、33、39、43为求助应对方式，指向朋友、父母和老师等社会支持力量寻求帮助的应对形式；

1、5、6、10、12、14、15、17、19、23、28、38、46 为问题解决应对方式，指理智、冷静寻求困境和挫折的发生原因进行解决，或用发展的目光看待挫折，吸取教训寻求发展；

13、40、41、42、50、54、57 为退缩应对方式，指自我逃避和自我封闭等行为方式；

34、48、51、55 为忍耐应对方式，指对挫折的忍耐和客观面对；

16、21、27、49 为逃避妥协应对方式，指消极顺应和得过且过的应对形式；

11、45、56、58 为幻想应对方式，指运用否认、幻想与现实不符的事情来摆脱挫折的消极情绪的应对形式；

4、18、22、35 为压抑应对方式，指独自承受，不予言表的应对方式。

此问卷仅作为了解自己的参考，如有疑问，请咨询专业人员。

## 小组讨论

**朱德庸漫画：当我从 11 楼跳下**

我看到 10 楼以恩爱著称的阿呆夫妇正在互殴

我看到 9 楼平常坚强的彼得正在偷偷哭泣

8 楼的阿妹发现未婚夫跟最好的朋友在一起

7 楼的丹丹在吃她的抗抑郁症药

6 楼失业的阿喜还是每天读七份报纸找工作

5 楼受人敬重的王议员正在偷穿老婆的内衣

4楼的罗丝又和男友闹分手

3楼的阿伯每天都盼望有人拜访他

2楼的莉莉还在看她那结婚半年就失踪的老公照片

在我跳下之前，我以为我是世上最倒霉的人，现在我才知道每个人都有不为人知的困境，我看完他们之后深深觉得其实自己过得还不错……

所有刚才被我看的人现在都在看我

我想他们看了我以后，也会觉得自己其实过得还不错，只是这牺牲……太大了！

（图片来源：http://www.u148.net/article/82436.html）

全班同学分成三组，分别讨论以下问题：

1. 为何我们觉得自己是最不幸的？
2. 看到别人出现挫折了，我们该怎么办？
3. 我们如何对待自己的挫折？

## 案例分析

有位小学校长提到了一件他一生都难忘的事。在学校的足球练习比赛中，一位男学生跌倒在地，把手臂跌断了，刚好是他的右臂。在等救护车把他送去医院的时候，他要同学给他笔和纸。同学问："这种时候你还要纸笔干吗？"他回答："我的右臂既然断了，我想，应该训练自己用左手写字。”

**【问题】**

1. 面对挫折，这个男学生采取了何种行为？

2. 通过这个故事，你如何看待挫折对人的影响？

## 心理训练

### 心理训练1　三栏目技术

**【目的】**根据合理情绪疗法理论，采用三栏目技术团体活动来克服一些顽固的消极情绪影响，培养挫折承受力。

**【准备】**白纸，笔。

**【操作】**

(1) 把一张空白纸一分为三，左边“随想栏(自责)”，中间为“认知失真栏”，右边为“合理反应栏(自卫)”。

(2) 在左边栏里写下随想(自责)，即自己认识到的内心的消极自责思想。这些思想可能会有：我什么事都做不好；我总是迟到；每个人都会看不起我；我是个笨蛋；我会愚弄自己，我真傻，等等。完成这一栏时，关键是想到什么就写什么，因为这些想法很可能就是造成你紧张不安的真正原因。它们潜藏在你的内心深处，不时地出来挥舞一下利刃，让你心里时不时有说不出的不痛快。

(3) 在中间栏里写出认知失真，即判断左边栏中的随想有哪些本质性的错误，可以分别作以下归类：以偏概全，瞎猜疑，非此即彼的思想，自咒，预见的错误，等等。

(4) 在右边栏里写出合理反应(自卫)。这一栏你要着手做心情转换中最关键的一步。你要在此栏里找一种更合理、更坦然的观点取而代之，把自己认为客观上无效的东西合理化或是为之做辩护。如果你在合理反应栏里写下的东西既不令人信服，又不符合事实，那么它对你不会有丝毫的帮助。你要相信自己有能力祛除自责，这个合理反应能够揭示出你的自责随想的不合理性和荒谬性。

例如，在反驳“我什么事都做不好”时，你可以写道：“忘掉它，同别人一样，我也是有的事情做得好，有的事情做不好。我把这次约会搞糟了，但也还没有坏到不可收拾的地步呀！”如果你对某个特殊的消极思想不能作出合理反应，那么即使你暂时把它忘记了，过几天它还会死灰复燃，重新笼罩住你的心灵。所以，你要善于盯住目标，穷追不舍。对于上文提到的其他想法可以相应地一一作出辩论。“不对。我有很多事干得很出色”“那个想法多么荒谬！因为我以前总是准时的。如果我迟到次数太多的话，我将着手解决这个问题，并发展出一套更准时的方法”，等等。

(5) 注意事项:在随想栏里,不用描写你的情绪反应,只需要写下产生这种情绪的思想就行。例如,假定你看到车子的轮胎坏了,不要写“我感到泄气”,因为从合理反应来看,你对此并无异议。事实是,你真的对自己感到泄气。你应记下的是看到轮胎漏气之后从你脑海里自然而然地闪过的那些念头。例如“我真傻,我本该在这个月换胎的”“呀!我的运气真不好。”接着,你用一些合理反应取而代之:“换了新胎固然更好,但这说明不了我傻,因为天有不测风云,谁也料不到将来会发生的事情。”这个过程尽管鼓不起那只瘪了的轮胎,但你至少不必因瘪的轮胎而产生“瘪”的自我。

在你使用三栏目之前和之后,做一些“情绪计算”,以确定你心情的改善程度是非常有益的。以前面事件为例,当看到轮胎漏气时,你可能有80%的失望和愤怒。当你完成这个练习时,你体验到厌烦程度降低到40%左右。如果厌烦程度下降了,那么这个方法对你是有效的。

**三栏目技术表**

| 随想栏(自责) | 认知失真栏 | 合理反应栏(自卫) |
|---|---|---|
| | | |
| | | |
| | | |
| | | |
| | | |
| | | |

### 心理训练2　一杯水的力量

**【目的】**面对压力,学会应对的方法。

**【准备】**杯子,水。

**【操作】**

(1) 教师举起一杯水,问同学:“各位认为这杯水有多重?”

(2) 同学的回答可能各种各样。教师继续说:“这杯水的重量并不重要,重要的是你能举多久?”

(3) 邀请几位同学现场来个“举水耐力比赛”,计算一下时间。

(4) 请举水杯的同学谈自己的感受和体会,再请大家谈感受和体会。

(5) 再邀请几位同学现场各自进行举起水杯,过一会儿休息一下,然后再举起水杯。之后,请这几位同学谈谈自己的感受,再请大家谈感受和体会。

## 本 章 小 结

压力是指由于个体与环境之间的失衡而产生的一种身心紧张状态。压力反应通常表现在生理反应、心理反应、行为反应三个方面。大学生面临的压力主要有学习压力、就业压力、人际交往压力、经济压力、生活适应压力、恋爱压力。大学生压力的产生原因主要有:不少大学生自身素质不高、不少学校教育和培养不够到位、社会和家庭的高期望值较高、大学生对自身的要求日益提高、经济与消费状况不容乐观。大学生压力具有丰富性、差异性、情境性、普遍性等特点。

压力对大学生心理的影响既有积极的,也有消极的。当压力超过个体承受力时,压力就会对个体起消极作用;当压力适度,个体能够承受时,压力就会对个体产生积极作用。大学生出现压力后,应该采取以下方法进行自我管理:树立正确的认识;确立合适的目标;评估自己的压力,积极进行问题处理;保持快乐的心情;有效管理时间;学会放松自己;坚持体育锻炼;积极寻求社会支持。

挫折是指人们在有目的的活动中,遇到无法克服或自以为无法克服的障碍或干扰,使其需要或动机不能得到满足时而产生的消极反应。挫折承受力是指个体遭受挫折时免于心理失常的能力,是个体对挫折的可忍耐、可接受程度。影响挫折承受力的因素主要有:生理条件、个性、过去的知识经验、对自己挫折的认知、社会支持。大学生的挫折主要有学业挫折、经济消费挫折、情感挫折、生活挫折、人际交往挫折、人生发展挫折。大学生挫折产生的原因有客观因素和主观因素。大学生挫折的特点有:一般性挫折较多,严重性挫折较少;心态迥异性;频率强度差别性;影响的差异性。

挫折对大学生心理有积极影响和消极影响。大学生在出现挫折后,应该采取以下方法来应对:正确归因;调节抱负水平;全面地看待挫折;取得良好的社会支持;合理地调整情绪;积极作为。

## 思考与练习

1. 什么是压力?压力产生的原因有哪些?
2. 你如何看待压力对自己的影响?
3. 如何对压力进行自我管理?
4. 什么是挫折?挫折产生的原因有哪些?
5. 你如何看待挫折对自己的影响?
6. 联系实际谈谈自己应对挫折的方法。

# 第十三章 大学生生命教育与心理危机应对

## 知识框图

- 生命的意义
  - 生命的内涵
  - 生命价值与生命意义
  - 珍惜生命，善待人生
- 大学生心理危机的表现
  - 心理危机及其种类
  - 大学生心理危机的产生原因
  - 大学生心理危机的特点
  - 大学生常见的心理危机
  - 大学生心理危机发生后的反应
- 大学生心理危机的预防与干预
  - 大学生心理危机的预防
  - 大学生心理危机的干预

## 导入案例

一天，咨询室来了一位大一女生。她情绪低沉，一进来就对咨询师说自己是个没良心的人。自述自己从小家里就穷，父母都是普通的农民，偶尔在镇上打点零工养家糊口，大学学费都是父母借来的，生活费更是问题。可是，自己却是又馋又贪吃，在食堂吃饭每顿饭都要吃两份荤菜，临走还要买几个包子或蛋糕。每次路过超市，总忍不住进去买零食。但买完后就很后悔，感觉对不起父母，觉得父母那么辛苦地挣钱养家，自己却挥霍他们的血汗钱。往往是一边嚼着零食,心里一边骂着自己:“贪吃鬼,没良心,太不是东西了。”自己想控制,但怎么都改变不了,为此,天天心神不宁,白天听不进去课、看不进去书,晚上失眠多梦。一度还觉得自己是个累赘,认为若不是自己的存在,父母会过得轻松点。

该女生的根本问题在于其深层的自我观念存在扭曲。人的自我意识与心理健康有着密切的联系,当个体自我价值感完全丧失,还有可能陷入悲观失望、自暴自弃的危机之中。当一个人一旦觉得自己是无用的或是多余的时候,往往会出现消极的心态,严重的会采取极端的行为。个案中的来访者片面地认为自己是无用的、多余的甚至是可耻的,这就让其处于危机之中。这种危机若不能及时地处理,后果不堪设想。因此,大学生要正确对待危机,以促进自己更好地发展。

## 第一节　生命的意义

人生是短暂的,生命是永恒的。古往今来,学者们不断地探讨生命的起源、生命的内涵、生命的历程,但至今仍然是各执一言,没有统一的答案。生命是复杂的,理解生命必须将生命置于自我、自然、社会等复杂的关系中,这就需要从哲学的角度来分析生命。

### 一、生命的内涵

所谓“生命”,恩格斯在《自然辩证法》中指出:“生命是蛋白体的存在方式,这个存在方式的基本因素在于它和周围外部自然界的不断新陈代谢。”现代生物学认为,生命是生物体所表现出来的自身繁殖、生长发育、新陈代谢、遗传变异以及对刺激产生反应等复合现象。

这两种观点都不符合生命的客观实际,抹杀了生命与生物的概念。我们认为,生命是生物所特有的现象和内在规定,是生物的生长、发育、繁殖、代谢、应激、进化、运动、行为、特征、结构所表现出来的生存意识。

如果单纯就生命来说,就像天地万物一样,也可以说生命是没有意义的。然而,从人类进化的角度来看,没有生命就没有进化,生命对于人类进化是有价值的,生命本身即是人类进化的载体,生命具有物质属性,具有线性特质。如果没有过往生命的存在和进化,就不会有人类现在的生命群体与生命个体的精彩纷呈。西方哲人帕斯卡尔(Pascal)曾经对人类作过描述:“人类生命犹如一棵芦苇般脆弱,但却是一棵会思考的芦苇。”充满灵魂、充满智慧,用理性和思考之光照耀人生历程,又何尝不是人类与个人生存与发展的希冀所在?

## 二、生命价值与生命意义

人活一世,重要的不是长度,而是宽度,我们不能决定生命的长短,但是可以丰富它的内涵。在生命的长河中,真正的意义应是积极生活,充实生活,使自己的精神生活和物质生活得到极大的丰富,并有利于社会与他人的发展。

### (一) 生命价值与生命意义的多元化

人类早已摆脱50万年前的洪荒远古时代,也已由起初以生存为根本目的的自然人生阶段,过渡到学会思考、精于技艺的文化人生阶段。对人生根本目的本身元认知的解读也已进入唯物观与唯心观激烈争辩、莫衷一是的境地。对于生命价值与生命意义的追问,正如西方有言“一千个读者,就有一千个哈姆雷特”一样,每个人会对自己的人生意义、人生价值有着不同于别人的理解与定位选择。

### (二) 生命价值与生命意义的终极目的

笛卡尔(R. Descartes)曾说:“我思故我在”;海德格尔(M. Heidegger)存在主义哲学对于存在本体也作过哲学式的描述。人活着,就要表明自己的存在,这种存在要通过外化于物、通过行为与实践予以表现。而对于生命与人生自由的追求即是人类文化的根本目的所在。人生在得与失、痛苦与欢乐之间不断徘徊。生活不是一种负担,无论成败得失,无论悲喜哀乐,无论精彩平淡,无论贫富骄奢,只有挚爱生活才能享受其中乐趣,对于生活我们拥有的是过程的精彩而不是结果的短暂。青春不会永驻,漂亮、财富和生命,总有一天会消逝,而爱是永恒的。热爱生活,生活就会充满阳光,人生道路或许曲折不已,或许一帆风顺,但人生的生命价值与意义即在于追求自由,对生活、对社会充满希望。人生应当有所追求,关于生命,诗人泰戈尔(R. Tagore)曾经说过:“生若夏花之绚烂,死若秋叶之静美。”

罗丹(A. Rodin)说过:“世间的活动,缺点虽多,但仍然是美好的。”而对于生活本身,不是缺少美,而是缺少发现美的意识。对于生命本身,是个人的人生体验历程,也是与他人、与社会不断交互作用影响的过程。所以,过往的生命对于当前的生命是有价值的、有关联的,因而也是有意义的。同样,现在的生命对于未来的生命也是如此。过去的人们创造了我们现在所共享的优秀物质文明和社会文化成果,他们的生命对于我们来说就是有意义的,如果没有过去的人们的努力,我们绝不会有今天的成就。同样,我们的生命对于我们的后代也是有意义的,因为没有我们现在的存在和努力,也不会有人类社会更美好的未来。也正是从此意义上,“为天地立心,为生民立命,为先圣继绝学，为万世开太平”成为历代中国学者文人的治学立身之本。

假如承认人的生命没有意义，对于本人以外的其他人没有用途、不发生关系，这显然与实际不相符合。每个人的生命对于亲人朋友、对于社会都是有价值的。而且我们正是从这些关系中感受到我们生命存在的意义。假如人的生命没有永恒的意义，那么当我们死后，我们的生命对于后人就没有用途，这从进化和社会发展的历史来看，显然也不是事实。如果我们死了便灰飞烟灭、不会对后世产生影响，那么我们的后人也将和我们一样永远生活在原始社会，甚至根本不会有人类产生，人类就不会由自然人生迈入文化人生阶段。

假如人的生命没有意义，每个人赋予自己生命任意的意义，人只为今生今世活着，死后万事皆空、一切都没有意义，就像路易十六（Louis XVI）所说的“我死后，哪怕洪水滔天”。那么，由于每个人所赋予自己生命不同的意义，这些意义可能是相互冲突的、不稳定的，由每个人的生命意义共同作用所产生的人类社会的发展方向将是漫无目标的、忽东忽西的，全凭人们对于意义的理解，这样的结果不可能产生稳定一致的前进方向，社会不可能持续向前发展。这与人类社会发展史是相矛盾的。

### （三）生命意义让人生更充实

人活着并不一定会有意义，但如果能够有意义，人会活得更充实。人首先不是为社会而活着，而是为自己活着的，然而，人又不仅仅是为自己活着的，因为人在生命活动的过程中为了使自己生活得更好，常常是不自觉地促进了社会的前进，我们的后人也因为我们的努力而生活得更好。所有的人活着都有理由与资格去追求并享受幸福，这是一个普遍的规律。生命的意义是长长进化链条中的一环。

**阅读材料 13－1　生命的故事**

在一次讨论会上，一位著名的演说家没讲一句开场白，手里却高举着一张20美元的钞票。面对会议室里的200个人，他问：“谁要这20美元？”一只只手举了起来。他接着说：“我打算把这20美元送给你们中的一位，但在这之前，请准许我做一件事。”他说着将钞票揉成一团，然后问：“谁还要？”仍有人举起手来。他又说：“那么，假如我这样做又会怎么样呢？”他把钞票扔到地上，又踏上一只脚，并且用脚碾它。然后他拾起钞票，钞票已变得又脏又皱。“现在谁还要？”还是有人举起手来。“朋友们，你们已经上了一堂很有意义的课。无论我如何对待那张钞票，你们还是想要它，因为它并没贬值，它依旧值20美元。人生路上，我们会无数次被自己的决定或碰到的逆境击倒、欺凌甚至碾得粉身碎骨。我们觉得自己似乎一文不值。但无论发生什么，或将要发生什么，在上帝的眼中，你们永远不会丧失价值。在他看来，肮脏或洁净，衣着齐整或不齐整，你们依然是无价之宝。”

生命的价值不依赖我们的所作所为,也不仰仗我们结交的人物,而是取决于我们本身。我们是独特的——永远不要忘记这一点!

### 三、珍惜生命,善待人生

活着为了什么?可能现实太过残酷,生活太过艰辛。“人活着要吃米,但人不能为吃米而活着”这句话,至今让人振聋发聩。现实社会竞争激烈,让我们不得不为了生计而劳累奔波于外;多少人在这弱肉强食的自然规律面前,备受困苦的侵扰,备尝酸甜苦辣。“仓廪实而知礼节,衣食足而知荣辱”,一只脱离幽幽碧水的小鱼怎么企求在大海深处自由游弋?生命价值的实现要有相应的物质基础条件。

这个世界找不到没有憧憬的人,每个人或大或小都有自己的愿望和理想,只是由于机遇、个人努力,可能有的人实现了愿望和梦想,有的人可能会因为诸多原因未能如愿。但莫以成败论英雄,唯有珍惜生命,善待人生,不懈努力,方能实现人生价值。

**阅读材料 13-2 为生命画一片树叶**

只要心存相信,总有奇迹发生,希望虽然渺茫,但它永存人世。

美国作家欧·亨利(O. Henry)在他的小说《最后一片叶子》里讲了个故事:病房里,一个生命垂危的病人从房间里看见窗外的一棵树,叶子在秋风中一片片地掉落下来。病人望着眼前的萧萧落叶,身体也随之每况愈下,一天不如一天。她说:“当树叶全部掉光时,我也就要死了。”一位老画家得知后,用彩笔画了一片叶脉青翠的树叶挂在树枝上。

最后一片叶子始终没掉下来。只因为生命中的这片绿,病人竟奇迹般地活了下来。

人生可以没有很多东西,却唯独不能没有希望。希望是人类生活的一项重要的价值。有希望之处,生命就生生不息!

## 第二节 大学生心理危机的表现

大学阶段是一个人成长的关键时期,也是人生多事之秋。大学生处在人生第二次“断乳期”,在生理和心理层面都会发生很大的变化。大学生的心理危机一旦处理欠妥，就会引起不可忽视的社会危机。

## 一、心理危机及其种类

### （一）心理危机概念

**1. 危机概念**

吉利兰(B. E. Gilliland)提出，危机是一种认识，危机当事人认为某一事件或境遇是个人资源和应付机制所无法解决的困难。霍夫(Hoff)则认为，危机是一种由情境性、发展性或社会文化性的来源所引起的情绪不安，它会导致个体暂时不能用惯常的模式解决机制来对其进行应对。综合上述定义，危机是个体处于一种心理失衡的状态，是个体运用自己通常的应对方式不能解决所遭遇的内外困扰时的一种反应。

通常，我们可以确定“危机”的标准有以下三个方面。

(1) 存在具有重大心理影响的生活事件，此事件一般是个体无法避免的、强大的应激事件。

(2) 存在明显的急性情绪扰乱或认知、躯体和行为功能紊乱，但又均不符合任何精神病的诊断标准。

(3) 当事人动用所具备的平常解决问题的手段应对无效。

**2. 心理危机概念**

最早对心理危机干预的研究是林德曼(L. Lindeman)，后来经过卡普兰(G. Caplan)等人对其进行了补充与完善。卡普兰被视为心理危机干预的鼻祖，他于1954年开始对心理危机进行系统的理论研究，并于1964年首次发表心理危机干预理论，他对心理危机的定义至今广为接受。

卡普兰认为，当一个人面对困难情境，而他先前处理问题的方式及其惯常的支持系统不足以应对眼前的处境时，即他必须面对的困难情境超过了他的能力时，这个人就会产生暂时的心理困扰，这种暂时性的心理失衡状态就是心理危机。心理危机的产生不但与应激事件有关，还取决于个体解决应激的有效资源及个体对困难情境的评估。因此，心理危机不是个体经历的事件本身，而是他对自己所经历的困难情境的情绪反应状态。

张光涛等认为心理危机可以指心理状态的严重失调，心理矛盾激烈冲突难以解决，也可以指精神面临崩溃或精神失常，还可以指发生心理障碍。它是由一些心理冲突引起的一种内部心理状态或生理反应。它包括：个体或群体面临的损失、危险、不幸、羞辱、不可控性、日常生活的崩溃、不确定性和隐性的沟通。

目前，学术界关于心理危机内涵的看法是基本趋于一致的。大学生心理危机就是指大学生运用寻常的应付方式不能处理目前所遇到的内外部应激而陷于极度的焦虑、抑郁、甚至失去控制、不能自拔的状态。

### (二) 心理危机的类型

通常大学生心理危机被划分为发展性心理危机、境遇性心理危机和存在性心理危机三种。

**1. 发展性心理危机**

发展性心理危机是指大学生在大学期间生理、心理发展变化中遇到的心理危机。大学生在成长过程中遇到某些重大转变,外界对个体的要求提高,这时发展性心理危机就随机出现。如新生入学不适应、考试不及格、不喜欢所学的专业、没有被评上奖学金、大学毕业没有合适的工作……发展性心理危机有三个特点:一是持续时间比较短暂,但变化急剧;二是大学生在发展性心理危机期间容易发生一些消极情绪;三是顺利度过,将会促进大学生心理发展,使其获得更大的独立性,走向成熟。

**2. 境遇性心理危机**

境遇性心理危机是指大学生在校期间遇到突如其来的、无法预料的和难以控制的情境时出现的心理危机。境遇性心理危机和其他心理危机的关键区分点是:引发大学生心理危机的重大生活事件是大学生本人无法预料的和难以控制的。如交通意外、被绑架、被强奸、失恋、突然的疾病和死亡等都可以导致境遇性危机。

**3. 存在性心理危机**

存在性心理危机是指一些大学生人生中的重要事件出现问题,而导致个人内心的冲突和焦虑,从而引发的心理危机。大学生自主意识较强,开始深入思考人生意义,而认识能力的不足使得经常出现诸如关于人生的目的、责任、独立性、自由和承诺等内部冲突和焦虑。这类心理危机一旦顺利解决,大学生的人生观、价值观和世界观就能够正确树立起来。

## 二、大学生心理危机的产生原因

### (一) 个体与自我产生冲突引发的

这属于内因,主要包括两方面:一是个人心理发展的冲突。大学生处于心理发展的特殊时期,心理结构各部分发展不平衡,自我意识时有矛盾,表现为理想与现实脱节、理性与非理性相交织、独立性与依赖性共存等,一旦受外界困扰就容易引发心理危机。二是人格发展的不完善。有研究者认为容易陷入心理危机状态的个体在人格上有一定的特异性,表现为:看问题比较表面和消极;过分内向;做事瞻前顾后,犹豫不决;情绪不稳定;自信心低;过于依赖他人;行为冲动等。这种类型的人比较容易产生心理危机。另外，有研究者认为，人格的核心是价值观，在个体的心理及行为系统中起核心和支配作用。在应试教育的影响下，许多大学生自我价值取向单一，把学习成绩看作评价自己价值的唯一标准，而忽视其他各方面素质的培养，上大学后发现自己很多地方不如别人，容易产生自我认识偏差，从而引发心理危机。

### （二）个体与他人产生冲突引发的

这方面的代表性观点有三种：一是人际关系适应不良或交际困难。来自不同地方的同学之间，由于生活习惯、性格、兴趣的差异不可避免地产生摩擦或冲突，有的大学生不能正确处理这种冲突，导致心理失衡，表现为自卑、抑郁、悲观、怨恨等负面情绪，从而引发心理危机。二是失恋或情感问题。当前，大学生谈恋爱的现象越来越普遍，但是大学生的身心发展还不成熟，由于缺乏经验，不能正确处理复杂的感情纠葛问题，有些大学生一旦失恋就会产生情感危机。三是心理支持系统的缺乏。大学生要维持自己的心理健康，需要有一个来自于亲人、朋友、同学等多方面的心理支持系统。很多大学生的心理比较闭锁，即使有心理问题也不愿向周围的人倾诉，更不愿意求助专业人员，长久积累下去，一旦超越心理承受能力，必然引发心理危机。

### （三）个体与环境产生冲突引发的

环境是由多种要素组成的，因此个体与环境的冲突也表现为多方面：一是个体与社会环境的冲突。现代社会转型加速，科技迅猛发展，市场经济初步确立，导致社会竞争压力加大，使得不少大学生精神迷茫，常常陷入剧烈的心理冲突之中。二是个体与学校环境的冲突。一方面来自学习压力。学校为了提高毕业生的就业率以在生源竞争和高校评估中居于更好的位置，在学科设置、课程数量、质量评估等方面给学生带来沉重的负担。另一方面来自就业压力。近年来就业形势严峻，大学生为增加就业机会拼命参加各种形式的等级考试和资格考试，使得部分大学生长期处于身心疲惫状态，从而引发心理危机。三是个体与家庭环境的冲突。高校并轨招生以来，学费成为贫困地区学生沉重的经济压力和心理负担，由此出现了贫困生的心理危机问题。四是个体与网络环境的冲突。网络媒体构筑的虚拟空间，易使人心理变异，部分大学生长期沉溺于网络，以致分不清虚拟与现实。另外，由于受网络暴力和网络色情的影响，部分大学生滋生暴力倾向，自我与现实产生冲突，进而引发心理失调。

### （四）观念价值体系与文化价值体系的冲突引发的

有学者指出，长期以来，我们对心理危机根源的理解一直存在着认识上的局限，将导致心理危机的事实本身看成是心理危机的根源，进而又把人在社会生活中所遭遇的困难、挫折和冲突等同于心理危机本身，使对心理危机根源的认识停留于表面。因此，心理危机的实质是观念价值体系与文化价值体系的冲突。我们日常所指的价值体系，一个蕴涵于我们所生活的文化精神中，另一个存在于人的意识和观念中。价值观念决定着人的行为的心理基础，它规定着人们追求"什么是应当""什么是有意义"，而现代社会意义追求的物质化、主观化和禁锢化，使得人的价值观念体系的追求无法得到文化精神所做出的承诺，从而产生心理危机。

## 三、大学生心理危机的特点

大学生作为社会中的一个特殊组成部分，是心理危机高发群体，主要包括：贫困生群体、独生子女群体、毕业生群体、新生、有心理问题的学生和优秀大学生。其心理危机也具有以下主要特征。

### (一) 发展性

处于发展转折期中的个体极易受危机事件的影响。人的一生中，各个发展时期都有其相应的发展课题和任务，大学生主要发展任务分别为：完成学业、适应新的人际关系、提高人际交往能力、个人独立能力、完善性别角色、对身体发育和性成熟的适应、正确处理两性关系、树立作为社会成员所应具备的人生观和价值观、树立和完善自己的社会角色和任务、为选择职业做准备、成就感的获得和自我实现。这些任务要求大学生去适应和发展新的社会角色并对原来的角色进行修正，这种改变会导致角色压力，是慢性应激的主要来源。

### (二) 交互性

大学生心理危机往往是多种因素共同作用的结果。大学生能获得爱情、学业、专业等方面进步的满足，实现生活的目标，但这些需要他们对爱情、工作和生活方面的问题作出明智的决策与承诺。然而，他们中的许多人并没有作出明智选择的经验，因此，这些因素相互叠加在一起，问题便浮出水面，引发心理危机。

### (三) 易发性

大学生处在人生观、价值观形成的关键时期，媒体上大量的观念和思潮冲击他们尚未成熟的思想，在一时无法正确分析和处理外来信息的情况下，他们感到迷惘和困惑，此时如果得不到及时的帮助和疏通，极易产生心理危机。

### (四) 潜在性

大学生处在学习、爱情的黄金时期，他们需要获得老师、同性同学及异性同学的认可与好感。在这种思想的支配下，他们往往会极力掩饰自己思想上的危机，让辅导员和同学不能及时发现，从而不能得到及时的引导与疏通，产生心理危机。

## 四、大学生常见的心理危机

### (一) 环境适应的心理危机

环境适应问题主要发生在大学新生群体之中。从中学到大学是人生的一个重要转折,在这样一个转变的过程中,受教育环境、家庭因素、成长经历、学习基础等影响很大。而学生一跨入大学的校门,生活方式、学习方式、交往方式等都会发生相应的变化,很多学生感觉不适应。由于目前大学生的自理能力、适应能力和调整能力普遍较弱,所以在大学生中环境适应问题广泛存在。

### (二) 学习方式的心理危机

学生在中学时代常依靠教师的安排与督促,进入大学后教师的直接管理减少,而自己独立安排学习进度与支配学习时间的要求大大提高了,那些能力欠佳的学生就会感到明显的不适应,许多困难不能独立克服,因而挫折感增强,不良情绪随之而生,长此以往便会产生某种心理危机。

### (三) 人际关系的心理危机

人际关系对于大学生的心理健康有很大影响。大学生中出现的心理危机,常常是由于人际关系的不协调而导致。在我国由于长期受应试教育的影响,多数学生较为封闭,人际交往能力普遍较弱。进入大学后,如何与周围的同学友好相处,建立和谐的人际关系,是大学生面临的一个重要课题。由于每个人待人接物的态度不同,个性特征不同,再加上青春期心理固有的封闭、羞怯、敏感与冲动,这都使得大学生在人际交往过程中不可避免地遇到各种困难,从而产生困惑、紧张、压抑、孤独与不安全感,如果长此以往,心理上的各种危机就会产生。

### (四) 性与恋爱方面的心理危机

大学生的性生理发育已经成熟,性心理也有了发展,有了性的欲望和冲动,然而由于受到社会道德、法律、理智和纪律的约束,这种欲望和冲动被限制和压抑着。一般情况下,大学生通过学习、工作和文体活动及社会等途径可以使自身的生理能量得到正常的释放,来减弱和抑制性的生理冲动,使之得到某种程度的宣泄、代偿和升华。但也有的学生由于对性缺乏健康、科学的认识和态度,对自己的性心理缺乏正确的认知和评价,因而对自己的性心理感到困惑、不适,对性欲和性冲动感到不安、羞愧和压抑。大学生在性心理方面的问题还包括在恋爱方面的困扰,如因单相思而自困,因热恋影响学习而烦恼,因失恋而精神受挫,因多角恋爱难以自拔而内心焦灼,因看到周围的同伴成双成对而自惭形秽,甚至还有个别同学因恋爱发生越轨行为而懊恼、悔恨,因担心怀孕或已怀孕而不知所措、内心焦虑不安等。

### (五) 竞争与对所选专业失望带来的心理危机

多数学生上大学之前,都是学生中的佼佼者,在一片赞扬声中和一片羡慕的目光下跨入大学校门的。然而到大学后,人才云集,强手如林,以前那种优越的地位和感觉都不复存在,这种竞争会使他们在心理上产生失落感、情绪低落,遇到学习上的挫折就会产生强烈的心理冲突,感到自卑和失望。另外,一些大学生在高考时填报的志愿,受多种因素的影响,并不能反映个人的兴趣与爱好,使得某些学生所学专业与本人的志向大相径庭。还有的学生刚进校时对自己的专业津津乐道,但经过一段时间的学习,发现所学内容并不理想,与将来的日趋激烈的就业竞争有很大偏向,从而对所学专业毫无兴趣,缺乏学习动力,情绪低落,常处于矛盾心理状态,最后可能导致学业荒废或成绩落伍,其结果给学生带来心理上的危机。

### (六) 性格与情绪问题引发的心理危机

性格障碍是较为严重的心理障碍,其形成与成长经历有关,原因也较复杂,主要表现为自卑、怯懦、依赖、猜疑、神经质、偏激、敌对、孤僻、抑郁等。对有情绪障碍的学生来说,其主要表现为焦虑、恐惧、喜怒无常,该高兴时反而悲哀,该伤心时却高兴,让人难以理解。

## 五、大学生心理危机发生后的反应

### (一) 顺利度过危机,学会了处理危机的方法策略,提高了心理健康水平

这是危机发生后的最好的结局。个体学会了应付危机的基本策略,解决了危机,处理了问题,并使得自己在顺利解决危机的过程中找到内心的不足,使得自身得以成长,实现心理的健康发展。

### (二) 度过了危机但留下心理创伤,影响今后的社会适应

这只能说危机发生后个体部分的问题得到了解决,自身的心理恢复到危机之前的平衡状态,但是还存在很大的潜在的隐患,内心的不足还没得到充分的发掘,不能变得足够强大,只要导致危机的因素一出现,危机又会重新到来,甚至加剧危机爆发的程度。个别学生可能经不住这样强烈的刺激会采取自伤自毁的极端行为。

### (三) 未能度过危机而出现严重心理障碍

这是危机发生后的最坏的结局。个体没有任何处理危机的能力,不能应付危机,在惊慌恐惧中可能会出现精神障碍,如急性创伤后应激障碍、适应性障碍等,亦有可能做出自伤、他伤甚至是自杀等行为。

# 第三节　大学生心理危机的预防与干预

## 一、大学生心理危机的预防

### （一）学校应建立发现和监控体系

学校应做到心理问题的早期发现，及时预防、监控和有效控制。这需要学校采取以下措施。

**1. 建立普查制度**

学校应选择科学有效的心理测评工具，开展心理素质普查，建立心理档案并进行有针对性地预防、监控和跟踪控制。

**2. 建立排查制度**

每学期对重点学生进行排查，了解和监控个别学生的学习、生活、情绪、行为等情况。

**3. 建立访谈制度**

包括间接访谈和直接访谈。辅导员通过走访学生、任课教师、心理咨询教师等了解心理危机学生的个人情况。要经常直接走访那些因学习、生活、情感等原因引起情绪波动大、行为反常的学生，深入学生宿舍，了解学生真实生活状态。学校有关人员应主动与心理危机学生预约并进行交谈。

**4. 建立快速反应制度**

学校应建立由学生处、校办公室、宣传部、院系、校医院、保卫处、后勤管理集团等相关职能部门联合组建的快速反应通道，对有危机或潜在危机的学生做到及时发现、监控和有效干预。

**5. 建立学校和家长的密切联系制度**

院系应建立对需要重点关注的学生家长的密切联系机制，及时掌握和发现学生的心理状态和目前承受压力的状况。

**6. 积极动员广大人员**

学校应通过班级心理委员、寝室长、辅导员等有关人员主动收集和掌握陷入心理危机学生的变化信息，做好监控防范工作。

### （二）大学生应自我预防

大学生应通过问卷法、自我反省法、访谈法、作品分析法等经常对自我心理健康进行分析。当自己出现心理异常时,可以通过宣泄法、转移法、代偿法、意志控制法等来调控自己,以预防心理危机的出现。当然,必要时,亦可主动向同学、老师、辅导员或心理咨询老师寻求帮助,以更好地面对心理危机。

## 二、大学生心理危机的干预

### (一) 识别大学生心理危机

识别大学生个体心理危机可以从以下几个方面来判断。

**1. 不良情绪**

心理学认为情绪是指个体需要是否得到满足的反应,需要是情绪的基础。当需要满足时就会产生积极的情绪体验,反之,就会产生消极的情绪体验。良好的情绪是心理健康的重要标准之一,不良的情绪体验是心理发生问题的主要因素。异常情绪包括:抑郁、焦虑、淡漠、躁狂等。大学生的情绪突然改变,明显不同于往常,出现不良情绪反应时,如情绪低落、悲观失望、焦虑不安,无故哭泣、意识范围变窄、忧郁苦闷、烦恼或喜怒无常、自我评价丧失、自制力减弱等,就有发生心理危机的可能。恶劣的情绪也是判定个体发生抑郁症的重要临床表象。

**2. 行为反常**

当大学生出现饮食、睡眠反常,个人卫生习惯变坏,不讲究修饰,自制力丧失不能调控自我,孤僻独行等非常态行为时,就要注意当事人是否有心理危机了。行为异常是判定个体发生抑郁症的重要条件之一。行为变化也与情绪变化密切相关,不良的情绪必然导致行为的反常变化。

**3. 学习兴趣下降**

大学生学习兴趣下降表现为:上课无故缺席,常迟到早退,成绩陡然下降,根本无法进行正常的学习和听课。心理学认为,正常、有效、良好的学习能力是个体心理健康的前提和标准。当个体在智力正常的情况下突然丧失了学习这一功能时,就说明是心理状态发生了问题,有可能出现了心理危机了。

**4. 丢弃或损坏个人平时十分喜爱的物品**

这也是十分典型的识别根据。如果大学生不能正常有序地学习和生活,把自己平时很喜欢的东西随意丢弃或毁坏等,这意味着不正常的心理、行为发生了,而且是心理障碍达到危机的程度时才会出现的情况。

**5. 自杀意图的流露**

谈论自己的死或与死有关的问题,或写下遗嘱之类的东西,有的甚至已经采取过某些手段企图自杀。这些都是自杀意图的流露,说明个体已经出现了心理危机。

## （二）大学生心理危机干预的原则

**1. 坚持以求助者为中心的原则**

坚持以学生为中心，就要对学生负责，避免因处理不得当而激发或加重学生的心理问题。

**2. 坚持安全性原则**

当学生出现严重心理危机时，相关人员要采取果断措施，保证当事学生及他人的安全。

**3. 坚持准确及时原则**

对严重心理危机学生要准确判断，及时干预。首先发现某学生有自杀或伤害他人倾向的师生要想办法控制当事学生，并及时报告其所在院系领导、辅导员，院系要及时采取干预措施并向心理咨询机构报告。

**4. 坚持信息保密原则**

所有涉及学生心理的调查结果、咨询记录、各类报表都属机要文件，要严格保密。所有涉及人员不得随意放置干预学生材料，不得随意向无关学生（包括当事人）透露任何信息，不得随意散布有关事件。

## （三）大学生心理危机干预的有效步骤

**1. 确定问题**

危机干预者应从多方面多角度搜寻给求助者带来危机的刺激性事件，分析求助者遇到的问题，并通过求助者言语与非言语信号把握问题发展的程度。

**2. 保证求助者安全**

危机干预者应通过指标体系分析求助者身心危机的危险程度、致死性程度及有无能动性，并向其分析自我毁灭行动可能带来的后果，使其知道会有比冲动更好的解决之道。

**3. 给予支持与帮助**

在取得求助者信任之后，危机干预者可以通过自己的言语与非言语动作表达对求助者的支持和鼓励，让其在危机干预者关怀的、积极的、无条件尊重的态度中处理危机事件。

**4. 提出切实有效的应对方式**

危机干预者应在让求助者感到安全的同时，帮助求助者寻找到替代冲动与自毁自伤的行之有效的方法，转变封闭的心态，积极寻求新的可支持的心理资源。

**5. 制订计划**

在帮助求助者探索相应的应对方法后，危机干预者应进一步帮助求助者制订出现实的行动计划，包括长期计划与短期计划，尤其是处理危机问题的短期计划，并详细设计出行动的具体步骤。

**6. 获得求助者的承诺**

计划是否成功,关键是看实施计划的执行力。在详细设计行动步骤后,危机干预者就应帮助求助者积极地配合行动,按照步骤落实到位,达到共同设计的目的。

### (四) 大学生心理危机的干预技术

大学生心理发生危机后,必须及时进行干预,控制事态的变化,也便于他们能更快更好地度过困难期。目前对大学生心理危机的干预还是主要从两方面入手,一是当事人本身自行处理,另一方面是借助于外力如咨询师等来处理。

**1. 自我干预的技术**

自我干预是指大学生在遇到日常心理危机时,能自觉地运用有关的心理学知识与技能,及时地对自身的消极情绪、心理压力进行调控,恢复到心理平衡状态的过程。其实质是大学生对自己进行积极的心理自助,在不断认识自我、完善自我的过程中实现自我的成长。

同样的压力,不同人有着不同的反应,追究其原因,主要还是个体的认知系统、社会支持系统及生物免疫系统有很大的差异所造成。鉴于此,大学生心理危机自我干预可以从以下三方面着手。

(1) 自我意识正确,优化认知结构。人贵有自知之明。大学生只要全面、客观地认识和评价自我,积极地悦纳自我,有效地控制自我,就会定位好自己的现实位置,找到自信,加大抗压的能力。同时通过多方面、多领域知识的学习,运用辩证唯物主义的思想和方法来建构认知结构,就不会陷入到极端的死角,极端行为就有可能避免。

(2) 人际关系和谐,建构社会支持系统。长时间的孤独寂寞可以给个体带来无尽的恐惧,这是任何人都难以忍受的。对于危机中的大学生而言更是雪上加霜。危机的到来使得个体变得更为脆弱,极尽渴求获得他人的关怀与帮助。为此,为求助者构建其社会支持系统尤为必要。在强有力的社会支持系统里,求助者会觉得温暖、安心、坚强,从而提高其抗压能力。

(3) 身体素质优良,增强抗压能力。身体健康是心理健康的基础,身体健康的程度是影响心理健康的基本因素之一。提高自身身体素质是大学生抵御心理危机的有效条件。一方面,大学生可以通过积极主动地参加体育运动来使其高度紧张的神经得到解放,亦可以通过剧烈的体育运动带来身体上的兴奋来达到消除不良情绪的目的;另一方面,大学生可以通过积极有效的心理放松技术实现抗压能力的提升。

**2. 心理咨询专家干预的技术**

目前,应用最广泛的当属严重突发事件应激报告技术(Critical Incident Stress

Debriefing,CISD)。该技术提出了让求助者描述痛苦的安全环境,而且在需要时能得到小组的支持,对于减轻各类危机事件引起的心灵创伤、保持内环境稳定有重要意义。

1983 年,米切尔(Mitchell)在吸取了“及时、就近和期望”军事应激干预原则经验的基础上,提出了 CISD 技术,后被多次修改完善并推广使用,现已用来干预遭受各种创伤的个人和团体,成为危机干预的基本技术之一。CISD 分为正式援助和非正式援助两种类型。非正式援助由受过训练的专业人员在现场进行急性应激障碍干预,整个过程大约需 1 个小时。而正式援助型的干预则分 7 个阶段进行,通常在危机发生的 24 或 48 小时内进行,一般需要 2～3 个小时。

具体步骤如下。

(1) 介绍阶段(introductory phase):指导者进行自我介绍,说明 CISD 的规则和目的,强调保密性,建立援助的信任氛围。

(2) 事实阶段(fact phase):求助者从自己的观察角度出发,描述危机发生时的一些实际情况。

(3) 想法阶段(thought phase):询问求助者在危机事件发生后最初和最痛苦的想法,将事实转向思想,让情绪表露出来。

(4) 反应阶段(feeling phase):依据现有信息,找出求助者最痛苦的一部分经历,鼓励他们承认并表达出内心的真实情感,指导者要表现出更多的关心和理解。

(5) 症状阶段(symptom phase):要求求助者描述自己在危机事件中的认知、情绪、行为和生理症状,使其对事件有更深刻的认识。

(6) 教育阶段(teaching phase):通过讲解应激反应的相关知识,让求助者认识到他的这些反应在危机事件之下都是正常的,是可以理解的;提供一些如何促进整体健康的知识,如讨论积极的适应与应对方式,根据各自情况给出减轻应激反应的策略。

(7) 恢复阶段(re-entry phase):结束援助并总结晤谈过程,提供有关进一步服务的信息。

迪尔(Deahl)等人对 CISD 进行随机化研究后发现它对减轻酒精滥用和创伤后应激障碍效果良好。利兹(Litz)及其同事对 CISD 和 CBT(Cognitive Behavior Therapy)技术进行对比研究后发现,CISD 对不同形式的危机受害者广泛适用,对当事人安全感的提升、注意力增强等方面贡献较大。

### (五) 建立完善的干预体系

危机干预的时间一般在危机发生后的数个小时、数天或数星期,干预的最佳时间一般在事件发生的 24～72 小时之间。

**1. 危机干预系统的紧急启动**

一旦发现有自杀倾向或企图实施自杀行为的学生，学校应立即启动危机干预措施，对其实行24小时有效监护，确保学生生命安全。同时，立即通知学生家长到校或由学生家长委托的人员到校，共同采取监护措施。对自杀未遂的学生，应立即由院系辅导员陪同送到专业精神卫生机构进行救治和安抚。

**2. 危机干预的第一时间**

危机事件发生后，最先得到信息的单位或个人应在第一时间将危机情况通知学生所在院系学生工作办公室，并及时向学生处、保卫处等校级部门汇报情况，必要情况下应同时拨打110报警和拨打120求助进行急救。

**3. 现场的勘察、维护和疏散**

学生处接到情况通报后应立即组织包括学生所在院系、保卫处、宣传部、校医院等单位负责人所构成的危机事件处理小组，前往现场进行调查处理。如协助警方调查、帮助医生记录当事人受伤状况，维护现场并疏散与事件无关的人员。

**4. 缩小危机事件造成的负面影响范围**

学校应由宣传部门统一向外公布调查信息，消除不明真相人员的胡乱猜测和谣言传播。要尊重危机事件当事人的生命、尊严和名誉，不能随意给当事人戴“自杀”的帽子。

**5. 采取心理咨询技术，帮助当事人以及受影响的人员减轻心理压力**

心理咨询人员应通过澄清、解释、安慰以及问题解决技术的应用等，协助当事人或相关人员减少或摆脱危机的影响，恢复心理平衡。

**6. 提供多种危机干预途径**

学校有关机构可利用心理咨询热线、个别咨询、心理支持性团体、网络咨询、心理健康材料发放、心理专题讲座等形式来进行危机干预。

**7. 建立转介体系**

在学校的统一领导下，建立院系、心理咨询中心、医院、校外专业精神卫生机构的联络和协作关系。

(1) 辅导者要认识自己的专业权限。当辅导者发现自己已尽其全力而学生发展变化仍非常缓慢甚至有恶化的趋势时，应考虑将处于危机中的学生转介给更适合的专业人员。就学校而言，辅导员可以将学生转介到校大学生心理咨询中心或校医院精神科门诊。

(2) 及时识别诊断与转介。若发现学生已患有严重的心理障碍，经心理咨询中心初步诊断，发现不适宜咨询而需要心理治疗者住院治疗，则及时转介到校医院，由校医院作进一步诊断或决定转到校外专业精神卫生医院，然后采取有效的干预与治疗措施。

**8. 建立危机事件善后处理体系**

善后处理有利于当事人及其周围人员的情绪稳定，有利于危机事件的修复和处理。

（1）危机事件处理完之后，干预工作仍需要继续进行。危机干预者可以使用支持性干预或团体辅导等心理援助方式，通过对学生宿舍、班级进行团体辅导的方法，协助经历危机的学生及其相关人员正确认识以及了解由危机带来的遗留心理问题，帮助他们尽快恢复心理平衡并进行正常的生活和学习。

（2）学校应建立心理危机事件当事人的心理档案，以把握学生在不同阶段的情绪、行为和认知状态的变化。

（3）在一定时间内，危机干预者应将危机事件当事人的情况要通过月汇报制度向院系和学校有关机构及其有关领导汇报，以便学校和院系有关领导了解和掌握危机事件当事人的康复情况和最后处理结果。

## 心理测试

### 贝克自杀意念量表

下属项目是一些有关您对生命和死亡想法的问题。请您思考最近一周是如何感觉的，每个问题的答案各有不同，请您注意看清提问和备选答案，然后根据您的情况选择最适合的答案。

| | | | |
|---|---|---|---|
| 1. 您希望活下去的程度如何 | 中等到强烈 | 弱 | 没有活着的欲望 |
| 2. 您希望死去的程度如何 | 没有死去的欲望 | 弱 | 中等到强烈 |
| 3. 您要活下去的理由胜过您要死去的理由吗 | 要活下去胜过要死去 | 两者相当 | 要死去胜过要活下来 |
| 4. 您主动尝试自杀的愿望程度如何 | 没有 | 弱 | 中等到强烈 |
| 5. 您希望外力结束自己生命，即有“被动自杀愿望”的程度如何（如希望一直睡下去不再醒来、意外地死去等） | 没有 | 弱 | 中等到强烈 |

如果上面第 4 或第 5 项的答案为“弱”或“中等到强烈”，请继续回答下面的问题。

续表

| | | | | |
|---|---|---|---|---|
| 6. 您的这种自杀想法持续存在多长时间 | 短暂、一闪即逝 | 较长时间 | 持续或几乎是持续的 | 近一周无自杀想法 |
| 7. 您自杀想法出现的频度如何 | 极少、偶尔 | 有时 | 经常或持续 | 近一周无自杀想法 |
| 8. 您对自杀持什么态度 | 排斥 | 矛盾或无所谓 | 接受 | |
| 9. 您觉得自己控制自杀想法、不把它变成行动的能力如何 | 能控制 | 不知能否控制 | 不能控制 | |
| 10. 如果出现自杀想法，某些顾虑(如顾及家人、死亡不可逆转等)在多大程度上能阻止您自杀 | 能阻止自杀 | 能减少自杀的危险 | 无顾虑或无影响 | |
| 11. 当您想自杀时，主要是为了什么 | 控制形势、寻求关注、报复 | 逃避、减轻痛苦、解决问题 | 前两种情况均有 | 近一周无自杀想法 |
| 12. 您想过结束自己生命的方法了吗 | 没想过 | 想过，但没制定出具体细节 | 制定出具体细节或计划得很周详 | |
| 13. 您把自杀想法落实的条件或机会如何 | 没有现成的方法、没有机会 | 需要时间或精力准备自杀工具 | 有现成的方法和机会或预计将来有方法和机会 | 近一周无自杀想法 |
| 14. 您相信自己有能力并且有勇气去自杀吗 | 没有勇气、太软弱、害怕、没有能力 | 不确信自己有无能力、勇气 | 确信自己有能力、有勇气 | |
| 15. 您预计某一时间您确实会尝试自杀吗？ | 不会 | 不确定 | 会 | |
| 16. 为了自杀，您的准备行动完成得怎样？ | 没有准备 | 部分完成(如开始收集药片) | 全部完成(如有药片、刀片、有子弹的枪) | |

续表

| | | | | |
|---|---|---|---|---|
| 17. 您已着手写自杀遗言了吗? | 没有考虑 | 仅仅考虑、开始但未写完 | 写完 | |
| 18. 您是否因为预计要结束自己的生命而抓紧处理一些事情?(如买保险或准备遗嘱) | 没有 | 考虑过或做了一些安排 | 有肯定的计划或安排完毕 | |
| 19. 您是否让人知道自己的自杀想法? | 坦率主动说出想法 | 不主动说出 | 试图欺骗、隐瞒 | 近一周无自杀想法 |

贝克自杀意念问卷(SSI)是贝克(Beck)根据临床经验和理论研究于1979年编制的用来量化和评估自杀意念的问卷。贝克自杀意念问卷最初由北京回龙观医院北京心理危机研究与干预中心进行了翻译和修订,量表答案的选项为3个,从左至右对应得分为1、2、3,得分越高,求死的愿望越强烈。所有来访者都首先完成前5道题,如果第4和第5个项目的选择答案都是“没有”,那么则视为没有自杀意念,完成此问卷;如果第4或者第5个项目任意1个选择答案是“弱”或者“中等到强烈”,那么就认定为有自杀意念,需要继续完成后面的14个项目。对后14个项目修订时,为了方便评估,对个别项目(如6、7、11、13和19)的答案增加1个“近一周无自杀想法”的选项,其对应得分为“0”。自杀意念的强度是根据量表1～5项的均值所得,得分在5～15之间变化。分数越高,自杀意念的强度越大。自杀危险是依据量表的6～19项来评估有自杀意念的被试真正实施自杀的可能性的大小。总分的计算公式是[(条目6～19的得分之和－9)/33]*100,得分在0～100之间变化。分数越高,自杀危险性越大。之后由大连医科大学学术委员会和美国纽约州立大学布法罗学院张杰教授对该问卷在中国农村中学生中进行了信效度评估。

## 角色扮演

### 寻找缺失的一角

**【目的】**体验角色不同状态下的感受。

**【内容】**美国作家希尔弗斯坦(S. Silverstein)的漫画(缺失的一角),用最简单的线条,讲述了一个并不是那么简单的道理:一个圆球缺了一角,它很不快乐,于是动身去寻找那失落的一角。它唱着歌向前滚动,有时要忍受日晒,有时冰雪把它冻僵了;它因为缺了一角,不能滚得太快,有时候停下来跟小虫说话,或者闻闻花香,有时候蝴蝶站在它头上跳舞……它渡过大洋，穿过森林和沼泽，它找到很多失落的一角，可是有些太小了，有些又太大了，有些太尖了，有些又太钝了……后来它终于找到刚刚好的一角，合适极了！它很高兴，因为再不缺少什么，它滚得很快，快得停不下来，不能跟小虫说话了，也不能闻闻花香，快得连蝴蝶也不能在它身上落脚了……它把那一角轻轻放了下来，从容地走开……

**【操作】**将学生分为几个一组，根据材料内容，按照自己的理解改编成心理剧，将主人公在寻找自己缺失的一角的过程中，其心理感受以及对人生的感悟恰当地表现出来，并将自己的心路历程与同组同学分享。

## 小组讨论

### “假如生命只剩一天”

**【目的】**希望通过生与死的体验，让学生把心中的困惑、苦恼和真挚的感情吐露出来，让学生接受一次死亡的洗礼，并获得新生，从而从更高的角度来体验友谊和生命。

**【设备】**麦克风，音响，温柔的轻音乐。

**【时间】**30分钟（最好安排在晚上）。

**【操作】**由于某种原因，你们今天将离开人世。死神已经伸出了他可怕的大手，随时会把你们吞噬，你们只剩一点点时间了（声音缓和、低沉，让学生们真正感受到死亡的沉重感——能否让学生们进入面临死亡的状态是整个游戏能否成功的决定性因素）。在离开人世之前，你们要写一份遗嘱，我们假设你们已经写好了其他方面的内容，现在老师要求你们写遗嘱的最后一部分，有关你们在班级的一部分。这一部分应该包括下面四方面的内容：一年来我在这个班级中印象最深的事情；我对这个班级和同学们的感受；我对生的渴望；我最后的遗愿（也必须是与同学们有关的）。

全班同学分成两组。

第一组讨论：一年来我在这个班级中印象最深的事情；我对这个班级和同学们的感受。

第二组讨论：我对生的渴望；我最后的遗愿（也必须是与同学们有关的）。

## 案例分析

**【患者情况】**吴某，男，十九岁，某大学二年级学生。家庭无精神病史及遗传病史，本人体检未见异常。他出身工人家庭，有一个弟弟。父母对他和他弟弟在生活上管束较严，但在学习问题上对孩子们无过分要求。吴某上高中以前身心状况良好，性格开朗而倔犟，好学上进，成绩优良，与同学关系很好；入高中后，由于班主任工作方法不当，使其受到长时间的精神刺激。

**【吴某自述】**“自高中三年级到考入大学后，长期郁郁寡欢，对什么事情都感到兴趣索然，时常心烦意乱，学习感到吃力，考试成绩处于中下水平。现在，我对未来感到渺茫，毫无信心。与同学相处得也不好，整天忧心忡忡，不想与他人说话。时常感到神疲乏力，有时还感到气短、心悸、胸闷，心情极为痛苦烦闷，有时还产生出轻生的念头。我想尽快恢复正常身心状态，却始终找不到正确有效的方法。这样的状态持续已达三年多。”

**【心理咨询师】**“你不妨回忆一下，自己怎么会如此心境？比如，回忆一下哪件事情曾给你很大刺激。”

**【吴某】**“记忆最深的就是高中班主任对我的不公。有一次，班主任叫我父亲办一件私事，我父亲是个严正的人，认为办那件事是违反原则的，就拒绝了班主任。班主任便记了仇，在很多事情上故意刁难我，当我取得优异的学习成绩时，班主任便会在班上点名批评我骄傲自大、目中无人等；如果我考糟了，他也要在课堂上点名批评我，说我学习态度不端正、学习方法一窍不通、自甘落后等。更使人受不了的是，班主任还唆使其他教师一起整我，还用种种手段让班上的同学不理我。每当班上丢了什么东西，班主任就在课堂上点名质问我。最恶劣的是，他还散布流言说我与某女生有关系，作风不好，思想意识很坏，手脚不干净等。由于他的所作所为，我在学校里成了一个孤家寡人，几乎没有同学与我来往，甚至邻居也对我存有戒心，不让自己的孩子与我来往。而我的父母听到了这些流言后，不加辨析，也根本不听我的申辩，就是一味地训斥、打骂。父母还勒令我除上学时间以外，一律不准离家门一步。我在这种恶劣的环境中苦苦熬过了高中生活。那时候，我的心情十分苦闷、沮丧，但又无处诉说，时时刻刻都感到压抑。高中三年级下期，我感到身心已极度疲惫，经常失眠，睡着了也是噩梦不断，这一切使我觉得生不如死，很想自杀。但我又有所不甘，我想，如果我自杀了，大家不会同情我，只会说我果真是个没出息的人，于是我就把所有的心思都放到学习上，发誓要考上大学。我认为，只有考上大学，才能为自己争一口气，也才能离开那个鬼地方和那些小人。”

“可是，考上大学后，我的心情并没有从此就好起来。学习负担重，与同学的关系仍是不好。一学年下来，各科考试的成绩都不理想。我觉得真是应了那句老话：‘天下乌鸦一般黑！’很多同学都跟我吵过架，很多同学都不愿和我交往。我现在真的感到人生毫无意义，生活枯燥无味。我现在脾气很暴躁，谁要是伤害了我，我是不会让他好受的。我的身体现状也是每况愈下，时感乏力、心悸、胸闷、气短，有时会无端地感到紧张，紧张时语言表达不流畅，结结巴巴。以前我可是从不口吃的。”

吴某在作上述陈述时，表情麻木，面容憔悴，两眼无神，说话吃力，语速缓慢，但意识清楚，能有条理地自诉病史。

**【分析诊断】**由于吴某长期受到不公正对待，精神创伤严重，心情十分压抑，形成了孤僻、多疑的病态人格和歪曲的自我意识，并有自杀倾向；同时，由于长期抵制外界压力和考大学付出了巨大体力和精力，以及对大学繁重的学习任务感到难以承担，吴某已患有一定程度的神经衰弱。这一切使他在适应大学集体生活的过程中遇到了障碍。

经心理咨询师对他做16PF测试，显示出：在次级人格因素中，其心理健康水平低，焦虑性高；在十六种人格因素中，稳定性、恃强性和兴奋性得分低，聪慧性、紧张性、世故性得分高。在此心理状态下，吴某呈现出心境恶劣，情绪低落，无生活兴趣，沮丧忧伤，感到生活无意义和前途无望的忧郁症状。上述症状使其学习效率和生活质量明显下降，并持续达三年多。由于吴某无脑器质性疾病和其他躯体性疾病，故应诊断为抑郁症。

**【问题】**

请问如果你是心理咨询师，你该怎么办？如果你是吴某，你该怎么办？

## 心理训练

### 生 命 线

**【目的】**对自己的一生作评估和展望，体会生命的宝贵，爱惜自己的生命。

**【准备】**一张纸，一支笔。

**【操作】**

(1) 老师说明活动内容，见下图，然后让成员自行填写。

下面一条线代表你的生命线，起点是你出生的时候，终点是你的预测死亡年龄。

出生日期　　　　　　　　　　　　　　　　　　　　死亡日期

*

________________________________________

预测死亡年龄的依据：1. 本人的健康状况
2. 家族的健康状况
3. 出生地域的平均寿命

找出今天你的位置：1. 写上今天的年龄
2. 写上今天的日期

思考过去的我与未来的我：1. 列出过去影响你最大或令你最难忘的三件事
2. 列出今后你最想做的三件事或最想实现的三个目标

| 过去的三件事 | 未来的三个目标 |
|---|---|
| 1. | 1. |
| 2. | 2. |
| 3. | 3. |

(2) 10 分钟后，大家一起分享交流。

(3) 小组交流中，每个人都拿出自己的生命线给其他人看，边展示边说明，注意自己与他人内心的反应。

(4) 通过这个训练，自己准备要做什么？通过这个训练，自己有何感想？

## 本 章 小 结

生命是生物所特有的现象和内在规定，是生物的生长、发育、繁殖、代谢、应激、进化、运动、行为、特征、结构所表现出来的生存意识。大学生要认识到生命价值与生命意义，要珍惜生命，善待人生。

大学生心理危机就是指大学生运用寻常的应付方式不能处理目前所遇到的内外部应激而陷于极度的焦虑、抑郁、甚至失去控制、不能自拔的状态。大学生心理危机被划分为发展性心理危机、境遇性心理危机和存在性心理危机。大学生心理危机的产生原因有：个体与自我产生冲突引发的、个体与他人产生冲突引发的、个体与环境产生冲突引发的、观念价值体系与文化价值体系的冲突引发的。大学生心理危机有发展性、交互性、易发性、潜在性等特点。

大学生有一些常见的心理危机，并在心理危机发生后产生一些反应。大学生心理危机的预防与干预需要各方力量一起配合，才能把这项工作做好。

## 思考与练习

1. 生命的意义是什么？

2. 什么是心理危机？大学生常见的心理危机有哪些？这些心理危机产生的原因有哪些？

3. 简述大学生心理危机的特征。

4. 如何预防和干预大学生的心理危机？

# 第十四章 疫情下大学生心理健康的维护

## 知识框图

- 疫情对大学生心理健康的负面影响
  - 对新型冠状病毒的认识
  - 疫情对大学生心理健康的负面影响
- 疫情下大学生心理健康的影响因素
  - 身体状况
  - 行为情况
  - 心理状况
  - 家庭情况
  - 社会事件与舆情
  - 病毒的危害性
- 疫情下大学生心理健康的维护
  - 认知法
  - 为所当为，维持稳定健康的学习和生活方式
  - 合理关注疫情，及时进行生理、心理测查
  - 取得良好的社会支持
  - 放松训练法
  - 积极进行体育运动
  - 经常欣赏音乐

## 导入案例

某大学疫情防控封校期间，一个胆大的女孩——王某和同校的男友擅自翻墙出校，理由竟然只是为了约会，一直到晚上10点多才返校。

返校后第二天，这名女生便出现了一些不适症状，恰逢此时学校要求全员核酸检测，感觉不对劲的她竟然让室友替她做核酸。

到了这一步，她哪怕还有一点防控意识，都还能悬崖勒马。但她却丝毫没有，已经出现了新冠的症状竟然还去上课。

从当地发布的流调信息可以看出，她与确诊病例轨迹重合，但她依然嘴硬，瞒报到底。由于她进出所有校外场所都没扫安康码，严重干扰了流调，最终致上千人被隔离。

据悉，由于王某擅自违反疫情防控规定并造成重大影响，公安机关已经将王某以涉嫌妨害传染病防治罪立案调查，等待她的必将是法律严厉的制裁。有位律师指出，冒名顶替王某、替其做核酸的室友也违反了传染病防治法和刑法的相关规定，因为篡改、伪造、冒名顶替核酸检测报告有可能对社会产生重大影响，况且由于冒名顶替王某、替其做核酸的室友的行为已经对社会产生了重大影响，所以这名室友很有可能会被追究法律责任，一旦被追究法律责任，其学籍有可能也会被开除。

从以上案例可以看出，大学生在疫情期间更要调控好自己的心理，约束好自己的行为，否则会产生难以消除的负面后果。

2003年非典型肺炎(SARS)疫情、2019年新冠(COVID-19)疫情的暴发对不少大学生的心理健康产生了一定的影响，如不少大学生因疫情出现了焦虑、抑郁、恐惧等负面情绪，从而对大学学习、生活产生了一定的影响。因此，研究疫情对大学生心理健康产生的负面影响、疫情下影响大学生心理健康的因素，以及疫情下大学生如何维护自己的心理健康十分必要。

因非典型肺炎疫情时间久远，且远不及新冠疫情对人类社会产生的危害程度，同时为更好地阐述问题，故本章所述“疫情”即新冠病毒感染疫情。新冠病毒等传染性疫情具有一些共同的特征：传染快；防控治疗需要隔离；对部分大学生的学习、生活产生明显的负面影响，从而使得其产生恐惧、焦虑、沮丧、悲伤等负面情绪。这些共同特征使得新冠疫情对大学生心理影响的研究成果对以后可能发生的传染性疫情，必然具有一定的借鉴性，有助于疫情下大学生心理健康的维护。

# 第一节 疫情对大学生心理健康的负面影响

## 一、对新型冠状病毒的认识

### 1. 冠状病毒

冠状病毒是以单股链且不分节段的RNA病毒，根据血清型和基因组特点冠状病毒亚科被分为α、β、γ和δ四个属。由于病毒包膜上向四周伸出的突起，形如花冠而得名。2019年，武汉暴发的新型冠状病毒为β属变异的冠状病毒。2020年1月10日，第一例2019新型冠状病毒测序完成。新型冠状病毒是指以前从未在人类中发现的冠状病毒新毒株。2019年12月导致武汉暴发病毒性感染的病毒为新型冠状病毒，世界卫生组织将该病毒命名为COVID-19。

2020年2月，国家卫健委1号公告将新型冠状病毒感染的肺炎纳入《中华人民共和国传染病防治法》规定的乙类传染病，并采取甲类传染病的预防、控制措施。

截至欧洲中部时间2022年10月21日18时24分，全球确诊病例较前一日增加294 250例，达到623 893 894例；死亡病例增加760例，达到6 553 936例。

2022年12月26日，国家卫健委发布公告，将新型冠状病毒肺炎更名为新型冠状病毒感染。经国务院批准，自2023年1月8日起，解除对新型冠状病毒感染采取的《中华人民共和国传染病防治法》规定的甲类传染病预防、控制措施；新型冠状病毒感染不再纳入《中华人民共和国国境卫生检疫法》规定的检疫传染病管理。

### 2. 传播方式

新型冠状病毒的主要传播方式为接触传播、直接传播以及气溶胶传播。

(1) 接触传播：飞沫沉积在物品表面，接触污染手后，再接触口腔、鼻腔、眼睛等黏膜，导致感染。

(2) 直接传播：患者喷嚏、咳嗽、说话的飞沫、呼出气体近距离接触直接吸入，可以导致感染。

(3) 气溶胶传播：飞沫混合在空气中，形成气溶胶，吸入后导致感染。

### 3. 临床表现

新型冠状病毒感染起病以发热为主要表现，有时伴有乏力、干咳，逐渐出现呼吸困难；部分患者起病症状轻微，甚至可无明显发热。严重症状有：急性呼吸窘迫综合征、脓毒性休克、难以纠正的代谢性酸性中毒、出凝血功能障碍等。

**4. 预防措施**

(1) 增强体质和免疫力。均衡饮食、适量运动、保障睡眠、不熬夜可提高自身免疫力。

(2) 少去人群密集的场所。尽可能避免与有呼吸道疾病症状(如发热、咳嗽或打喷嚏等)的人密切接触。若去人群密集的场所,则需要正确佩戴口罩,如N95口罩或医用外科口罩等。

(3) 加强开窗通风,居家时每天都要开窗通风一段时间。加强空气流通,可有效预防呼吸道传染病。

(4) 注意个人卫生。勤洗手,用肥皂和流动水或免洗洗手液洗手。

(5) 如出现呼吸道感染症状如咳嗽、流涕、发热等,应居家隔离休息,持续发热不退或症状加重时及早就医。

## 二、疫情对大学生心理健康的负面影响

众多研究显示,疫情对大学生的心理健康状况产生了明显的负面影响。如:靳路等对新疆某高校2 312人在新冠疫情流行期间心理健康状况进行自愿的问卷调查,抑郁症状的检出率为48.14%,焦虑症状的检出率为29.63%,失眠症状的检出率为28.20%。刘笑言等抽取重庆市4所高校(重庆医科大学、重庆交通大学、重庆工商大学、重庆邮电大学)共1 018例高校学生进行匿名电子问卷调查,对疫情期间大学生焦虑、抑郁状况进行评估,学生中有焦虑倾向的人数为90,有抑郁倾向的人数为201;高校学生焦虑、抑郁水平均高于全国常模水平。

疫情对大学生的心理健康状况产生了明显的负面影响,主要表现在不少大学生出现以下心理。

**1. 面对病毒过度恐惧**

由于新冠疫情对一些人的生命产生了明显的负面影响,致使部分大学生产生了一些应激反应,对病毒产生了过度恐惧心理。倘若大学生产生了适度恐惧心理,那么属于正常的反应,有利于大学生做好各项防范措施,以更好地面对学习和生活。然而过度的恐惧必然导致大学生畏首畏尾,不能以正常的心态进行学习和生活。其实,大学生只要做好各种安全保障措施,不必庸人自扰。

**2. 烦闷心理**

在疫情期间,由于防控需要,大学生很可能被封闭在学校或家中,无法和非疫情期间一样正常进行学习、生活。上课可能经常采取网络课程的形式,休闲活动受到诸多限制。这种长期的单调生活难免让一些大学生产生烦闷心理。此时,大学生应树立"全局观念"——"待在学校或家里就是为国家作贡献",在疫情许可情况

下多和室友、家人沟通，多阅读有益于身心健康的书，多唱歌，多写写画画，以更好地宣泄和转移不良情绪。

**3. 对防控措施的排斥心理**

在疫情期间，由于防控需要，国家采取了一些防控措施，如：核酸检测、限制出行、公众场合戴口罩、不聚集或少聚集。然而一些大学生因防控措施限制了自由从而对其有排斥心理，出现了排斥行为，如违反疫情规定，未经许可私自出校；怕麻烦在公共场所不戴口罩。这就要求大学生要多思考：若自己违反疫情防控规定，会给自己、他人和社会带来极大的负面影响。

**4. 学习焦虑过高**

学生在学习上出现一定程度的焦虑是正常的，适度的焦虑能够促进学习。但过度的焦虑必然会对大学生的身心产生过多干扰，反而对学习产生负面影响。

大学生对学习的过高焦虑主要表现在：第一，疫情期间，不少学校采取线上授课的教学方式，线上签到、课堂提问、学生汇报、课堂作业等要求大学生熟练掌握相关软件。有些大学生不能很好地适应新的教学方式，从而产生焦虑。第二，线上授课要求大学生投入更多的主动性，主动性较差的同学因学习效果欠佳产生焦虑。第三，有些大学生因不能和教师现场沟通或现场参加考研辅导班而产生焦虑。

这些就要求大学生主动向他人请教，以更好地学习相关软件、利于课程学习；主动学习，提升学习的自律性；放平心态，在现有条件下只能和教师在线上沟通交流，在线上进行考研辅导班学习。其实，大学生和教师线上交流前若做好准备，那么沟通效果一定能得到保证。

**阅读材料 14-1　再见我奋斗的一年**

12 月 24 至 26 日，2023 年全国硕士研究生招生考试举行。考试恰逢全国新冠疫情高峰爬坡期，许多正在经历着新冠的考生顶住身心上的双重考验，坚持走进考场。

“再见我的 21 岁，再见我奋斗的一年。”

12 月 25 日下午，走出考场的小青如释重负，在回去的路上发了上面这条微博，既是对自己 300 多天日夜奋斗的告别，也是希望让自己烧到发懵的脑袋获得暂时的冷静。

**5. 人际关系失调**

疫情防控期间，大学生长时间被封闭在校园或家中。在校园里，大型文体活动停办，大学生未经许可禁止出校，基本上在“寝室—食堂—教室”三点一线上往返，同寝室同学相处时间变长，冲突难免增多，导致有些寝室人际关系紧张。在家里，有些大学生由于疫情被限制出行，与父母相处时间增长，认为父母唠叨太多，干涉自己自由，不理解自己，从而导致他们与父母矛盾和摩擦增多。

由于每个人的性格不同、生活习惯不同、行为方式不同，大学生人际交往过程中有一些矛盾和冲突是正常的。这就要求大学生认识到人际交往中的规律，在实践中学会求同存异，尊重、理解、宽容别人，真诚待人，平等待人，如此才能经营好自己的人际关系。

**6. 过度关注自己的身心状况**

有些大学生在疫情期间，对疫情相关信息非常敏感，过度关注自己的身心状况。自己咽干会感到紧张，咳嗽会引起担忧，别人发烧就担心自己是否已被新冠病毒感染。这就要求大学生按照防疫要求进行防护和相关检测，正常学习和生活，不必过度关注自己的身心状况。

**7. 易沉溺于网络游戏或视频**

疫情期间，大学生由于进行网络学习经常接触手机或电脑，加上一些大学生自我控制能力不强，又缺乏他人很有效的监督，易沉溺于网络游戏或视频，消耗了大量时间，甚至占用了正常学习时间。

这就要求大学生在实践中明确目标，提高自我控制能力，坚持有所为和有所不为。

以上是一些大学生在疫情期间出现的主要的负面心理。另外，对于经历过疫情的大学生而言，新冠疫情对他们心理健康的影响可能具有长期性。疫情期间，没有出现明显心理问题的大学生，并不意味着他们未受到疫情的影响，也许影响以持续的潜伏性的状态长期存在，尤其对于在疫情中经历过被隔离、疑似感染、被感染、亲人离世等创伤的大学生，严重的可能导致创伤后应激障碍影响一生。这些大学生应主动进行心理测查，并根据需要进行心理咨询或治疗。

## 第二节　疫情下大学生心理健康的影响因素

2019 年底暴发的新冠疫情是一场重大公共卫生事件，这给大学生增加了很大的心理压力。在新冠疫情的压力下，倘若大学生无法很好地承受和适应，则会影响其学习、生活和心理健康，甚至对他人和社会造成负面影响。

大部分大学生心理发展还不够成熟，情绪还不够稳定，为人处世经验还不足，当面临问题和压力时，心理冲突和矛盾容易发生。大学生在疫情期间，面临着学习方式、生活方式的改变，出行自由受到了一定限制，生命可能受到危及，焦虑、恐惧等负面情绪以及其他不健康的心理更容易出现。因此，研究者有必要揭示疫情下大学生心理健康的影响因素，以此更好地揭示疫情下大学生维护好自己心理健康的措施。

疫情下大学生心理健康的影响因素主要有以下六大类。

## 一、身体状况

巩梦丹等调查发现：新冠疫情背景下，身体状况是大学生心理健康状况的重要影响因素。身体不健康的大学生更多表现出害怕、焦虑、悲伤等情绪。同时，也更容易出现睡眠障碍、学习效率下降的问题。新冠病毒传染性强、传播速度快，身体健康状况不佳、抵抗力低下的大学生可能成为疾病的易感人群，因此承担了更大的压力，从而影响其心理健康状态。

## 二、行为情况

### （一）运动情况

靳路等研究发现：疫情防控期间经常进行体育锻炼的大学生不容易出现焦虑、抑郁和睡眠障碍问题。巩梦丹等的研究揭示：在疫情发生后，运动时长小于每周一小时的大学生相比于运动频率高的大学生更容易出现严重的害怕、焦虑、悲伤等负性情绪以及睡眠障碍和学习效率下降的问题。

以上研究表明，体育锻炼对大学生的负性情绪有一定的预防作用，这可能是因为体育锻炼能给人带来愉悦，在锻炼的同时能降低紧张和不安，从而调节人的情绪，改善心理健康状况；体育锻炼具有宣泄、对抗不愉快情绪的作用，大学生可以通过体育锻炼，宣泄长久积压的压力和焦躁情绪；体育锻炼还能增强大学生的自信心，提高自尊，使大学生正确认识自我，提高交往能力，减少孤独感。

### （二）浏览疫情相关信息的时间

靳路等研究发现：浏览疫情信息时间少于半小时的大学生相对于浏览半小时及以上时间的大学生更容易出现抑郁、焦虑情绪。这可能是因为这些大学生对疫情相关信息了解太少，不能很好地面对当前疫情状况，可能会过于担心目前疫情情况，从而产生过多压力，导致抑郁和焦虑产生。

### （三）对未来是否有目标的情况

刘丹通过《症状自评量表（SCL-90）》测量揭示：没有目标及目标模糊的学生各因子得分显著高于目标清晰的学生（$P<0.001$）。即对未来目标越清晰的学生，心理健康水平越高。这可能是因为对未来目标清晰的学生，对生活保持希望，能够更为积极地面对困难和压力。

## 三、心理状况

### （一）认知情况

**1. 大学生的压力易感程度**

大学生的压力易感程度会影响其疫情下的心理和行为。巩梦丹等调查发现：越容易感受到压力的大学生在疫情发生后更容易出现害怕、焦虑、悲伤等情绪，也更容易出现反复洗手、消毒的强迫行为以及睡眠障碍。同时，学习效率也出现明显的下降。这表明平时容易感受到压力的大学生的心理状况受到疫情的影响更大，容易出现心理承受能力不足，也更容易表现出消极的心理反应。

**2. 人际关系满意度**

刘丹通过《症状自评量表（SCL-90）》测量发现：对人际关系感到满意的学生得分显著低于对人际关系感到一般、很差及说不清的学生（$P<0.001$）。即学生对人际关系满意程度越高，各因子分值越低，心理健康水平越高。这可能与对人际关系满意度高的同学更喜欢与人交往有关，他们遇到问题会积极与朋友分享，因此获得的社会支持度较高。

**3. 大学生对问题的认识状况**

大学生若对问题有很好的认识，必然会促进其疫情下良好的心理和行为。

### （二）个性情况

良好的个性，必然有助于大学生在疫情期间全面地认识问题、分析问题和解决问题，有助于大学生塑造好良好的心态以及人际关系，促进大学生的心理健康。

## 四、家庭情况

### （一）家庭经济状况

巩梦丹等调查发现：疫情背景下，家庭经济状况对大学生的心理健康状况有显著的影响。不同家庭经济状况的大学生表现在害怕、悲伤情绪以及睡眠、学习等行为的差异具有统计学意义。家庭条件较差或很差的大学生，在疫情发生后更容易感受到害怕和悲伤等情绪，并且更容易出现睡眠障碍、学习效率下降等问题。李晓溪等研究指出，贫困大学生在日常生活中就是心理问题高发的群体，在遇到重大疫情应激下，贫困大学生更容易出现心理危机，产生焦虑、恐慌、无力感、低落等负性情绪。家庭经济条件较差的大学生除了担心来自传染疾病本身对身体带来的影响外，还需要承担因疫情导致家庭经济状况更糟糕带来的压力，因而更容易引发心理问题。

### （二）家庭类型

刘丹通过《症状自评量表（SCL-90）》测量后研究发现：除恐怖因子外，单亲与双亲家庭学生的其他因子得分比较，差异有统计学意义（$P<0.05$），经 $F$ 检验及事后多重分析，结果显示：单亲家庭学生的得分均显著高于双亲家庭学生（$P<0.05$）。即单亲家庭学生的心理健康水平低于双亲家庭学生（除恐怖因子外），这可能与单亲家庭的学生缺少与父母另一方的沟通支持和关爱有关。

### 五、社会事件与舆情

宁福芝等调查指出：抗击新冠疫情中的一些社会事件和舆情会引发大学生的情绪波动，正性的社会事件与舆情可以引发大学生的积极情绪。正性的社会事件与舆情包括：国家领导人赴疫情地区亲自指挥、亲自部署；全国各行各业为疫情捐款捐物；雷神山、火神山医院建成并收治患者等。负性的社会事件与舆情包括：确诊患者因情绪不稳定报复社会，吐痰伤医；不法商家哄抬物价，发国难财；疫情期间聚众娱乐聚餐等。

### 六、病毒的危害性

新冠病毒对人体的危害性非常大，且传染性强，甚至有人感染后未得到有效救治而不幸死亡。正因如此，新冠病毒让不少大学生出现恐惧、焦虑等负性情绪。因此，病毒的危害性对大学生的心理健康产生了明显的负面影响。

## 第三节　疫情下大学生心理健康的维护

由于各种因素，疫情对不少大学生的心理健康产生负面影响。那么，如何在疫情下维护好大学生的心理健康？为便于学生理解，本节从学生角度阐述疫情下大学生如何维护好自己的心理健康。

### 一、认知法

根据心理学家埃利斯（Albert Ellis）的理性情绪疗法，情绪和行为不是由某一诱发事件本身引起的，而是由经历这一事件的个体对此事的认知所引起的。因此，大学生要调控疫情中的负面情绪，要从改变自己的不合理认知入手。

部分大学生认为疫情影响了求职。但凡事都有两面性。疫情刚发生时会使企业推迟复工，甚至减少了一些工作岗位，但是也增加了一些和网络、医疗、物资等相关的工作；疫情可能限制了大学生的出行自由，影响择业，但也可以进一步培养大学生的意志力。当大学生能从多方面认识问题的时候，不良心理可以得到有效疏解。

部分贫困大学生因家庭经济受疫情影响而产生自卑。贫困大学生应正确面对贫困，把经济贫困当成促进自己进步的动力，以此培养自己的心理素质。在这个过程中，贫困大学生通过改变认识，解决了心理问题。

大学生应正确认识网络课程学习，要认识到网络课程是一种新的授课形式，有自身特有的优点：无需到达现场即可上课、可回顾课程教授过程、学习材料丰富、增加了文字形式的讨论等；既然网络课程学习是在疫情状态下不得已的选择，又有一定的优点，大学生就应该接纳它，努力学习软件使用技术，从而心平气和地进行学习。

当大学生出现负性情绪时，要分析负性情绪出现的原因，以充分接受这些情绪出现的合理性，要合理面对负性情绪，不要因为这些情绪出现而感到愧疚和自责，以平静的心态针对原因调节情绪。

大学生用认知法来缓解消极心理需要运用一定的技巧。比如：因新冠疫情而出现的消极情绪要具体化。大学生要关注脑内出现的想法，如是否存在夸大了感染病毒的风险，或者夸大了疾病的严重后果。又如：对于胆小、敏感多疑的大学生，如出现过分担心躯体变化则需要客观看待自身身体状态，建议从既往的经验中去理解自己躯体症状的意义。如果自身难以判断，大学生可以让家人、同学和朋友帮助自己。

## 二、为所当为，维持稳定健康的学习和生活方式

疫情对大学生的生活有所影响，大学生的不少行为受到限制，但大学生要为所当为，维持稳定健康的学习和生活方式。大学生通过自身努力取得成绩，既充实了自己又促进了心理健康；稳定健康的学习和生活方式，为大学生营造出学习、生活的和谐的心理环境，必然会促进大学生的心理健康。钱媛媛等人研究发现：健康的生活方式与心理问题存在负相关关系。心理问题较少的大学生具有更健康的生活方式，生活方式对心理健康的影响已被科学研究证明。规律的作息时间、正常的生活方式都有助于缓解紧张、焦虑的情绪；平稳、弹性的生活节奏有助于保持平和、健康的心态。

一方面，大学生要为所当为，努力学习，进一步提高自己的综合素养。大学生倘若因疫情荒废自己的学习，将不会取得进步。生活之道，在于一张一弛。如果大学生没有适度的紧张，没有学习目标，将没有学习动力，生活会失去充实之感。

另一方面，大学生要按照正常的生活方式进行生活。大学生要积极地看待生活，正确看待挫折与失败，培养良好的个性；要按照正常的作息规律进行生活，正常学习，按时吃饭，按时休息，规律和掌控感是应对焦虑、恐慌的“良药”；要建立良好

的饮食、卫生、行为习惯，保证饮食有营养，居住环境清洁卫生，身体才可能健康，免疫能力才会进一步提高，不要试图通过不良嗜好来缓解紧张情绪。

**阅读材料 14－2　寻找快乐**

从前，有一群年轻人到处寻找快乐，却遇到了许多烦恼和痛苦。在经历了这些之后他们一个个垂头丧气，觉得这个世界并没有真正的快乐，于是，他们准备放弃，在他们心灰意冷的归途中，他们看见了一个江边垂钓的渔翁。老翁神态怡然自得，时时轻捋长须，十分悠闲。一人弯眉一想，带着朋友走上去，问道："老伯伯，您快乐吗？"

"我很快乐。"老翁回答。

"为什么？"年轻人问。

"因为我远离喧嚣，垂钓碧江，我在享受我的生活。"老翁答道。

年轻人脸上疑云遍布，不解。

"你们去找苏格拉底吧，他或许可以帮助你们。"说完继续面朝大江，年轻人点点头。

年轻人找到了苏格拉底，问道："我们在寻找快乐，却遇到了痛苦，快乐到底在哪里？"

"你们先帮我造一条船。"苏格拉底说。

年轻人虽然疑惑，但还是去做了。他们把寻找快乐的事情放到一边，各自商量好，找来了造船工具，用了七七四十九天，造出了一条独木船。他们看到自己的劳动成果，虽然很累，但是每个人都很开心。全然忘记了去寻找快乐。

第二天，苏格拉底看着独木船问年轻人："你们快乐吗？"

"快乐极了！"年轻人一起回答。

"那你们现在找到了自己的答案吗？"苏格拉底问道。

这群年轻人恍然大悟，道："原来我们都为了追求快乐而久久苦恼，但忘记寻找快乐中我们不知不觉找到了快乐。"

## 三、合理关注疫情，及时进行生理、心理测查

大学生需要合理关注疫情，充分了解病毒、卫生、防疫等知识，避免过度恐惧、焦虑、抑郁等负面心理出现。但大学生如果时时刻刻一直关注疫情信息，情绪就会产生极大波动，心态不稳定，久而久之，心理疲惫不堪，正常生活节奏会被打乱。因此大学生每半天，用 5～10 分钟来关注官方发布的疫情信息，不信谣、不传谣，其余时间进行学习、运动、休闲娱乐、卫生清洁等活动，在掌握疫情信息的同时不影响正

常的学习、生活，情绪自然会更愉悦。大学生丰富且规律的学习、生活能增强“心理免疫力”，从而更好地面对疫情。

大学生要及时进行生理、心理测查。根据疫情防控需要，大学生要及时测体温、测核酸；大学生疫情期间每天应测查心理状况，并根据情况进行自己的心理调适；如果大学生已经出现了挫败、沮丧、耗竭、无助等负性心理状态，应及时调整日常活动节奏、强度，并采取适当的休息放松来调节自己的心理，避免持续地过度投入而造成心理枯竭。

## 四、取得良好的社会支持

众所周知，良好的社会支持可以促进大学生的心理健康。大学生若有良好的社会支持，会发现自己“不是一个人在战斗”，能够增强学习、生活的信心，克服恐惧心理，促进积极的情绪，必然有助于大学生的心理健康。

家庭是大学生除学校以外停留时间最长的地方，坚定的家庭支持和美好的家庭氛围是大学生身心健康的重要影响因素。但居家期间，不少大学生因家庭关系问题引发了矛盾和冲突，这就要求大学生必须高度重视家庭的积极作用，让家人的支持成为大学生开展心理健康教育的隐形力量，保障大学生的心理和谐发展。

同辈群体之间的社会支持可以促进大学生克服不良心理。大学生是一个个独立的个体，每个人都有着各自的优点，彼此的互相帮助、互相支持、互相鼓励能够有效地帮助个体克服心理恐惧。这种社会支持可以是学习上的相互促进，也可以是心理上的互相鼓励，从而逐步走出恐惧的阴霾。在同辈群体之间的交往过程中，大学生会以对方某些优秀的方面为榜样，学习对方的先进方面以及内在的优秀心理品质，从而更好地调控自己的心理和行为。

大学生要思考与家人相处之道，探索与同辈群体之间建立和谐人际关系的技巧，如尊重他人，换位思考，发现他人优点，真诚赞美，宽容理解他人，主动关心，乐于助人等。大学生可以通过建立和谐的人际关系，以获得社会心理支持，缓解疫情防控下产生的不良心理。

除了寻找家庭、同辈群体的支持外，大学生还可寻找老师、朋友以及心理咨询机构的帮助和支持，以更好地长期面对困境。

**阅读材料 14－3　当好友向你倾诉时**

一是倾听，少说多听，多使用“开放式”提问，适度打断，如“能跟我说说你今天的心情吗？”二是不评判，不把自己主观价值观强加于对方，如“我理解你的想法，你认为……”。三是共情，回应对方的情绪，接纳对方的任何情绪。四是提供现实层面、情感层面、资源层面的具体支持，如“需要我陪你一起去吗?”五是计划，制定能在一定时间内达到的小目标和小计划。六是后续跟进，给予持续关心、陪伴和后续资源的支持。七是转介，当发现对方是心理问题严重者，应引导对方向心理专业人员进行心理咨询。八是要保密，树立谈话的保密意识和尊重意识。

## 五、放松训练法

大学生可以通过放松训练法，更好地缓解疫情中自己的不良情绪。放松训练法主要有以下几种方法。

### (一) 呼吸放松法

呼吸放松法是放松训练的一种，个体通过一定的训练，控制自己呼吸的频率和深度，来获得身体和精神上放松的一种方法。呼吸放松训练主要通过深而慢的呼吸，想象将紧张、恐惧、压力等都随着呼气慢慢地排出，帮助体验者放松，从而缓解焦虑、抑郁的情绪。

呼吸放松法的主要步骤有：① 选择舒适的坐姿，闭上眼睛，全身肌肉放松，用鼻子呼吸。② 缓慢地吸气，腹部慢慢胀起。吸气时，心中全程觉察吸气。③ 胀至顶点时，慢慢地呼气，腹部慢慢收缩。呼气时，心中全程觉察呼气。④ 集中注意力于觉察当下呼吸。⑤ 如果分心，不用自责焦虑，只需觉察分心，再重新觉察吸气。

### (二) 冥想放松法

冥想是个体在冥想引导语的引导下进行的，用想象力来调节心身、缓解压力的放松方法。有实验证明，接受 8 周冥想治疗的人比一般人更容易感受到幸福、更容易变得积极向上，身体的各项指标显示也比平常人更健康。冥想是一种放松及集中精神的过程，目的是改进自己，促进身心健康，让积极的意念进入潜意识，对人的活动产生积极的影响。大学生通过冥想能让心胸更加开阔，对未来更加充满信心。

冥想的方法主要是选择一个安静无干扰的环境，将自己的意识限制在一个刺激项上，如一个字或词、一幅画等，也可以是自己的呼吸或令人愉快的形象、风景、味道。

### (三) 渐次放松法

此法是个体通过循序渐进地放松一组一组肌肉群，最后达到全身放松的目的。此法的原理是：个体肌肉的松弛与心理紧张是不可能同时存在的。如果个体的肌肉能够完全放松，那么紧张心理和焦虑体验就会得到缓解或消除。

渐次放松法的基本要领是：个体设想一个舒适的姿势躺下或坐下，放宽衣带使身体不受约束，微闭眼睛，避免一切干扰及杂念，在放松某一肌肉群之前必须先体验该肌肉群的紧张感，因此，每次的循环都包括收紧特殊部位的肌肉群，保持原紧张状态到10分钟(以不酸痛为准)，然后迅速放松。一次练习最好不超过三组肌肉群，每天练习1～2次。个体完全掌握以后，可只做放松练习，并一次性完成。

放松顺序：脚趾肌肉放松→小腿肌肉放松→大腿肌肉放松→臀部肌肉放松→腹部肌肉放松→胸部肌肉放松→背部肌肉放松→肩部肌肉放松→颈部肌肉放松→头部肌肉放松。

### (四)系统脱敏法

个体建立某类负性情绪的等级层次，然后想象最轻等级的情绪，然后做上述的放松训练，克服这一等级的情绪，然后以此类推，由轻到重，逐步训练，直到消除最重等级的负性情绪。最后，个体在实践中面对此情绪，采取循序渐进的方式，进行放松训练，消除负性情绪。

## 六、积极进行体育运动

大学生可以积极进行体育运动。大学生可以因体育运动而产生的心跳加快、呼吸急促、大汗淋漓等感受而减少对不良情绪的过度关注，转移注意力；体育运动可以宣泄大学生的不良情绪，缓解心理疲劳，减轻应激反应。

大学生进行体育运动，要考虑自己的身体素质，更要考虑疫情对运动方式的选择。手指操、健身操、跑步等是比较适合大学生在疫情期间的运动方式。倘若疫情允许，大学生应积极进行户外运动。

## 七、经常欣赏音乐

众所周知，音乐欣赏能够促进个体的心理健康。因此，大学生应经常欣赏音乐，必然能有效缓解或消除不良心理。当然，这些音乐必须是积极向上的，否则可能给大学生的心理健康造成负面影响，例如：郑智化的《水手》、陈奕迅的《孤勇者》、温奕心的《一路生花》、周杰伦的《蜗牛》等。

为了阐述问题方便，本节将以上措施进行了分类，在日常生活中可以相互结合起来使用。除以上措施外，当大学生心理波动较大时，还可以采取阅读、画画、聊天、品尝美食等方式缓解心理压力。

## 心理训练

### 心理减压技术——蝴蝶拍

蝴蝶拍，顾名思义，就是像蝴蝶一样，拍打着翅膀，又好像我们在自己拥抱自己、安慰自己，可以促进心理和躯体恢复和进入一种“稳定”的状态。从生理学的角度讲，这个练习是对身体进行双侧刺激，促进信息加工，激活副交感神经，从而使我们的情绪稳定，获得安全感、愉悦感。

(1) 蝴蝶拍姿势：双臂在胸前交叉，右手在左侧、左手在右侧，轻抱自己对侧的肩膀或上臂，以自己感觉舒服的轻重和秒针“滴答”的速度，双手交替轻拍自己的肩膀或上臂。左右各拍一次为一轮，一般8～12轮为一组。

(2) 准备工作：坐在你觉得安全的地方，体验身体的姿势，保持和周围环境的联结，例如感觉自己脚和地面的接触，背和椅背的接触等，保持慢而平稳的呼吸，面带微笑，告诉自己“现在我是安全的”，并且可以不断重复。

(3) 开始操作：带着“我现在是安全”的以及和环境联结的感觉开始轻拍。允许期间出现各种想法、感受、情境以及身体的各种感觉。拍完一组后，停下来进行一次深呼吸，感受当下的体验和安全感，如果是正性的或被自己喜欢的，那就重复再做2～3组停止。

如果出现负性的体验，请告诉自己“我现在只关注积极的体验，负性的体验以后再来处理，现在我是安全的”。如果负性的体验被赶走了，则可以继续接着做；如果未被赶走，则停止做蝴蝶拍。起身关注周围环境的具体物品，比如房间都摆放了哪些物品、什么颜色等，体验脚踏实地的感觉，让自己回到此时此地，缓慢地进行深呼吸，体验当下的安全感。

## 案例分析

### 坚持考完已经是胜利

“在考试之前，我室友感染了新冠，我也出现了咳嗽、发烧的症状，考试两天全是靠退烧药坚持下来的。”

来自江西的小青今年参加药学专业的研究生入学考试，“考试之前，明显感觉到周围阳性的人多了起来，在最后几天，我的学习场所也从自习室转移到了宿舍里。”

“考试之前我并没有慌张，就是有一种‘不管感不感染，都要把试考完’的想法。”小青说，“今年确实有分阴性考场和阳性考场，但我所在的阴性考场，有 30 个人，其中有五六个人没有来，很多人也都在时不时地咳嗽，大家在考试时都带着 N95 口罩，感觉对呼吸与答题都有些影响。”

“我觉得，不论结果如何，坚持考完已经是胜利，因为这两天也看到了一些人因为病情没有坚持考完，还是很可惜的。”小青说道。

湖北的小沫就是这样的一位考生，她于 12 月 24 日凌晨突发高烧，一整晚都没有睡着。

“因为夜里吃了布洛芬，早上起来好像好多了，在考场上前一个多小时身体也都还正常，我想我应该可以坚持到考完吧，大不了吃点布洛芬。没想到考试还剩一个多小时的时候又开始发烧，全身发冷发抖，以至于后半部分的大题一直是强撑着一边发抖一边写完的……”小沫表示。

考完政治，在回酒店的路上，20 分钟的路程小沫走了一个小时才到。“在路上全身乏力发冷，头疼欲裂，还想吐，好像下一秒就会倒在路上。回到酒店又吃了布洛芬，但烧到 40 ℃没有退，一直想着坚持考完，但是全身发烫的我根本无法站起来走到考场，最后只能弃考了……”小沫说。

面对这两天的突发状况，小沫说：“人生无常，但自己并不会为过去每一天的努力而后悔，明年或许还会再来一次。”

**问题：**

以上案例给你带来哪些人生感悟？

## 心理测试

### 疫情下常用的四个测试

**一、症状自评量表(SCL-90)**

指示语：下面所列的是人们有时会出现的一些问题和诉述，请你仔细阅读每一项，然后在右边勾选出最合适你目前情况(一周之内)的程度，每一项只选一个数字，不能遗漏任何一项。

| | 没有 | 轻度 | 中度 | 偏重 | 严重 |
|---|---|---|---|---|---|
| 1. 头痛。 | 0 | 1 | 2 | 3 | 4 |
| 2. 神经过敏或内心不定。 | 0 | 1 | 2 | 3 | 4 |

| | | | | | |
|---|---|---|---|---|---|
| 3. 头脑中有不必要的想法或字句盘旋。 | 0 | 1 | 2 | 3 | 4 |
| 4. 头昏眼花或晕眩。 | 0 | 1 | 2 | 3 | 4 |
| 5. 对异性的兴趣减退。 | 0 | 1 | 2 | 3 | 4 |
| 6. 对别人责备求全。 | 0 | 1 | 2 | 3 | 4 |
| 7. 感到别人能控制你的思想。 | 0 | 1 | 2 | 3 | 4 |
| 8. 责怪别人制造麻烦。 | 0 | 1 | 2 | 3 | 4 |
| 9. 忘性大。 | 0 | 1 | 2 | 3 | 4 |
| 10. 担心自己衣饰是否整齐,仪态是否端正。 | 0 | 1 | 2 | 3 | 4 |
| 11. 容易烦恼和激动。 | 0 | 1 | 2 | 3 | 4 |
| 12. 胸痛。 | 0 | 1 | 2 | 3 | 4 |
| 13. 在开阔的地方感到恐惧。 | 0 | 1 | 2 | 3 | 4 |
| 14. 感到自己的精力不足,活动减慢。 | 0 | 1 | 2 | 3 | 4 |
| 15. 想结束自己的生命。 | 0 | 1 | 2 | 3 | 4 |
| 16. 听见他人听不到的声音。 | 0 | 1 | 2 | 3 | 4 |
| 17. 发抖。 | 0 | 1 | 2 | 3 | 4 |
| 18. 觉得大多数人都不可信任。 | 0 | 1 | 2 | 3 | 4 |
| 19. 食欲差。 | 0 | 1 | 2 | 3 | 4 |
| 20. 容易哭。 | 0 | 1 | 2 | 3 | 4 |
| 21. 与异性相处时感到害羞或不自然。 | 0 | 1 | 2 | 3 | 4 |
| 22. 感到受骗,落入了别人的圈套或有人想抓住你。 | 0 | 1 | 2 | 3 | 4 |
| 23. 无缘无故地突然感到害怕。 | 0 | 1 | 2 | 3 | 4 |
| 24. 容易大发脾气而自己不能控制。 | 0 | 1 | 2 | 3 | 4 |
| 25. 害怕单独外出。 | 0 | 1 | 2 | 3 | 4 |
| 26. 经常责备自己。 | 0 | 1 | 2 | 3 | 4 |
| 27. 腰背酸胀。 | 0 | 1 | 2 | 3 | 4 |
| 28. 感到难以完成任务。 | 0 | 1 | 2 | 3 | 4 |
| 29. 感到寂寞孤独。 | 0 | 1 | 2 | 3 | 4 |

| | | | | | |
|---|---|---|---|---|---|
| 30. 感到苦闷。 | 0 | 1 | 2 | 3 | 4 |
| 31. 过分担忧。 | 0 | 1 | 2 | 3 | 4 |
| 32. 对事物不感兴趣。 | 0 | 1 | 2 | 3 | 4 |
| 33. 感到害怕。 | 0 | 1 | 2 | 3 | 4 |
| 34. 感情容易受到伤害。 | 0 | 1 | 2 | 3 | 4 |
| 35. 他人知道你的私下想法。 | 0 | 1 | 2 | 3 | 4 |
| 36. 感到他人不理解你，不同情你。 | 0 | 1 | 2 | 3 | 4 |
| 37. 感到人们对你不友好，不喜欢你。 | 0 | 1 | 2 | 3 | 4 |
| 38. 为了保证精确，做事必须非常缓慢。 | 0 | 1 | 2 | 3 | 4 |
| 39. 心跳得很厉害。 | 0 | 1 | 2 | 3 | 4 |
| 40. 恶心或胃口不好。 | 0 | 1 | 2 | 3 | 4 |
| 41. 感到自己不如他人。 | 0 | 1 | 2 | 3 | 4 |
| 42. 肌肉酸痛。 | 0 | 1 | 2 | 3 | 4 |
| 43. 感到有人在监视你、谈论你。 | 0 | 1 | 2 | 3 | 4 |
| 44. 入睡困难。 | 0 | 1 | 2 | 3 | 4 |
| 45. 做事必须反复检查。 | 0 | 1 | 2 | 3 | 4 |
| 46. 难以作出决定。 | 0 | 1 | 2 | 3 | 4 |
| 47. 怕乘电车、公共汽车、地铁或火车。 | 0 | 1 | 2 | 3 | 4 |
| 48. 呼吸有困难。 | 0 | 1 | 2 | 3 | 4 |
| 49. 一阵阵发冷或发热。 | 0 | 1 | 2 | 3 | 4 |
| 50. 因为感到害怕而避开某些东西、场合或活动。 | 0 | 1 | 2 | 3 | 4 |
| 51. 脑子变空了。 | 0 | 1 | 2 | 3 | 4 |
| 52. 身体发麻或感到刺痛。 | 0 | 1 | 2 | 3 | 4 |
| 53. 喉咙有梗塞感。 | 0 | 1 | 2 | 3 | 4 |
| 54. 对前途感到没有希望。 | 0 | 1 | 2 | 3 | 4 |
| 55. 不能集中注意力。 | 0 | 1 | 2 | 3 | 4 |
| 56. 感到身体某一部位软弱无力。 | 0 | 1 | 2 | 3 | 4 |

| | | | | | |
|---|---|---|---|---|---|
| 57. 感到紧张或容易紧张。 | 0 | 1 | 2 | 3 | 4 |
| 58. 感到手或脚发重。 | 0 | 1 | 2 | 3 | 4 |
| 59. 想到死亡的事。 | 0 | 1 | 2 | 3 | 4 |
| 60. 吃得过多。 | 0 | 1 | 2 | 3 | 4 |
| 61. 当人们注意你或谈论你时感到不自在。 | 0 | 1 | 2 | 3 | 4 |
| 62. 有一些不属于你自己的想法。 | 0 | 1 | 2 | 3 | 4 |
| 63. 有想打别人或伤害别人的冲动。 | 0 | 1 | 2 | 3 | 4 |
| 64. 醒得太早。 | 0 | 1 | 2 | 3 | 4 |
| 65. 必须重复相同的动作,如触摸、计算、洗涤。 | 0 | 1 | 2 | 3 | 4 |
| 66. 睡得不稳、不深。 | 0 | 1 | 2 | 3 | 4 |
| 67. 有想摔坏或破坏东西的冲动。 | 0 | 1 | 2 | 3 | 4 |
| 68. 有别人没有的想法或念头。 | 0 | 1 | 2 | 3 | 4 |
| 69. 感到对别人神经过敏。 | 0 | 1 | 2 | 3 | 4 |
| 70. 在人多的地方(如商店、电影院)感到不自在。 | 0 | 1 | 2 | 3 | 4 |
| 71. 感到事事都很困难。 | 0 | 1 | 2 | 3 | 4 |
| 72. 一阵阵恐惧或惊恐。 | 0 | 1 | 2 | 3 | 4 |
| 73. 在公众场合吃东西感觉很不舒服。 | 0 | 1 | 2 | 3 | 4 |
| 74. 经常与人争论。 | 0 | 1 | 2 | 3 | 4 |
| 75. 当独处时感到神经很紧张。 | 0 | 1 | 2 | 3 | 4 |
| 76. 认为别人对你的成绩没有作出恰当的评价。 | 0 | 1 | 2 | 3 | 4 |
| 77. 即使与人们在一起你也感到孤独。 | 0 | 1 | 2 | 3 | 4 |
| 78. 感到坐立不安,心神不定。 | 0 | 1 | 2 | 3 | 4 |
| 79. 感到自己没有什么价值。 | 0 | 1 | 2 | 3 | 4 |
| 80. 感到熟悉的东西变成陌生或不像是真的。 | 0 | 1 | 2 | 3 | 4 |
| 81. 大叫或摔东西。 | 0 | 1 | 2 | 3 | 4 |
| 82. 害怕在公共场合昏厥。 | 0 | 1 | 2 | 3 | 4 |
| 83. 感到别人想占你的便宜。 | 0 | 1 | 2 | 3 | 4 |

| | | | | | |
|---|---|---|---|---|---|
| 84. 为一些有关性的想法而苦恼。 | 0 | 1 | 2 | 3 | 4 |
| 85. 感到自己有过错而应该受到惩罚。 | 0 | 1 | 2 | 3 | 4 |
| 86. 感到要很快把事情做完。 | 0 | 1 | 2 | 3 | 4 |
| 87. 感到你的身体出了严重问题。 | 0 | 1 | 2 | 3 | 4 |
| 88. 从未感到和其他人很亲近。 | 0 | 1 | 2 | 3 | 4 |
| 89. 感到自己有罪。 | 0 | 1 | 2 | 3 | 4 |
| 90. 感到你的脑子有毛病。 | 0 | 1 | 2 | 3 | 4 |

**SCL-90 的评定方法和注意事项：**

症状自评量表(SCL-90)是测量心理健康状况的量表，有较高的信度和效度，包括 90 个自我评定项目。

(一) 量表采取 0～4 分的 5 级评分法。

无：自觉没有症状，评 0 分；

轻：自觉有该项问题，但并不严重，发生也不频繁，评 1 分；

中：自觉有该项症状，严重程度为轻至中度，评 2 分；

偏重：自觉有该项症状，严重程度为中至重度，评 3 分；

严重：自觉有该项症状，频度和强度均非常严重，评 4 分。

(二) 务必看清指导语，只填写最近或一周内的症状。一般只需 15～20 分钟即可填写完毕，主试要仔细检查有无漏项或重复判定。

(三) 量表有九种主要因子，分别为：躯体化、强迫症状、人际关系敏感、抑郁、焦虑、敌对、恐怖、偏执及精神病性。

各因子含义解释如下。

1. 躯体化

主要反映身体不适感，包括心血管、胃肠道、呼吸和其他系统的主诉不适，以及头痛、背痛、肌肉酸痛，以及焦虑等躯体不适表现。

2. 强迫症状

主要指那些明知没有必要，但又无法摆脱的无意义的思想、冲动和行为，还有一些比较一般的认知障碍的行为征象也在这一因子中反映。

3. 人际关系敏感

主要是指某些人际的不自在与自卑感，特别是与其他人相比较时更加突出。在人际交往中的自卑感、心神不安、明显的不自在，以及人际交流中的不良自我暗示，消极的期待亦是这方面症状的典型原因。

4. 抑郁

苦闷的情感与心境为代表性症状，还以生活兴趣的减退、动力缺乏、活力丧失等为特征。还反映失望、悲观以及与抑郁相联系的认知和躯体方面的感受，另外，还包括有关死亡的思想和自杀观念。

5. 焦虑

一般指那些烦躁、坐立不安、神经过敏、紧张以及由此产生的躯体征象，如震颤等。

6. 敌对

主要从三方面来反映敌对的表现：思想、感情及行为。其项目包括厌烦的感觉、摔物、争论直到不可控制的脾气暴发等各方面。

7. 恐怖

恐惧的对象包括出门旅行、空旷场地、人群或公共场所和交通工具。此外，还有反映社交恐怖的项目。

8. 偏执

主要是反映偏执型思维的基本特征，如投射性思维、敌对、猜疑、妄想、被动体验和夸大等。

9. 精神病性

反映各式各样的急性症状和行为，限定不严的精神病性过程的指征，以及精神病性行为的继发征兆和分裂性生活方式的指征。

10. 其他项目

反映睡眠、饮食等情况。作为附加项目或其他，作为第 10 个因子来处理，以便使各因子分之和等于总分。

（四）SCL-90 统计指标和统计方法：

总分＝全量表条目评分之和

总症状指数＝总分÷90

因子症状指数＝因子总分÷该因子条目数

评分计算表如下。

**SCL-90 评分计算表**

| 躯体化 | | 强迫症状 | | 人际敏感 | | 抑郁 | | 焦虑 | | 敌对 | | 恐怖 | | 偏执 | | 精神病性 | | 其他 | | 因素项 | 粗分 | 症状指数 |
|---|---|---|---|---|---|---|---|---|---|---|---|---|---|---|---|---|---|---|---|---|---|---|
| 项目 | 评分 | 项目 | 评分 | 项目 | 评分 | 项目 | 评分 | 项目 | 评分 | 项目 | 评分 | 项目 | 评分 | 项目 | 评分 | 项目 | 评分 | 项目 | 评分 | | | |
| 1 | | 3 | | 6 | | 5 | | 2 | | 11 | | 13 | | 8 | | 7 | | 19 | | 躯体化 | | |
| 4 | | 9 | | 21 | | 14 | | 17 | | 24 | | 25 | | 18 | | 16 | | 44 | | 强迫 | | |
| 12 | | 10 | | 34 | | 15 | | 23 | | 63 | | 47 | | 43 | | 35 | | 59 | | 人际敏感 | | |
| 27 | | 28 | | 36 | | 20 | | 33 | | 67 | | 50 | | 68 | | 62 | | 60 | | 抑郁 | | |
| 40 | | 38 | | 37 | | 22 | | 39 | | 74 | | 70 | | 76 | | 77 | | 64 | | 焦虑 | | |
| 42 | | 45 | | 41 | | 26 | | 57 | | 81 | | 75 | | 83 | | 84 | | 66 | | 敌对 | | |
| 48 | | 46 | | 61 | | 29 | | 72 | | 总分 | | 82 | | 总分 | | 85 | | 89 | | 恐怖 | | |
| 49 | | 51 | | 69 | | 30 | | 78 | | = | | 总分 | | = | | 87 | | 总分 | | 偏执 | | |
| 52 | | 55 | | 73 | | 31 | | 80 | | ÷6 | | = | | ÷6 | | 88 | | = | | 精神病性 | | |
| 53 | | 65 | | 总分 | | 32 | | 86 | | = | | ÷7 | | = | | 90 | | ÷7 | | 其他 | | |
| 56 | | 总分 | | = | | 54 | | 总分 | | | | = | | | | 总分 | | = | | 总分 | | |
| 58 | | = | | ÷9 | | 71 | | = | | | | | | | | = | | | | = | | |
| 总分 | | ÷10 | | = | | 79 | | ÷10 | | | | | | | | ÷10 | | | | ÷90 | | |
| = | | = | | | | 总分 | | = | | | | | | | | = | | | | = | | |
| ÷12 | | | | | | = | | | | | | | | | | | | | | | | |
| = | | | | | | ÷13 | | | | | | | | | | | | | | | | |
| | | | | | | = | | | | | | | | | | | | | | | | |

（五）解释

任一因子均分≥2，这提示测试者可能需要关注自己的心理健康状况。如有需要，可寻求心理咨询。

特别注意的是，测试结果只是作为了解自身心理健康状况的参考。若有疑问，应咨询专业人员。

## 二、自评抑郁量表(SDS)

指导语：请根据你现在或过去一周的情况，完成下列问题的回答。每一个条目均按 1（偶尔）、2（有时）、3（经常）、4（持续，即绝大部分或全部时间）四级评分。请受试者仔细阅读每一条陈述句，根据最适合自己情况圈出一个分数。

| | 偶而 | 有时 | 经常 | 持续 |
|---|---|---|---|---|
| 1. 我感到情绪沮丧，郁闷。 | 1 | 2 | 3 | 4 |
| 2. 一天之中，我感到早晨心情最好。* | 1 | 2 | 3 | 4 |
| 3. 我一阵阵哭出来或觉得想哭。 | 1 | 2 | 3 | 4 |
| 4. 我夜间睡眠不好。 | 1 | 2 | 3 | 4 |
| 5. 我吃饭跟平时一样多。* | 1 | 2 | 3 | 4 |
| 6. 我与异性密切接触时和以往一样感到愉快。* | 1 | 2 | 3 | 4 |
| 7. 我感到体重减轻。 | 1 | 2 | 3 | 4 |
| 8. 我为便秘烦恼。 | 1 | 2 | 3 | 4 |
| 9. 我的心跳比平时快。 | 1 | 2 | 3 | 4 |
| 10. 我无故感到疲劳。 | 1 | 2 | 3 | 4 |
| 11. 我的头脑跟往常一样清楚。* | 1 | 2 | 3 | 4 |
| 12. 我觉得经常做的事情并没有困难* | 1 | 2 | 3 | 4 |
| 13. 我坐卧不安，难以保持平静。 | 1 | 2 | 3 | 4 |
| 14. 我对未来感到有希望。* | 1 | 2 | 3 | 4 |
| 15. 我比平常容易生气激动。 | 1 | 2 | 3 | 4 |
| 16. 我觉得作出决定很容易。* | 1 | 2 | 3 | 4 |
| 17. 我觉得自己是个有用的人，有人需要我。* | 1 | 2 | 3 | 4 |
| 18. 我的生活过得很有意义。* | 1 | 2 | 3 | 4 |

| | | | | |
|---|---|---|---|---|
| 19. 假若我死了,别人会生活得更好。 | 1 | 2 | 3 | 4 |
| 20. 平常感兴趣的事我仍然感兴趣。* | 1 | 2 | 3 | 4 |

注:后注*者为反序计分。

**评分标准:**

20个项目中有10项(第2、5、6、11、12、14、16、17、18和20)是用正性词陈述的,为反序计分(如"偶尔"计4分;"有时"计3分;"经常"计2分;"持续"计1分);其余10项是用负性词陈述的,按上述1—4顺序评分。

抑郁状况可用抑郁严重度指数表述。抑郁严重度指数=各条目累计分/80(最高总分)。指数范围为0.25~1.0,指数越高,抑郁程度越重。一般认为,SDS测验指数在0.5以下者为无抑郁;0.5~0.59为轻度抑郁;0.60~0.69为中至重度抑郁;0.70以上为重度抑郁。

测试结果只是作为了解自身抑郁状况的参考。若有疑问,应咨询专业人员。

**三、焦虑自评量表(SAS)**

指导语:下面有20条文字,请仔细阅读每一条,根据你最近一周的实际情况,在适当的方格里划一勾(√),每一条文字后有4个方格,表示:A没有或很少时间;B小部分时间;C相当多时间;D绝大部分时间或全部时间。

| | A | B | C | D |
|---|---|---|---|---|
| 1. 我觉得比平时容易紧张或着急。 | □ | □ | □ | □ |
| 2. 我无缘无故地感到害怕。 | □ | □ | □ | □ |
| 3. 我容易心理烦乱或觉得惊恐。 | □ | □ | □ | □ |
| 4. 我觉得我可能将要发疯。 | □ | □ | □ | □ |
| 5. 我觉得一切都很好,也不会发生什么不幸。* | □ | □ | □ | □ |
| 6. 我手脚发抖打颤。 | □ | □ | □ | □ |
| 7. 我因为头痛、颈痛和背痛而苦恼。 | □ | □ | □ | □ |
| 8. 我感觉容易衰弱和疲乏。 | □ | □ | □ | □ |
| 9. 我很心平气和,并且容易安静坐着。* | □ | □ | □ | □ |
| 10. 我觉得心跳得很快。 | □ | □ | □ | □ |
| 11. 我因为一阵阵头晕而苦恼。 | □ | □ | □ | □ |
| 12. 我有晕倒发作,或觉得要晕倒似的。 | □ | □ | □ | □ |
| 13. 我吸气呼气都感到很容易。* | □ | □ | □ | □ |

| | | | | |
|---|---|---|---|---|
| 14. 我的手脚麻木和刺痛。 | □ | □ | □ | □ |
| 15. 我因为胃痛和消化不良而苦恼。 | □ | □ | □ | □ |
| 16. 我常常要小便。 | □ | □ | □ | □ |
| 17. 我的手脚常常是干燥温暖的。* | □ | □ | □ | □ |
| 18. 我脸红发热。 | □ | □ | □ | □ |
| 19. 我容易入睡并且一夜睡得很好。* | □ | □ | □ | □ |
| 20. 我做噩梦。 | □ | □ | □ | □ |

**计分方法及结果分析:**

SAS 的主要统计指标为总分。将 20 个项目的各个得分相加,即得粗分;用粗分乘以 1.25 以后取整数部分,就得到标准分。标准分低于 50 分者为正常;50～59 分为轻度焦虑;60～69 分为中度焦虑;70 分及其以上为重度焦虑。

测试结果只是作为了解自身抑郁状况的参考。若有疑问,应咨询专业人员。

正向计分题 A=1 分,B=2 分,C=3 分,D=4 分;反向计分题(第 5、9、13、17、19 题)A=4 分,B=3 分,C=2 分,D=1 分。

## 四、大学生心理健康调查表 (UPI)

(一) UPI 问卷

填表日期: 年 月 日

个人基本情况:

姓名:________ 出生年月:________ 性别:________ 民族:________

学号:________ 所在系:________ 所学专业:________

高中毕业时间:________高中是否住校:________住校时间:________

家庭所在地:□城市 □城镇 □农村 家庭住址:________________

是否独生子女:□是 □否

家庭情况:

父亲:________岁 职业:________ 文化程度:________ 健康状况:______

母亲:________岁 职业:________ 文化程度:________ 健康状况:______

其他人员:________________________

入学动机:(在符合想法的问题上打"√",数量不限)

□为了振兴中华 □为了社会发展和人类进步

□想做学问 □想掌握专门知识和技能

□想提高自己的教养水平 □为出国打基础

□为了今后就职方便　　□由于父母老师的规劝
□想过几年自由的日子　　□对结婚有利
□想参加丰富多彩的社团活动　　□其他

录取的专业和自己的愿望：
□非常符合、满意　　□比较满意
□一般　　□不太满意
□相差太远、很不满意　　□无所谓
你的第一志愿是：________大学________专业

既往病史情况：
个人既往病史：
□难产　□早产　□肺炎　□肝炎　□结核病　□脑炎
□痉挛　□脑膜炎　□头部外伤　□其他________

家庭既往病史：
你的近亲中，有精神卫生方面的问题吗？（含自杀、有病、去向不明等）
□是　□否

如果有，是：□父母　□兄弟　□祖父母　□叔舅　□表兄弟

其他：
是否做过心理测验？□是　□否
何时做过何种心理测验？
□智力测验________年　□人格测验________年　□其他________年

**指导语**　以下问题是为了了解你的健康状况并为了增进你的身心健康而设计的调查。请你按题号顺序阅读，在最近一年中你常常感到或体验到的项目的题号的前面画“0”。为了使你顺利完成大学学业，身心健康地去迎接新生活，请你真实填写！

1. 食欲不振。
2. 恶心、胃口难受、肚子痛。
3. 容易拉肚子或便秘。
4. 关注心悸和脉搏。
5. 身体健康状况良好。
6. 牢骚和不满多。
7. 父母的期望过高。
8. 自己的过去和家庭是不幸的。

9. 过于担心将来的事情。
10. 不想见人。
11. 觉得自己不是自己。
12. 缺乏热情和积极性。
13. 悲观。
14. 思想不集中。
15. 情绪起伏过大。
16. 常常失眠。
17. 头痛。
18. 脖子、肩膀酸痛。
19. 胸痛憋闷。
20. 总是朝气蓬勃。
21. 气量小。
22. 爱操心。
23. 焦躁不安。
24. 容易动怒。
25. 想轻生。
26. 对任何事都没有兴趣。
27. 记忆力减退。
28. 缺乏耐心。
29. 缺乏决断能力。
30. 过于依赖别人。
31. 为脸红而苦恼。
32. 口吃、发音发颤。
33. 身体忽冷忽热。
34. 注意排尿和性器官。
35. 心情开朗。
36. 莫名其妙地不安。
37. 一个人独处时感到不安。
38. 缺乏自信心。
39. 办事畏首畏尾。
40. 容易被人误解。
41. 不相信别人。

42. 过于猜疑。
43. 厌恶交往。
44. 感到自卑。
45. 杞人忧天。
46. 身体倦乏。
47. 一着急就出冷汗。
48. 站起来就头晕。
49. 有过昏迷或抽风。
50. 人缘好，受欢迎。
51. 过于拘泥。
52. 对任何事情不反复确认就不放心。
53. 对脏很在乎。
54. 摆脱不了毫无意义的想法。
55. 觉得自己有怪气味。
56. 别人在自己背后说坏话。
57. 总注意周围的人。
58. 在乎别人的视线。
59. 觉得别人轻视自己。
60. 情绪易被破坏。

**辅助题：**

1. 至今你感到在自身健康方面有问题吗？
2. 曾经觉得自己心理卫生方面有问题吗？
3. 至今你曾接受过心理咨询与治疗吗？

**补充题：**

如果你有健康或心理卫生方面想要咨询的问题，请写在后面。另外，上述1～60题中如有想咨询的问题，请写下问题的题号。

（二）UPI的构成

UPI由三个部分构成：一是学生的基本情况，作为问卷分析时参考；二是问卷本身，共60个项目；三是辅助题，了解被测者对自己身心健康的评价以及困扰的问题。

（三）UPI的使用方法

UPI调查的目的是为了了解学生的心理健康状况，提供及时有效的帮助。在做UPI问卷前，一定要先看指导语，重点注意“近一年来常常感觉到、体验过的项目”,并要求独立完成,问卷回收最好直接交给咨询人员。

1. UPI 的记分方法

UPI 测验完成后,需要计算的只有一个指标,即总分。UPI 问卷共 60 个是非选择问题,其中有 4 个测伪题(第 5、20、35、50 题)。UPI 总分的计算规则是将测伪题以外的其他 56 个题的得分求总和,所以,UPI 总分最高为 56 分,最低为 0 分。

2. UPI 的筛选规则

第一类筛选标准:满足下列条件之一者应归为第一类。

(1) UPI 总分在 25 分(包括 25 分)以上者;

(2) 第 25 题做肯定选择者;

(3) 辅助题中同时至少有两题做肯定选择者;

(4) 明确提出咨询要求且属于心理问题者。

第二类筛选标准:满足下列条件之一者应归为第二类。

(1) UPI 总分在 20～25 分(包括 20 分,不包括 25 分)之间者;

(2) 第 8、16、26 题中有一题做肯定选择者;

(3) 辅助题中有一题做肯定选择者。

第三类筛选标准:不属于第一类和第二类者应归为第三类。

其中,第一类学生可能有明显的心理问题,应尽快约请到学校心理咨询机构进行咨询。根据筛选规则和 UPI 结果评价分类方法将第一类学生再分为 A、B、C 三类,A 类学生应持续进行心理咨询和心理治疗。

3. UPI 结果的评价分类

A 类:各类神经症(恐怖症、强迫症、焦虑症、严重的神经衰弱等)、有精神分裂症倾向、悲观厌世、心理矛盾冲突、明显影响正常生活、学习者。这类学生可立即预约下次咨询时间,对他们要继续坚持面谈,直到症状减轻或消退。

B 类:存在一般心理问题,如人际关系不协调、对新环境不适应者。这类学生有种种烦恼,但仍能够维持正常学习和生活。对他们提供帮助的同时应告诉他们如遇问题时,应随时咨询。

其余为 C 类,他们的症状暂时不明显或已经解决。以后若出现症状,学生知道心理咨询机构可以提供帮助。

A、B、C 分类的目的是筛选出重点帮助和关心的对象,使那些有明显心理症状的学生通过心理咨询和心理治疗,减轻症状,缓解问题,逐步正常化。各校可以根据学生的人数、咨询人员的力量,在有条件的情况下多请一些学生持续面谈,一直到他可以独立应付生活中的任何事件。

此外,为了对 A 类诊断更为准确,可以借助其他测验手段,如采用 CMI、SCL-

90 等问卷，以对神经症的判定提供参考。

## 本章小结

大学生应对新型冠状病毒进行正确的认知和科学的预防。

疫情对大学生的心理健康状况产生了明显的负面影响，主要表现在不少大学生出现以下心理：面对病毒过度恐惧、烦闷心理、对防控措施的排斥心理、学习焦虑过高、人际关系失调、过度关注自己的身心状况、易沉溺于网络游戏或视频。

疫情下大学生心理健康的影响因素主要有：身体状况、行为情况、心理状况、家庭情况、社会事件与舆情、病毒的危害性。

疫情下大学生维护自己的心理健康的主要措施有：认知法；为所当为，维持稳定健康的学习和生活方式；合理关注疫情，及时进行生理、心理测查；取得良好的社会支持；放松训练法；积极进行体育运动；经常欣赏音乐。

## 思考与练习

1. 疫情下大学生有哪些负面心理？
2. 疫情下大学生心理健康的影响因素主要有哪些？
3. 疫情下大学生维护自己的心理健康的主要措施有哪些？
4. 疫情下大学生维护自己的健康重要，还是促进学业进步重要？

# 参 考 文 献


[1] 安少华.试论转型时期大学生的心理危机及其对策[J].中国高教研究,2005(5):66-67.

[2] 白小薇.情绪对大学生人际信任的影响研究[D].西安:陕西师范大学,2009.

[3] 白羽.改变心力:团体心理训练与潜能开发[M].杭州:浙江文艺出版社,2006.

[4] 蔡晓军,张立春.自助与成长:大学生心理健康教育[M].北京:教育科学出版社,2010.

[5] 蔡哲,赵冬梅.大学生心理危机的干预与调解[J].河南师范大学学报(哲学社会科学版),2002(4):106-107.

[6] 陈道明.现代社会背景下大学生心理危机及干预策略探析[J].教育探索,2006(6):82-83.

[7] 陈家麟.学校心理健康教育:原理与操作[M].北京:教育科学出版社,2003.

[8] 陈鹏.大学生心理健康概论[M].北京:北京大学出版社,2009.

[9] 陈秋燕.对建立学校心理危机管理机制的思考[J].西南民族大学学报(人文社科版),2005(1):48-50.

[10] 陈秋燕.建立学校心理危机预防与干预反应机制[J].中国高等教育,2005(23):44-45.

[11] 陈雪军.丧亲创伤后应激障碍案例报告[J].社会心理科学,2010(6):86-90.

[12] 丁秀峰.心理学[M].开封:河南大学出版社,1994.

[13] 董广杰.大学生心理健康教育与应用[M].北京:中国纺织出版社,2004.

[14] 杜丽娟.大学生心理健康教育实用教程[M].开封:河南大学出版社,2009.

[15] 段鑫星,赵玲.大学生心理健康教育[M].北京:科学出版社,2005.

[16] 方芳.团体辅导对住院神经症患者心理应对能力的影响[J].中国民康医学,2010,22(8):967-969.

[17] 樊富珉."非典"危机反应与危机心理干预[J].清华大学学报(哲学社会科学版),2003(4):32-37.

[18] 樊富珉.团体咨询的理论与实践[M].北京:清华大学出版社,2005.

[19] 樊富珉,费俊峰.青年心理健康十五讲[M].北京:北京大学出版社,2006.

[20] 樊富珉,王建中.当代大学生心理健康教程[M].武汉:武汉大学出版社,2006.

[21] 范红霞.大学生心理健康教育与辅导[M].太原:山西科学技术出版社.2003.

[22] 傅安球.心理异常中"一般心理问题"的判别标准与临床表现[J].心理科学,1999(6):492-495.

[23] 格桑泽仁.聪明人都在用的催眠术[M].长沙:湖南文艺出版社,2011.

[24] 巩梦丹,田腾,高洁.新冠疫情背景下大学生心理健康调查及对策:以西安市某高校学生

为例[J]. 新西部,2022(5):123-124,127.
[25] 郭念峰. 心理咨询师国家职业资格培训教程基础知识[M]. 北京:民族出版社,2011.
[26] 韩延明. 大学生心理健康教育[M]. 上海:华东师范大学出版社,2007.
[27] 何冬梅,王丽娜. 大学生心理健康教育教程[M]. 北京:中国电力出版社,2010.
[28] 何少颖. 大学生心理健康教育与训练[M]. 厦门:厦门大学出版社,2004.
[29] 贺淑曼,聂振伟,金树湘. 人际交往与人才发展[M]. 北京:世界图书出版公司,1999.
[30] 胡华北,孙晓峰. 大学生心理健康指导[M]. 合肥:合肥工业大学出版社,2009.
[31] 胡凯. 大学生心理健康理论与方法[M]. 北京:人民出版社,2010.
[32] 黄婕. 大学生偏执型人格障碍的心理辅导案例报告[J]. 青岛职业技术学院学报,2010,23(5):46-48.
[33] 黄蓉生. 以预防为主构建心理危机干预工作新模式[J]. 中国高等教育,2005(8):21-22.
[34] 黄希庭. 大学生心理健康教育[M]. 上海:华东师范大学出版社,2004.
[35] 黄希庭. 人格心理学[M]. 杭州:浙江教育出版社,2002.
[36] 黄雪薇. 心灵解惑[M]. 北京:科学出版社,2011.
[37] 简鸿飞. 大学生心理健康[M]. 北京:北京理工大学出版社,2009.
[38] 靳路,高帅帅,张哲栋,等. 新冠肺炎疫情期间新疆某高校学生心理健康状况调查[J]. 新疆医学,2022,52(7):757-760,769.
[39] 金盛华,张杰. 社会心理学[M]. 北京:北京师范大学出版社,2000.
[40] 卡尔·罗杰斯. 论会心团体[M]. 北京:中国人民大学出版社,2011.
[41] 克诺伯劳,胡格,莫克勒. 第五代时间管理[M]. 王音浩,译. 南昌:江西人民出版社,2008.
[42] 孔晓东. 大学生心理健康导引[M]. 武汉:华中科技大学出版社,2011.
[43] 孔燕. 微笑成长:大学生心理健康教育案例[M]. 合肥:安徽人民出版社,2003.
[44] 乐国安. 咨询心理学[M]. 天津:南开大学出版社,2002.
[45] 李素梅. 心理健康与大学生活[M]. 武汉:华中科技大学出版社,2011.
[46] 李晓溪,梁瑛楠,于金龙. 重大疫情下贫困大学生心理援助体系构建[J]. 科学咨询(教育科研),2020(9):7-9.
[47] 李秀君. 重大疫情应对社会心理分析与社会心态调整研究[J]. 赤峰学院学报(自然科学版),2021,37(2):28-32.
[48] 励骅. 大学生心理学[M]. 合肥:合肥工业大学出版社,2011.
[49] 刘杰. 论大学生心理危机及干预策略[J]. 山东社会科学,2005(6):120-122.
[50] 刘丹. 新冠肺炎疫情下高职学生心理健康状况调查及对策研究:以某高职学院 553 名学生为例[J]. 心理月刊,2020,15(17):51-52,55.
[51] 刘丽君. 大学生心理健康教程[M]. 北京:化学工业出版社,2007.
[52] 刘晓磊,肖军. 构建大学生心理危机立体应对机制的探析[J]. 南京航空航天大学学报(社会科学版),2007(1):38-41.
[53] 刘笑言,刘家秀,钟晓妮. 新冠疫情初期高校学生心理状态及影响因素分析[J]. 心理月刊

2022,17(5):11-13,107.

[54] 刘新民.大学生心理健康的维护与调适[M].合肥:中国科学技术大学出版社,2009.

[55] 龙迪.心理危机的概念、类别、演变和结局[J].青年研究,1998(12):42-45.

[56] 楼仁功,潘娟华.大学生心理危机预防与干预机制探究[J].中国高教研究,2006(6):52-53.

[57] 吕春明,王淑珍,黄宗青.大学生心理疾病三级预防与心理健康教育三级网络关系的思考[J].卫生职业教育,2008,26(18):20-22.

[58] 孟昭兰.情绪心理学[M].北京:北京大学出版社,2005.

[59] 宁福芝,陈耘,曾明,等.抗击新冠疫情期间云南高职学生心理健康的影响因素及主要特点剖析[J].心理月刊,2021,16(24):5-9.

[60] 潘锋.面对疫情"心病"需积极应对情绪变化[J].中国医药导报,2020,17(5):1-3.

[61] 彭聃龄.普通心理学[M].修订版.北京:北京师范大学出版社,2003.

[62] 彭聘龄.普通心理学[M].北京:北京师范大学出版社,2004.

[63] 钱媛媛,唐凤,周旭,等.在校大学生生活方式与心理状况调查研究[J].科教文汇(中旬刊),2020(5):154-155,167.

[64] 邱鸿钟.大学生心理健康教育[M].广州:广东高等教育出版社,2004.

[65] 桑青松.学习心理研究[M].合肥:安徽人民出版社,2010.

[66] 孙贝贝,王峰.高校辅导员如何加强大学生心理健康教育[J].河南科技,2010(20):66-67.

[67] 莎伦·布雷姆.亲密关系[M].3版.北京:人民邮电出版社,2005.

[68] 莎伦·布雷姆.爱情心理学[M].3版.北京:人民邮电出版社,2010.

[69] 沈渔邨.精神病学[M].3版.北京:人民卫生出版社,1999.

[70] 苏巧荣,苏林雁.大学生心理辅导[M].杭州:浙江大学出版社,2005.

[71] 汤宜朗,许又新.心理咨询概论[M].贵阳:贵州教育出版社,1999.

[72] 陶慧芬,李坚评,雷五明.心理咨询的理论与方法[M].武汉:华中科技大学出版社,2006.

[73] 汪元宏,吴贵春,陈传万.大学生心理健康教育[M].合肥:合肥工业大学出版社,2006.

[74] 王芳.新冠肺炎疫情下学生复课后的心理调适[J].科教文汇,2020(20):171-172.

[75] 王金云.大学生心理训练概论[M].开封:河南大学出版社,2005.

[76] 王玲,刘学兰.心理咨询[M].广州:暨南大学出版社,1998.

[77] 王卫宾.从终点出发7天学会时间管理[M].深圳:海天出版社,2005.

[78] 王云霞.大学生心理健康教程[M].西安:西北工业大学出版社,2009.

[79] 吴远,姚飞.文化价值观视野下的心理危机解读[J].马克思主义与现实,2005(6):135-137.

[80] 向群英.大学生心理素质教育与训练[M].北京:科学出版社,2010.

[81] 肖水源,周亮,徐慧兰.危机干预与自杀预防(二)自杀行为的概念与分类[J].临床精神医学杂志,2005(5):298-299.

[82] 谢炳清,伍自强,秦秀清.大学生心理健康教程[M].武汉:华中科技大学出版社,2004.

[83] 杨娇丽,陈鹏.大学生心理健康教育及个案教程[M].北京:对外经济贸易大学出版社,2004.
[84] 杨雯,杨玉柱.华为时间管理法[M].北京:电子工业出版社,2010.
[85] 姚本先.学校心理健康教育[M].合肥:安徽大学出版社,2008.
[86] 姚本先.大学生心理健康教程[M].合肥:安徽大学出版社,2011.
[87] 姚萍.大学生心理健康与咨询[M].北京:北京大学出版社,2010.
[88] 尧新瑜.高校大学生预防心理危机的三种途径[J].江西社会科学,1999(12):132-135.
[89] 詹启生,李义丹.建立大学生心理危机干预新模式[J].高等工程教育研究,2005(3):44-47.
[90] 张运生.大学生心理健康[M].开封:河南大学出版社,2009.
[91] 张大均,邓卓明.大学生心理健康教育.一年级:诊断·训练·适应·发展[M].重庆:西南师范大学出版社,2004.
[92] 张光涛,李海红.大学生心理档案建设及危机干预研究[J].烟台教育学院学报,2005(2):66-69.
[93] 张海燕.大学生心理健康教程[M].上海:格致出版社,2010.
[94] 张海燕.高校学生心理危机干预体系建设的研究与实践[J].思想·理论·教育,2005(7):114-116.
[95] 张敏.大学生心理健康[M].北京:北京邮电大学出版社,2010.
[96] 张杰.自杀的"压力不协调理论"初探[J].中国心理卫生杂志,2005(19):63-67.
[97] 赵国祥.现代大学生心理健康教程[M].北京:人民教育出版社,2007.
[98] 赵瑞君,马喜亭.大学生心理辅导理论与实务[M].北京:中国言实出版社,2007.
[99] 中华医学会精神科分会.CCMD—3中国精神障碍分类与诊断标准[M].3版.济南:山东科学技术出版社,2001.
[100] 仲少华,蒋南牧.新编大学生心理健康教程[M].上海:上海交通大学出版社,2012.
[101] 周春明,徐萍.大学生心理健康[M].北京:北京理工大学出版社,2009.